U0454528

阅读　你的生活

罗马的敌人

BARBARIANS

Rebellion and Resistance to the Roman Empire

撼动帝国的蛮族

Stephen P. Kershaw

[英]斯蒂芬·P. 克肖 著

唐奇 译

中国人民大学出版社

·北京·

纪念多萝西·克肖（Dorothy Kershaw），AUC 2681—2771 年

地　图*

* 书中地图系原文插附地图。

辛布里人和条顿人
（公元前2世纪）
拉斯·波尔森那
（公元前6世纪）
阿米尼乌斯
（公元1世纪）
蛮族阴谋
（公元4世纪）
卡拉塔库斯
（公元1世纪）
布狄卡
（公元1世纪）
匈人阿提拉
（公元5世纪）
维钦托利
（公元前1世纪）
维里亚图斯
（公元前2世纪）
易北河
莱茵河
多瑙河
罗马
朱古达
（公元前1世纪）
迦太基：三次
布匿战争
（公元前3世纪—
公元前2世纪）
斯巴达克斯
（公元前1世纪）
奴隶起义
（公元前2世纪）
0
250
500 英里
0
250
500
750
1000 公里

地图1
对罗马的反叛与抵抗

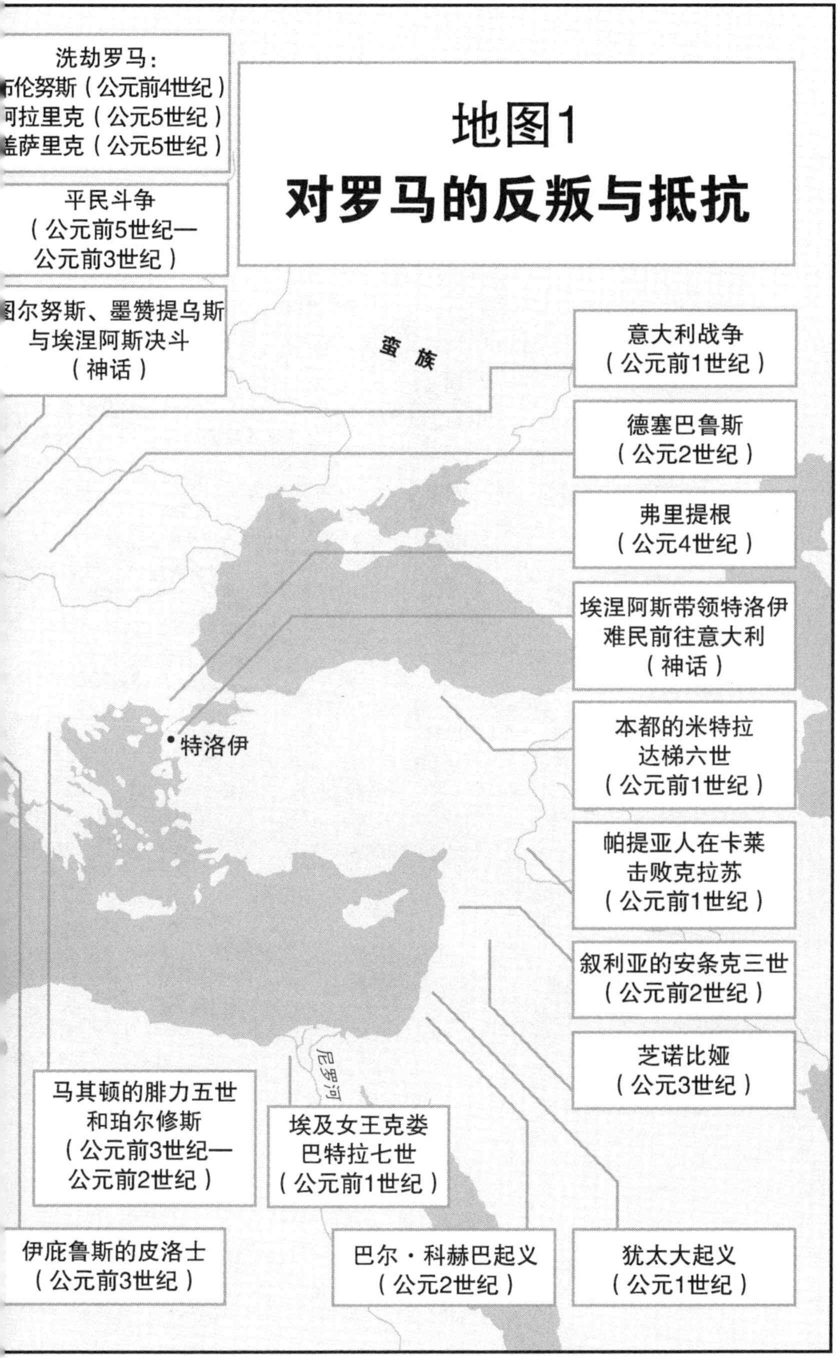

洗劫罗马：
伦努斯（公元前4世纪）
拉里克（公元5世纪）
萨里克（公元5世纪）

平民斗争
（公元前5世纪—
公元前3世纪）

尔努斯、墨赞提乌斯
与埃涅阿斯决斗
（神话）

蛮族

意大利战争
（公元前1世纪）

德塞巴鲁斯
（公元2世纪）

弗里提根
（公元4世纪）

埃涅阿斯带领特洛伊
难民前往意大利
（神话）

特洛伊

本都的米特拉
达梯六世
（公元前1世纪）

帕提亚人在卡莱
击败克拉苏
（公元前1世纪）

叙利亚的安条克三世
（公元前2世纪）

芝诺比娅
（公元3世纪）

尼罗河

马其顿的腓力五世
和珀尔修斯
（公元前3世纪—
公元前2世纪）

埃及女王克娄
巴特拉七世
（公元前1世纪）

伊庇鲁斯的皮洛士
（公元前3世纪）

巴尔·科赫巴起义
（公元2世纪）

犹太大起义
（公元1世纪）

艾波罗肯
不列颠尼亚
卡姆罗多努
维鲁拉米恩
朗蒂尼亚姆
下日耳曼尼亚
雷努斯河（莱茵河）
贝尔吉卡
特里尔
塞卡纳河（塞纳河）
卢格都尼西斯
达努维乌斯河（多瑙
雷提亚
诺里库姆
钦那布姆
上日耳曼尼亚
利格河（卢瓦尔河）
诺维奥洞纳姆
阿莱西亚
德拉瓦
梅迪奥兰
阿基坦
毕布拉克德
阿奎莱亚
卢格杜努姆
曼图阿
加鲁姆纳河（加龙河）
纳尔榜
帕杜斯河（波河）
阿凡力古姆
科蒂埃阿尔卑斯
穆提那
阿雷拉特
盖努阿
阿里米努姆
内马乌苏斯
滨海阿尔卑斯
翁布里亚
托洛萨
马萨利亚
台伯河
伊比鲁斯河（埃布罗河）
纳尔榜 · 马蒂尤斯
科西嘉
罗马
阿普利
杜罗河
努曼提亚
奥斯蒂亚
库迈
卢西塔尼亚
维纳斯山
安普里亚斯
塔拉科
奈阿波利斯
近西班牙
塞哥维亚
赫库兰尼
塞戈布里加
塔古斯河
撒丁岛
托莱图姆
萨贡托
瓜迪亚纳河
雷吉乌姆
巴利阿里群岛
苏克罗河
拜库拉
叙拉古
科都巴
贝提斯河
伊利帕
西西里
意大利卡
贝提卡
新迦太基/卡塔赫纳
乌提卡
迦太基
加德斯
特里波拉
阿格里根
凯撒里亚
锡尔塔
布拉雷吉亚
大平原
扎马
哈德鲁梅
毛里塔尼亚 ·
凯撒里亚
努米底亚
塔普苏斯
卡普萨
毛里塔尼亚 ·
廷吉塔尼亚
阿非利加
大莱普提斯

0 250 500 英里
0 250 500 750 1000 公里

地图2
罗马人和蛮族的世界

蛮族
波里斯提尼斯河（第聂伯河）
图姆
阿昆库姆
潘诺尼亚
下潘诺尼亚
尔米乌姆
达契亚
达努维乌斯河（多瑙河）
潘提卡彭
攸克辛海
（黑海）
利里库姆
上默西亚
下默西亚
尔马提亚
色雷斯
赫布罗斯河
都拉基乌姆
阿马斯特里斯
锡诺普
阿德里安堡
腓立比
拜占庭
利比萨
比提尼亚
隆迪西乌姆
安菲波利斯
埃迦伊
帖撒洛尼卡
尼科米底亚
哈利斯河
本都
尼科波利斯
阿波罗尼亚
图姆
彼得那
尼西亚
泽拉
卡比拉
亚美尼亚
伊庇鲁斯
色萨利
特洛伊
基齐库斯
安锡拉
克基拉
法萨卢斯
普鲁萨
亚克兴
米蒂利尼
帕加马
加拉太
琉卡斯
亚该亚
奥考麦努斯
士麦那
亚细亚
卡帕多细亚
雅典
马格尼西亚
科林斯
以弗所
吕基亚
提阿纳
阿尔戈斯
阿弗罗狄西亚
奥林匹亚
斯巴达
提洛岛
塞普里亚
潘菲利亚
奇里乞亚
塔尔苏斯
卡莱
伯罗奔尼撒
欧诺安达
科拉凯西乌姆
安条克
科斯岛
幼发拉底河
克诺索斯
罗得岛
叙利亚
帕尔米拉
克里特岛
阿帕米亚
塞浦路斯
大马士革
推罗
凯撒里亚
昔兰尼
耶路撒冷
克诺珀斯
培硫喜阿姆
马萨达
叙利亚·巴勒斯坦
昔兰尼
亚历山大
佩特拉
阿拉伯
埃　及

地图3
罗马统治下的意大利（至公元前1世纪）

第一次萨莫奈战争（公元前343年—公元前341年）
第二次萨莫奈战争（公元前326年—公元前304年）
第三次萨莫奈战争（公元前298年—公元前290年）
皮洛士入侵（公元前280年—公元前275年）
第一次布匿战争（公元前264年—公元前241年）
第二次布匿战争（公元前218年—公元前201年）
西西里奴隶起义（公元前135年—公元前132年；公元前104年—公元前100年）
意大利战争/“同盟”战争（公元前91年—公元前88年）
斯巴达克斯起义（公元前73年—公元前71年）

阿尔卑斯山
梅迪奥兰
维罗纳
提齐努姆
特雷比亚
波河
普拉森提亚
穆提那
利古里亚
阿里米努姆
梅陶罗河
森纳加利卡
安科纳
伊利里库姆
比萨
阿雷提乌姆
皮切努姆
沃尔泰拉
特雷西米尼湖
佩鲁西亚
阿斯库伦
伊特鲁里亚
萨宾
列阿特
科西嘉
科菲尼乌姆
阿尔巴
隆伽
维爱
马尔西/培利格尼
塔尔奎尼
卡佩纳
费德奈
图斯库卢姆
安特姆奈
罗马
鲁图利
萨莫奈
阿尔皮
坎尼
拉维尼乌姆
阿尔代亚
阿里西亚
阿奎努姆
阿斯库伦（阿普利亚境内）
卡普亚
马莱文图姆/贝内文托
维努西亚
库迈
维苏威火山
阿普利亚
布隆迪西乌姆
奈阿波利斯
庞贝
撒丁岛
阿尼广场
塔兰图姆
卢卡尼亚
梅塔庞图姆
赫拉克利亚
图利
布鲁提
墨西拿海峡
洛克里
厄里克斯
帕诺姆斯
梅萨那
雷吉乌姆
塞吉斯塔
埃加迪群岛
哈利塞伊
陶罗曼尼乌姆
恩纳
利利俾
塞利努斯
西西里
卡塔纳
莱昂蒂尼
赫拉克利亚
阿格里根特
叙拉古

罗马人、拉丁人及其盟邦版图（公元前298年—公元前263年）
吞并领土（公元前241年—公元前218年）

地图4　不列颠尼亚
克劳狄统治下的边界
哈德良长城
安东尼长城
斯坦尼盖特边界
皮克特人
格劳庇乌山
皮克特人
喀利多尼亚人
维尼科内人
顿诺尼亚人
沃塔迪尼人
厄皮蒂人
塞尔戈瓦伊人
诺万特人
苏格兰人
公元208年—公元210年遭塞普提米乌斯·塞维鲁入侵
公元71年—公元74年被征服
公元71年起成为军事基地，塞维鲁（公元211年）和君士坦提乌斯一世（公元306年）在此逝世
不列刚提斯人
艾波罗肯
巴里西人
德鲁伊教中心，公元60年和公元78年先后遭入侵
公元60年布狄卡起义
莫纳岛
林德姆
奥陶维斯人
科尔诺维人
克里塔尼人
埃尔明大道
雷特
维洛科尼乌姆
公元74年—公元78年被征服
爱西尼人
卡图维拉尼人
特里诺文特人
多布尼人
福斯路
惠特灵大道
惠特汉普斯特德
卡姆罗多努
西鲁瑞斯人
阿克曼大道
维鲁拉米恩
科里尼乌姆
朗蒂尼亚姆
阿特雷巴特人
卡利佛
比格伯里
拉普泰
杜罗维努姆
坎提阿人
苏利丝泉
万塔
比尔及人
赖格能西斯人
伊斯卡
顿诺尼亚人
多诺瓦利亚
公元60年被摧毁后成为贸易中心，而后成为首府
约公元49年成为殖民地，公元60年被布狄卡摧毁

阿米尼乌斯部落
罗马帝国边界（公元前120年）
罗马帝国边界（公元180年）
公元前120年以后，辛布里人、条顿人和阿姆布昂人的迁徙路线
界墙
辛布里人
日德兰半岛
条顿人
朗哥巴狄人
凯路斯奇人
自由日耳曼
伊迪萨维索
谢姆诺尼斯人
埃姆斯河
威悉河
易北河
滨湖哈尔滕
奈梅亨
克桑滕
阿格里皮奈西斯殖民地
条顿堡森林
下日耳曼
（公元前17年）
卡狄人
美因河
摩根提亚库姆
雷努斯河（莱茵河）
上日耳曼
（公元前17年）
奥格斯堡
赫尔维蒂人
阿尔卑斯山
罗讷河
韦尔切利
波河
阿劳西奥
纳尔榜高卢
托洛萨
色克蒂留斯泉
纳尔榜
辛布里人在阿劳西奥战役中获胜（公元前105年）后，马略击败条顿人（公元前102年）
马略消灭辛布里人（公元前101年）

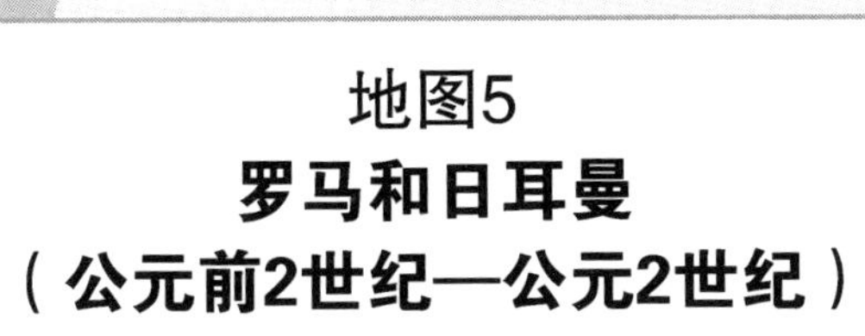
地图5
罗马和日耳曼
（公元前2世纪—公元2世纪）

德鲁苏斯抵达
（公元前9年）
0
250 英里
0
250
500 公里
日尔曼尼库斯击败阿米
尼乌斯（公元16年）
阿米尼乌斯在卡尔克
里泽附近战胜瓦卢斯，
歼灭第17、18、19军
团（公元9年）
玛洛波都斯王国（约公元前8年—
公元19年）；与马可·奥勒留交战
（公元166年—公元172年，公元
177年—公元180年）
苏台德山
赫西尼亚森林
马科曼尼人
夸迪人
进攻前线
（公元166年）
蒂萨河
萨尔马提亚人
里库姆（公元前15年）
潘诺尼亚
雅济吉斯人
罗赖亚
阿奎莱亚
伊利里库姆
默西亚
达努维乌斯河（多瑙河）
被马科曼尼人和
夸迪人围攻
（公元170年）

不列颠尼亚
朗蒂尼亚姆
卡狄人
下日耳曼尼亚
阿格里皮娜殖民地
马科曼尼人
热泉
维特劳
不列塔尼库斯
摩根提亚库姆
夸迪人
文多博纳
卡农图
卢格都尼西斯
阿格里·戴可美特
上日耳曼尼亚
雷提亚
诺里库姆
上潘诺尼亚
维森奇奥
高 卢
奥皮瑟吉乌姆
穆尔萨
阿尔提努姆
多瑙河
卢格杜努姆
克雷莫纳
下潘诺尼亚
贝特里亚库姆
阿奎莱亚
阿基坦
拉文纳
伊利里库姆
纳尔榜
阿尔巴
庞培亚
布里克塞鲁姆
意大利
内马乌苏斯
朱利艾广场
因特拉姆纳
亚得里亚海
纳尼亚
富奇湖
列阿特
罗马
奥斯蒂亚
斯佩隆加
森图塞勒
西尔塞伊
内米湖
麦西农
普特奥利
庞贝
赫库兰尼姆
卡普里
塔拉格尼西斯
塔拉科
西班牙
奥利西波
埃梅里塔
卢西塔尼亚
贝提卡
意大利卡
科都巴
加德斯
雷吉乌姆
西西里
迦太基
蒂斯德鲁斯
拉姆贝斯
蒂维斯特
哈德鲁梅
毛里塔尼亚
阿非利加
欧伊亚
大莱普提斯
罗马帝国边界（公元14年）
罗马帝国边界（公元117年）
省界
0
250
500 英里
0
250
500
750
1000 公里

地图6 罗马和蛮族（提比略至哈德良时期）

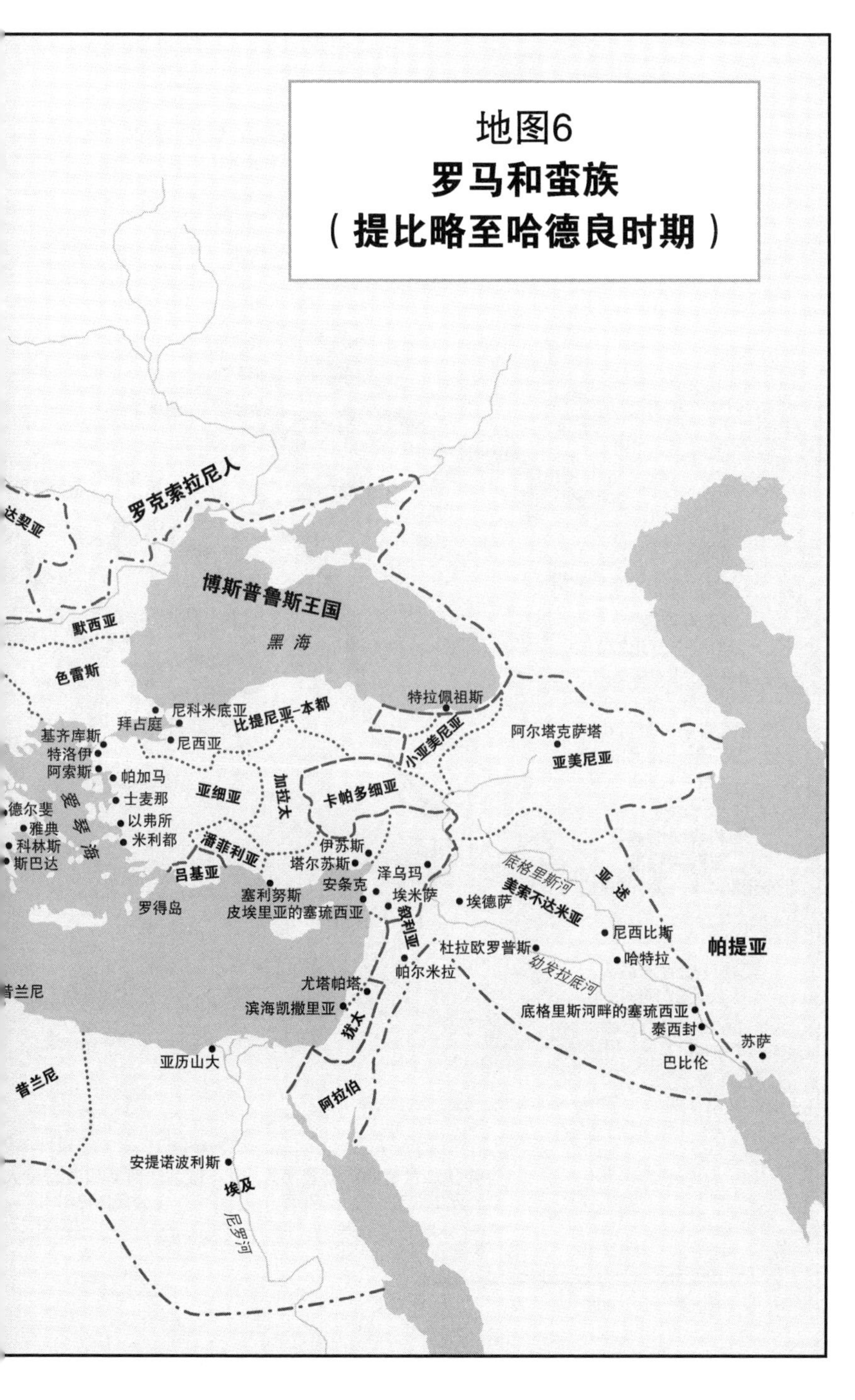

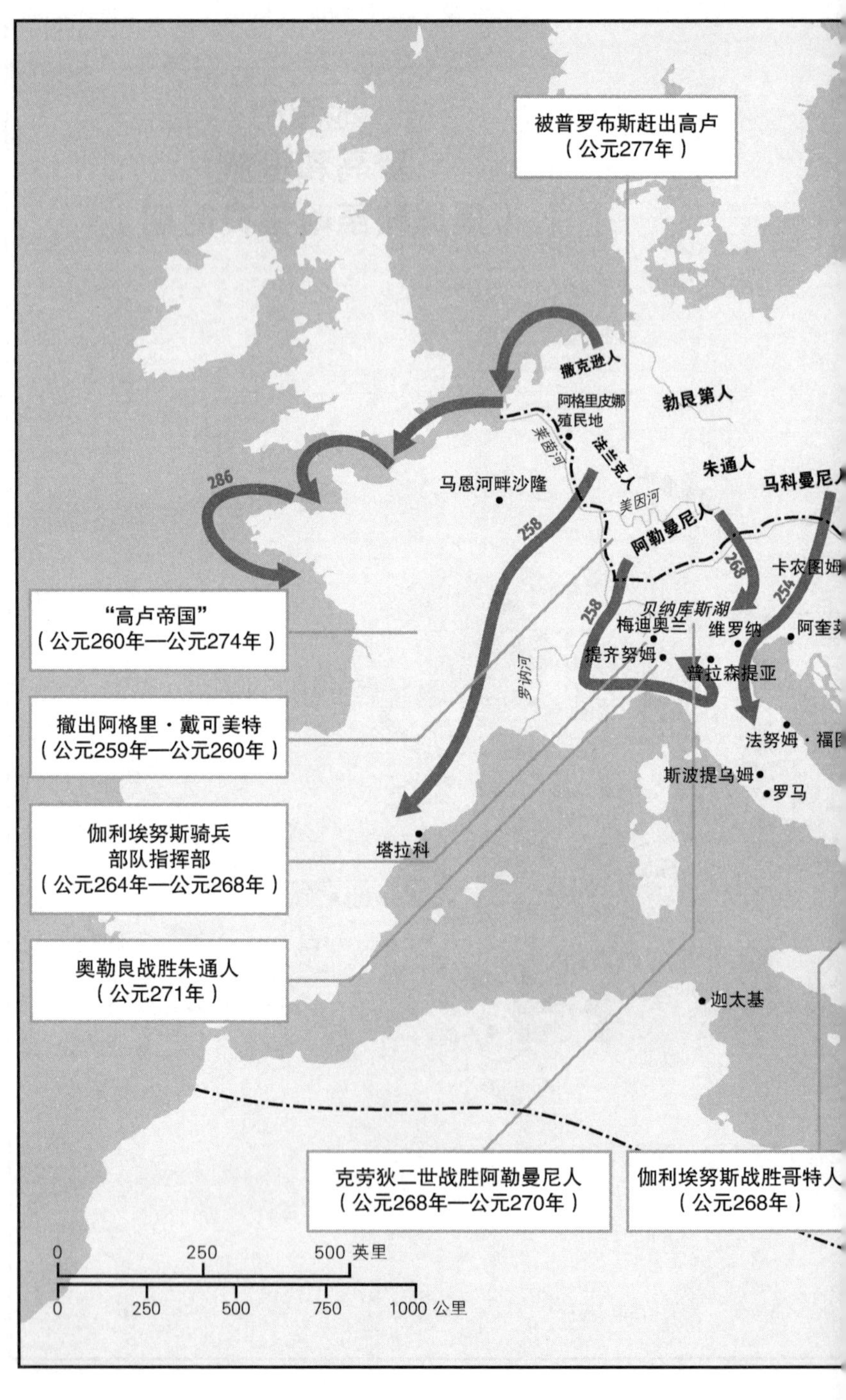

被普罗布斯赶出高卢
（公元277年）
撒克逊人
阿格里皮娜
殖民地
勃艮第人
莱茵河
法兰克人
朱通人
马科曼尼人
286
马恩河畔沙隆
美因河
258
阿勒曼尼人
268
卡农图姆
254
贝纳库斯湖
258
梅迪奥兰
维罗纳
阿奎
提齐努姆
普拉森提亚
罗讷河
法努姆·福
斯波提乌姆
罗马
塔拉科
迦太基
"高卢帝国"
（公元260年—公元274年）
撤出阿格里·戴可美特
（公元259年—公元260年）
伽利埃努斯骑兵
部队指挥部
（公元264年—公元268年）
奥勒良战胜朱通人
（公元271年）
克劳狄二世战胜阿勒曼尼人
（公元268年—公元270年）
伽利埃努斯战胜哥特人
（公元268年）
0
250
500 英里
0
250
500
750
1000 公里

地图7
3世纪危机
约公元271年撤出
第一次跨过亚历山大·塞维鲁统治下的多瑙河（公元222年—公元235年）
国王将舰队借给入侵者（公元254年）
德西乌斯在与哥特人的战争中阵亡（公元251年）
汪达尔人
第聂伯河
德涅斯特河
格皮德人
罗克索拉尼人
阿昆库姆
萨尔马提亚人
巴斯塔奈人
东哥特人
赫鲁利人
雅济吉斯人
达契亚
西尔米乌姆
潘提卡彭
辛梅里安人的博斯普鲁斯
西哥特人
乌尔古什河
阿伯里图斯
多瑙河
264
269
黑海
纳伊苏斯
马尔恰诺波利斯
阿德里安堡
腓力珀波利斯
拜占庭
特拉佩祖斯
卡尔西顿
比提尼亚
帖撒洛尼卡
尼科米底亚
戴克里先的驻地
尼西亚
佩西努斯
帕加马
卡莱
雅典
以弗所
斯巴达
埃德萨
泰西封
安条克
埃米萨
杜拉欧罗普斯
帕尔米拉
被哥特人洗劫（公元253年）
被哥特人占领（公元256年）
伽勒里乌斯收复美索不达米亚（公元298年）
被哥特人从德西乌斯手中夺走（公元249年—公元251年）
芝诺比娅女王帝国（公元270年—公元274年）

朱特人
盎格鲁人
撒克逊人
苏格兰人
哈德良长城
法兰克人
雷米
特雷维里
摩根提亚库姆
博尔贝托马古斯
勃艮第人
阿勒曼尼人
马恩河畔沙隆
奥勒良城
卢瓦尔河
阿提拉在卡塔劳尼亚
平原战役中失利
（公元451年）
阿瓦里库姆
梅迪奥兰
加龙河
提齐努姆
普拉森提亚
维恩那
萨保狄亚
阿雷拉特
纳尔榜
乌尔比库斯
波尔都斯
巴西诺
撒丁岛
迦太基
希波
赫拉克勒斯之柱
跨越海峡
（公元427、428、429年）
公元439年被征服
被哥特人阿拉克里洗劫
（公元410年）；
被汪达尔人盖萨里克洗劫
（公元455年）
0 250 500 英里
0 250 500 750 1000 公里

地图8
公元5世纪蛮族入侵
汪达尔人
夸迪人
苏维汇人
萨尔马提亚人
阿兰人
匈人
第聂伯河
顿河
东哥特人
（格鲁森尼人）
阿昆库姆
西哥特人
（瑟文吉人）
马尔恰诺波利斯
巴尔干山脉
阿德里安堡
君士坦丁堡
克里索波利斯
瓦伦斯战败、阵亡
（公元387年）
莫普苏克里尼
卡利尼库斯
君士坦提乌斯二世逝世
（公元361年）
—— 雷吉乌姆
阿拉里克逝世
（公元411年）
被阿提拉洗劫
（公元452年）

目 录

引 言

谁是蛮族?

在庞贝古城大会堂的北墙上,有这样一则涂鸦:

> 卢西乌斯·伊斯塔西迪乌斯是个蛮族,
> 我是不会在他家吃饭的。[1]
> (*L. ISTACIDI AT QVEM NON*
> *CENO BARBARVS ILLE MIHI EST*)

还是在庞贝,V. 2. I 号建筑的墙壁上,也有一段绕口令似的文字,就像是用来教人写六音步诗行①的:

① 英诗中重读与非重读音节的特殊组合称为音步,每行含有六个音步的称为六音步诗行。——译者注。本书脚注均为译者注,以下不一一注明。书末“注释”为原作者注。

野蛮的蛮族人留着蛮族人野蛮的胡子。[2]

(*BARBARA BARBARIBVS BARBABANT BARBARA BARBIS*)

但是，是什么使卢西乌斯·伊斯塔西迪乌斯像个蛮族？在罗马人眼中，什么样的人或事物是“野蛮的”？是否所有的蛮族都是野蛮的，即现代意义上原始、粗野、未开化、无教养和/或暴力的？蛮族有没有英雄的一面？高度文明的人有没有野蛮的一面？我们是否应该在罗马人和蛮族之间以及“罗马性”和“蛮族性”之间建立清晰的二元对立？罗马人和蛮族是否需要这样的对立来定义他们自己？[3]一个蛮族人能够成为罗马人吗？或者反过来，一个罗马人会不会变成蛮族人？如果一个人的身份是“（一种）认知的、多层次的、表现性的、情境式的和动态的（精神状态）”[4]，那么罗马人和蛮族的区别在哪里？是种族、部落、语言、文化、心理、道德观、身份象征、服饰、胡须、宗教、法律、地域、出生地、肤色[5]、行为方式、自我身份认同和他人身份认同，还是这些因素的全部或部分组合？又或者，这些都不是？有人中肯地指出：“罗马人对蛮族的描述不是‘我们’和‘你们’之间的对话（‘**我们**是这样的，**你们**是那样的’），而是‘我们’和‘我们’之间的对话，是罗马人之间的对话［‘**我们**是这样的（或者更多的时候，**应该**是这样的），因为**他们**是那样的’］。”[6]

然后又产生了更多的问题：蛮族默认对罗马抱有敌意吗？蛮族有多团结？是否存在一种“泛蛮族”身份？从我们在蛮族的地域（罗马帝国之外的地域）所发现的进口的或输入的罗马产品来看，蛮族对罗马的态度是怎样的？罗马人是否“在乎蛮族”？他们的

“蛮族恐惧症”是否像通常想象的那么严重？[7]总之，蛮族是复杂的，罗马对蛮族的反应也同样复杂。

barbarus（“蛮族”）这个词，包括其名词和形容词形式（a barbarian 和 barbarous），是罗马人从希腊语的 *barbaros*（“异族”）一词沿袭而来的。一份在皮洛斯（Pylos）① 撰写的记录显示，这个词可能从青铜器时代就开始使用了，当时人们用 *pa-pa-ro* 这个词来表示外来的“野蛮人”，即来自皮洛斯以外的人。[8] *barbaros* 最初的含义与语言有关，它是一个拟声词，指的是有些人说话时只能发出含糊不清、难以理解的 bar-bar-bar 的声音。荷马（Homer）没有使用 *barbaros* 这个词，但是他用 *barbarophonos*（词根 *phon* 就是“声音”的意思）来描述特洛伊的盟友卡里亚人（Carian），这些人既不是不说希腊语，也并非说得特别糟糕。有时候，如果某种希腊方言很难听懂，也会被说成“野蛮的”。古希腊喜剧作家阿里斯托芬（Aristophanes）曾经称高尔吉亚（Gorgias）② 为“蛮族”，因为他有浓重的西西里口音[9]；普罗迪科斯（Prodicus）③ 曾说庇塔库斯（Pittacus）④ 的莱斯博斯岛（Lesbos）口音“野蛮”[10]，既不是因为莱斯博斯岛人不说希腊语，也不是因为这个岛给人感觉位于希腊世界的边界之外，只是因为这种方言很难听懂。

其他古代语言中也有类似的词语：巴比伦-苏美尔人用 *barbaru* 来表示“外地人”；印欧语系中有若干表示“难以理解的语言”的单词，包括拉丁语中的 *balbutio*（说话结结巴巴、口齿不清、难以

---

① 希腊伯罗奔尼撒半岛西南部的一个城市。

② 古希腊哲学家、修辞学家。

③ 古希腊哲学家、文法家，苏格拉底的导师之一。

④ 古希腊政治家、军事家。

理解）、捷克语中的 *blblati*（口吃、结巴）、英语中的 *baby*（婴儿），可能也源于此。因此，最初定义蛮族和希腊人的是语言："再没有哪个古代民族将语言看得如此重要，以至于用语言来定义自己的民族。"[11]公元前 5 世纪的希腊历史学家修昔底德（Thucydides）认为，荷马没有使用"蛮族"这个词，是因为在他的时代，希腊人"那时还没有一个独特的名称，以和世界上其他民族区别开来"[12]。换句话说，蛮族是由希腊人定义的，反之亦然。

公元前 490 年和公元前 480 年—公元前 479 年，波斯的大流士一世（Darius I）和薛西斯一世（Xerxes I）先后入侵，使希腊人的态度发生了转变。希腊人以前所未有的方式团结起来，赢得胜利，在这个过程中，希腊人"发明"了蛮族的概念[13]，开始将自己与反希腊的蛮族区分开来。一个重要的转折点发生在公元前 472 年，雅典悲剧作家埃斯库罗斯（Aeschylus）在他的《波斯人》（*Persians*）中将蛮族搬上舞台：从那时起，蛮族的概念真正固定下来，所谓蛮族，就是"所有非希腊人"，无论他们是波斯人、腓尼基人（Phoenicians）、弗里吉亚人（Phrygians）、色雷斯人（Thracians）还是其他什么人。这些"蛮族"对君主制欣然接受，在刚刚民主化的雅典人看来，这就等同于奴隶制。只有自由，才能使人真正成为人，强制劳动让他们比动物强不了多少。自由允许人们培养理性、自律、勇气、慷慨和崇高的品格；蛮族和奴隶根本没有心智能力，所以是幼稚、软弱、无理性、无纪律、残忍、怯懦、自私、贪婪、奢侈、纵欲过度、胆小如鼠的。这又导致了两个结论：（1）蛮族天生适合奴隶制；（2）鉴于希腊人认为帮助朋友、消灭敌人是符合道义的，那么征服蛮族就是希腊人的使命。"所以诗人们说：'只有这样才是公道的：希腊人统治蛮族人。'[14]在诗人们看来，野蛮民族天然都是奴隶。”[15]

后来，在罗马人那里，这个词的意思有所改变，成了对一切非罗马人的统称。这不无讽刺，因为从希腊人的角度看，罗马人本身就是字面意义上的蛮族。[16]但是罗马人选择关注这个词在行为方面而非种族方面的含义——至少在适合他们的时候如此——对这个希腊概念完成了一次完整的文化挪用。要成为真正的文明人，你不能生活在世界边缘这一处于“原始状态”的自然环境中，而必须生活在世界的中心：

> 毫无疑问，黑人被他们附近灼热的天体烤焦了，他们生来一副焦煳的模样，长着卷曲的头发和胡子，世界另一头的人种则皮肤苍白，长着笔直的黄头发；严酷的气候造就了后者凶暴的性格，而前者身手灵活、聪明伶俐……在地球的中央（罗马人居住的地中海地区），由于水和火的比例平衡，土壤肥沃、物产丰富，人们身材适中，连肤色也明显是混合的；这里的人性格温和、感觉敏锐、富于智慧，能够掌握整个大自然；他们还拥有政府，这是外面的种族从来没有过的。[17]

所有生活在罗马权力范围之外的人，或者反叛与抵抗罗马的人，都是蛮族。

在许多希腊人和罗马人看来，距离他们的文化中心越远，那里的人就越野蛮、越怪异、越丑陋：罗马帝国边界（随着帝国的历史不断变化）之外的自然环境意味着，生活在蛮族地区的人是无法成为文明人的。然而，从公元前 753 年建城到公元 476 年西罗马帝国灭亡，在罗马漫长的历史中，这些蛮族与罗马人的互动起到了决定性的作用。

第1章

神话与历史的交织：从埃涅阿斯到“傲慢王”塔克文

埃涅阿斯：从蛮族人到特洛伊-意大利人

人们常说，历史是由胜利者书写的，就罗马而言，这些书写者格外能言善辩。他们讲述了一个跌宕起伏的故事：罗马从一个由逃离战火的难民建立的小村庄，发展为一个称霸世界的超级大国，然后又以拜占庭帝国的姿态进入中世纪。然而，极具讽刺意味的是，罗马人将自己视为蛮族的对立面，而他们的故事却是从埃涅阿斯（Aeneas）开始的。作为特洛伊人，埃涅阿斯正是希腊人眼中蛮族的代表。

在神话中，埃涅阿斯是特洛伊人安奇塞斯（Anchises）和女神维纳斯（Venus）/阿佛罗狄忒（Aphrodite）之子。在传统的希腊神话中，埃涅阿斯从来不是特洛伊最强大的战士，阿喀琉斯（Achilles）跟他在战场上一见面就嘲弄他：

> 你大概还没有忘记，似乎有这样一次，
> 我举着长枪追赶你，你被我追赶得慌忙，
> 丢下牛群，独自迈开敏捷的双腿，
> 迅速奔下伊达（Ida）山，奔逃得不敢回望。[1]

埃涅阿斯两次与强悍的希腊战士狄奥墨得斯（Diomedes）交手[2]，都需要别人来营救，第一次是阿佛罗狄忒救了他，第二次是阿波罗（Apollo）。面对墨涅拉奥斯（Menelaus）和安提洛科斯（Antilochus）的威吓，他没有迎战。不过，他倒是有勇气跟阿喀琉斯单挑，最后还是波塞冬（Poseidon）救了他。波塞冬将他扔到战场边缘，命令他停止与阿喀琉斯战斗，因为他还有更重要的使命。

与罗马人特有的“虔敬”（pietas）品质相比，埃涅阿斯的军事才能显得并不重要。所谓“虔敬”，是一种对诸神、国家和家庭的责任感。在希腊人用木马计攻陷特洛伊城之后的大屠杀中，这种品质得到了证明。埃涅阿斯携老父安奇塞斯和幼子阿斯卡尼乌斯/尤路斯（Ascanius/ Iulus），与一小群幸存者逃离火海，但是在混乱中失去了妻子科莱乌萨（Creusa）。这些蛮族难民前往意大利开始新的生活，在那里为罗马最终成为全世界的主宰打下了基础。

埃涅阿斯的神话在维吉尔的史诗《埃涅阿斯纪》（*Aeneid*）中最终成形，这部史诗于公元前30年开始创作，到公元前19年作者去世时仍未完结：

> 我要说的是战争和一个人的故事。这个人被命运驱赶，第

> 一个离开特洛伊的海岸，来到了意大利拉维尼乌姆（Lavinium）之滨。因为天神不容他，残忍的朱诺（Juno）不忘前仇，一路上无论陆路水路他都历尽了颠簸。他还必须经受战争的痛苦，才能建立城邦，把故国的神祇安放到拉丁姆（Latium），从此才有拉丁族、阿尔巴（Alba）的君王和罗马巍峨的城墙。[3]

维吉尔为这个故事提供了诗意的、神话般的版本，与他同时代的历史学家李维（Livy）[4]则在其不朽著作《自建城以来》（*Ab Urbe Condita*）第一卷中讲述了罗马的早期历史："埃涅阿斯……受到开创伟业的命运驱使……在（意大利海岸）登陆后，由于历经漫无边际的漂泊，除武器和船只外，他们已别无所有；他们劫掠乡村时，占据这一地区［劳伦土姆（Laurentum）］的拉提努斯王（Latinus）和族人全副武装从城里和田间蜂拥而至，迎击新来者的暴力。"[5]

神话传说总是不断演变的，关于接下来发生的事情有两种说法。在一种版本中，发生了一场战斗，拉提努斯被打败了，不得不向埃涅阿斯屈服，把女儿拉维尼娅（Lavinia）嫁给了他。在另一种版本中，双方在开战前进行了谈判，埃涅阿斯告诉拉提努斯他们是什么人、从哪里来、为何背井离乡、来到拉提努斯的土地上寻找什么。拉提努斯仰慕"这群陌生人的高贵，以及他们的首领随时准备接受战争或和平的气概"[6]，向埃涅阿斯伸出友谊之手，与他缔结盟约，邀请他到家中做客，并把女儿拉维尼娅嫁给了他。

现在，特洛伊人找到了一个永久的家园，罗马人的祖先开始包含拉丁人——同样是蛮族，至少在希腊人看来是这样。特洛伊人开始建立定居点，用埃涅阿斯的新妻子的名字命名为拉维尼乌姆。不久，他们的孩子阿斯卡尼乌斯出生了。[7]

然而，并不是所有人都对这样的安排感到满意。在埃涅阿斯到来前，拉维尼娅已经许配给鲁图利人（Rutuli）的王子图尔努斯（Turnus）。图尔努斯感觉受到了侮辱，盛怒之下举兵进犯。鲁图利人被打败了，但是拉提努斯也在战斗中丧生。图尔努斯向强大的伊特鲁里亚（Etruscans）国王墨赞提乌斯（Mezentius）寻求帮助，不难想见，后者早就对特洛伊人-劳伦土姆人的联盟心怀不满。维吉尔笔下的墨赞提乌斯既残忍又野蛮：

> 他甚至把活人和死人的尸体绑在一起，手对着手，嘴对着嘴，这就是他所施行的那种酷刑啊，他把活人如此残忍地和腐烂、流着秽血的死人捆在一起，让活人慢慢死去。[8]

在这种危急的形势下，埃涅阿斯将拉丁人的族名授予他的特洛伊人，以巩固他们的联盟。随着特洛伊人和拉丁人迅速融合，成为一个民族，埃涅阿斯决心攻打伊特鲁里亚人。拉丁人在战斗中取得了胜利：埃涅阿斯向墨赞提乌斯的战马的两个太阳穴当中投了一枪，使那战马倒在伊特鲁里亚人身上，把他压倒在地，墨赞提乌斯将喉咙伸向埃涅阿斯的剑刃，引颈自刎。

现在只剩下埃涅阿斯和图尔努斯一对一地解决他们之间的争端了，用维吉尔的话说，就像两头公牛争夺牛群的领导权。慌乱中，图尔努斯抄起了一把凡人打造的普通兵器，而不是他常用的伏尔坎（Vulcan）① 打造的宝刀，当他砍向埃涅阿斯时，他的刀裂成了碎片。图尔努斯只得逃跑，而埃涅阿斯因为之前膝盖受到箭伤，也追不上他。图尔努斯的姐姐茹图尔娜（Juturna）给他带来了他的宝

---

① 罗马神话中的火与工匠之神。

刀，维纳斯为埃涅阿斯取回了他的长矛，于是两个战士都有了武器，恢复了斗志，重新振奋起来。

在这个关键时刻，维吉尔插入了一段发生在神界的非常重要的小插曲，罗马人身份的一个重要方面就是在这时决定的。自从在“帕里斯的评判”中，特洛伊王子帕里斯（Paris）判定女神朱诺的美貌不及埃涅阿斯的母亲维纳斯之后[9]，朱诺就一直坚定地跟特洛伊人作对，但是现在朱庇特（Jupiter）叫她不要再阻挠特洛伊人。朱诺答应了，但是她要求这将意味着特洛伊的灭亡，特洛伊人和意大利人的联盟将产生一个混合的罗马民族，意大利人要作为联盟中主导的一方；当两个国家统一时，他们必须被称为“拉丁人”或“意大利人”，而不是“特洛伊人”；意大利人不能改变他们的服饰和语言（罗马人说拉丁语，而不是“罗马语”）。在战斗中，图尔努斯的妻弟努玛努斯·雷木路斯（Numanus Remulus）发表过一段慷慨激昂的演说：“我们意大利人天生就强悍，我们的孩子被当成猎人、农民和战士养大；你们特洛伊人喜欢的却是染成黄色和紫色的衣服、懒散的生活、唱歌跳舞——你们是弗里吉亚的女人，哪里是什么弗里吉亚的男子汉！”[10]本质上，罗马人必须与他们作为蛮族的过去决裂。朱庇特答应了。

埃涅阿斯和图尔努斯进行了最后的决战。埃涅阿斯投出的长矛发出比雷霆还要响亮的声音，刺中了图尔努斯的大腿，图尔努斯跪在地上，放弃了对拉维尼娅的要求，恳求埃涅阿斯饶他一命。埃涅阿斯原本犹豫不决，但是当他看到图尔努斯系着从他的朋友帕拉斯（Pallas）那里夺走的腰带，心中又重新燃起了可怕的怒火，一刀刺进图尔努斯的胸膛。维吉尔的《埃涅阿斯纪》就此戛然而止。李维称这场战斗是埃涅阿斯在尘世间最后的劳作：“他被葬在努米库斯

（Numicus）河岸。无论怎样称呼他都适于神人法律。”[11]

阿尔巴·隆伽

阿斯卡尼乌斯还太年轻，无法继承父亲的权力，但是拉维尼娅是个令人敬畏的女人，在儿子成年之前一直担任摄政王。关于阿斯卡尼乌斯的身份，各种传说相互矛盾，连李维都感到困惑：“我不想讨论——谁能十分肯定如此古老的事情？——他就是这个阿斯卡尼乌斯，或是那个年龄比这个大的阿斯卡尼乌斯——在特洛伊尚完好时由母亲科莱乌萨所生，后伴随其父逃走，尤利安（Julian）家族声称他即是其远祖的同一个尤路斯。这个阿斯卡尼乌斯，不论生在哪儿，由哪一个母亲所生，公认的确是埃涅阿斯的儿子。”[12]

李维解释说，无论他的母亲是谁，阿斯卡尼乌斯最终将拉维尼乌姆留给他的母亲（或继母）掌管，自己在阿尔巴山（Alban Hill）脚下建立了一个新的定居点——阿尔巴·隆伽（Alba Longa）。阿尔布拉河［Albula，今台伯河（Tiber）］成为伊特鲁里亚人和拉丁人之间的分界线。

维吉尔在他的《埃涅阿斯纪》中对罗马人的自我形象进行了深刻的剖析。在第六卷中，就在埃涅阿斯第一次登陆意大利之前，他进入冥府去会见安奇塞斯的鬼魂。他的父亲指给他看一群等候着出生的灵魂，每一个灵魂都以自己的方式展示了一种罗马人仰慕的品质，主要是战场上的正直与勇气。他第一个指向西尔维乌斯（Silvius）——这是个阿尔巴名字，意思是“在山林中出生”——他是埃涅阿斯最小的孩子，埃涅阿斯晚年时拉维尼娅才生下他。[13]不过，在李维对阿尔巴·隆伽诸王的描述中，这个西尔维乌斯是阿斯卡尼乌斯的儿子，他的继承人是埃涅阿斯·西尔维乌斯（Aeneas Silvius），后者的继承人是拉提努斯·西尔维乌斯（Latinus Silvius）。[14]阿尔巴历代国王都沿袭了“西尔维乌斯”这一名称。在这个序列中，接下来是阿尔巴（Alba）、阿提斯（Atys）、卡皮斯（Capys）、卡培图斯（Capetus）和第伯里努斯（Tiberinus）。第伯里努斯在渡阿尔布拉河时溺死，从此以后，这条至今仍然流经罗马的河流就以他的名字命名为台伯河。第伯里努斯之后是阿格里帕（Agrippa），阿格里帕之后是罗慕路斯（Romulus），罗慕路斯遭雷击后，王权移交给阿芬提努斯（Aventinus），后者葬在现在的阿芬丁山（Aventine Hill）上，这座山就因他而得名。下一任国王是普罗卡（Proca）。他有两个儿子，努米托尔（Numitor）和阿慕利乌斯（Amulius）。他把西尔维乌斯家族古老的王权传给长子努米托尔：“但暴力强于父亲的愿望或对年龄的尊敬：阿慕利乌斯逐走其兄而自己统治。他罪上加罪，又杀害了其兄的男性后裔，以荣誉为名将其兄之女蕾阿·西尔维娅（Rhea Silvia）指定为维斯塔贞女（Vestal Virgin），以终生的贞操打消了其生育的念头。”[15]

罗慕路斯和雷慕斯

罗马的故事仍然在神话和传说的国度流传，现在讲到了罗慕路斯和雷慕斯（Remus）的部分。传统上认为这段故事发生在公元前8世纪中叶。到了21世纪，考古学为我们提供了大量关于古罗马的知识。最近，在罗马广场（Roman Forum）发掘出了“黑色大理石”

(Lapis Niger)，考古学家帕特里齐亚·福尔图尼（Patrizia Fortuni）团队还发现了残存的城墙、谷物和陶器碎片，将罗马的建城日期前推到公元前 9 世纪末/公元前 8 世纪初，与传统上认为的公元前 753 年存在矛盾。[16]但是罗马人不可能知道这些。他们要到更晚一些才开始书写自己的历史。第一位真正的罗马历史学家是罗马元老昆图斯·费边·皮克托（Quintus Fabius Pictor），他是一位编年史作家，生活在公元前 3 世纪末，用希腊语写作，他记录事件的目的更多是作为参考，而不是给出自己的分析。他的作品描述了罗马最早的发展史，虽然现在已经失传，但是成为其他历史学家的重要资料来源，波里比阿（Polybius）[17]、哈利卡纳索斯的狄奥尼修斯（Dionysius of Halicarnassus）[18]和李维等人都参考了他的作品。

虽然没有准确的信息，但罗马人还是要解释他们的起源，李维的版本成为最终版：

> 但依我看，如此伟大的城市的起源和仅次于神力的伟大统治的开端应归于命运。维斯塔贞女（蕾阿·西尔维娅）被暴力占有生下一对孪生子后，或由于她确信如此，或由于神作为过错的肇事者会光彩些，她声称马尔斯（Mars）是这对不明苗裔的父亲。但不论是神还是人都未能保护她或孩子免遭王的残害：他下令把女祭司捆起来投入监狱，将男孩扔进流水（台伯河）。[19]

但是命运插手了。台伯河水溢上岸边，使人无法靠近平日的河流，所以奉命溺死婴儿的人把盛着弃儿的篮子留在水边，那里有所谓“罗慕路斯的无花果树”——在李维的时代，这棵树位于罗马广场，被称为鲁米那里斯（Ruminal）。当洪水退去，篮子被留在高处的干地上。一只母狼从附近的山上下来喝水，听到了婴儿的哭声，给他们喂奶，温柔地对待他们。王室牧群的看护者法乌斯图鲁斯（Faustulus）发现母狼正用舌头舔着男孩，便把他们带回家，交给妻子拉兰提娅（Larentia）抚养。李维评论说，为了将这个故事合理化，有些人说拉兰提娅实际上是个妓女，即牧民们所谓的“母狼”[20]，因为拉丁语中的 *lupa*（母狼）一词在俚语中就是妓女的意思。[21]

这个故事的母题很耐人寻味，饱含暴力与野性的元素：罗慕路斯和雷慕斯的父亲马尔斯是战争之神；他们被故意暴露在严酷的大自然中，被一只野兽救下——野兽正是野性的象征；牧羊人通常被认为是未开化的外邦人。总之，“野蛮”是罗马建城神话的核心。

罗慕路斯和雷慕斯的外祖父努米托尔最终承认了他们，他们帮助他在与阿慕利乌斯的斗争中夺回了阿尔巴的王位，然后决定到他们被抛弃的地方建立一座新城。由于要接纳阿尔巴人、拉丁人和大量的牧民，阿尔巴面临着人口方面的压力。然而，双胞胎的计划败给了嫉妒和野心。他们就新城应该由谁来统治、用谁的名字命名争论不休。于是，罗慕路斯选定帕拉丁山（Palatine Hill），雷慕斯选定阿芬丁山，作为观鸟兆的界限：“据说征兆先降临雷慕斯，即六只秃鹫；当征兆被报知后，两倍于此数的秃鹫显示给罗慕路斯，于是他们两人均被他们自己的人拥立为王。前面的人以次序优先攫取王权，而后面的人则凭借鸟的数目。然后他们聚在一起争执，并且由于愤怒的纷争导致杀戮。雷慕斯在混乱中被击中倒下。”[22]

李维还提到一种传说，说雷慕斯为嘲弄他的兄弟而跳过了新城墙，愤怒的罗慕路斯杀死了他，并且留下了那句著名的威胁之词：“今后任何跳过我城墙的人亦如此！”[23]于是，罗慕路斯独揽了统治权，这座城市也以他的名字命名为罗马。

后来的罗马人也曾对罗慕路斯潜在的蛮族性感到疑惑，关于这个问题，西塞罗（Cicero）的《论共和国》(*De Re Publica*）中有一段颇具启发性的对话：

> 斯基皮奥（Scipio）说："那你说，难道罗慕路斯是蛮族人的国王吗？"
>
> 莱利乌斯（Laelius）说："如果像希腊人说的那样，所有的人或是希腊人，或是蛮族人，那我想他似乎也该是蛮族人的国王。但如果这样称呼是根据习俗，而不是根据语言，那么我认为，希腊人也像罗马人一样，是蛮族。"
>
> 斯基皮奥说："根据我们的谈话主题，我问的不是关于种族，而是关于性格。"[24]

因此，罗马人的行为意味着他们不是蛮族人，在后来的岁月里，罗马人把他们的惊世功业归功于罗马的地理位置及其对他们性格的影响："在意大利，人们四肢力量和精神力量的调和完全适度，因而它们的强度成比例……就是这样，神意把罗马市民的国土布置在极好的并经过调和的地区，以便能够获得统治大地的权力。"[25]

实际上，作为一个庞大帝国的中心，罗马的地理位置非常不便，在罗慕路斯建城之后一千年，罗马变成了死水一潭，有些皇帝甚至从来没有去过那里。诸如尼科米底亚［Nicomedia，今土耳其的伊兹米特（İzmit)］、特雷维里［Treveri，今德国的特里尔(Trier)］、梅迪奥兰［Mediolanum，今意大利的米兰（Milan)］、西尔米乌姆［Sirmium，今塞尔维亚的斯雷姆斯卡米特罗维察

(Sremska Mitrovica)]、安条克[Antioch，今土耳其的安塔基亚(Antakya)]、塞迪卡[Serdica，今保加利亚的索菲亚(Sofia)]和帖撒洛尼卡[Thessalonica，今希腊的萨塞洛尼基(Thessaloniki)]等城市更加声名远播，最终，条条大路并没有通向罗马。不过，罗马的地理位置确实有助于它早期在意大利的成功。著名的罗马七丘中，帕拉丁山和卡皮托山(Capitoline Hill)提供了天然的防御屏障，俯瞰台伯河对岸的交叉路口，城市本身位于意大利西部中间位置，正好在一些交通要道的交汇点上：北通伊特鲁里亚，其文明对罗马的风俗习惯、宗教程序、权力象征和建筑风格产生了重要的影响；南通特雷鲁斯[Trerus，今萨科(Sacco)]河谷，或者绕过阿尔巴山山脚，继续通往意大利南部大希腊地区(Magna Graecia)文化发达的希腊城邦。更多的道路通往台伯河口，提供了出海的通道，上游则是萨宾人(Sabine)的领地，经过伊特鲁里亚重镇，深入翁布里亚(Umbria)腹地。罗马拥有发展为一个重要枢纽的潜力。

罗慕路斯统治时期（公元前753年—公元前715年）

罗慕路斯不仅是史书中的人物，在诗歌中也有一席之地。在《埃涅阿斯纪》中，埃涅阿斯的父亲从即将降生的英雄队列中把他指了出来：

> 是的，还有战神马尔斯之子罗慕路斯，他的母亲伊丽雅(Ilia)出自阿萨拉库斯(Assaracus)的血统，将抚育他，他将

> 与他的外祖父齐名。你看见他头盔上笔直的两根翎毛没有？这就是他父亲的徽记，表明他将来是与众不同的。孩子，看，罗马将由于他的掌权而闻名于世，罗马的统治将遍布大地，它的威灵将与天地相侔，它将用城墙围起七座山寨，建成一座城市，它将幸福地看到子孙昌盛。[26]

罗慕路斯在帕拉丁山设防，订立了一系列重要的宗教仪式，召集了他的臣民，向他们颁布法律：“由于他认为，只有通过权威的象征才能使自己令人敬畏，只有对于粗朴无文[27]的人，法律才能被神圣化，他通过采用十二名扈从（lictors）[28]以及其他礼仪使自己更具威严。”[29]

罗马继续发展，罗慕路斯鼓励寻找庇护所的人到那里去：“来自相邻民族的所有人众，不分自由人还是奴隶，都怀着对新事物的渴望逃到那里。对于业已开创的伟大事业，这成了第一批中坚。”[30]

重点又一次落在外邦人、异国人和流亡者上。罗慕路斯需要一种社会控制的手段，来管理这些漂泊无根、来源多样、多少有些野蛮的人口。因此，他指定了一百名元老，他们的后代被称为“贵族”(Patricians)。[31]

在当地，罗马是强大的。但是长远来看，有一个严重的问题：缺少足够的妇女。罗马人无法传宗接代，邻人又拒绝与这些野蛮人通婚：“许多人质问（罗慕路斯的）使者，罗马是否也像对男子、逃亡者和流浪汉一样，对妇女敞开大门，因为这才是让罗马人娶到妻子的最恰当的方式。”[32]

这种轻慢的态度令罗马青年恨得咬牙切齿，不可避免地，罗慕路斯准备诉诸武力，他精心筹备“康苏斯节”（Consualia）庆典[33]，并向邻近城邦发出邀请。在涌入罗马的人群中，最引人注目的是萨宾人和他们的妻儿。他们受到热情的欢迎，罗马人邀请他们参观城市，然后庆典开始了。“暴力遂按预定计划开始：信号发出后，罗马青年冲向四处抢夺少女。她们多数被他们偶然碰到的那个男人抢去；一些相貌出色的已经指定给首席元老（*princeps senatus*），由一些已被交代给这项任务的平民劫持到他们的家里。”[34]

欢乐的庆典变成了恐慌、泪水和控诉的海洋。少女们吓坏了。罗慕路斯试图安慰她们：

> 他解释说，事情是由于她们的父亲拒绝与邻邦通婚的傲慢造成的；尽管如此，她们将会合法成婚，分享所有财富和公民权，并将拥有——对人类来说至为珍贵的——孩子……还有男人们的恭维，他们解释说事情是因欲望和爱慕所致。这些祈求对女人的天性尤为奏效。[35]

不用说，这件事引起了强烈的反弹。但是当凯尼那人（Caenina）为萨宾人拿起武器时，罗马人击败了他们。传说罗慕路斯亲手杀死了他们的首领阿克戎（Acron），并从尸体上剥下他的盔甲，献给朱庇特·费雷特里乌斯（Jupiter Feretrius）神庙。这些战利品被称为“至尊战利品”（*Spolia Opima*）[36]，赢得它们的荣耀是十分难得的。

科鲁斯图米努姆人（Crustumium）和安特姆奈人（Antemnae）进攻罗马失败后，萨宾人亲自上阵，精心策划了一次叛变。坐镇罗马城堡的斯普里乌斯·塔尔培乌斯（Spurius Tarpeius）有一个年轻的女儿，名叫塔尔皮娅（Tarpeia），她接受萨宾国王提图斯·塔提乌斯（Titus Tatius）的贿赂，让他的一队士兵进入城堡。但是他们一进来，就用盾牌压死了她。在李维的记载中，一个版本是塔尔皮娅同萨宾人达成协议，要他们把“左臂上戴的东西”给她，因为萨宾人习惯在左臂上戴贵重的金镯并佩戴镶有宝石的戒指，但是他们给她的是盾牌。还有一个版本是她直截了当地索要他们的盾牌，反为自己的酬劳所杀。[37]

萨宾人占领了罗马城堡。双方陷入了拉锯战，直到萨宾妇女出来干预。她们不顾危险地冲进不断横飞的枪矢之间，隔开了敌对的阵线，向她们的父亲和丈夫哀求：“‘我们现在是母亲了，’她们哭道，‘我们的孩子是你们的儿子，是你们的孙辈，不要让他们因弑亲而受玷污。如果你们不满于你们之间的姻亲，不满于联姻，向我们泄怒吧！我们是战争、是丈夫与父亲受伤和亡命的原因。我们宁愿去死，也不愿失去你们中的一方而过寡妇或孤儿的生活。’”[38]

她们的恳求奏效了。双方不仅达成了和平，而且使国家合二为一，把统治权全部移至罗马。为了对萨宾人示好，罗马人用萨宾城市库瑞斯（Cures）的名字给自己命名，自称奎里特斯人（Quirites）。[39]在罗马的早期历史中，我们看到的又是一个流离失所、变化无常、充满掠夺和绑架的世界。罗马人历史中备受尊崇的某些方面，在希腊人看来正是典型的蛮族行径。

罗马与其他古代社会的不同之处在于，妇女往往在历史上的关键时刻发挥着至关重要的作用。通过罗慕路斯颁布的一系列旨在使妇女行为端庄得体的《王家法》（*Leges Regiae*），可以清楚地看到古罗马社会对待妇女的态度。妇女通过“共食婚”（*confarreatio*，正式婚姻）与丈夫结合，分享他的财产和圣仪，除非通奸、毒死他的孩子或者偷配他的钥匙，没有什么能够废除这种婚姻。丈夫对妻子拥有多大的权威是有争议的：老加图（Cato）告诉我们，丈夫有权因通奸或饮酒（因为饮酒会导致通奸）而杀死他的妻子，但是哈利卡纳索斯的狄奥尼修斯说，他们至少要先与妻子的亲属协商。就妻子而言，她必须完全遵从丈夫的意愿，但是如果她贤惠又顺从，她就是家中的女主人。据我们所知，这项法律相当明智，以至于在500年的时间里没有婚姻被解除。

罗马人又与邻近城邦的费德奈人（Fidenae）和维爱人（Veii）爆发了冲突，并再次获得胜利。然后，李维以对罗慕路斯统治的评价作结。罗慕路斯取得了高度的军事和政治成就，凭借勇气和智慧建立了罗马城，通过战争与和平的艺术使罗马强大，不过，他受平民的欢迎甚于受元老们的欢迎。后来发生了一件奇事："一天，当他正在卡普拉沼泽附近的空地举行集会以便阅兵时，一场暴风雨伴着震响和雷鸣骤然升腾，以如此浓重的云雾遮盖了王，致使他的身影从集会上消失了。自那时起，罗慕路斯即不在世上。"[40]

罗马列王

根据罗马历史学家的记载，罗慕路斯和后来的六位国王共统治了大约250年，关于具体日期的记载是模糊不清和颇有争议的。努玛·庞皮利乌斯（Numa Pompilius，公元前715年—公元前672年在位）是罗慕路斯的继任者，他被认为是罗马法体系的创始人。他统治期间，罗马的自制力和军事实力同样卓越。根据维吉尔的说法，罗马的第三任国王图卢斯·霍斯提利乌斯［Tullus Hostilius，绰号“好战者”（The Hostile），公元前 672 年—公元前 641 年在位］的统治是命中注定的：

> 他将打破国家的安逸，激发怠惰的人起来习武，把懒散的军队引向胜利。[41]

他在统治期间，与阿尔巴·隆伽的独裁官（dictator）麦提乌斯·弗费提乌斯（Mettius Fufetius）发生冲突。他们解决冲突的方式是双方各出一组三胞胎兄弟进行决斗：阿尔巴的库利亚提乌斯（Curiatii）兄弟和罗马的豪拉提乌斯（Horatii）兄弟。最后的幸存者是罗马的豪拉提乌斯兄弟中的一个。签订和平条约之后，豪拉提乌斯杀死了自己的妹妹，因为已与库利亚提乌斯兄弟中的一个订了婚，她流着眼泪哀悼死去的未婚夫，他便认为她不爱国。[42]

和平很快就被打破了。阿尔巴人不满麦提乌斯将国家的命运托付给三名战士，这迫使他以“不正当的计策”来重新赢得同胞的心。他煽动罗马殖民地的费德奈人和维爱人对罗马公开宣战，自己则在结盟的幌子下阴谋背叛。[43]图卢斯·霍斯提利乌斯要求麦提乌斯履行条约，罗马-阿尔巴军队一同开赴战场，计划是麦提乌斯的阿尔巴人对抗费德奈人，图卢斯对抗维爱人。但是麦提乌斯撤退到一处高地，在一旁观战。罗马人赢得了胜利，麦提乌斯上前祝贺他们。但是图卢斯看穿了他的骗局，对他施以惩罚，在他身上给予人类一个显著的教训[44]：“（他说）麦提乌斯·弗费提乌斯，如同你刚才分心于费德奈和罗马战事的两边一样，你现在要献出你的身体以被肢解各处。”[45]麦提乌斯的四肢被绑在两辆四匹马拉的战车上，然后马车被驱往相反的方向，结果令人不忍直视。罗马人喜欢可以遵循的道德“范例”，在维吉尔的《埃涅阿斯纪》中，这段情节被描绘在埃涅阿斯的盾牌上：

> 再过去刻的是麦提乌斯被马匹撕裂的图景，唉！你这个阿尔巴人啊，你应该信守你的誓言才对啊！图卢斯把这个不守信用的人的尸首拖过一片树林，他的血斑斑点点地染红了荆棘。[46]

不过李维觉得这件事没那么有教育意义：“在罗马，这是第一次也是最后一次无视人类法律的刑罚。除此之外，可以引以为豪的是，没有任何国家的刑罚比我们更温和了。”[47]

最后，由于错误地进行宗教仪式，朱庇特降下闪电，劈死了图卢斯·霍斯提利乌斯。他的继任者是安库斯·马尔西乌斯（Ancus Marcius，公元前 641 年—公元前 616 年在位），他不仅是著名的战士，还是一位成功的管理者，维吉尔对他的评价则是一位平民主义者。公元前 616 年—公元前 578 年，伊特鲁里亚出身的塔克文·普利斯库斯（Tarquinius Priscus）战胜了萨宾人和拉丁人，在罗马修建了有重要意义的基础设施，然后将王国传给了塞尔维乌斯·图利乌斯（Servius Tullius，公元前 578 年—公元前 534 年在位）。我们知道，在他之后，再也没有哪位罗马国王的统治是正义和人道的，毕竟，只剩下最后一位臭名昭著的暴君了：塔克文·苏帕尔布斯［Tarquinius Superbus，绰号“傲慢王”（The Proud），公元前 534 年—公元前 510 年在位］。在塞尔维乌斯·图利乌斯的女儿图里娅（Tullia）的怂恿下，他篡夺了王位，实施了恐怖统治，不过历史也承认他战功赫赫，以及在他的主持下修建了一些重要市政工程，包括罗马的大下水道（Cloaca Maxima）。

在“傲慢王”塔克文的故事中，我们又看到一个女人——鲁克蕾提娅（Lucretia）——发挥了重要的作用。她的故事是从一群罗马指挥官一起喝酒、夸耀他们的妻子开始的。她的丈夫科拉提努斯（Collatinus）提议事先不打招呼，当下就去拜访妻子们。其他人的妻子都在宴会中玩乐，鲁克蕾提娅却没有。她就像女性美德的典范，在灯光下纺着羊毛。然而，她的美丽和贞洁点燃了“傲慢王”塔克文的儿子塞克斯图斯·塔克文（Sextus Tarquinius）心中的欲火。夜晚，他带着剑返回，来到鲁克蕾提娅房中。她正在熟睡：

> 他用左手压住女人的胸，说道：“别出声，鲁克蕾提娅！我是塞克斯图斯·塔克文，我武器在手，出声就死！”当女人从睡梦中惊醒，看到无任何帮助、死亡临近时，塔克文开始倾诉爱情，恳求、祈求与威胁兼施，试图从各个方面打动女人的心。看到她执意不从，甚至不为死的恐惧所屈服时，他在恐惧中又加上耻辱，声称，他将把被断喉的奴隶赤身裸体地与被杀的她放在一起，以便她会被说成在一桩下贱的通奸中被杀死。占了上风的欲望经这一威胁征服了坚守的贞洁，塔克文因占有了女人的体面而傲慢地从那儿离开。[48]

鲁克蕾提娅给她的父亲和丈夫写信，他们都努力安慰她：她是清白的，无意念即无罪过。但是她不肯妥协：“‘今后，将没有任何不贞的女人以鲁克蕾提娅为榜样活着。’她拿出藏在衣下的刀，刺入心脏。”[49]

这桩惨剧促使卢西乌斯·尤尼乌斯·布鲁图斯（Lucius Iunius Brutus）召集罗马人民反对塔克文，公元前 510 年，塔克文被流放到卡埃里（Caere）。塞克斯图斯·塔克文逃到盖比伊（Gabii），在那里遇刺身亡。在罗马，君主制被两名每年选举产生的执政官

（consuls）取代，布鲁图斯是其中之一。从此以后，王权在罗马就成了可憎的事物，蛮族才由国王统治，罗马从此成为一个共和国。

拉斯·波尔森那与古罗马英雄

“傲慢王”塔克文不会轻易交出王权的。在维爱人和塔克文族人的帮助下，他与罗马人在阿尔西亚森林（Silva Arsia）展开战斗，没有取得决定性的结果。然后，他得到了克卢西乌姆（Clusium）的拉斯·波尔森那（Lars Porsenna）的帮助。公元前508年，波尔森那进军罗马。回到神话的国度，这一事件被描绘在埃涅阿斯的盾牌上：

> 这旁边又刻着波尔森那命令罗马人接受被放逐的塔克文，并发动大军压城，还有埃涅阿斯的后裔拿起武器为自由而冲杀。你还可以看到波尔森那怒气冲冲、威势凌人的形象，因为贺雷修斯·科克勒斯（Horatius Cocles）竟敢拆桥，而少女克洛厄利亚（Cloelia）也挣脱枷锁，泅过河去。[50]

传统上，贺雷修斯·科克勒斯被描绘为理想的罗马人：一个农夫-士兵，顽强、勤奋、严肃、自给自足，表现出忠诚、责任感和坚定的决心。

> 伊特鲁里亚军队接近罗马时，罗马人放弃了农庄退入城市（我们马上就能看到理想的农夫-士兵是如何投入战斗的），到处都派驻了防守部队。如果不是一位勇士的话，伊特鲁里亚人早已跨过（台伯河上的）木桥攻陷罗马……贺雷修斯·科克勒

> 斯当时正在把守木桥，（看到）敌人从山上直扑下来，他强烈敦促罗马士兵毁掉木桥……他单枪匹马，骄傲地站在桥头……敌人为如此大无畏的英勇所震惊。还有两个勇士斯普里乌斯·拉提乌斯（Spurius Larcius）和提图斯·贺米尼乌斯（Titus Herminius），他们的荣誉驱使他们掉转头，留下来和贺雷修斯并肩作战。[51]

三人合力抵挡住了第一波进攻，桥已经被破坏得差不多了，贺雷修斯命令另外两人撤退到安全地带。他继续坚守阵地，直到空中传来两声巨响：木桥断裂的声音和罗马人的欢呼声。然后他全副武装跳入台伯河，安全地游回了岸边，“他伟大的事迹也许是传说，但将在万世留下不朽的美名”[52]。他得到了典型罗马式的回报：“市中心竖起一座贺雷修斯的雕像，而且他被赋予这样大面积的土地：他的犁一天之内所圈到的地方，都归他所有。”[53]

但是波尔森那的围攻还在继续，这促使盖尤斯·穆西乌斯（Gaius Mucius）又上演了一次传说中的英雄壮举。他征得元老院的许可，暗藏一把匕首，潜入敌人的营地。他接近波尔森那身边，可惜搞错了人，刺中了波尔森那的秘书。他立刻就被逮捕了。穆西乌斯告诉波尔森那，将会有源源不断的罗马刺客轮流上阵，准备完成他未竟的事业。波尔森那下令说，如果穆西乌斯不坦白交代他刚刚暗示的暗杀计划，就把他活活烧死。穆西乌斯便把右手伸进献祭用的火中，任由自己的手在火中烤炙。波尔森那被这种超人的忍耐力震惊了，因为这个人对自己比对敌人还狠心，于是释放了他。从此以后，失去右手的穆西乌斯被称为“斯凯沃拉”（Scaevola，意思是“左撇子”）。波尔森那同意谈判。双方达成了和平协议，但是条件不包括恢复塔克文的王位。[54]

穆西乌斯的英雄行为激励了罗马妇女竞相效仿，其中最著名的是克洛厄利亚。她被伊特鲁里亚人扣为人质，有一天，她成功地躲过守卫，冒着冰雹般掷下的长矛，游过台伯河回到罗马。波尔森那钦佩她那连贺雷修斯和穆西乌斯都不及的“男儿般的勇气”，宣布说如果罗马人不交出她，将被认为是对和平协议的破坏；如果罗马人交还她，他将亲手把她毫发无损地还给她的家人。双方的表现都值得尊敬：克洛厄利亚被交还给波尔森那，很快又回到罗马，双方就此恢复友好关系。[55]

事实上，这个著名的故事还有另外一个版本，罗马人向波尔森那投降，波尔森那占领了罗马，并禁止罗马人使用铁制武器。[56]这使得学者们怀疑，波尔森那并不想恢复塔克文王朝，而是想要推翻它。但是伊特鲁里亚人没有在罗马停留太久，很快就遭遇了其他拉丁部落的抵抗，这些部落和罗马人一样，也想摆脱伊特鲁里亚人的统治。在希腊化的僭主、库迈人（Cumae）阿里斯托德姆斯·马拉科斯［Aristodemus Malakos，绰号“娘娘腔”（the Effeminate）］的帮助下，约公元前506年，他们在阿里西亚战役（Battle of Aricia）中打败了波尔森那的儿子阿伦斯（Arruns）。[57]考虑到“傲慢王”塔克文与拉丁人和阿里斯托德姆斯的关系都很密切，实际上有可能是波尔森那废除了罗马的君主制，共和国是在他撤退后诞生的。起初，塔克文到他的女婿、图斯库卢姆（Tusculum）的马米利乌斯·屋大维乌斯（Mamilius Octavius）那里避难。后来，他领导的拉丁城邦联盟在雷吉勒斯湖战役（Battle of Lake Regillus）中战败，传说在战斗中，卡斯托尔和波吕丢刻斯（Castor and Pollux）① 两位神站在罗马人一边作战。塔克文逃到库迈，投靠阿里斯

① 希腊神话中的双子星。

托德姆斯，最后死于公元前 496 年。拉丁人和罗马人的关系正常化了，双方约定：“彼此不可征战，也不可引入外敌，对可能与任何一方作战的人，不可令其安全通过。如遇战事，要竭尽所能相互帮助，并在共同的战争中平等地共享战利品。”[58]

在罗马处理与意大利各部落和外邦蛮族的关系时，这将成为一个决定性因素。

第2章

布伦努斯：洗劫罗马的高卢人

公元前493年，罗马与拉丁同盟签订的条约为双方提供了有力的保障，特别是因为他们必须持续不断地防范来自意大利中部山区各部落——如埃魁人（Aequi）、沃尔西人（Volsci）和萨宾人——的进攻。由于缺少土地和资源，这些民族试图在拉丁姆周围更富饶的地区建立新家园。战事几乎连年不绝，罗马是其中的主角，或者至少声称自己是其中的主角。然而，随着高卢（Gaul）酋长布伦努斯（Brennus，希腊语写作Brennos）的到来，本地冲突的性质发生了变化。在罗马的蛮族对手中，他是第一位劲敌，在其他许多方面也是最成功的。毫不奇怪，希腊和罗马方面对事件的描述非常完整，尽管有时候相互矛盾，但是高卢蛮族方面的叙事却付之阙如：

要提供一个更加中立的视角，我们必须把目光转向考古学。不过，布伦努斯还是留下了整个罗马历史上最著名的蛮族语录之一。

入　侵

布伦努斯是一个名叫塞农人（Senones）的高卢部落的首领。这个部落最初来自高卢中部［今天法国勃艮第-弗朗什-孔泰（Bourgogne-Franche-Comté）大区的桑斯（Sens）仍然保留了他们的名字］，翻越阿尔卑斯山来到意大利。普鲁塔克（Plutarch）告诉读者，高卢人是凯尔特人（Celtic）的一支，由于人口压力，留在原地已经无法维持生计，数以千计全副武装的年轻人，带着数量庞大的妇女和儿童，出发去寻找新的安身立命之所。[1]

在罗马人看来，高卢人当然是蛮族。老普林尼（Pliny the Elder）讲过一个著名的故事，演说家卢西乌斯·李锡尼·克拉苏（Lucius Licinius Crassus）在法庭上嘲弄一位粗鲁、暴躁的证人。"（证人）问他：'告诉我，克拉苏，你把我当成哪一种人？'克拉苏指着一幅高卢人的画像说：'就是这种人。'画中的人物正以一种非常不得体的方式伸出舌头。"[2]

普鲁塔克和哈利卡纳索斯的狄奥尼修斯[3]都告诉我们，高卢人来到意大利是为了美酒和女人。一个名叫卢库摩（Lucumo）的第勒尼安（Tyrrhenian）酋长把他的儿子[4]托付给一个名叫阿隆斯（Arruns，或 Arron）的忠诚的守卫。阿隆斯认真地履行他的职责，照顾这个男孩，卢库摩死后按照约定交出了他的财产。然而，卢库摩的儿子却没有那么体面：他爱上了阿隆斯年轻漂亮的妻子，"征服了她的心，占有了她的身体”[5]。阿隆斯无法伸张正义，制裁奸夫淫妇，于是决定以去高卢做生意的名义离开家乡。年轻的情敌很高兴，给了他需要的一切，包括葡萄酒、橄榄油和奶酪。这时候，我们得知：“高卢人既不知道葡萄可以酿酒，也不知道我们的橄榄树果实可以榨油。他们的酒是用浸泡在水里的腐烂大麦制成的臭烘烘的液体（啤酒），他们的油是不新鲜的猪油，气味和味道都令人恶心。”[6]

第一次尝到这些东西令高卢人兴奋不已，他们拿起武器，带着家眷，立即上路，去寻找它们的产地，“经过比较以后，宣称过去所住的地方都是毫无用处的荒原”[7]。他们被告知，出产这些东西的地区面积广阔、物产丰饶、人口稀少，那里的人打起仗来比女人还不如。所以，他们可以占领那些土地，再也不需要购买这些东西了。他们说干就干，很快占据了从阿尔卑斯山延伸到北面的亚得里亚海和南面的托斯坎海（Tuscan Sea）之间的土地。[8]塞农人在亚得里亚海岸被称为高卢土地（Ager Gallicus）的地方定居下来，在那里建立了森纳加利卡［Sena Gallica，今马尔什（Marche）地区的塞尼加利亚（Senigallia）］。[9]

在希腊人和罗马人眼中，他们过着典型的蛮族式的生活，没有城市、没有文化、居无定所：

> 他们居住在没有城墙的村落中，不知任何精致文明。他们睡在稻草、树叶上并且食肉，除了战争与农业外，不知其他事业，他们的生活非常俭朴，不识任何文艺或科学。他们的财产由牲畜和黄金构成，因为无论处境怎样，只有这些物件他们可以轻易随手携带，并运送到任何他们想去的地方。[10]

葡萄酒与蛮族性

在古希腊和古罗马，葡萄酒与野蛮/文明之间存在非常重要的联系。人类与葡萄栽培之间的关系可以追溯到新石器时代，在米诺斯和迈锡尼（Minoan and Mycenaean）时代，也就是公元前 2000 年左右，希腊世界已经开始种植葡萄。例如，有证据显示，一个三足烹煮罐盛过加松脂和烤橡木调味的葡萄酒——基本上就是现在的松香葡萄酒。葡萄栽培代表了一种重要的文化和社会选择：在某种意义上，饮酒将人类和野兽区分开来——它赋予我们作为人类的特性，它使我们文明。

葡萄的种植与古典文化的传播紧密相连。例如，据查士丁（Justin）记载，马萨利亚［Massalia，今马赛（Marseilles）］的希腊定居者不仅让高卢人看到了城市生活和宪政的乐趣，还教他们种植葡萄。本质上，你就是这样使人们摆脱野蛮的——让他们喝葡萄酒，而不是喝啤酒：

> 西方人还有他们自己的酒精饮料，使用浸泡在水中的粮食做成。在高卢和西班牙的不同省份，有许多种不同的制作方法，饮料的名字也各不相同，但基本原理是一样的……在赫拉克勒斯（Hercules）之前，人们一直认为那个国家的土地里出产的是谷物。啊，魔鬼拥有的创造力是多么神奇！我们甚至发明了使水变成令人陶醉的饮料的办法！[11]

在罗马，葡萄酒是所有阶级的日常饮品。它也是精英阶层的核心社交活动之一宴会（*convivium*）的重要组成部分。在宴会中，人们要喝掉大量的葡萄酒，不过都是用水稀释的。喝纯酒被认为是未开化民族的标志，可能对他们的身心健康造成灾难性的影响。

所以，喝未经调和的纯酒就等于野蛮。罗马历史学家阿米安·马塞利努斯（Ammianus Marcellinus）是这样描写高卢人的：

> 作为一个天生喜好饮酒的民族，他们喜欢各种类似葡萄酒的饮料；一些底层人整天喝得醉醺醺的，漫无目的地游荡，老加图称之为自甘堕落。西塞罗在为方泰尤斯（Fonteius）辩护时说“从此以后，高卢人要喝水了，他们过去认为喝水相当于服毒”，看来不无道理。[12]

衡量罗马人在多大程度上使高卢人文明化的一个指标，似乎就是看他们让高卢人往酒里掺了多少水。

克卢西乌姆

公元前391年，塞农人的三万大军入侵伊特鲁里亚，包围了克卢西乌姆，靠喝葡萄酒使意大利境内的高卢人文明化的希望破灭了。克卢西乌姆的居民请求罗马向蛮族（普鲁塔克特意使用了*barbaroi*这个希腊语单词[13]）派出使者，为他们进行调停。罗马派出三个费边（Fabian）家族的人，他们在罗马城里很有名望。高卢人停止了进攻，同意进行谈判。当使者问布伦努斯，克卢西乌姆人如何得罪了高卢人时，他大笑着回答：

> 克卢西乌姆人之所以得罪我们，只是因为他们拥有面积广大的疆域，却仅仅耕种一小部分土地；高卢人数量众多而且贫穷，他们却把我们当成外乡的陌生人，不肯将土地让给我们。啊，罗马人，你们还不是一样，过去的阿尔巴人、费德奈人和阿尔代亚人（Ardeans），还有最近的维爱人和卡佩纳人（Capenates），以及人数众多的法利斯坎人（Faliscans）和沃尔西人，也都得罪了你们。所以你们发起战争，要是他们还不愿让你们分享财产，就把他们的人民当成奴隶，蹂躏他们的家园，摧毁他们的城市。你们的行为不仅残酷而且毫无诚信可言，只是遵循"弱肉强食"和"成王败寇"的古老律法，从这些方面来看，以强凌弱也就成了自然之理。因此，当我们在围攻的时候，不要对克卢西乌姆人产生恻隐之心，免得教导高卢人如法炮制，同情和怜悯那些受到你们压迫的城邦。[14]

罗马使者看到不可能与布伦努斯达成协议，便潜入克卢西乌姆，说服那里的居民与他们一起攻打高卢人。根据普鲁塔克的记载，在随后的战斗中，费边家族的一员昆图斯·安布斯图斯（Quintus Ambustus）杀死了一个特别高大的高卢人。但是当安布斯图斯从尸体上剥下盔甲时，布伦努斯认出了他。在布伦努斯看来，安布斯图斯是作为使者来的，却挑起了一场非正义的战争。于是，他停止围城，离开克卢西乌姆，直接进军罗马，要求将安布斯图斯交给他惩处。

一场激烈的辩论在罗马展开。狄奥尼修斯说，元老院起初想收买凯尔特人，但是遭到了拒绝，然后他们投票决定交出被指控的使者。[15]普鲁塔克补充说，负责守护和平、决定是否开战的罗马祭司团（Fetiales）也要求元老院“根据事实就安布斯图斯的行为，予以定罪和惩处，以免其他人员受到牵累”[16]。最后，这件事情被诉诸“向人民申诉”（*provocatio ad populum*），群众“对宗教的权威不予理睬，反而用藐视和侮辱的态度”[17]，推翻了元老院和祭司团的决议。战争已经不可避免，高卢大军逼近罗马，据说人数多达七万[18]，兵员数量之巨大、装备之精良，加上手段之残暴、态度之凶狠，引起了普遍的恐慌。

应该说，克卢西乌姆的整个故事很可能是虚构的，只是罗马的宣传。没有站得住脚的理由认为克卢西乌姆会寻求罗马的帮助，高卢人进攻罗马也不需要任何借口。所以，这个故事可能只是为了给一次对罗马的没有理由的进攻寻求合理的解释，更重要的是把罗马塑造成意大利反抗高卢的领袖。[19]还有一种理论认为，布伦努斯与希腊僭主、叙拉古的狄奥尼修斯一世（Dionysius I of Syracuse）之间存在合作关系。狄奥尼修斯企图控制西西里（Sicily），而这一时期，罗马与他想要夺取的梅萨那［Messana，今墨西拿（Messina）］联系紧密。如果布伦努斯能够牵制罗马军队，狄奥尼修斯就更容易实现自己的目标。但是，如果克卢西乌姆事件的历史记载属实，那么就是罗马的非法干预导致了战争，并让罗马人在家门口遭遇了一场惨败。

阿利亚战役

高卢人向罗马进军时，所有适龄的罗马男人都拿起武器，到原野上列阵准备迎战——据普鲁塔克所说超过四万人，但大部分是未经训练、缺乏战斗经验的新兵。[20]他们沿着台伯河行军 10 罗里，在台伯河与阿利亚河（River Allia）交汇处附近扎营。蛮族发起进攻时，罗马人将两万四千精兵在山脚下沿河排成一列，较弱的士兵则据守最高的山顶。蛮族军队也排成一长列，但他们的精锐部队在山顶。“在经过一番很不光荣的抵抗以后，由于缺乏纪律和训练”[21]，罗马人被高卢战士轻松地赶下高地，逃跑时又给平原上的部队造成了混乱。各种版本的古代叙事[22]对细节的描述略有不同，但最后的结果是一样的：这场战斗演变成一场屠杀，河岸上和河水里堆满了罗马人的尸体。

普鲁塔克认为罗马人的溃败是他们自己的错：他们有太多的指挥官；没有将足够的祭品奉献给神明；在开战前也没有要求占卜官判定吉凶。[23]而且，尽管持怀疑态度，但他还是指出，他们在刚过夏至的一个“凶日”（*dies nefastus*）开战，几乎正值满月[24]，而很久以前就在同一日期发生过不幸的惨剧，费边家族有三百人被托斯坎人（Tuscans）杀害。由于“在灾难面前，怯弱与迷信的死亡往往到处泛滥”[25]，罗马人用阿利亚河的名字给这个惨痛的日期命名，称为“阿利亚日”（*dies Alliensis*），这一天也被罗马人当成最不吉利的日子。

许多罗马幸存者逃到刚刚被他们夷为平地的维爱城，竭尽所能巩固防御，另一些人则回到罗马，通报战败的消息。逃到维爱的人以为罗马已经沦陷，不过他们错了。虽然的确有许多罗马家庭逃往周围的城市，但事实上，罗马执政官组织了抵抗，他们命令民众带上食物、金银、最昂贵的衣服和圣物，退守卡皮托山，靠那里的投射武器和防御工事来保卫自己。维斯塔贞女将大部分圣物装在两个罐子里，埋在奎里努斯（Quirinus）神庙的地底下，带着最重要的东西沿着河流逃离。罗马人有时间做这些事情，是因为蛮族没有意识到已经取得重大的胜利，只管纵情于眼前的欢乐气氛，举行宴会大吃大喝，在营地分配所劫掠的战利品。他们花了一天的时间割下死者的头颅，接下来两天思考罗马人在准备什么样的陷阱。到了第四天，他们才搞清楚状况，从科林尼门（Colline Gate）进入罗马城。

布伦努斯洗劫罗马

从各种意义上讲，这都是一个令人难以置信的传奇故事：罗马的祭司和元老们在最高祭司（Pontifex Maximus）费边的领导下，穿上他们最好的礼服长袍，面不改色地坐在门廊中的雕花铁椅子上，准备为罗马和罗马人民牺牲自己。当高卢人进入罗马时，他们不知道这种笼罩整个城市的可怕寂静是怎么回事。在广场上：

> 平民的房屋都设栅阻塞，贵族的大厦却门户洞开，但是他们对进入敞开的房屋比进入紧闭的更加踌躇不决。他们以真正崇敬的感情端详着坐在其府第的门廊中的人，不但因为他们的礼袍及整个装束都非凡地华丽庄严，并且因为他们仪表威严，神态肃穆，恍若天神。因此高卢人兀立凝视着他们，仿佛他们是塑像一般。一直到后来，据说有一个高卢人摸了贵族马库斯·帕庇略（Marcus Papirius）的胡子（当时胡子一般都留得很长）[26]，后者就用他的象牙杖打那个高卢人的头，激怒了

他。他是第一个被杀的。其他的人在他们的椅子上遭到了杀戮。在这次屠杀贵族之后，高卢人没有留下半点生灵，他们抢掠了房屋中的一切，然后又放火焚烧。[27]

卡皮托山上的罗马人惊恐地俯视着山下发生的一切，仿佛在观看一场持续数日的蛮族戏剧表演。从震惊中恢复过来之后，他们决心保卫自己占据的这一小块仍然自由的土地。李维写道："他们的思想从周围的形势转移到他们的武器和右手的宝剑上去，他们把这看作留给他们希望的仅有器物。"[28]

布伦努斯的军队包围了卡皮托，但是久攻不下。在罗马方面的叙事中，布伦努斯仍然是一个次要角色，这时候，罗马这边的重要人物马库斯·弗里乌斯·卡米卢斯（Marcus Furius Camillus）登场了。[29]高卢人开始缺乏给养，派出部队去劫掠周边区域，其中一支队伍前往阿尔代亚。卡米卢斯的政敌曾指控他在之前的一次地方冲突中侵吞战利品，将他驱逐出罗马，之后他就一直寄居在此地。"等他发现阿尔代亚人的状况，不是缺乏人力的资源而是冒险的精神——他们的官员没有经验而且怯懦畏战，他开始向年轻人讲话，先灌输他们一些信念，不要将罗马人的灾难归功于敌人的英勇，那些糊涂人受苦受难也不是由于那些本不该取胜的人的本领，而是由于命运的支配。"[30]

他利用了高卢人的传统形象，说他们是"来自外国的野蛮侵略者，他们的征服行动就像一场烈火，结局是使所有一切都遭到破坏和毁灭"[31]，但是只要端正态度，他们也是能够被打败的。阿尔代亚人赞同他的意见，卡米卢斯带领他们夜袭高卢人，高卢人由于醉酒和昏睡这两种典型的蛮族行为而毫无防御能力。[32]

卡米卢斯胜利的消息传到维爱的罗马人那里，他们请求他担任战争的指挥官。虽然过去与罗马有过龃龉，但是卡米卢斯同意了："我绝不会为了让国家需要我，而祈祷我的国家遭遇这样的不幸；我宁愿自己身败名裂，也不愿意看到罗马遭受蛮族的蹂躏，把她仅存的希望寄托在我身上。"[33]

不过，他要求必须经由卡皮托山上的公民合法选举，他才能负起指挥的责任。这似乎是一个无法解决的困境，因为根本不可能派信使将这个消息送到卡皮托。不过，一个名叫庞提乌斯·科米尼乌斯（Pontius Cominius）的年轻人自告奋勇。为了躲过桥上的守卫，他把软木捆在腰间，趁夜游过台伯河。他根据凯尔特人的营火选择道路，来到卡皮托西南角的卡曼塔尔门（Carmental Gate）。这里是一片陡峭的悬崖绝壁，虽然攀登的路线极为困难，他还是踩着岩层的凹处向上爬，向哨兵打过招呼，告诉他们他是谁，然后被拉过城墙，传递了他的消息。经过审议，元老院任命卡米卢斯为独裁官。庞提乌斯原路返回，将元老院的决定传达给城外的罗马人。已经有两万人整装待发，还有盟邦的部队源源不断地到来，新任独裁官来到维爱，站在大军前头，准备发动进攻。[34]

对罗马人来说，糟糕的是，庞提乌斯在攀登悬崖时留下了痕迹。因此，布伦努斯在他的手下中寻找身手最敏捷的登山者，并许诺给能够爬上山顶的人丰厚的奖励。夜深人静时，一大批自告奋勇的人悄悄爬上悬崖。警戒哨在睡梦中就被他们制伏，就在这时，朱诺神庙附近的圣鹅发现了他们的到来。由于围困期间没有充足的食物喂养，这些鹅变得特别警觉。它们大叫着冲向高卢人，整个营地的人都惊醒了。高卢人把这当成进攻的信号，战斗打响了。在罗马的历史文献中，马库斯·曼利乌斯（Marcus Manlius）在这一刻挺身而出，他“不仅神态威严、骁勇善战，而且意志坚定、不屈不挠”[35]。他同时迎击两个高卢人，砍断了其中一人的右手，用他的盾牌猛击另一个人的脸，把他推下了悬崖。曼利乌斯继续反攻，杀死了一些高卢人，把另一些推下悬崖。为了奖赏他，他的同伴们将一天份的葡萄酒和面包送给他（曼利乌斯在洗劫罗马之后的命运，参见第 3 章的“布伦努斯洗劫罗马后平民争取平等权利的斗争”）。由于失职，警戒哨的队长被反绑双手，当着蛮族的面丢下悬崖。[36]

布伦努斯之死

塞农人似乎放弃了通过武力、诡计或偷袭夺取卡皮托的希望，开始考虑索要一笔赎金。有些文献谈到，由于大量尸体腐烂、吸入燃烧建筑物的灰烬，以及不适应意大利炎热的气候，这些高卢人开始染病，而且由于畏惧卡米卢斯，他们不愿到远处搜寻粮草，开始面临食物短缺的问题。波里比阿还提到，他们自己的国家被维内蒂人（Veneti）入侵，这也使得他们迫切想要达成协议，返回家乡。[37]

罗马人也准备进行谈判，部分原因是他们得不到卡米卢斯的消息，不知道他会不会帮助他们，而布伦努斯则表现出蛮族特有的奸诈：

> 元老院……授权军政官（Military Tribunes）去磋商条件。军政官昆图斯・苏尔庇修斯（Quintus Sulpicius）和高卢酋长布伦努斯进行了会谈[38]，并达成了协议，规定以一千磅黄金

作为那注定不久就要统治世界的民族的赎金。这种耻辱本身就够深重了，但高卢人的卑鄙手段使耻辱更为深重。他们使用了不公平的秤锤，当军政官提出抗议时，骄横的高卢人爽性把他的宝剑也掷到秤盘中，并发出罗马人不能忍受的狂吼："被征服者是该死的！"(*Vae victis*！)[39]

罗马历史学家经常给蛮族安排一些最好的台词，虽然实际上布伦努斯不太可能使用如此优美的拉丁语，但这句话还是成了一句谚语。在希腊文献中，布伦努斯说的是"没有办法"（*tois nenikemenois odune*）[40]，效果就差得多了。

罗马人感到无比愤怒和耻辱，但是他们别无选择，只能接受布伦努斯的要求。但是，对这个"注定不久就要统治世界的民族"来说，一千磅黄金只是很小的代价。讽刺的是，筹集额外的黄金所造成的争论和延误，正是布伦努斯毁灭的原因。卡米卢斯利用这段时间率军来到罗马，他的同胞都承认他为独裁官。然后，他面对高卢人，拒绝了条约，告诉他的人民要用钢铁而不是黄金去赢回自己的祖国。[41]布伦努斯当场反对，双方随即发生冲突，未分胜负，但是夜间他拔营离开罗马，放弃了这座城市。天亮之前，高卢人沿加贝伊大道（Gabinian Way）行军 8 罗里，卡米卢斯在那里严阵以待，对他们发起了攻击。这是一场彻底的屠杀。蛮族的营地被占领，黄金被夺回，李维说，没有一个高卢人生还去传递这个灾难的消息。[42]

卡米卢斯回到罗马，举行了凯旋式，士兵们一边跟他开着粗俗的玩笑，一边称赞他为"一个罗慕路斯""祖国之父""罗马的第二位奠基人"。布伦努斯则被称为"洗劫罗马的高卢人"。

罗马何时被洗劫？

对历史学家来说，为这些事件建立年表是个棘手的问题。正如普鲁塔克所说，布伦努斯事件“距该城建立三百六十年多一点。如果我们相信在这方面还保留了一点准确的年表记载的话，那么，由于这次极大的灾难所造成的混乱，也就不至于对以后发生的事件的时间至今仍争论不休了”[43]。

不过，普鲁塔克的确说过，蛮族占领罗马长达 7 个月，他们进城是在 7 月的望日（15 日）后不久，被驱离是在 2 月的望日（13 日）。[44]但是，我们没有来自蛮族方面的信息，关于这一时期的历史事件，希腊和罗马文献都很难确定具体日期。希腊历和罗马历的新年都不是从 1 月 1 日开始的，这使得我们的问题更加复杂——公元前 5 世纪，罗马历的新年从 9 月 1 日开始，公元前 4 世纪从 7 月 1 日开始，正因为如此，我们经常看到诸如“公元前 387/前 386 年”之类的表达方式。最早做出尝试的是希腊历史学家，他们试图通过将罗马史上的事件同世界其他地方同步，来确定其“绝对”[45]日期。高卢人洗劫罗马就是关键事件之一。波里比阿是这样将事件联系起来的：

> 我选定标记罗马在意大利建立势力的时刻是落在阿哥斯波塔米（Aegospotami）河口的海战（战斗发生在公元前 405 年夏末）后第十九年、留克特拉（Leuctra）战役（公元前 371 年）前第十六年。该年斯巴达人与波斯大王批准所谓的《安塔

西达斯和约》(Peace of Antalcidas);叙拉古僭主狄奥尼修斯一世……围攻雷吉乌姆(Rhegium,公元前 387 年);高卢人突袭占据罗马,占领除了卡皮托外的城市其他区域。[46]

简单计算可知,洗劫罗马发生在公元前 387 年或公元前 386 年,或者写作"公元前 387/前 386 年"[47]。

然而,罗马共和时代的早期历史采用另一套被称为瓦罗年表(Varronian chronology)的纪年系统,给出了不同的年份。起初,罗马人使用相对纪年系统,以每年选出的两位执政官的姓名来纪年。例如,庞贝古城大会堂的北墙上有一则涂鸦,写着:"M. 雷必达和 Q. 卡图卢斯(M. Lepidus and Q. Catulus)执政之年 10 月的诺奈日(*nones*)前五天,C. 庞皮迪乌斯·狄菲卢斯[C. Pumpidius Dip(h)ilus]来过这里。"[48]你需要知道雷必达和卡图卢斯担任执政官是在公元前 72 年,然后计算出诺奈日前五天是 10 月 3 日。

只要拥有执政官的完整年表,这种方法是没有问题的,但是出于种种原因,罗马人并没有完整的年表:有四对执政官缺失了。因此,为了修正这种异常,罗马人采取了三种方案:在公元前 360 年—公元前 350 年,要么存在一个空窗期,没有执政官被选出;要么是一年的空窗期,加上三对编出来的执政官[49];要么是马库斯·特伦提乌斯·瓦罗(Marcus Terentius Varro)提出的第三种方法——"瓦罗年表"[50],也以执政官纪年,但是在公元前 333 年、公元前 324 年、公元前 309 年和公元前 301 年,由独裁官而不是执政官来纪年。这本来不失为一种干净利落的解决方案,但是瓦罗矫枉过正了,他又引入了四年的空窗期,从而使得公元前 300 年以前的日期全部失效。尽管如此，瓦罗年表还是成为最终版，被铭刻在罗马的奥古斯都拱门（Arch of Augustus）上。[51]这份年表从罗慕路斯建城开始，以“建城以来”（*Ab Urbe Condita*，缩写为 AUC）纪年。罗马建城是 AUC 1 年，也就是公元前 753 年；共和国建立是“布鲁图斯和科拉提努斯（Brutus and Collatinus）执政之年”，即 AUC 245 年或公元前 509 年；关键是，布伦努斯洗劫罗马被定位在 AUC 364 年或公元前 390 年。

于是，公元前 390 年成为传统上认定的日期，但是，正如波里比阿的分析所示，这个日期并不正确。无论如何，罗马人、文艺复兴时期的学者和维基百科[52]都采用了这一错误的日期。实际上，罗马是在公元前 387/前 386 年被洗劫的。

无论他们认为这件事发生在哪一年，古代评论家都觉得布伦努斯洗劫罗马是一件奇事：“罗马的被占很奇特，光复更是出乎意料。”[53]

整件事情，特别是卡皮托保卫战成为传说[54]，不过罗马遭到破坏的程度可能被夸大了。[55]如果情况真有文献记载的那样严重，成年男子被屠杀殆尽，妇女儿童被卖为奴隶，那么罗马的历史到这里就该画上句号了。但是没有考古学证据表明，在这个时间点上发生过如此程度的破坏，这意味着高卢人造成的破坏可能只是表面的。无论如何，这个故事产生了深远的心理影响，表现为所谓的“高卢恐惧症”（*metus Gallicus*）。[56]这种对北方蛮族入侵的恐惧持续了数个世纪之久。

第3章

平民：野蛮的内部人和内部的反抗者

> 然而，罗马人协商出一个高卢人愿意接受的和约。然后罗马在众人意料之外，再度掌握自己的祖国，并从那一刻开始扩张领土，在接下来的岁月中，与邻国进行一连串的战争。[1]

罗马人赶走布伦努斯之后，大约又过了800年，“永恒之城”才再一次被蛮族敌人占领。在此之前，罗马人重建了城市，修建了4米厚、8米高、10罗里长的塞维安城墙（Servian Wall）来加强防御，其遗迹至今仍然是罗马的重要景观。古代文献将其归功于塞尔维乌斯·图利乌斯国王（公元前578年—公元前534年在位），但这道城墙应该是在公元前4世纪初修建的，因为它使用了从维爱获得的石灰华，而维爱是在公元前396年（瓦罗年表）被征服的。罗马人巩固了自己在意大利中部的重要地位。他们可能控制了超过 7 500 平方公里的土地，人口超过 100 万，拉丁人和罗马人基于共同利益组成的联盟进一步成为力量和稳定的源泉。至于高卢人，公元前 4 世纪还断断续续进行过几次入侵，但是他们越来越意识到罗马人的力量在迅速增强，于是与罗马签订了正式的和平条约，和平从公元前 344 年持续到公元前 331 年。[2]

罗马国内最根本的社会分化发生在贵族与平民（Plebeians）之间。贵族是一个拥有世袭土地的小群体，他们的起源可以追溯到罗慕路斯的时代，从名字就可以将他们辨别出来：克劳狄（Claudius）和尤利乌斯（Julius）是贵族的姓氏，克洛狄乌斯（Clodius）和李锡尼（Licinius）则不是（参见本章的“公元前 5 世纪平民争取平等权利的斗争”）。贵族小心翼翼地维护自己的权力，垄断了罗马的法律、政治和宗教事务，为其他人的社会和政治活动设置了严格的限制。罗马人口的绝大多数都不是贵族，而被称为平民（单数为 Plebeians，复数为 Plebs，拉丁语中的 *plebs* 就是“多数”的意思）。*plebs* 的词根“*ple-*”是“填充”的意思，也就是说，平民被当成是充数的，贵族才是“真正的”罗马人，平民只是人口的补充。[3] 与蛮族一样，这时候的平民也是局外人。

公元前 5 世纪平民争取平等权利的斗争

由于高卢人入侵，平民在经济上遭遇严重的困境，他们开始迫切要求改革。事实上，至少从共和国建立时起，就存在一定程度的阶级斗争。虽然极少数平民能够获得可观的财富，以及随之而来的一定的地位，但是因为出身的限制，他们不能将这些财富转化为领导国家的话语权。与此同时，更加贫穷的平民希望采取行动来改善他们的经济和法律困境。

在当时的阶级斗争中，平民敏锐地意识到，国家的安全本质上取决于他们。意识到这一点后，他们就拥有了一件非常强大的武器——撤离（*secessio*），即全体出走，去建立自己的新城市。这个主张是切实可行的，实际上他们的确出走过：有记载的撤离运动有五次，虽然不一定都有重要的历史意义。除了威胁建立新国家之外，平民还可以通过建立国中国来表达他们的诉求。

在公元前 494 年的第一次撤离运动中，这两种情况都有发生。[4]当时，在执政官没有下令的情况下，一个名叫卢西乌斯·西基尼乌斯·维鲁图斯（Lucius Sicinius Vellutus）的人提议，他们应该全体撤离到距离城市 3 罗里远的圣山（Mons Sacer）。[5]他们在那里扎营，用罗马人惯常的方式修建起堡垒，停留了数日，他们没有进犯罗马，也没有人对他们采取敌对行动。

但是罗马城内一片恐慌。元老院知道必须做些什么来调和利益冲突，恢复内部的和谐。于是，他们派出了墨涅尼乌斯·阿格里帕（Menenius Agrippa），他是一个善于辞令的人，而且，由于他也是平民出身，因而很受平民喜爱。他被准许登上圣山，“以那种古老的不加修饰的方式叙述了这样一个故事”[6]：

> 那个时候人体不像现在这样和谐一致，而是每个部分都有自己的想法，有自己的语言，各部分发出抱怨，它们以为自己的关心和努力所获得的一切都是为了伺候胃，而胃安静地处于身体中央，除了享受为它提供的各种快乐外，其他什么事情也

> 不干。它们一致商定，从此手不再往嘴里送食物，嘴不再接受送来的东西，牙齿不再咀嚼接受的东西。当它们这样愤怒地想用饥饿制服胃的时候，身体各部分和整个身体都陷入了极度的消瘦。这时大家发现，胃并不疏于职守，它不仅受抚养，而且也抚养他人，把让我们得以生存和变得更加强健的东西归还身体各部分，食物被消化后形成的血液均衡地分流在各处血管里。[7]

为了清楚地说明故事的寓意，墨涅尼乌斯说这和现在人们对统治者的愤怒非常相似。他的故事成功地平息了平民的怨恨。谈判开始了，双方商定，设置一种被称为“保民官”（*tribuni plebis*）的特别官职，保民官由选举产生，代表普通人的利益。起初，这个职位是非正式的，但是平民将斗争进行到底，他们庄严宣誓，对任何胆敢伤害他们的保民官的人格杀勿论，“保民官是凭第一次选举这一职务时平民的古老誓言而神圣不可侵犯的”[8]。

贵族最终承认保民官应该成为国家机关的一部分，由于他们拥有提出或否决法律的重要权力，再加上其人身神圣不可侵犯，因此可以绕过元老院，甚至否决或推翻元老院的决议。只有平民才能担任这一职位。最初的两位保民官是盖尤斯·李锡尼（Gaius Licinius）和卢西乌斯·阿尔比努斯（Lucius Albinus），随后他们又任命了三位同事，包括领导起义的西基尼乌斯。[9]

建立国中国的下一阶段是设立平民特里布大会（Concilium Plebis Tributum）［或称平民部落大会（Tribal Assembly of the Plebs）］，这种集会将贵族排除在外，而且比百人团大会（Comitia Centuriata）民主得多。百人团大会在战神广场（Campus Martius）

召开，将民众按照百人团来组织，但是其组织方式决定了占统治地位的是富人。百人团大会可以通过法律，选举拥有治权（*imperium*）的官员［执政官和后来的裁判官（praetors)］。所谓治权，包括指挥军队、解释和执行法律、发布命令并且令行禁止的权力。执政官身边有肩扛束棒（*fasces*）的扈从跟随，束棒是一束捆在一起的木棒，执政官出城时中间还要插上一把斧头，象征着治权赋予的施刑和处决的权力。新的平民大会基于大约 20 个部落来组织，不像 193 个百人团那么烦琐，而且能够代表绝大多数人民。早期的平民大会缺乏宪法权威，但是逐渐地贵族们不能再对它视而不见。公元前 471 年，《布布里利法》(*lex Publilia*）承认了平民大会的宪法地位。平民有权在广场上集会，在不受罗马政治精英干预的条件下选举自己的保民官（至少理论上如此)。

对任何国家来说，成文法典的出现都是发展史上的关键时刻，L. 瓦莱里乌斯和 M. 贺雷修斯（L. Valerius and M. Horatius）执政期间（约公元前 449 年)，平民们制定了这样的法典：铭刻在广场上的十二块牌子上的《十二铜表法》(*lex Duodecim Tabularum*)。第一表和第二表都是关于审判的，第三表以相当严酷的方式处理债务和债权。对于自己承认或经判决的债务，有三十日的法定宽限期。期满，若债务人不还债，将被捆绑或戴上枷锁，传唤至法庭。再过三十日，如债务人仍不清偿，又无人为其担保，则债权人得将其押至家中拘留，“系以皮带或脚镣，但（镣铐）重量最多[10]为十五磅，愿减轻者听便”[11]。债权人得拘禁债务人六十日。在此期限内，债务人仍可谋求和解，但如果和解不成，情况就变得相当绝望了：

> 债权人应连续在三个集市日将债务人牵至广场，并高声宣布所判定的金额。在第三次牵债务人至广场后，如仍无人代为清偿或担保，债权人得将债务人卖于台伯河外的外国或杀死。但是为了强调诚信的神圣不可侵犯，他们以一种闻所未闻的恐怖方式来执行死刑。对于有多个债权人的情况，法庭允许他们分割债务人的肢体——一个人的身体——进行分配。我还是引用实际的法条原文好了，以免你们认为我在危言耸听："如债权人有数人时，得分割债务人的肢体进行分配，纵未按债额比例切块，亦不以为罪。"[12]

不过，后来这些严刑酷法被废除了。

第四表规定了家长权，即父权和夫权，内容包括杀死残疾的婴儿，"按照《十二铜表法》杀死畸形儿"[13]。

第四表还规定了子女如何从家长权中获得解放。一开始，父亲可以将儿子卖为奴隶，如果买主释放了该子，则该子回到父亲的家长权之下：

> 子孙通过"释放"从家长的权威中获得解放，即当他们被"作为财产转移"后，被新的主人释放。但是儿子只有在被三次转移、三次释放之后才拥有自己的权利。《十二铜表法》如下条款是这样规定的："家长如三次出卖其子，该子即脱离家长权而获得解放。"[14]

第四表还规定了如何休妻："［马克·安东尼（Mark Antony)］已经与那个女戏子分手。按照《十二铜表法》，他拿走了她的钥匙，把她赶了出去。从今以后，他是一位多么优秀的公民啊！久经考验！他的一生没有其他任何事情能比与一个女戏子分手更光荣！”[15]

第五表涉及监护、妇女的地位与财产等问题，在很大程度上表明了古罗马社会的态度：“我们的祖先认为这样做是合适的：由于性格轻率，妇女即使在成年以后，也应该受到监护……维斯塔贞女除外。即便是我们的祖先也同意，出于对贞女圣职的尊重，她们不应受到控制。”[16]

至于其他条款，第六表关于所有权和占有；第七表关于土地权；第八表关于私犯（*iniuriae*）；第九表关于公法；第十表关于宗教法；第十一表和第十二表是补充条款。

从《十二铜表法》的颁布，可以清楚地看到罗马真正的权力掌握在哪些人手里，不过，至少这些利益以书面形式明确下来了，任何识字的人都能了解。但是，还需要更加全面的措施来消除罗马的不平等。公元前 5 世纪中叶，大部分平民的生活仍然很穷困，而他们的代表无论变得多么富有，仍然受到政治和社会方面的歧视。因此，又发生了第二次撤离运动，平民争取到更多让步，公元前 449 年执政官制定的法律使这些权利得到了保证。虽然罗马人将其明确定义为平民争取平等权利斗争的分水岭，但是准确细节还存在争议。正如李维解释的那样：

> 公元前 449 年，执政官瓦莱里乌斯和贺雷修斯，在百人团大会上提出法律案，使平民在特里布大会上通过的一切决议对全民都有约束力。这条法律赋予了特里布立法最有力的武器。然后他们不仅恢复了另一条针对执政官权力的向人民申诉的法律——那是自由的唯一支柱……而且使它以后也有效，确认它为新法，任何人不得选举其行为免受申诉的官职；凡选举这种官职的人可以被杀死，而且应该被杀死，同时这种杀害不被看作刑事犯罪。在用申诉法和平民保民官使平民地位得到足够的

> 巩固之后，他们又恢复了差不多业已被人遗忘的保民官本身的神圣不可侵犯性，在巨大的时间间隔之后以某些隆重仪式使之复兴，甚至对神圣不可侵犯的保民官补以这样的立法，即任何伤害平民保民官……的人将被判祭祀朱庇特。[17]

李维还告诉我们，这时候或者更早，出现了一种新的集会形式：全民性的特里布大会［Comitia Populi Tributa，或称部落大会（Comitia Tributa）］。这种新形式的集会不应与平民特里布大会（或称平民大会）相混淆。对于更加日常的事务，全体人民（*populus*）以部落的形式集会决定，但是对于选举执政官之类的重要决定，他们还是以百人团的形式集会决定。罗马宪政发展出一套独特的体系，百人团大会和部落大会由同样的人民、按照不同的群体组织参加，而平民特里布大会只有平民参加。

在这一时期，罗马的社会阶层是极其固化的。但是，约公元前 445 年，保民官盖尤斯·卡努勒尤斯（Gaius Canuleius）强行通过了《卡努勒亚法》（*lex Canuleia*），违背《十二铜表法》，宣布贵族和平民通婚合法化。从长远来看，这具有非常重要的意义，因为罗马儿童是登记在父亲的氏族（*gens*）中的，这样一来，平民妇女的孩子也可以成为贵族了。通婚在这一时期尚不普遍，但不管怎样，基本的原则确立下来了。

布伦努斯洗劫罗马后平民争取平等权利的斗争

罗马被布伦努斯率领的蛮族洗劫后发生的事件表明，虽然已经取得了一定的进展，但是作为贵族，与平民站在一起仍然是危险的，即便是罗马最伟大的英雄之一也不例外。瓦罗年表 AUC 369

年（公元前 385 年），罗马对外面临着沃尔西人、赫尔尼基人（Hernici）和拉丁人的战争威胁，对内则面临着以著名贵族、罗马的拯救者马库斯·曼利乌斯·卡皮托利努斯（Marcus Manlius Capitolinus，参见第 2 章的“布伦努斯洗劫罗马”）为中心的分裂危险。根据李维戏剧化的描述[18]，曼利乌斯被他个人的骄傲和对卡米卢斯的嫉妒驱使。在曼利乌斯看来，当卡米卢斯进攻布伦努斯的高卢人时，后者被黄金迷住了心窍，正在考虑和谈；而当高卢人向罗马的心脏地带发起攻击时，是他自己拿着剑，将他们赶下了卡皮托山。然而卡米卢斯独享了全部荣誉，曼利乌斯感觉自己被慢待了，因而怒火中烧。李维说这使得曼利乌斯成为贵族中的第一个“平民派”（*Popularis*，这个术语通常用来描述那种自认为能够通过煽动民心、绕过元老院来实现个人发展的人）。[19]毫无疑问，有些平民派是出于真心匡扶正义，但他们不一定是天生的“民主主义者”，还有很多人只是煽动家。在罗马，政治上是没有什么理想主义可言的，李维显然没有给曼利乌斯安排什么崇高的动机：“他还个性暴烈，缺乏自制力……批评贵族，用外表风度吸引民众，而不是提供意见，看重的是名声，而不是善举。”[20]

曼利乌斯聚焦于群情激奋的债务问题。罗马的重建迫使许多平民四处举债、无力偿还，现在他们面临贫穷、耻辱、束缚和监禁的威胁。元老院作出回应，任命奥卢斯·科尼利厄斯·科苏斯（Aulus Cornelius Cossus）为独裁官，提图斯·昆提乌斯·卡皮托利努斯（Titus Quinctius Capitolinus）为他的骑兵长官（*Magister Equitum*）[21]，部分原因是为了应对沃尔西战争——他轻松结束了战斗——但主要是为了解决曼利乌斯的“革命计划”[22]。

曼利乌斯看到一名百夫长因为欠债而被捕，这件事成了导火索。他大声指责贵族傲慢、债主残忍，而平民不幸。他说，这名百夫长看上去更像高卢人的俘虏，而不是罗马的战斗英雄。曼利乌斯当着众人的面为他还清了债务。这使他赢得了平民的拥戴。当曼利乌斯为了筹集资金卖掉自己的一座农场，来保护任何其他罗马公民不被卖为奴隶时，他们更是情绪高涨。用李维的话说："他们是如此群情激昂，会在任何事情上追随他们的自由捍卫者，无论对错。"[23]

曼利乌斯还责骂贵族，指责他们藏匿了高卢人的黄金，还将公共资金挪作私用，要是贵族把这笔钱交出来，平民就可以从债务中得到解脱。阴谋论开始流传，平民要求知道这笔"赃款"在哪里。

独裁官科苏斯召唤曼利乌斯，说他只是在虚张声势："马库斯·曼利乌斯，就请你把罗马平民从债务中解脱出来吧，并请你指出那些坐在源于秘密战利品的公共宝藏上的人。若是你不这样做，或是由于你也拥有这些战利品中的一份，或是因为你的指控是虚构的，那我将命令把你锁进镣铐，我不能继续容忍你以虚假的期望蛊惑民众。"[24]

曼利乌斯反过来控诉科苏斯：沃尔西战争只是障眼法，实际上，他是因为反对曼利乌斯才被选为独裁官的；他是债主反对平民的领袖，他和元老们应该用他们自己的财富来平息债务危机；他提出的要求根本不合情理，"你越是向我们耍花招，我越是害怕你要蒙蔽我们的眼睛。不是我应该向你们指出你们的战利品，而是你们必须把它们公开拿出来"[25]。

独裁官命令曼利乌斯要么证明自己的控告是真实的，要么承认它们是虚假的。曼利乌斯拒绝回答，独裁官便命令给他戴上镣铐。平民们很愤怒，但是服从国家权威的观念在他们心目中根深蒂固。

没有人反对科苏斯，但是当他为战胜沃尔西人举行凯旋式时，人们愈加感到不公平——他们说，这场胜利实际上是针对曼利乌斯，而不是针对外国敌人的。科苏斯卸任独裁官时，曼利乌斯仍在监牢中苦苦挣扎，直到外面的人群威胁要冲进监牢，元老院才投票释放了他。

由于没有对外战争，双方都认为这段短暂的平静期可以为自己所用。曼利乌斯试图通过鼓舞人心的演说来号召平民，这段话从某种意义上揭示了罗马人对待平民的态度：

> “你们还要继续忽视你们自己的力量多久?”他问道，“根据大自然的意志，连野兽都了解自己的力量……给他们看战争，你会得到和平……在战争与和平中，神明给予我启示，保护你们不必忍受敌人的野蛮和自己人的傲慢……你们对外国人如此趾高气扬，唯一的原因是你们通过战争赢得了霸权，但是你们没有反抗贵族、捍卫自由的经验……暴力会有用的……我将成为你们的领袖。”

曼利乌斯的言行出格了，“据说由此开始谈到王政，不过他与那些人谈了些什么、达到怎样的程度，传说不很清楚”[26]。

元老院认为抛弃一个公民来结束内部纷争是可以接受的，他们通过了一项决议，“要求官员们注意，不要由于马库斯·曼利乌斯的危险企图而使国家蒙受损失”[27]。只有流血和杀戮才能解决眼下的冲突，元老们利用阶级偏见，挑动平民反对曼利乌斯，来实现他们的目的：

> 我们的目的是为他的审判决定一个日期。没有什么比王政令民众更不喜欢的了。当平民意识到这场争论与他们无关，发

现他们不再是他的支持者，而是变成了他的审判者；当他们看到一个贵族被审判，了解到摆在他们面前的指控是追求王政，他们就只关心自己的自由，不会关心任何人了。[28]

渴望成为罗马国王是终极的叛国行为。最初，平民觉得这是一个阴谋，为的是诋毁他们的领袖，因为他为了他们抛弃了贵族，在关于他的审判中也没有任何事实表明他与这样的指控有关。在为自己辩护时，曼利乌斯展示了证据：他为四百个人清偿债务，使他们免受奴役；他的军事才能；他杀死三十个敌人获得的战利品；作为第一个爬上敌人城墙的人获得的两顶城堡冠（mural crown）；因为拯救一个同胞的生命获得的八顶公民冠（civic crown）。他露出伤痕累累的躯体，将所有人的视线引向他所拯救的卡皮托，那里刚好能俯瞰举行审判的战神广场。他的指控者意识到，这种情绪感召会令他获得无罪释放，因此他们让审判延期，将审判地点改在看不到卡皮托的佩提利尼林地（Peletine Grove）。曼利乌斯被定罪，从塔皮安岩（Tarpeian Rock）上抛下摔死。但是，如果贵族以为他的死能够平息平民的不满，他们就大错特错了：曼利乌斯只是成了社会改革的殉道者。

对贫穷的平民来说，债务和奴役无疑是非常现实的危险，但是在曼利乌斯的领导下，他们斗争的目标不止这些，还包括土地短缺的问题——据说曼利乌斯提出了内容不详的土地法案，李维说，对保民官们来说那一向是挑起纷争的口实。[29]富有的平民仍然不能获得任何有意义的政治权力，他们开始要求担任包括执政官在内的所有官职。曼利乌斯死后，平民历经一代人的斗争，终于摆脱了“下贱的投降者”[30]的地位，贵族被迫承认他们可以担任执政官。不过，贵族也做出了“巧妙的”回应，将原本属于执政官的部分职能转移到一个新设立的裁判官职位上，而裁判官只能由贵族担任。

据称，这个过程始于公元前376/前375年，当时的两位保民官盖尤斯·李锡尼·斯托洛（Gaius Licinius Stolo，“此人是一个很有名的人，但是属于平民阶层”[31]）和卢西乌斯·塞克斯提乌斯（Lucius Sextius，“一个精力充沛的青年，除了不是贵族出身外，其他什么都不缺乏”[32]）提出了三项激进的法案，完全是为了削弱贵族的力量、增强平民的力量：第一项法案旨在使债务清偿更加容易；第二项法案规定任何人不得占有超过500尤格（*iugera*，500尤格约合120公顷）的公共土地，希望借此安置大量贫穷的农民[33]；第三项法案废除了军政官，规定必须有至少一名执政官是平民。[34]

贵族面对这种对他们财富、土地和地位的威胁，否决了法案。李锡尼和塞克斯提乌斯以其人之道还治其人之身，在五年时间里停止一切有意义的选举，他们自己则占据平民保民官的位置，继续揭露各种不公。他们说，如果单单由一方发号施令，另一方只能徒劳抗议，那么就不可能有平等的权利：

> 他们断言，没有其他办法能够限制贵族占有土地和平民因债务而破产，除非从平民中选举另一个执政官，作为平民自由的保障……如果平民获得执政官职位，那时罗马人民便确实可以认为：国王被从城里赶走了，他们的自由是稳固的；正是从这一天起，平民将拥有使贵族显达的一切——治权和荣誉、战争荣誉、氏族、显贵，他们自己可以获得巨大的利益，还可以更多地传给后代。[35]

接下来是一段动荡时期：不定期地举行选举；卡米卢斯两次当选独裁官；贵族同意将负责宗教仪式的祭司团的人数从两人增加到十人［从两人委员会（*Duumviri*）到十人委员会（*Decemviri Sacris Faciundis*）］，其中一半是平民。这似乎是平民担任执政官的前奏，但事情的发展被高卢人入侵和卡米卢斯第五次当选独裁官打断了。

关于这次入侵，罗马文献的记载并不一致：编年史作家昆图斯·克劳狄·夸迪伽里乌斯（Quintus Claudius Quadrigarius）说与高卢人的战争发生在公元前 368 年，地点是安尼奥河（River Anio）附近，“高卢克星”马库斯·曼利乌斯的后代提图斯·曼利乌斯（Titus Manlius）在桥上以一敌二。李维说这件事发生在“不到十年后”，然后又称其发生在六年后。无论发生在哪一年，这都是典型的罗马与蛮族的冲突：

> （罗马人）全副武装，带领（提图斯·曼利乌斯）来到高卢人面前，后者正沉浸在愚蠢的喜悦中……嘲弄地伸出舌头……高卢人的块头比他的对手要大，他左手举盾，挡开对方的进攻，并挥剑猛击，这一击发出一声巨响，但是没有造成伤害。罗马人举起武器的同时，用他自己的盾牌撞击敌人盾牌的下沿；他趁机挤进那人的武器和他的身体之间，离对方如此之近，以至于自己的身体一点都没有露出来。他迅速刺了一剑，然后又是一剑，他的敌人肚破肠流，一头栽倒在地，倒下的躯体像一座小山。他没有侮辱敌人的尸体，只从尸体上拿走了一条染血的饰带，围在自己脖子上。[36]

卡米卢斯的罗马军队战胜了“高卢恐惧症”，成千上万的蛮族在战斗中丧生，幸存者四散逃窜。

卡米卢斯获得了凯旋式的嘉奖，但是他发现，征服城里的平民却没有打败罗马之外的蛮族那么容易。在公元前 367 年的选举中，平民的保民官占据了上风，卢西乌斯·塞克斯提乌斯当选为罗马第一位平民执政官。这违背了贵族们的意愿。为了让贵族接受这个结果，平民又一次威胁要撤离。双方达成妥协，贵族同意选举平民执政官，而平民同意贵族选举一名裁判官，主持罗马城内的审判事宜。裁判官职位直到三十年后才对平民开放。[37]

选举平民执政官被公认为向前迈出了一大步：最终，两个阶级之间恢复了和睦（*concordia*），而不再只有愤怒（*ira*）。[38]人们举行了大赛会（Great Games），并将会期延长一天。卡米卢斯年事已高，人们拥戴他为罗慕路斯之后“罗马的第二位奠基人”，他将一座神庙敬献给“两个阶级的和睦”（*Concordia Ordinum*），不久后死于瘟疫。

当选执政官的权力不是这个过程的终点，平民继续在政治舞台和宗教领域取得进展。管理大赛会的“首席市政官”（curule aedileship）职位刚刚设立一年，他们便获得了当选这一职位的权力。[39]保民官昆图斯和格内乌斯·奥古尔尼乌斯（Quintus and Gnaeus Ogulnius）通过了一项法案［公元前 300 年的《奥古尔尼法》（*lex Ogulnia*）］，将大祭司（*Pontifices*）和占卜官（*Augures*）的人数分别从四人增加到九人，并规定增选的成员必须是平民。其中大祭司掌管宗教历法，负责管理每一位神祇的教派；占卜官是官方的预言者，负责在采取各种行动之前解释诸神的意愿。

或许应该说，平民争取平等的斗争在公元前 287 年取得了重大胜利，就在三次萨莫奈战争（Samnite Wars）刚刚结束后不久。公元前 343 年—公元前 290 年，罗马人先后与萨莫奈人（Samnites），或萨莫奈人与伊特鲁里亚人、翁布里亚人（Umbrians）和高卢人的联盟作战。萨莫奈是亚平宁中南部一个说奥斯坎语（Oscan）的地区，萨莫奈人是一个好战的意大利民族，他们建立了一个由四个部落国家组成的联盟，每个国家由一个“长官”（*meddix*，意思是“照管者”）来管理。理论上，协议约定双方以意大利中部的利里河［River Liris，今加里利亚诺河（Garigliano）］为界，但是这两个民族常年争战。萨莫奈人是山地作战的专家，罗马人也并不总是能从这些棘手的冲突中占到便宜，但是最终罗马人获得了胜利，变得更强大、更有统治力。萨莫奈成为罗马的盟邦（*socii*），公元前 284 年，罗马又一次击败伊特鲁里亚人和高卢人的联盟后，终于成为整个意大利半岛的主人——只有南部的希腊城邦除外，那里的人仍然将罗马人视为蛮族。

一如既往，对罗马人来说，与征服意大利蛮族相比，解决内部冲突要困难得多。公元前 287 年，持续不断的债务问题引发了最后一次平民撤离运动。这一次，他们渡过台伯河前往贾尼科洛山（Janiculum Hill），昆图斯·霍尔滕西乌斯（Quintus Hortensius）当选为独裁官。但是霍尔滕西乌斯是一个平民，他颁布了《霍尔滕西法》（*lex Hortensia*），规定平民大会做出的决议（*plebiscita*）与百人团大会通过的法律（*leges*）具有同样的效力，即对包括贵族在内的全体民众都具有约束力。于是，来自两个竞争对手的“决议”和“法律”现在可以等量齐观，罗马又变得如同过去一样民主，平民与贵族之间的“等级斗争”（Struggle of the Orders）终于告一段落。但是，罗马社会仍旧等级森严，而且，我们并没有看到它变得更加平等，而是见证了一个新的贵族——平民精英阶级的诞生。相当数量的平民变得富有，他们当中许多人开始与贵族拥有相同的利益。随着有影响力的平民获得政治权力，新的政治家族应运而生，鉴于罗马选民根深蒂固的投票习惯，他们倾向于年复一年地从几个显赫的家族中选人。这样一来，实际上形成了一种开放的寡头政治，新的术语出现了，比如“显贵”（*nobiles*），指的是那些不是贵族，但是其家族中已经有人当选过执政官的人：这种贵族不是基于出身，而是基于政治权力。从前粗俗、野蛮的平民不再是罗马政治体系的局外人。现在，一个更有凝聚力的罗马能够以一种更加团结的方式面对外部的敌人。

第 4 章

伊庇鲁斯的皮洛士：卡德摩斯式的胜利和皮洛士式的胜利

公元前 2 世纪中叶的希腊历史学家波里比阿在他的作品中，向一个希腊读者解释罗马的崛起时说：

> 对那些想了解关于罗马现今独霸的发展的详尽及全面陈述的人来说……必须熟悉这段罗马人在自己国土遭受挫败后渐入佳境的时期及过程[1]，以及熟悉他们在成为意大利主宰后，如何以及在何时致力于去征服更遥远土地的诸多细节。[2]

意大利和伊庇鲁斯

与罗马一样，意大利南部大希腊地区历史悠久的希腊城邦也经常受到各个意大利蛮族部落的袭击。当罗马正在抵御布伦努斯的高卢人时，塔兰图姆湾（Gulf of Tarentum）上的图里伊［Thourioi，拉丁语称 Thurii 或 Thurium，今锡巴里（Sibari）附近］遭到了意大利南部强大的卢卡尼亚人（Lucanians）的进攻。卢卡尼亚人和他们的邻居萨莫奈人一样，说各种翁布里亚-奥斯坎语。希腊人组成了防御联盟来抵抗他们，但有时候还是需要外来的帮助。公元前 334 年，塔兰图姆［Tarentum，希腊本地居民称之为塔拉斯（Taras），今塔兰托（Taranto）］请求亚历山大大帝（Alexander the Great）的舅舅、伊庇鲁斯的亚历山大一世（Alexander I of Epirus）[3]［又称摩洛西亚的亚历山大（Alexander of Molossis），公元前 350 年—公元前 331 年在位］帮助他们抗击卢卡尼亚人和他们的邻居布鲁提人（Bruttii），后者是另一个古代意大利民族，居住在意大利南部［大致为今卡拉布里亚大区（Calabria）］。亚历山大一世同意了。他进军意大利，公元前 332 年，在帕埃斯图姆（Paestum）附近击败了萨莫奈人和卢卡尼亚人，与罗马人签订了条约。[4]然后，他又多次击败卢卡尼亚人和布鲁提人，直到在公元前 331 年的潘多西亚战役（Battle of Pandosia）中被打败，他自己也被一个叛变的卢卡尼亚标枪手杀死。[5]

在涉及罗马与伊庇鲁斯/摩洛西亚的事件中，“蛮族”的身份问题变得相当复杂，直到 21 世纪，巴尔干半岛的政治问题仍然在无数网络论坛上引起激烈的争论。修昔底德明确地将摩洛西亚人（Molossians）列入北方蛮族的名单，虽然不清楚依据的是他们的语言还是文明程度，或者二者兼而有之，“［斯巴达（Spartan）舰队司令克涅姆斯（Cnemus）］所统率的希腊军队……当地土著有一千名考尼亚人（Chaonians）……还有一些摩洛西亚人由萨比林苏斯（Thesprotians）率领”[6]。

另外，可能是为了恭维摩洛西亚王室，公元前 5 世纪的悲剧作家欧里庇得斯（Euripides）尝试以巧妙的方式重述传统神话，把摩洛西亚人变成希腊人。在他的《安德洛玛刻》（*Andromache*）中，国王墨涅拉奥斯担心摩洛索斯（Molossus）会成为统治希腊的蛮族人，因为摩洛索斯是特洛伊人/蛮族人安德洛玛刻与阿喀琉斯的儿子涅奥普托勒摩斯（Neoptolemus）之子，“可是，来吧，进行如下辩论不是可耻的事：如果……她的儿子长大成人了，你将让他做佛提亚（Phthia）地方的王，让生为蛮族的人统治希腊人吗？”[7]

但是女神忒提斯（Thetis）① 告诉他，命运对他另有安排：“安德洛玛刻……必须定居到摩洛西亚去，和赫勒诺斯（Helenus）[8]结为正式夫妻；还要带这个孩子（摩洛索斯）去，他是埃阿科斯（Aeacus）[9]后人中唯一活了下来的，必须从他起生出一代代的国王，统治着幸福的摩洛西亚。”[10]

因此，在这个版本中，摩洛索斯的希腊家系可以追溯到阿喀琉斯，他将统治被修昔底德归为蛮族的摩洛西亚部落。自然，伊庇鲁斯/摩洛西亚的亚历山大一世宣称自己继承了这一高贵的希腊神话血统，但普鲁塔克仍然认为他的民族属于蛮族：他们可能拥有高贵

---

① 希腊神话中的海洋女神，阿喀琉斯的母亲。

的血统，但是他们的行为出卖了自己，“经过这些早期国王的统治，接着是一段纷争不休的时期，继位的君主变得暴虐不堪，拥有的权势和生平的事迹在历史上没有留下痕迹”[11]。

“没有留下痕迹”暗示了希腊人的态度：他们对伊庇鲁斯人/摩洛西亚人没有表现出多少兴趣，特别是在种族身份的问题上，仅有的线索矛盾重重，而缺少来自“蛮族”方面的叙事，使得情况更加扑朔迷离。

皮洛士的崛起

亚历山大一世入侵意大利是一个反常事件，因为传统上都是由塔兰图姆作为希腊城邦的保护者，但是公元前 285 年，一些以图里伊为首的希腊小国开始把赌注押在罗马身上。罗马很高兴向这一地区扩张势力，公元前 282 年，罗马人将野心付诸实践，塔兰图姆则还以颜色，袭击了十艘驶入塔兰图姆湾的罗马船只，以及早已成为眼中钉的图里伊城。

罗马人要求赔偿，塔兰图姆人开始担心他们孤立无援。于是他们又一次向伊庇鲁斯求助，这一次的对象是亚历山大一世的侄子皮洛士国王（King Pyrrhus）。皮洛士出生于公元前 319 年，是伊阿赛德（Aeacides）和佛提亚（Phthia）之子，他生活在所谓的继业者（*Diadokhoi*）战争时代——亚历山大大帝死后（公元前 323 年），他的继业者们为了争夺亚历山大留下的帝国展开了混战。皮洛士是塔里帕斯（Tharrhypas）的玄孙，“据说从塔里帕斯开始引进希腊的习俗和知识，所有的城市能够运用合乎人道主义的法律”[12]：大多数希腊人可能认为他也算是个蛮族人，但他自认为是彻底希腊化的，将意大利人视为蛮族。

皮洛士的童年非常坎坷。当他还在襁褓中时，他的父亲就被赶出了王国，皮洛士戏剧性地渡过一条奔腾的河流，被带到伊利里亚（Illyrians）国王格劳西阿斯（Glaucias）面前，他赢得了这位统治者的喜爱：

> 皮洛士在地上爬行，逐渐靠近，用手抓住国王的长袍，接着用脚踩上格劳西阿斯的膝盖，使得国王面露笑容，油然产生同情，好像看到一位恳求者泪流满面地在乞求他的保护。有人说他并没有爬向格劳西阿斯，室内有一座祭祀神明的祭坛，他抓住祭坛的一角，向上伸展双手尽力要站起来，格劳西阿斯把这个动作视为一种朕兆。[13]

皮洛士在格劳西阿斯的宫廷中长大，12 岁时，他被军队带回伊庇鲁斯，登基成为国王。他的统治从公元前 307/前 306 年持续到公元前 303/302 年，然后他又一次被驱逐，他的表兄、“暴虐而专制的”[14]尼奥普托勒穆斯二世（Neoptolemus Ⅱ）坐上了王位。

皮洛士向他姐姐黛达弥亚（Deidamia）的丈夫德米特里·波立尔塞特司［Demetrius Poliorcetes，绰号“围城者”（the Besieger）］求助。这个绰号来得不无讽刺，因为他在公元前 305 年大举围攻罗得岛（Rhodes）失败，之后不久，罗得岛人就在岛上竖起了巨型雕像。皮洛士作战很英勇，但是屡战屡败。公元前 301 年，他与德米特里和他的父亲安提柯一世［Antigonus I Monophthalmus，绰号“独眼”（One-Eyed）］一道，在弗里吉亚展开的伊普苏斯战役

(Battle of Ipsus）中败给了另外三位继业者：马其顿的卡山德(Cassander of Macedon)、色雷斯的利西马库斯（Lysimachus of Thrace）和叙利亚的“征服者”塞琉古一世（Seleucus I Nicator of Syria)。最后，皮洛士和德米特里投靠了另一位继业者——埃及的“救世者”托勒密一世（Ptolemy I Soter of Egypt)。无论是参加狩猎还是运动比赛，皮洛士的勇气和体力都给托勒密和他的妻子贝勒尼基（Berenice）留下了深刻的印象。后来，皮洛士娶了贝勒尼基的女儿安蒂哥妮（Antigone)。[15]

在托勒密一世的军事和财政支持下，皮洛士重新成为伊庇鲁斯的国王，不过一开始是与尼奥普托勒穆斯二世联合统治。公元前297年，皮洛士听说有人密谋毒死他，便先下手为强，在一次宴会上杀死了尼奥普托勒穆斯二世。然后，他开始巩固地位，扩张领土。在他统治的最初几年里，他吞并了伊利里亚南部，通过巧妙地介入其他王朝与马其顿的争端，收获了一些重要的边境地区，以及安布拉西亚（Ambracia)、阿卡纳尼亚（Acarnania）和安斐洛契亚(Amphilochia)。公元前294年，“围城者”德米特里成为马其顿国王后，皮洛士与他的关系变得有些紧张，“君王与生俱来的隐忧、想要建立庞大帝国的野心，使得他们相互之间成为可畏又可疑的邻居”[16]，特别是黛达弥亚死后，敌对的情绪更是变本加厉。战争从公元前291年开始，据说，皮洛士自诩英勇和毅力都高人一等，他的勇气比起他的血统更能继承阿喀琉斯的名声[17]，他征服了色萨利（Thessaly）和马其顿的大片领土，但其中大部分又在后来十年里输给了另一位强大的希腊统帅利西马科斯（Lysimachus)。

也有一些领土是通过和平手段获得的，皮洛士的妻子安蒂哥妮过世时，给他留下了一个名叫托勒密的儿子。皮洛士后来又陆续娶了几位妻子：皮欧尼亚（Paeonian）国王奥托利昂（Audoleon）的女儿；达尔达尼亚（Dardanian）酋长巴地利斯（Bardyllis）的女儿柏辛娜（Bircenna）；叙拉古的阿加索克利（Agathocles of Syracuse）的女儿拉纳莎（Lanassa），作为嫁妆，这位妻子带来了琉卡斯（Leucas）和克基拉（Corcyra）。在这些地区的国王中，一夫多妻是惯例，但是在皮洛士的家庭中，蛮族人和希腊人的组合带来了一些问题。希腊化的拉纳莎感觉受到了冒犯，因为皮洛士似乎喜欢他的蛮族妻子们胜过喜欢她，于是，她前往克基拉，邀请德米特里来迎娶她。德米特里欣然前往，将克基拉和皮洛士的妻子一并收入囊中。

虽然遭遇了挫折，但是公元前 285 年前后，皮洛士的王国是强大、稳定和相当希腊化的。多多纳（Dodona）神谕所的发展就是证明。考古学证据显示，这一地区自青铜器时代起就有人居住，最早的教派崇拜的可能是大地女神（Earth Goddess）或其他主管生育的女神。后来，来自塞斯普洛提亚（Thesprotia）的塞洛伊（Selloi）部落带来了宙斯（Zeus）崇拜。荷马提到过这件事，在罗得岛的阿波罗尼俄斯（Apollonius Rhodius）的《阿尔戈英雄纪》（*Argonautica*）中，伊阿宋的船阿尔戈号拥有预言的能力，就是因为船上有一块来自多多纳的神木。希罗多德（Herodotus）讲述了一个故事，是他从圣殿的祭司们那里听说的：两只黑鸽子飞离了埃及，一只飞到了利比亚（Libya），命令利比亚人在那里建立一座阿蒙神（Ammon）[1] 的神谕所；另外一只飞到了多多纳，落到一棵橡

① 古埃及底比斯的主神。

树上，口出人言，宣称它所在的那个位置，今后要建立一座宙斯神的神谕所。[18]神的旨意是通过橡树叶子的沙沙声和树上栖息的鸟儿的飞行轨迹来传达的。有证据表明，祭品包括来自希腊南部的铜鼎、雕像、珠宝和武器，最早可以追溯到公元前8世纪，但是直到皮洛士统治时期，神谕所才有了真正的纪念碑，大部分主要的建筑也是这一时期修建的，包括大剧院、重建的宙斯神庙、议事厅、公共会堂和体育场。

普鲁塔克告诉我们，在皮洛士生命的这一阶段，幸运女神赐给他运气能够过宁静的生活，在和平的状况下统治自己的臣民。[19]但他不是这样的人，他认为不去找别人的麻烦，别人也不来找他的麻烦，未免太枯燥、太无聊了。他的“人际交往技能”很强：虽然他经常目中无人，但无论如何，他的日常生活习惯是有序、克制的，而且他很擅长博得有权势者的欢心，并将其转化为自己的优势。据说他有治愈的能力，相貌也异乎寻常：“皮洛士的面容极其狰狞，就国王的权威而言令人感到畏惧，上颚的牙齿不似常人，如同连续长在一起的骨头，可以看到很细的纹路，很像一排个别分开的牙齿……据说他的大脚趾蒙受神明的恩典可以发挥治病的功效，死后全身火化，只有这个部位毫无损伤。”[20]

意大利的较量

像阿喀琉斯一样，皮洛士无法忍受空虚和寂寞，“留下来损伤自己的心……盼望作战的呼声和战斗及早来临”[21]。公元前281年夏，塔兰图姆和意大利的其他希腊城邦请求他出兵意大利，为他描绘了一幅非常诱人的前景。塔兰图姆人告诉皮洛士，他们会征召一支大军听从他的指挥，他到达时会看到两万骑兵和三十五万步兵。如此优厚的条件令皮洛士无法拒绝。他接受了，率领两万经验丰富的步兵、三千骑兵、二十头战象进军意大利，他野心勃勃，不仅要征服罗马，还要进一步占领意大利、西西里、利比亚、迦太基(Carthage)、马其顿和希腊。普鲁塔克讲述了一个道德寓言。皮洛士的谋士辛尼阿斯（Cineas）问他："接下来我们又应该怎么做?"皮洛士回答："亲爱的朋友，这样一来我们可以很轻松地过日子，整天喝酒和闲聊一些令人愉快的事情。""我们为什么不现在就这样做呢?"辛尼阿斯说道，"那样就不必经过血腥的战斗和艰困的辛劳，给自己和他人带来无穷的危险和灾祸了。"[22]但是皮洛士没有理会辛尼阿斯的劝诫，他不能放弃征服的野心，派辛尼阿斯率领三千人马先行前往塔兰图姆。皮洛士率大部队随后出发，他们在海上遭遇了猛烈的风暴，损失惨重。到达塔兰图姆以后，皮洛士被任命为联军的指挥官。罗马军队在执政官拉维努斯（Laevinus）的指挥下，南下迎击敌人。

迄今为止，皮洛士和他的希腊联军是罗马遭遇过的最严重的军事威胁，但拉维努斯还是拒绝了皮洛士提议的仲裁，告诉他罗马人不接受他的调解也不畏惧他这个敌人。[23]皮洛士在潘多西亚和赫拉克利亚（Heraclea）之间扎营，罗马军队到达时，其组织有序给他留下了深刻的印象："蛮族关于行军和宿营的战术作为，看起来有很高的水准，绝对不是一群乌合之众。"[24]在这个许多希腊人眼中的蛮族人看来，罗马人仍然是蛮族。

罗马人率先发起进攻，他们在昔瑞斯河（River Siris）对岸列阵。皮洛士在战斗中表现得充满智慧、鼓舞人心：

> 他身穿华丽的甲胄，显得格外突出，行动所产生的功效更超过他的名声，一见之下使人难以忘怀。当他运用双手和全身的力量从事战斗的时候，其骁勇无比的精神能够击败所有与他对战的敌人。他始终用一种稳健而且不受干扰的信念引导着战斗的进展，无论遭遇什么局面他都能保持镇静，好像他可以用旁观者清的心态，站在一段距离之外检视所有的作战行动。他对任何细微之处都不会放过，只要有人受到敌人的压制，就会立即得到支援。[25]

一个罗马“蛮族人”杀死了皮洛士的战马，他惊险逃脱，站在方阵中继续战斗。双方势均力敌——普鲁塔克说攻防曾经七度易手——但是最后，皮洛士的战象击退了罗马人。这是战象第一次出现在意大利的战场上，罗马人的坐骑还没靠近这些陌生的猛兽就被吓得掉头就跑，皮洛士的色萨利骑兵趁机发起冲锋，击溃了敌军。

对于所有的古代军事行动，准确的伤亡数字都是很难考证的。根据古代文献记载，罗马军队的阵亡人数在七千人到一万五千人之间，皮洛士方面的阵亡人数在四千人到一万三千人之间。但是这些似乎是他最精锐的部队，他还失去了许多他最信任的朋友和军官。赫拉克利亚战役（Battle of Heraclea）是第一次所谓“皮洛士式的胜利”，即付出了惨重的代价以至于得不偿失的惨胜。我们所谓的皮洛士式的胜利，希腊人和罗马人称之为卡德摩斯式的胜利（*kadmeios nike*）。[26]在神话中，卡德摩斯（Cadmus）是希腊城邦底比斯（Thebes）的创建者。找到建城的正确地点后，他命人到附近的阿瑞斯泉（Spring of Ares）取水，却不知道那里住着一条可怕的巨龙。卡德摩斯派去的人有的被巨龙咬死，有的被它缠住勒死，有的被它喷出的毒气毒死，虽然强大的卡德摩斯杀死了巨龙，但是也付出了惨重的代价。在另一个版本中，这种说法源自卡德摩斯的后代厄忒俄克勒斯和波吕尼刻斯（Eteocles and Polynices），他们两人为了争夺底比斯的统治权而自相残杀。[27]

尽管损失惨重，皮洛士还是为他的成就感到骄傲。战斗结束后，许多卢卡尼亚人和萨莫奈人加入了他，但是罗马人并不打算投降。拉维努斯保住了职位，罗马人迅速补充军团，征召新进的兵员，并且摆出不惜一战的姿态。皮洛士希望和谈——夺取罗马或许太困难了，能够通过这场胜利打出声威他就很满意了——他派辛尼阿斯给元老院送去礼物，向他们提出慷慨、诱人的条件。但是，正当元老们犹豫不决时，老迈力衰的强硬派阿庇乌斯·克劳狄·卡阿苏斯（Appius Claudius Caecus，绰号“失明者”）说服他们继续战斗。辛尼阿斯被礼貌地送回，去告诉皮洛士离开意大利。他传达了消息，还有他观察到的情况：元老院就像“由一群国王组成的议会”，罗马人民的数量极为庞大，他害怕敌人会变成勒耳那的九头蛇（Lernaean Hydra，希腊神话中的怪兽，有许多颗头，砍掉其中一颗后会再长出两颗）[28]，因为执政官拉维努斯征集的兵力是上一次的两倍，在他们的兵源地，人数比这个还要多得多。[29]

罗马人派盖尤斯·法布里修斯·卢西努斯（Gaius Fabricius Luscinus）去谈判释放俘虏事宜。皮洛士的黄金和战象、辛尼阿斯的伊壁鸠鲁哲学（Epicurean philosophy）① 都没有打动法布里修斯，但是皮洛士非常钦佩他。皮洛士允许法布里修斯带回俘虏，让这些人回到自己的家园去见亲人和朋友，参加农神节的盛典，条件

① 古希腊哲学流派之一，提倡追求快乐和幸福。

是如果元老院没有通过和平条约，要将这些人全部押解回来。元老院维持了战前的立场，于是，庆典结束后俘虏被立即遣返，元老院遵守协议，对任何不肯回去的俘虏处以死刑。还有一桩轶事也强调了罗马人的荣誉感，皮洛士的一位医生写信给法布里修斯，说只要给他合适的报酬，他可以毒死皮洛士，结束双方的战争。[30]这触犯了罗马人的公平意识，因此，法布里修斯写信把这件事情告诉了皮洛士。皮洛士对医生处以极刑，为了向罗马人表示谢意，不要赎金将俘虏遣返。但是罗马人拒绝白白接受俘虏：他们不愿接受敌人的好处，或者认为揭发阴谋并不值得这样大的奖励。所以，他们释放了同样数量的塔兰图姆人和萨莫奈人俘虏。虽然双方都摆出了相互尊敬的姿态，但是只要皮洛士留在意大利，罗马人就绝不考虑和平和友谊，而皮洛士也拒绝离开。

公元前 279 年，皮洛士进军阿斯库伦（Asculum），再次与罗马人遭遇，但是这一次，地形不适合他的骑兵和战象，经历了一整天的消耗战后，直到夜幕低垂，战斗才告一段落。古代战争中，激战持续到第二天的情况是比较罕见的[31]，这也反映了双方势均力敌。第二天早晨，皮洛士重新部署了他的军队，迫使罗马人在平坦的地面作战。他的大举进攻遭到了坚决抵抗，但最后罗马人还是在猛攻之下败下阵来："他们实在无法抵挡战象无坚不摧的冲击力，如同大海的侵袭或发生地震一样，是人类的能力所无法抗拒的自然现象，与其束手等待死亡还不如暂时避开。罗马人即使付出惨痛的代价，也仍旧无法在任何方面获得优势。"[32]

双方的伤亡都很惨重：希洛尼摩斯（Hieronymus）① 声称他听

---

① 希腊历史学家，约与亚历山大大帝同时代。

到的是皮洛士自己的说法，皮洛士方面有三千五百人阵亡，罗马方面有六千人；狄奥尼修斯说双方的阵亡人数加起来有一万五千人。狄奥尼修斯还说皮洛士的手臂被标枪射中，受了伤。普鲁塔克记录了一段对话，显示皮洛士知道他的军队折损有多严重："据说两军返营以后，有人向皮洛士祝贺胜利，他的回答是：'如果再来一次这样的胜利，我们就全完了！'他带来的兵力大部分都已伤亡殆尽，包括最密切的幕僚和主要的将领，不仅无法在这里招募到新兵，还发现在意大利的盟军都已退走。"[33]

尽管损失惨重，但罗马人又一次拒绝与皮洛士和谈，而且与迦太基人建立了共同防御联盟。这两个大国并不总是仇敌，这次的条约保留之前的所有协定（关于此前罗马与迦太基的条约，参见第 5 章的"战争前的罗马和迦太基"），只是增加了下列条款：

> 假如罗马人与迦太基人签订一个书面的联盟协约，来对付皮洛士，他们必须以如是方式签订，所以他们能在他当时进行战争所在之领土那方，给予彼此协助：
>
> 无论何方需要协助，迦太基人必须提供船只来进行运输及军事行动，但各方必须支付已方之人报酬。
>
> 迦太基人在有必要时，必须协助罗马人，但没人可以强迫水手下船，违反其意志。[34]

迦太基人同意签订条约，可能是因为他们担心在阿斯库伦战役之后，罗马人会与皮洛士和谈。[35]他们宁可让战争继续在意大利进行，特别是听闻皮洛士怀有入侵阿非利加（Africa）的野心。迦太基人还与好战的西西里民族马末丁人（Mamertini）达成了协议，

“马末丁”的意思是“战神马尔斯之子”[36]。

西西里

就在皮洛士考虑他的下一步行动时，幸运女神给了他两个新的选择。有人从希腊带来消息，埃及法老托勒密一世之子托勒密·克劳诺斯［Ptolemy Ceraunus，绰号“雷霆”（Thunderbolt）］在抗击贝尔尤斯（Belgius）率领的高卢人入侵时战死了。托勒密·克劳诺斯本来以卑鄙的手段攫取了马其顿的王位，现在皮洛士有机会取而代之。另一个机会来自西西里，有人要把阿格里根特（Agrigentum）、叙拉古和莱昂蒂尼（Leontini）这几个城市交到他的手里，请求他赶走岛上的迦太基人。结果，西西里成为更有吸引力的选择，皮洛士在塔兰图姆留下一支守备部队，派辛尼阿斯去准备谈判。这使得塔兰图姆人极为不满，他们认为他应该要么继续帮助他们对抗罗马人，要么干脆离开他们的领土。皮洛士两样都拒绝了。可能是在公元前287年夏末，他扬帆前往西西里。

皮洛士的西西里之战开局十分顺利。他在陶罗曼尼乌姆［Tauromenium，今陶尔米纳（Taormina）］顺利登陆。据说西西里人民对他怀有深厚的感情，城市如约向他敞开大门，他经常是兵不血刃，就夺取了迦太基人（或腓尼基人——有些文献这样称呼他们，迦太基就是由腓尼基人建立的）的城市。关于皮洛士在西西里的战事，我们能够看到的文献非常稀少，狄奥多罗斯（Diodorus）的相关记载遗失了，普鲁塔克只有寥寥数语，拜占庭历史学家查士丁又被认为不够可靠——要搞清楚这些事件的准确日期几乎是不可能的。但是皮洛士留下了一些辉煌的功绩，包括第一个爬上伊利米人（Elymian）的城市厄里克斯［Eryx，今埃里切（Erice）］陡峭的城墙，“他把有些人从城墙的两边抛掷下去，还有很多人被他用剑杀死，倒地的尸首成堆围在他的四周，他自己则毫发无损，这种英勇的表现使敌人感到胆战心惊”[37]。

这是堪与大英雄赫拉克勒斯相媲美的壮举，赫拉克勒斯的十二件功绩就包括在摔跤较量中杀死伊利米国王。这也比亚历山大大帝征服阿尔诺斯岩（Rock of Aornus）的著名事迹更胜一筹，因为亚历山大是在守军弃城之后才攀上岩壁的。

到公元前 277 年冬，皮洛士已经将陶罗曼尼乌姆、卡塔纳（Catana）、叙拉古、莱昂蒂尼、阿格里根特、恩纳（Enna）、赫拉克利亚、阿索内斯（Azones）、塞利努斯（Selinus）、哈利塞伊（Halicyae）、塞吉斯塔（Segesta）、厄里克斯、伊埃提亚（Iaetia）、帕诺姆斯（Panormus）和海克泰尔（Hectae）尽数收入囊中，如果再夺下迦太基人在岛上的大本营利利俾（Lilybaeum），他就将控制整个西西里。他大举围攻利利俾时，迦太基人要求议和。皮洛士拒绝了他们的提议，但是他没能夺取这座城市，最后放弃了进攻。

值得注意的是，在这场冲突中谁应该被视为蛮族呢？希腊作家普鲁塔克称迦太基人为“蛮族”[38]，他也用这个词来称呼马末丁人，后者在梅萨那附近与他们的希腊邻居为敌。离开利利俾后，皮洛士将马末丁人严格控制在他们的地盘上，杀死了收取贡金的收税人。不过这时候，皮洛士的目标已经扩大到征服阿非利加，并且对希腊人表现得极为傲慢。普鲁塔克认为这是他生命的重要转折点：“他在开始的时候并没有摆出不得人缘的态度，而是表现出极其难得的宽大和仁慈，大家都相信他不会给人带来蛮横的骚扰；现在一个深孚众望的领袖运用这种苛刻的方法，就会变成一个暴君，使他背上忘恩负义和毫无诚信的恶名。”[39]

皮洛士疏远了他昔日的盟友。在叙拉古，曾经出面请求他前来西西里、在岛上给予他巨大帮助的索西斯特拉都斯（Sosistratus）和守备部队指挥官帖侬（Thoenon），现在遭到了他的怀疑。索西斯特拉都斯叛逃了，而帖侬被处死。[40]不满情绪在西西里的希腊人中间蔓延，一些人投效迦太基人的阵营，甚至有人向马末丁人求助。迦太基增援部队从阿非利加渡海而来，眼看局势即将失控，皮洛士以萨莫奈人和塔兰图姆人与罗马人作战失利为借口，返回意大利。据说，他在启程之前做出预言：“各位，让我们把这个战场留给罗马人和迦太基人去打。”[41]

皮洛士的船队启碇离开西西里时，不得不在墨西拿海峡与迦太基人交战，他们刚在意大利登陆，就遭到一万马末丁人的阻击。经过一番苦战，他损失了两头战象，头部受伤，不得不离开战场。一个蛮族人向他挑战，说如果他还活着可以前来一决胜负。皮洛士怒火冲天，疾驰而出，他满身血污，面目狰狞可怖，“用他的佩剑对着蛮族人的头部奋力一击，惊人的臂力和锋利的武器把对手的身躯劈成两半。蛮族人的蠢蠢欲动全被压制下来，他们不仅惊慌失措而且心悦诚服，竟然把皮洛士视为天神”[42]。

在接下来的旅程中，他没有遇到什么大麻烦，公元前 276 年秋，他带领两万步兵、三千骑兵回到塔兰图姆，尽可能地充实了塔兰图姆的部队。但是毫无疑问，这些战士中很多人是雇佣兵，皮洛士需要钱来向他们支付报酬，但是他没有钱。因此，“看到皮洛士处境尴尬，从一切可能的来源筹集资金，他的朋友中最坏、最堕落的……奥格卢斯（Euegorus）……巴拉克鲁斯（Balacrus）……戴纳库斯（Deinarchus），他们是不敬神的恶徒，提出了一个亵渎神明的资金来源：打开珀耳塞福涅（Persephone）① 的神圣宝藏”[43]。

这指的是洛克里（Locris）的一座神庙，那里有“数不清的黄金，埋在人们看不到的地方。皮洛士被这些骗子误导，而且他的需求是如此强烈，这令他抛开所有顾忌，他让提出这个建议的人去替他办理这件渎神的事；他们把从神庙掠夺来的黄金装船，在一片欢呼声中，与皮洛士的其他资金一起运往塔拉斯（Taras）”[44]。

不过，装载黄金的船只遭遇风暴沉没了，哈利卡纳索斯的狄奥尼修斯认为这证明了众神正义的力量。他说皮洛士被这件事吓坏了，将全部财宝归还给女神，希望能够平息她的怒火。但是后悔已经晚了，“这就是皮洛士最后败给罗马人的原因”[45]。

马莱文图姆/贝内文托及其归宿

这时候，罗马人的韧性受到了最严峻的考验。厌战情绪开始出现，人口数量显著减少：公元前280年，平民监察官（censor）科奈乌斯·多米提乌斯·卡尔维努斯·马克西穆斯（Cnaius Domitius Calvinus Maximus）进行人口普查时，有287 222名公民登记在册；公元前275年再次进行人口普查时，这个数字是271 224人，减少了15 998人。[46]逃避兵役成为一大问题。马尼乌斯·库里乌斯·邓塔图斯（Manius Curius Dentatus，“邓塔图斯”的意思是“长牙

① 希腊神话中冥界的王后。

的”，据普林尼所说，他得到这个绰号是因为他一生下来就有牙齿[47]；公元前275年任执政官）招募军队对抗皮洛士时，很多人拒绝入伍，只有威胁他们不入伍就要被卖为奴隶才能说服他们（有一个人例外，此人为了不入伍变卖了所有财产）。[48]

邓塔图斯拒绝了敌人的收买，进军萨莫奈人的领土，他的同僚卢西乌斯·科尼利厄斯·伦图卢斯·卡乌迪努斯（Lucius Cornelius Lentulus Caudinus）去攻打卢卡尼亚人。邓塔图斯在马莱文图姆［Maleventum，今贝内文托（Benevento）］附近扎营。意大利人向皮洛士求援，他立刻兵分两路，其中一部派到卢卡尼亚，自己率领其余的兵力去攻打邓塔图斯。

皮洛士拥有人数上的优势，尽管我们的文献可能严重夸大了这一点。哈利卡纳索斯的狄奥尼修斯说他的兵力是对手的三倍，不过更有可能的数字是皮洛士方面有三万到五万人，罗马方面有两万到两万五千人。[49]皮洛士需要在罗马援军到达之前利用人数优势，而邓塔图斯作为一个已经举行过三次凯旋式的经验丰富的将领，自然要尽力拖延。皮洛士决定带着他手下最得力的人员和最有用的战象，在夜间向罗马人的营地发起突袭。由于要在黑夜中通过森林密布的地区，这是一次冒险之举，“重装步兵戴着头盔、穿着胸甲、举着盾牌，沿着几乎没有人迹的蜿蜒的兽径向山地前进，还没看到敌人，他们就已经筋疲力尽、饥渴难耐”[50]。

路程比预计的花了更多时间，破晓时分，皮洛士和他的人马出现在罗马人面前。邓塔图斯迅速做出反应，打得皮洛士的军队大败而逃，还俘获了几头战象。[51]皮洛士自己逃脱了，设法与主力部队重新会合。邓塔图斯则让他的部队列阵迎敌，“马尼乌斯·库里乌斯·邓塔图斯发现皮洛士的方阵在开阔地带势不可当，便煞费苦心地压缩战斗的空间，将方阵挤压在有限的空间内，使其自乱阵脚”[52]。

他的战术很成功，不过古代文献似乎更关注战象：

> 马尼乌斯……击败敌人的一翼，但是在另外的地区，发现他的部队正受到战象的压迫，向着壕沟的位置后撤。他命令留下的守备部队出击，这些全副武装的生力军原来配置在防壁上面，他们人数众多，现在从坚固的据点冲下来对付战象，迫得这些猛兽转过身来逃走，给自己的部队造成极大的伤亡和混乱。[53]

根据奥罗修斯（Orosius）的记载，罗马人的武器花样繁多。他们“准备了带有拖绳和倒刺、涂满油、可以点火的飞镖。他们将这些燃烧的投掷物投向战象和它们背上的塔楼，毫不费力地让这些愤怒而惊恐的猛兽掉过头来，给它们自己的军队造成破坏”[54]。

埃利安（Aelian）更进一步，说罗马人用燃烧的猪来对付这些猛兽：

> 大象害怕……猪的尖叫声。据说，通过这种手段，罗马人让伊庇鲁斯的皮洛士的战象掉头逃跑，赢得了辉煌的胜利……他们给猪身上涂油，点上火，让它们冲向敌人。猪因为烧伤而痛苦地嚎叫，冲入大象阵中，使它们狂性大发，制造可怕的混乱。就这样，战象四散溃逃，尽管它们从小就训练有素，这时候也无法驾驭。要么是因为大象天性憎恶猪，要么是因为刺耳的猪叫声令它们恐惧。[55]

无论具体细节如何，罗马方面的宣传都把这场战斗描绘成皮洛士的惨败，他的部队伤亡过万，还有几头战象被活捉，这些战象出现在了邓塔图斯的凯旋式上。不过，拜占庭作家查士丁说，罗马人从来没有在战场上击败过皮洛士，所以这一次，可能是罗马人赢得了一次“皮洛士式的胜利”。但是罗马人认为这是一场胜利，为了图一个好兆头，他们将马莱文图姆（意思是“邪风”“凶兆”或“坏结果”[56]）改名为贝内文托（Beneventum，将有负面含义的 *male* 改为 *bene*，*bene* 是“好”的意思）。

与此同时，邓塔图斯的同僚卡乌迪努斯击败了卢卡尼亚人，他也举行了凯旋式。到这时，皮洛士的兵力和财力都已经捉襟见肘，虽然他在塔兰图姆留下了一支守备部队，希望有朝一日能够卷土重来，但是他再也没有回来过。公元前 275 年秋或公元前 274 年春，他回到伊庇鲁斯，带回的部队只有最初的 30%，普鲁塔克这样评价他的失败：

> 这场战争使得皮洛士耗费六年的光阴，终于在意大利和西西里丧失所有的希望。虽然他的远征行动没有成功，但每一次的失败都能保有百折不回的勇气，无论就军旅的经验还是个人的英勇而言，他获得的声名远远超过当时的君王。他的作战用兵成就斐然，获得的利益则在空虚的希望之中损失殆尽；他只要处于逆境就会产生新的欲望，经常改变的结局毫无成效可言。安提柯把他比作一个赌徒，即使骰子掷出很好的点子，还是不知道利用机会多赢几个钱。[57]

此后，皮洛士对罗马没有更多直接的影响了。他将目标转向马其顿，当他忙于意大利和西西里的战事时，高卢人入侵了马其顿。公元前 287 年，安提柯二世戈纳塔斯（Antigonus II Gonatas）大败蛮族，将大量蛮族士兵作为雇佣兵收编进自己的军队，用他们来开疆拓土（他们是非常好的战士，价格也很便宜）。公元前 274 年，皮洛士与安提柯二世交战并取得大胜，由于安提柯军中高卢战士的存在，他可以宣称这是希腊人对蛮族人的胜利。他把最丰硕和最华丽的战利品奉献给色萨利的埃托尼斯（Itonis）的雅典娜神庙，并留下了挽歌对句体（elegiac couplets）① 的题词：

> 虔诚的皮洛士是摩洛西亚国王的后裔，
> 把精美的盾牌奉献给埃托尼斯的圣地。
> 这是他从英勇的高卢人手中赢得的战利品，
> 安提柯和他的党羽逃到大海之滨。
> 埃阿喀得斯（Aeacidae）家族所向无敌的名声举世称誉，
> 千秋万世永远受到雅典娜女神的保佑。[58]

皮洛士又打了几场胜仗，于公元前 274 年短暂地成为马其顿国王，但是一如既往，他无法在成功之后维持人心。占领埋葬马其顿历代国王的埃迦伊（Aegae）之后，他将一支高卢人守备部队留在这个市镇，这些人曾经作为雇佣军为他作战。在普鲁塔克看来，他们的所作所为是典型的蛮族行径，“高卢人贪图财货之心永难餍足，他们挖掘埋葬在该地那些国王的坟墓，把其中的金银财宝搜刮一空，行为暴虐无礼，任凭骨骸散落满地”[59]。

皮洛士可能是出于忌惮，不敢对蛮族施以惩处，但是他的反应太过迟缓，引起了马其顿人的不满。也许是性格使然，随着他的支持率下降，他又将目光投向了新的冒险，这一次是希腊。斯巴达的

---

① 一种双行体诗歌，奇数行和偶数行按照特定的格律循环往复。

克利奥尼穆斯（Cleonymus of Sparta）想在希腊称王，但是他的计划被阿里乌斯（Areus）挫败了。阿里乌斯比他年轻得多，连克利奥尼穆斯美丽的妻子契洛妮斯（Chilonis）都钟情于这个对手。[60]阿里乌斯前往克里特岛（Crete）时，克利奥尼穆斯便邀请皮洛士到斯巴达来。皮洛士接受了邀请，还带来了两万五千步兵、两千骑兵和二十四头战象。经过激烈的战斗，他没能夺取斯巴达，又将目标转向了阿尔戈斯（Argos）。

马其顿的安提柯二世也加入了阿尔戈斯的战斗，在混战中，皮洛士进入了城市，但是没能完全掌握控制权。他发现自己被阿尔戈斯人包围了，于是他骑上马，一头冲进追赶他的敌人当中。他被一支标枪刺中，受了轻伤，于是他转过身来对付这个将他刺伤的人。这人是一个贫穷的老妇人的儿子，这时她正从屋顶上面观看两军的搏斗，正好见到她的儿子陷入危险，就举起一块砖瓦向皮洛士投掷。瓦片正好砸在皮洛士的头上，伤到他的颈椎，使他一时昏厥，两眼发黑，整个人从马背上摔下来。他刚刚苏醒过来，有一个曾经在安提柯麾下服务的名叫佐庇鲁斯（Zopyrus）的家伙，认出他是皮洛士，把他拖到附近的一处门廊下面，用相当拙劣的手法砍下了他的头颅。安提柯二世的儿子阿西奥纽斯（Alcyoneus）将皮洛士的头颅带给他的父亲，国王气愤地指责这种行为“恶劣和野蛮”，并为皮洛士举行了庄严的葬礼。[61]

第5章

门口的汉尼拔

> 我将叙述往日进行过的所有战争中最值得记忆的一场战争，即迦太基人在汉尼拔（Hannibal）的统率下与罗马人民进行的战争。[1]

战胜皮洛士以后，罗马控制了意大利半岛，罗马公民、拉丁人和意大利盟邦组成了联盟。在地中海西岸，今天的突尼斯海岸上，迦太基是最强大的国家。迦太基是一个繁荣、文明、商业发达的国家，与现代意义上的蛮族概念相去甚远，但是历史学家面临的一个最大的困难是，由于几乎没有迦太基方面的著作存世，在很大程度上，他们只能依赖迦太基的敌人提供的信息。基本上，我们对迦太基人的了解来自希腊人和罗马人，他们与前者争夺西西里，与后者打得你死我活，所以毫不奇怪，我们看到的是一个充满恶意的迦太基人的形象。在希腊人和罗马人看来，迦太基人都是蛮族，至少他们使用的是蛮族的语言。但是，这不适用于汉尼拔，至少不完全适用，因为我们的文献经常夸大他的才干，既是为了给罗马人在他手中遭遇的失败寻找借口，也是为了给他们自己的胜利增添荣耀。正如奥斯卡·王尔德（Oscar Wilde）所说："真相难得干脆，绝不简单。"[2]

战争前的罗马和迦太基

迦太基的起源可以追溯到地中海东岸的腓尼基。腓尼基人擅长经商，因为贩卖从贝壳中提取的紫色染料而出名。"腓尼基"这个名字来自希腊语中的 *Phoinikes*，与 *phoinix* 一词同源，意思是"紫红色"。由于迦太基人最初来自腓尼基，而在拉丁语中，腓尼基人被称为 *Poenicus* 或 *Punicus*，同样源自希腊语中的 *phoinix*，因此，罗马与迦太基之间的战争被称为布匿战争（Punic Wars）。

腓尼基人从推罗（Tyre）开始建立西方殖民地。古代普遍接受的迦太基建城日期是公元前 814 年。迦太基是"新城"（腓尼基语称为 *Qart-hadasht*）的意思。关于迦太基的建城神话，最流行的版本是说在推罗发生了王权的纷争，国王皮格马利翁（Pygmalion）的姐姐埃莉萨（Elissa）被迫离开故乡，来到阿非利加。她与当地居民达成购买土地的协议，双方约定，给她的土地就是用一张水牛皮围起来的大小。埃莉萨把水牛皮切成长条，把迦太基岬的整座山峰都围了起来。这块地方后来被称为毕尔萨（*Byrsa*），这是一个布匿语单词，在希腊语中就是“水牛皮”的意思。

埃莉萨的城市日益繁荣，当地国王阿尔巴斯（Iarbas）要娶她为妻。她要求给她三个月时间再做出答复，在这段时间里，她为已故的丈夫阿克尔巴斯（Acherbas）举行了一场火祭，然后自己也爬上火堆，刎颈自尽，宣布她将以这种方式与丈夫团聚。埃莉萨也被称为狄多（Dido），她的故事有许多版本，直到诗人维吉尔用她与埃涅阿斯的爱情故事一锤定音。有趣的是，维吉尔把他的故事设定在公认的建城日期之前几个世纪，以便和他的史诗中埃涅阿斯逃离特洛伊的日期相吻合，创作出一段惊天地泣鬼神的爱情悲剧：恋爱的双方分别是两座城市的创建者，现在这两座城市要争夺地中海西岸的控制权。当埃涅阿斯离开迦太基，伤了狄多的心，她祈祷让战争发生在两人的人民之间：

> 我祈求的就是这个，这就是我在生命终结之时发出的最后呼声。今后，我的推罗人民，你们一定要怀着仇恨去折磨他的一切未来的后代，这就是我死后你们送给我的祭礼。我们这两族之间不存在友爱，也绝不联盟。让我的骨肉后代中出现一个复仇者吧，让他用火和剑去追赶那些特洛伊移民，今天也行，明天也行，任何时候，只要鼓足勇气。我祈求国与国、海与海、武力与武力相互对峙，让他们和他们的子孙永远不得安宁。[3]

她的祈祷得到了回应。这个“复仇者”就是汉尼拔。

在公元前 6 世纪和公元前 5 世纪初，迦太基人控制了北非大部分地区、西西里、撒丁岛（Sardinia）和科西嘉（Corsica），以及西班牙南部部分地区。他们需要有效的军事力量来维持这个帝国，但是因为人口相对较少，他们宁愿用国家的财政收入来聘请雇佣军，以便让大量公民可以从事商业活动，迦太基的繁荣正是建立在商业基础之上的。军队本身是许多蛮族的联盟，在迦太基将领的指挥下战斗，包括：擅长伏击和游击战的利比亚轻步兵；来自努米底亚（Numidia）和毛里塔尼亚（Mauretania）的北非骑兵，这无疑是地中海西岸最出色的骑兵之一；西班牙雇佣军，许多人使用一种独特的短剑，这种武器后来被罗马人引进，成为罗马军团的标准装备，称为“罗马短剑”（*gladius*）；来自巴利阿里群岛（Balearic Islands）的野蛮人投石手，要求用女人而不是金钱来支付报酬；还有以冲动和不可靠著称的高卢人。非蛮族部队是从坎帕尼亚（Campania）的意大利人和希腊人中招募的，前者人数稀少、背信弃义、行为野蛮，但是作战非常高效，后者的战斗能力则有口皆碑。罗马喜剧家普劳图斯（Plautus）[4]生活在汉尼拔入侵意大利时期，在他的喜剧《吹牛的军人》（*Miles Gloriosus*）中，塑造了一个戏仿他那个时代雇佣军士兵的滑稽形象。这出戏剧的主人公皮尔戈波利尼克斯（Pyrgopolynices，意思是“战胜堡垒和城市的人”）是一个愚蠢、自负、好色的军人，总是吹嘘自己在战场上和床上的勇猛事迹。[5]

对指挥官来说，管理这样一支多民族的军队是一个巨大的挑战，但是总体而言，迦太基不是一个特别好战的国家。商人通常认为战争是不划算的，贸易才是最重要的。普劳图斯的喜剧《布匿人》［*Poenulus*，又名《小迦太基人》（*The Little Carthaginian*）］通过幽默的对话呈现了典型的迦太基人形象和他们身为蛮族的说话方式，也表达了对罗马人态度的嘲讽。在最后一幕中，一个名叫弥尔菲奥（Milphio）的奴隶与一个名叫哈农（Hanno）的迦太基人交谈。“哈啰!”他尝试说布匿语，但是马上换回了拉丁语，“你怎么称呼，要不你来自哪座城市?”哈农的回答是一串无意义的布匿语[6]：“依哈农-米提姆巴勒宾-乌得啦达特-阿赫。”奴隶的主人阿戈拉斯托克勒斯（Agorastocles）问：“他说什么?”弥尔菲奥也是一头雾水，不过他回答道：“他说他的名字叫哈农，住在迦太基。他是迦太基人米提姆巴勒宾利斯的儿子。”“摩普胡尔萨。”哈农说，“弥乌勒克-赫阿纳。”阿戈拉斯托克勒斯接着问：“他为什么来这里?”弥尔菲奥糊弄道：“难道你没有听见？他说他运来了非洲老鼠，他想把它们送给市政官参加节日娱乐游行。”哈农继续说：“勒齐-拉卡纳-尼利姆尼伊克托。”阿戈拉斯托克勒斯问道：“现在他说什么?”弥尔菲奥告诉他：“他说他随身运来了许多门锁、铁制刑具，还有坚果，他请求你帮助卖掉这些东西。”对话就这样继续下去，直到弥尔菲奥承认：“天哪，这次我什么都没有明白。”然后哈农制造了笑点，他用完美的拉丁语说：“好吧，为了你能明白，我现在开始说拉丁语。”[7]

西塞罗认为，迦太基人都是像哈农一样的商人，这使得他们不值得信任，“迦太基人之所以傲慢和喜欢撒谎，更多的不是由于种族，而是由于他们所处的地理位置。迦太基有许多海港，便于他们与商人和陌生人交往，他们会讲许多种语言，在这种生活的激励下，他们变得喜爱赚钱和欺骗”[8]。

尽管有这些排外的笑话和评论，但自从共和国建立起，罗马和迦太基之间的外交关系还是相当文明的。根据波里比阿的记载，罗马市政官的国库中保存着一块铜板，上面刻有两个条约，条约的内容显示，迦太基人关心的是保护他们在地中海西岸的商业利益，而这一时期，罗马对海外贸易的兴趣不大。在公元前 509/前 508 年的条约中，迦太基人希望制定贸易章程，禁止来自北非海岸和地中海西岸的一切船只航行，罗马人则希望承认他们在拉丁姆的主权。[9]第二个条约可能是由迦太基人起草的，于公元前348年签署[10]，规定了罗马人不得掠夺、从事贸易或建立城市的地区；明确了迦太基人若占领拉丁姆上任何不臣服于罗马的城市应如何处置；规定如果虏获了对方及其盟邦之人，不得带至港口登陆；双方均不得滥用从对方及其盟友处取得水和物资的权力；并对罗马人在撒丁岛、阿非利加、西西里和迦太基，以及迦太基人在罗马的具体行为做了约定。[11]还有一种可能性是，两个国家在公元前306年左右重新签订了协议，波里比阿也提道："罗马人与迦太基所签订的第三个以及最后一个条约，是在皮洛士入侵意大利时，迦太基发动战争占有西西里之前。"[12]

第一次布匿战争

本来，双方对对方都不构成威胁，直到公元前264年，一系列事件的连锁反应让双方卷入了冲突。马末丁人占领了西西里的梅萨那，但随后被叙拉古的希洛二世（Hiero II of Syracuse）击败了。一些马末丁人向迦太基人求援，另外一些向罗马人求援，两派都许诺将梅萨那交给帮助他们的人来统治。[13]起初，罗马人担心迦太基人会完全控制西西里，然后将其作为入侵罗马的桥头堡。虽然没有证据表明迦太基人有这样的打算，但是马末丁人利用了罗马人的恐惧，让罗马人相信有这个可能。特别是因为有了皮洛士的先例，现在的罗马人有如惊弓之鸟。反对的理由则包括支持马末丁海盗的道德问题，而且皮洛士战争后国家也需要恢复元气。元老院拒绝提供援助，但是执政官马库斯·弗尔维尤斯·弗拉库斯（Marcus Fulvius Flaccus）[14]和阿庇乌斯·克劳狄·考德克斯［Appius Claudius Caudex，绰号“木头人”（Tree Trunk 或 Blockhead）］煽动起人民对战利品的贪婪，公民大会通过了援助马末丁人的决议，阿庇乌斯被任命为统帅。[15]

阿庇乌斯去帮助马末丁人，是“罗马人第一次领军跨海，离开意大利”[16]。他到达时发现迦太基已经与叙拉古结盟，将马末丁人包围了。但是叙拉古的希洛决定与罗马人休战，结果只剩下罗马和迦太基陷入一场双方都没有直接目的的战争——第一次布匿战争（First Punic War，公元前 264 年—公元前 241 年）。

第一次布匿战争中，迦太基的指挥官是哈密尔卡·巴卡［Hamilcar Barca，绰号“闪电”（Thunderbolt）］。巴卡家族的血统可以追溯到传说中的狄多公主的一个兄弟。[17]哈密尔卡的第一个妻子姓名已不可考，她给他生了三个女儿和三个儿子：女儿们的姓名同样不可考，三个儿子分别是哈斯德鲁巴（Hasdrubal）、马戈（Mago）和公元前 247 年出生的汉尼拔［*Hnb'l*，在布匿语中的意思是“得到太阳神巴力（Baal）垂青的人”］。拉丁历史学家瓦莱里乌斯·马克西穆斯（Valerius Maximus）记载了一桩轶事，哈密尔卡看着他的三个儿子玩耍时，曾骄傲地说，他为罗马帝国的灭亡饲养了这么多幼狮。[18]不过，他的梦想还需要等待。

罗马军队占据了上风，占领阿格里根特的迦太基大本营之后，远征任务逐渐偏离原来的目标，罗马人开始希望将迦太基人彻底赶出西西里。[19]不过，为此他们需要一支舰队。于是，凭借罗马人特有的执着性格，他们以一艘俘获的迦太基战舰为模板，打造了一支舰队。为了弥补海战经验的不足，他们招募了三万三千名桨手，出海之前先在陆地上进行训练。他们还发明了一种被称为“乌鸦”（*corvus*）的装置，这是一种尽头有铁锥的踏板，可以插入敌船的甲板，让他们的水手在海上作战就像在陆地上作战一样。[20]

第一次布匿战争是一场旷日持久、跌宕起伏的战争，不过公元前241年，当罗马人在盖尤斯·路泰提乌斯·卡图卢斯（Gaius Lutatius Catulus）的领导下，在埃加迪群岛（Aegates Islands）海战中取得决定性胜利时，哈密尔卡像任何有自尊心的迦太基商人一样，对战争进行了成本-收益分析，然后决定和谈。[21]协议内容包括撤离西西里及其和意大利之间的所有岛屿；交还所有战俘，不得要求赎金；一笔巨额赔款。[22]这严重消耗了迦太基的国库储备，当他们未能及时向努米底亚和利比亚雇佣军支付报酬时，士兵们叛变了：“（叛变者）通过了一项决议……凡是迦太基人格杀勿论，将尸体送回首都；凡是迦太基的盟国的人，都要砍掉双手。（哈密尔卡）继续在战场上杀戮，将那些被带到他面前的俘虏扔到大象群中踩死。”[23]在罗马人的传统印象中，迦太基人残忍、奸诈、野蛮，这种以牙还牙的暴行刚好印证了罗马人的想象。

与此同时，罗马人利用迦太基人无暇他顾的时机，以公然的帝国主义行为夺取了撒丁岛和科西嘉。这些岛屿和西西里都盛产粮食，自公元前227年起，罗马每年为西西里和撒丁尼亚-科西嘉行省（*provinciae*，“指派给地方官员的职责范围”）额外任命两名裁判官。行省通常是一个地理区域，但也可以是一项具体任务，比如监督粮食供应或者打击海盗。这些岛屿成为罗马的第一批海外行省，代表罗马在成为世界霸主的道路上迈出了重要的一步。

汉尼拔掌权

虽然罗马人在第一次布匿战争中获得了胜利，但是从来没有摆脱对迦太基人的不信任，他们仍然认为迦太基人是强大而诡诈的。迦太基人对失去撒丁岛和科西嘉心怀怨恨，而且在个人层面上，哈密尔卡·巴卡并没有被打败——输掉战争的是其他指挥官。现在，出于自尊心和经济需要，迦太基政府授命哈密尔卡巩固他们在西班牙的统治，并且去征服新的领土。据说，公元前 237 年，哈密尔卡启航前往加的斯（Cadiz）时，九岁的汉尼拔请求与父亲同行，“哈密尔卡……把他领到祭坛前，让他手触圣物发誓，只要一有可能，他便将成为罗马人民的敌人”[24]。

哈密尔卡本人没有任何进犯罗马的举动。公元前 229/前 228 年冬，他死在战场上。有人说他在对最好战的凯尔特伊比利亚人（Celtiberians）的战斗中英勇牺牲[25]，也有人说他在一场围攻中一边战斗，一边照顾家人的安全，最后溺死在一条不知名的河流中[26]。他的女婿、“公正者”哈斯德鲁巴（Hasdrubal the Fair）被指定为他的继任者，相比军事手段，哈斯德鲁巴更倾向于通过外交手段来解决问题。他重建了马斯提亚城（Mastia），将其命名为“新城”[与迦太基同名，今卡塔赫纳（Cartagena）]，后来这里成为迦太基在西班牙的大本营。他的统治被认为是开明、高效的，但是罗马人仍然感到不安。公元前 226 年，他们派出一位使节，与哈斯德鲁巴签订了一份协议，包括如下重要条款：“迦太基人不得武装越过埃布罗河（River Ebro）。”[27]

公元前221年，哈斯德鲁巴在新迦太基被一个凯尔特雇佣兵刺杀，他的统治结束了。谁将成为他的继任者是毫无疑问的：军队和人民都拥戴汉尼拔·巴卡。[28]

在许多方面，都是李维的作品定义了汉尼拔这个历史人物的形象，也反映了罗马人对他的态度。他吃苦耐劳、胆识过人、善于鼓舞人心：

> 他以最大无畏的勇气进入险境，在危险中举止自如，完全置生死于度外。没有任何困难能削弱他的身体和意志。酷暑也好，严寒也罢，他同样受得了；他的生活非常简单，不受酗酒和美色诱惑；他是睡是醒，完全不由天光决定，只取决于他的工作何时完成……不管是行军还是作战，他都是最出色的战士。他总是率先冲入敌阵，最后一个退出战斗。但是这个人的罪恶同美德一样醒目：超乎常人的残忍，比一般布匿人更背信弃义，不信真理，不畏神明，不重誓言，没有是非观念。[29]

在罗马，汉尼拔“邪恶”(*dirus*)、“奸诈”(*perfidus*) 的形象和他的背信弃义深入人心[30]，“布匿人的忠诚”(*Punica fides*) 成了一个谚语，用来形容最恶劣的背叛行为。不过，波里比阿比较慎重，他说汉尼拔虽然背负了残忍和贪婪的指控，但是很难对他的真实性格做出论断。波里比阿没有探讨这些指控是不是“假新闻”，但他确实提到，有些人把汉尼拔同他的朋友汉尼拔·莫诺马库斯[Hannibal Monomachus，绰号“角斗士”(Gladiator)] 相混淆了，将后者的一些残忍行为安到了汉尼拔头上。然后，他写道：“对迦太基人来说，他以喜好金钱而臭名昭彰，对罗马人来说则是因为他残酷的行为。”[31]

李维告诉我们，汉尼拔表情生动，目光炯炯有神，长得很像他的父亲[32]，但是除此之外，他的外貌便很模糊了。迦太基钱币没能提供什么线索，因为第二次布匿战争（Second Punic War）期间铸造的钱币上，要么正面是头戴花环的坦尼特（Tanit）女神①、背面是一匹脱缰的马，要么正面是梅尔卡特（Melqart，“迦太基的赫拉克勒斯”）、背面是一头大象。[33]由于这些钱币与第二次布匿战争之前和之后的钱币风格不同，有人假设我们能够从梅尔卡特的形象中看到汉尼拔的特征，但这只是纯粹的推测。人们对汉尼拔越是缺乏了解，五花八门的猜测就越多。特别是在互联网上的讨论中，还有一种普遍流行的猜测：既然汉尼拔是非洲人，那他是不是一个黑人？持这种观点的有乔尔·A. 罗杰斯（Joel A. Rogers）和伊万·凡·塞提玛（Ivan Van Sertima）等人[34]，他们从根本上误解了北非人和迦太基人的种族。罗马文献无疑对此有相关评述；载有他家庭成员头像的钱币没有提供任何这方面的证据；“埃塞俄比亚人”（Ethiopians）是希腊人和罗马人对黑皮肤人种的默认称谓，但是没有任何希腊或罗马文献用这个词描述迦太基人。正如他的名字所示，汉尼拔的名字中包含闪米特人（Semitic）的神“巴力”，他的祖先可以追溯到腓尼基（广泛意义上的今黎巴嫩）：他的祖先来自闪米特，而不是撒哈拉以南非洲。

掌握迦太基的军权后，汉尼拔马上控制了埃布罗河以南伊比利亚半岛的大部分地区——除了萨贡托（Saguntum），这座城市在汉尼拔掌权之前数年[35]将自己置于罗马的保护之下。萨贡托曾是罗马在迦太基势力范围之内的重要盟友，因此，当汉尼拔在公元前

---

① 迦太基女神，主神巴力之妻。

219 年 12 月占领这座城市时，与罗马的战争就几乎不可避免了。罗马元老院派代表前往迦太基，要求汉尼拔投降，费边·布特奥（Fabius Buteo）用戏剧化的方式“指向他身为罗马公民所穿长袍的怀中，向元老院宣布说，在他的怀里，他同时带来了和平与战争，而他们究竟要他留下哪项，他便会让那项落下。迦太基元老（Suffete）回应说，他应该拿出来任何他认为最好的，而当特使回答说那将是战争时，许多迦太基元老立即喊出：‘我们接受它！’”[36]

第二次布匿战争在罗马历史上的重要性怎么强调都不为过，罗马人也知道这一点：

> 许多因素使这场战争与众不同：首先，这场战争发生在一个有史以来物质资源最为丰富的民族和另一个国家力量达到鼎盛的民族之间；其次，这是老对手之间的斗争，双方都在第一次布匿战争中领教过对方的军事能力；再次，最后的结果如此摇摆不定，以至于使获得胜利的一方更接近于危殆。此外，强烈的感情一直在发挥作用，相互之间的仇恨成为不亚于刀剑的锐利武器：在罗马方面，令人愤怒的是被战胜者竟然主动对胜利者发动战争；在迦太基方面，人们则对征服者的贪婪和残暴充满愤恨。[37]

第二次布匿战争

公元前 218 年，汉尼拔渡过埃布罗河，率领一支军队离开西班牙，波里比阿说有五万步兵、九千骑兵和三十七头战象（李维说有九万步兵和一万两千骑兵）。到这个时候，他手下多元化的蛮族联盟已经成为一支由经验丰富、骁勇善战的战士组成的统一军队，而且对他忠心耿耿。无论他走到哪里，他们都会追随。

起初，汉尼拔无疑占据了上风。罗马执政官普布利乌斯·科尼利厄斯·西庇阿（Publius Cornelius Scipio）[38]准备在罗讷河（River Rhône）河口列阵拦截他，但是当他在马萨利亚补充给养时，他发现自己比原定日程落后了三天，汉尼拔已经渡河。让三十七头战象渡河是一个巨大的挑战，“印度驯象师……引导战象走上这覆土堤道，前有两头母象引路，其他则顺从地跟随在后。当它们站上最后的几个木筏时，固定它们的绳索突然被砍断，船只接受拖曳缆绳的拉力，立即从堤道拉离战象所站的木筏。这时，这些动物变得惊恐……一些动物是如此害怕，所以在过河过到一半时，跳入了河流中”[39]。

但是战象却得救了，“这是因为透过象鼻的力量及长度，它们可以使象鼻保持在水面上，透过它呼吸，并且将由口中进入的水给吐出来。因为这方式，它们大多数都存活了下来，以步行渡河”[40]。

到这时候，罗马人才明白汉尼拔的真正目标是什么。

汉尼拔的部队从罗讷河向阿尔卑斯山山麓进发，雪山的奇景令他们胆战心惊：“山峰高耸入云，积雪几乎与天空融为一体……山岩上散落着不成形的小屋，羊群和驮兽被严霜包裹，人类毛发蓬乱，所有的动物和无生命的物体都冻得僵硬。”[41]

他们遭到熟悉地形的高卢部落的攻击，在混战中，汉尼拔的许多士兵摔下数千英尺高的悬崖，驮兽也像落石一样从悬崖边滚落。[42]不过，汉尼拔还是获得了胜利，率领部队于秋天登顶。

汉尼拔翻越阿尔卑斯山的路线仍然存在争议，不过大多数学者倾向于克拉皮尔山口（Col du Clapier）、小圣伯纳德山口（Little St Bernard Pass）或特拉维塞特山口（Col de la Traversette）。最近，一项研究在特拉维塞特山口被翻搅过的土层中发现了通常存在于粪便中的梭状芽孢杆菌的DNA证据。研究团队称其为“大规模动物沉积”（马粪的委婉说法），提出这可能是由大量人畜活动造成的，在时间上也与汉尼拔入侵相吻合。[43]不过，他们的观点没有被普遍接受。不管怎样，在历史上最伟大的戏剧性时刻之一，汉尼拔登上阿尔卑斯山峰顶，对他的士兵们说：“你们现在所跨越的不仅是意大利的天然屏障，而且是罗马城本身。”[44]

旅程的下一个阶段本应是“一路下坡”，轻松得多，但是汉尼拔损失的人马几乎和上山时一样多。他完成了军事史上一次惊人的壮举，也付出了极其高昂的代价。这场从迦太基出发的远征，到达意大利时只剩下两万六千名士兵，而且从幸存者的外表和状况来看，更像是野兽而非人类。不过，汉尼拔靠这些人，用大约两个月的时间占领了意大利北部。在提契诺河（Ticinus）的一场小规模战斗中，西庇阿负伤，汉尼拔的努米底亚骑兵充分发挥了优势。在特雷比亚河（River Trebia）[45]附近的一场主要会战中，提比略·森普罗尼乌斯·隆古斯（Tiberius Sempronius Longus）率领的四万罗马大军只剩下不到一万人。

汉尼拔在特雷比亚的胜利迫使罗马人撤出意大利北部，本地的高卢人也来加入他。接下来的公元前217年，据说汉尼拔只剩下最后一头名叫“叙利亚”的战象，眼疾还令他失去了一只眼睛的视力，但是这些都没有妨碍他诱使执政官盖尤斯·弗拉米尼乌斯（Gaius Flaminius）[46]在6月21日落入埋伏。波里比阿评价弗拉米尼乌斯这个人“拥有煽动群众之演说技术以及讨好观众的特有才艺，对实际如何进行战争则知之甚少，但对自己的才能智慧又有荒谬的自信心”[47]。事情发生在晨雾笼罩的特雷西米尼湖（Lake Trasimene）附近：弗拉米尼乌斯战死，波里比阿说罗马军队损失了一万五千人（李维说是一万人）。现在，已经没有军队挡在汉尼拔和罗马之间，但是他没有能力一举攻下这座城市，因为没有一个方便的补给基地，他也不能采用围攻的办法。由于罗马在意大利内部的联盟十分稳固，尽管汉尼拔取得了惊人的成功，拥有强大的号召力，意大利中部却没有一座城市投向他。

得知执政官的死讯，罗马的反应是选举昆图斯·费边·马克西穆斯·维鲁科苏斯［Quintus Fabius Maximus Verrucosus，绰号“疣子”（Warty）］[48]为独裁官。他采取了一种消耗式的“费边战略”，不卷入大战，而是从汉尼拔难以到达的地方骚扰他，这种备受争议的方法为他赢得了“拖延者”（*Cunctator*）的绰号。随后便是一场等待和观望的游戏，其中公元前 217 年夏发生在坎帕尼亚的一个事件特别为人津津乐道。费边设法将汉尼拔包围在卡里库拉（Callicula）附近的一处山谷，唯一的出口通道狭窄，易于防守。汉尼拔命人将火把绑在两千头掠夺来的耕牛的牛角上，午夜时分点燃火把，将牛群赶到罗马人眼前。罗马人以为这是汉尼拔的军队在行军，便前去拦截，汉尼拔的主力部队却趁机从无人把守的隘口逃走了。[49]

公元前 216 年，费边的独裁官任期届满，费边家族和埃米利乌斯/科尼利厄斯（Aemilii/Cornelii）家族之间的派系纷争又让罗马人给了汉尼拔可乘之机。两位新任执政官——卢西乌斯·埃米利乌斯·保卢斯（Lucius Aemilius Paullus）和盖尤斯·特伦提乌斯·瓦罗（Gaius Terentius Varro）都是费边的反对者，当他们掌握了战争的指挥权，便放弃拖延战术，决定一举战胜汉尼拔。究竟有多少罗马人上了战场已不可考，不过波里比阿认为总数达到八万六千人，其中只有一万人没有参与战斗。汉尼拔一方大约派出了五万人，所有文献都同意对手的人数远胜于他。尽管如此，他仍然选择在坎尼（Cannae）附近的奥菲狄亚斯河（River Aufidus）河畔的空地上开战。[50]

汉尼拔计划将罗马步兵的优势变成其最大的弱点。通过巧妙地安排中路的部队且战且退，两翼的骑兵夹击合围，他把罗马军团赶进一个死亡地带，屠戮殆尽。至今，全世界的军事院校仍然在讲授这一以少胜多的经典战例。汉尼拔的损失只有几千人，主要是高卢人。李维生动地描绘了第二天战场上的大屠杀："最奇怪的是一个努米底亚士兵，还活着，鼻子和耳朵都被扯了下来，躺在一个罗马士兵的尸体下面；死者的手已经握不住剑了，但他临死的时候还在盛怒之下用牙齿撕咬他的敌人。"[51]这个罗马人可能就是五万名死去的罗马士兵之一。

根据古代战争中所有既定的规则，到这个时候罗马人应该投降了。但是曾经让他们击败皮洛士的那种顽强的决心又开始发挥作用了：为了扼杀和平谈判的可能性，他们没有为俘虏支付赎金；富裕的家庭为战争提供贷款；（罗马公民缴纳的）贡税（*tributum*）增加了100%；货币贬值；盟邦提高了它们在部队中的兵源配额；罪犯和欠债者被释放；甚至奴隶也自愿参军，用公共开支为他们赎身；坎尼战役的幸存者被送往西西里，在屈辱的条件下服十二年的劳役，不得休息；埃米利乌斯的主动出击战术又被费边的拖延战术取代。在维吉尔的《埃涅阿斯纪》中，安奇塞斯的幽灵承认了这些措施的有效性：

> 我已经走得很乏了，但还得加快脚步，指给你看看费边一族，那一个的绰号是“伟大的费边”，声名赫赫，他用拖延战术挽救了我们的国家。[52]

战争非常缓慢地朝着有利于罗马的方向发展。坎尼战役本应是世界上最具决定性的战役之一，结果却刚好相反。坎尼成了汉尼拔的“卡德摩斯式的胜利”（参见第 4 章的“意大利的较量”），到公元前 215 年，他急需补充新的兵源，却不能夺取任何一处港口，以便与迦太基建立联系。即使他能够做到，也将面临派系斗争的困扰——在他的祖国，有的是反对巴卡家族的迦太基人，乐于看到他的失败。公元前 212 年，他出其不意地进军罗马，打到距离罗马只有不到 5 罗里的地方，虽然制造了恐慌，却仍然不能占领罗马。意大利南部战场的失败，意味着只有得到来自海外的帮助，汉尼拔才有获胜的可能。

公元前 215 年，与马其顿的腓力五世（Philip V of Macedon）结盟，本来可能使战事朝有利于汉尼拔的方向发展，但是罗马人逮捕了前去谈判的使者，让联盟落了空。叙拉古倒向迦太基，但随之而来的就是罗马大军两年半的封锁。叙拉古防御战略的核心是阿基米德（Archimedes），他设计的机器能够发射沉重的石块，足以将水手从船首击退，甚至能用抓钩将敌舰从水中提起。但是，即便有他天才般的发明，也不能永远将罗马人拒之门外。公元前 211 年，叙拉古爆发了瘟疫，一名西班牙雇佣兵叛变，罗马指挥官马库斯·克劳狄·马克卢斯（Marcus Claudius Marcellus）占领了这座城市。李维是这样描述的：“在许多暴怒的例子、许多丑恶贪婪的例子中，据传说阿基米德在通常城市被攻陷后城市各处街道可能出现的许多抢劫之类的巨大的混乱中，仍然专注于他的那些绘于沙粒中的图案，被一个不知道他是何许人的士兵杀死。”[53]

虽然杀害阿基米德是一桩无知而野蛮的行为，但洗劫叙拉古却成为罗马希腊化和“去蛮族化”的重要分水岭。马克卢斯把这座城市“最美丽的雕像和装饰”运回罗马[54]，“过去这个都城从来没有见过这样精美的珍藏……到处展示蛮族武器和战利品，这些物件上面仍旧沾着人血，每个地方都有战胜纪念碑和凯旋门，对于爱好和平与文雅好学的旁观者而言，这个城市在他们的眼里看来，壮观的景色不会让他们产生愉悦的感觉”[55]。

几年后，“拖延者”费边·马克西穆斯也从塔兰图姆带回了许多雕像与绘画[56]，包括一尊赫拉克勒斯的青铜巨像，他将这尊塑像竖立在卡皮托山。[57]现在，我们开始看到“理智的老派罗马人”与以费边·马克西穆斯和马克卢斯为代表的、希腊化的新派罗马人之间的分歧。罗马的保守派对于鼓吹希腊文化的优越性深恶痛绝，但是马克卢斯毫无悔意：“如果能够（通过将叙拉古的战利品带回罗马）教导那些无知的同胞，体验希腊文明的博大精深，产生尊敬和钦佩的心理，他认为自己比起希腊人更感到莫大的光荣。”[58]

马克卢斯的行为引起了一系列围绕艺术品归属权的伦理问题：我们为什么珍视艺术品？它应该属于谁，属于哪里？战争中应该如何对待艺术品？在接下来的半个世纪里，罗马到处都是希腊的雕像和绘画，其中很多都是大师之作，它们被摆放在醒目位置公开展示，对普通罗马人的性格和品位产生了潜移默化的影响，创造了一种独特的文化氛围。

文化上，罗马慢慢变得越来越接近希腊，也就越来越远离蛮族。不过也有反对的声音，有人将希腊艺术进入罗马视为罗马社会道德沦丧的肇始，比如李维：“（来自叙拉古的雕像和绘画）是从敌人那里得到的猎获物、合法的战利品，由此开始了对希腊艺术品的赞赏和放肆地到处劫掠庙宇与所有圣地的行为。”[59]

普鲁塔克说，洗劫叙拉古之后，“马克卢斯（使罗马人民）变得整日游手好闲，高谈阔论那些令人感到好奇的艺术和工匠，甚至将一天中的大量时间浪费在这种风雅的琐事上”[60]。

失去西西里，使汉尼拔失去了通往迦太基的重要踏脚石，而在西班牙，格内乌斯·科尼利厄斯·西庇阿·卡尔弗斯（Gnaeus Cornelius Scipio Calvus，公元前222年任执政官）和他的弟弟普布利乌斯·科尼利厄斯·西庇阿（公元前218年任执政官）成功阻止了汉尼拔的弟弟哈斯德鲁巴向意大利派遣增援部队。然而，公元前211年，西庇阿兄弟俩战死。于是，罗马派出了一位新将军，另一个普布利乌斯·科尼利厄斯·西庇阿（参见本章注释[38]）。他刚满24岁，从未担任过要职，但是两个死去的西庇阿分别是他的父亲和伯父，当他挺身而出，请求担任西班牙战事的指挥官时，民众投票选择了他。他将以惊人的方式回报人民的信任。

西庇阿打算直接攻打迦太基。他的第一步行动是在公元前209年，通过一场海陆联合进攻夺取了卡塔赫纳；第二年，他利用汉尼拔坎尼战术的改良版本在拜库拉（Baecula）击败了哈斯德鲁巴；公元前206年，西庇阿又在伊利帕（Ilipa）重创哈斯德鲁巴的继任者哈斯德鲁巴·吉斯戈（Hasdrubal Gisgo）。形势似乎在朝着有利于罗马人的方向发展，但是也并非一帆风顺。公元前208年，罗马人在意大利与汉尼拔的交战中失去了两位执政官，其中之一是马克卢斯，“汉尼拔……立即策马赶到小山，检视马克卢斯的遗骸以后，还继续停留一段时间，更可以看出他的胸襟和风度。汉尼拔没有说出一句傲慢或无礼的言辞，也没有表示出丝毫兴奋或愉悦的神色，当一个凶狠而可怕的敌人丧命的时候，其他人可能都会显出兴高采烈的样子……他下令安排适合其身份的仪典和葬礼”[61]。

被西庇阿打败之后，哈斯德鲁巴为了赢得意大利决定孤注一掷，增援汉尼拔的这唯一真正的努力也失败了。哈斯德鲁巴率军翻越阿尔卑斯山，但是他的使者被截获了，集结地点暴露给了罗马人。公元前 207 年，双方来到翁布里亚的梅陶罗河（River Metaurus）：

> （迦太基）战象被它们自己的驭手杀死的，比被敌人杀死的还要多。驭手通常携带一根木槌和一把木匠用的凿子，当其中一头生物开始发狂、袭击自己人，便把凿子顶在它两耳之间的头颈连接处，施以重重一击……最后，当命运已经毫无疑问地倾向敌人一边的时候，哈斯德鲁巴催促战马，冲进罗马战阵，在那里无愧于他的父亲哈密尔卡和他的兄弟汉尼拔，战斗而死。[62]

胜利的罗马执政官盖尤斯·克劳狄·尼禄（Gaius Claudius Nero）砍下他的头颅，扔进迦太基军营，以这种方式向汉尼拔通报他兄弟的死讯。后来，诗人贺拉斯（Horace）称颂他的胜利，并认为这是战争的关键时刻：

> 罗马，你欠尼禄家族多大的恩情，有梅陶罗河与战败的哈斯德鲁巴为证，有那个著名的日子为证，当黑暗从拉丁姆溃逃殆尽，胜利的振奋让天空第一次露出笑容，自从那位可怕的北非人（汉尼拔）纵马逞凶，踏遍意大利的城市，如松木间的火，如穿越西西里波浪的东风。从此以后，罗马青年便一再奏凯，人数不断增长，被布匿人邪恶的兵灾摧毁的各处祠庙也重

新立起诸神的雕像。万般无奈，狡诈的汉尼拔最后（对他兄弟的死和罗马的顽强）表达了如此的感悟："我们就像一群鹿，本是猛狼的猎物，如今主动追赶，其实能欺骗和逃脱他们已算胜局。这个民族……就像栎树，在林木茂盛的埃吉杜山（Mt Algidus）上生长，虽然它被残忍的双刃斧砍伤，却通过损失，通过血泊，从这柄利剑中汲取了勇气和力量。绝不肯认输的赫拉克勒斯，从未遭遇如此状况的九头蛇，身体越残缺，反击越勇武……将它浸在深渊里，出来时更光芒四射；和它争斗，此前毫发无伤的征服者将被它荣耀地制伏，这些战斗将成为主妇长久的传说。我再也不能向迦太基派出炫耀的使者，如今哈斯德鲁巴被杀，我的一切希望都已沉沦，沉沦，我的名声也只能在厄运中寂灭。"[63]

这时，意大利的战事暂时平静。得胜的西庇阿从西班牙归来，得到了西西里行省，以及为了公共利益入侵阿非利加的许可。公元前 204 年，他进军非洲。凭借出色的战术才华，他在一夜之间几乎全歼两支阿非利加军队[64]，随后又在大平原战役（Battle of the Great Plains）中上演了一次精彩的汉尼拔式的包围行动。[65]

迦太基的"主和派"谋求和谈。西庇阿提出的条件虽然苛刻，却比较公平，迦太基人同意了。罗马元老院不得不批准协议，双方暂时休战，迦太基人不免想到了汉尼拔的感受，"他们说，被流放的人离开自己的祖国，也没有汉尼拔从敌人的土地上撤离时这样难过"[66]。

休战只持续了几个月。公元前 202 年初春，一支大型罗马舰队被风暴冲向迦太基海岸。全城人眼睁睁地看着海难发生，受损的船只被拖进迦太基海港。这件事情，加上汉尼拔的回归，促使迦太基人终止停战协议，为汉尼拔与西庇阿之间的较量搭建起舞台，以决定“应该由罗马还是由迦太基来制定各国的法律……他们说，胜利的奖赏不是阿非利加，也不是意大利，而是整个世界”[67]。

汉尼拔在迦太基以西的扎马（Zama）附近扎营，通知西庇阿他想在双方最后决战之前进行一次会面。一些历史学家认为，李维提到会面中有一个翻译，证明这个故事是假的，因为双方都说希腊语，汉尼拔可能也会说拉丁语。但是在这种情况下，根据礼仪，无论他们会说哪种语言，西庇阿都应该说拉丁语，而汉尼拔应该说布匿语。

如果他们的会面在历史上真实发生过，那么这次会面没有达成任何协议。他们回到各自军中，战斗于第二天打响。那是公元前202年夏秋之交一个晴朗的早晨，古代文献用生动优美的语言描述了这场战斗：“不可能发现比这更骁勇善战的士兵，或是更加成功或更熟知兵法的将军了，命运女神也未曾提供给对峙双方一个比现在更大的奖品。”[68]

两军人数大致相当，但是西庇阿的军队在质量上占优，汉尼拔虽然拥有约八十头战象，但是他的骑兵处于严重劣势。这是他唯一的失败：这一天结束时，他有两万名士兵战死，几乎同样多的士兵被俘。汉尼拔自己带着一小队骑兵逃脱了，他建议迦太基接受罗马的和平条约。他们接受了，迦太基虽然幸存下来，却再也不被允许成为一个强国。得胜的西庇阿回到罗马，获得了“阿非利加征服者”（Africanus）的不朽名号。

战后的汉尼拔

扎马战役后，汉尼拔又活了二十多年，但他再也没有担任过迦太基的统帅。显然，战后的迦太基需要重建，恢复经济，革除弊政，但是政府中有太多相互竞争的既得利益者。派系斗争超越了家国情怀，当汉尼拔揭发一些高官贪污公共资金时，他们便想让罗马人来反对他。罗马人中反对汉尼拔的先锋是极端保守主义者马库斯·波尔基乌斯·加图［Marcus Porcius Cato，公元前 195 年任执政官，又称老加图（Cato the Elder）、监察官加图（Cato Censor）、智者加图（Cato the Wise）或古代的加图（Cato the Ancient）］。这个人后来非常有名，据说，他每次演讲都用同一句话作为结束语："不管怎么说，我认为迦太基必须毁灭。"（*Ceterum censeo Carthaginem esse delendam.*）更加广为流传的是这句话的简化版："迦太基必须毁灭。"（*Carthago delenda est.*）[69]

加图怀疑汉尼拔正在与罗马的敌人、希腊化的叙利亚国王安条克三世（Antiochus III）［该王朝被称为"塞琉古王朝"（Seleucids），参见第 6 章的"叙利亚的安条克三世大帝"］建立联系，他派出使者，要求弹劾汉尼拔，将其流放到罗马。汉尼拔意识到可能的结果，便逃到推罗，在那里他受到了热烈的欢迎。[70]终其一生，他再也没有回到迦太基。

公元前 195 年秋，汉尼拔与安条克三世在以弗所（Ephesus）会面[71]，叙利亚人原本正在犹豫是否要与罗马开战，现在又在犹豫是否要欢迎汉尼拔。最后，安条克两面下注，一边准备与罗马作战，一边对迦太基保持高度警惕。汉尼拔的宿敌、“阿非利加征服者”西庇阿当时是罗马派往以弗所的使节之一，李维记录了发生在两人之间的一段精彩对话。西庇阿问汉尼拔，他认为谁是有史以来最伟大的将军。汉尼拔回答说：“亚历山大大帝。”西庇阿又问：“其次是谁?”汉尼拔想了一会，说：“皮洛士。”这一次，西庇阿有点恼火了，他又问汉尼拔排在第三位的是谁。汉尼拔毫不犹豫地选择了他自己：

> 听到这话，西庇阿大笑起来，问道：“如果你没有被我打败的话，你会把自己放在什么地位呢?”“如果是那样，”汉尼拔回答说，“我不仅会把我自己列在亚历山大和皮洛士之上，还要列在所有其他的将军之上。”
>
> 这个答案充满了迦太基式的狡黠，而且按照克劳狄的说法，用一种出人意料的方式奉承了西庇阿，因为汉尼拔把他同其他将军区分开来，承认他的卓越是无与伦比的。[72]

公元前 192 年，安条克三世终于与罗马开战，他拒绝了汉尼拔的战略建议，毫不奇怪地，很快就陷入不利境地（参见第 6 章的“叙利亚的安条克三世大帝”)。汉尼拔被派往推罗招募增援部队，但是遭遇了罗得岛人的拦截，被困在科拉凯西乌姆［Coracesium，今土耳其的阿拉尼亚（Alanya)］。安条克三世最终战败，向他提出的和约中有一个关键条款，就是交出汉尼拔：“在我们心目中，汉尼拔所在的任何地方，罗马人都不会有真正的和平。我们首先要求他投降。”[73]

汉尼拔逃走了，他流亡到位于今土耳其黑海海岸的比提尼亚(Bithynia)，投靠国王普鲁西阿斯一世［Prusias I，绰号“瘸子”

(the Lame)，公元前 228 年—公元前 182 年在位]。公元前 186 年，普鲁西阿斯卷入了与帕加马国王欧迈尼斯二世（King Eumenes II of Pergamum）的战争，汉尼拔想出了一条攻击敌人战舰的妙计——将装满毒蛇的罐子扔到他们的甲板上。[74]

最后，汉尼拔还是不能逃脱罗马人的势力范围和他们不曾减弱的仇恨。公元前 183 年，“阿非利加征服者”西庇阿自然死亡，他伟大的对手也于同年离世。汉尼拔时年 63 岁，普鲁塔克说，罗马的每个人都知道汉尼拔在哪里，但是因为他已经年老体衰，他们选择了睁一只眼闭一只眼。但是，普鲁西阿斯错误地判断了局势，在罗马与安条克三世的战争期间保持中立。提图斯·昆提乌斯·弗拉米尼乌斯（Titus Quinctius Flaminius）通过外交手段向普鲁西阿斯施压，再一次要求他交出汉尼拔。[75]普鲁西阿斯不愿破坏宾客权利(the laws of hospitality)①，但是又不敢拒绝。

汉尼拔知道罗马人要不惜一切代价置他于死地，对懦弱的普鲁西阿斯也不再抱有幻想。他在比提尼亚半岛南部海岸的利比萨(Libyssa）附近有一处避难所，房子下面有七条地道，可以从他的卧室逃走。但是普鲁西阿斯派兵包围了整个地区。游戏结束了。汉尼拔服下了早就为这种情况准备好的毒药：

> 他说：“对于像我这样一位可恨的老人——罗马人一直在等候他死亡——这段时间已经非常冗长，现在让我来减轻他们的畏惧和忧虑。战胜一位手无寸铁、遭人背叛的老人，弗拉米尼乌斯并没有获得光荣的胜利。这一天将确凿无疑地证明，罗

① 古希腊-罗马世界的一种社会习俗，主人有款待客人的义务。

马人的道德标准已经发生了多大的变化。虽然皮洛士是他们的仇敌，是对意大利的直接威胁，这些罗马人的祖先却曾经向他发出警告，让他小心遭人毒杀的危险。而这些罗马人自己却派出执政官级别的使者，建议普鲁西阿斯谋害他的宾客。”然后……他喝干杯子里的毒药。汉尼拔的生命就这样结束了。[76]

所以，最后像布匿人一样背信弃义的是普鲁西阿斯和弗拉米尼乌斯，而不是汉尼拔。罗马人的行为与蛮族没有什么两样。这个故事肯定是虚构的，但是，像罗马历史上的许多敌人一样，汉尼拔得到了最令人难忘的评价。普鲁塔克补充说，这件事摧毁了弗拉米尼乌斯的声誉，“等到信息传到元老院议员的耳中，有人对弗拉米尼乌斯的行为气愤不已，指责他不仅残酷而且多管闲事，他们认为汉尼拔受到厄运的打击，已经意志消沉无所作为，就像鸟儿等到生命的末期羽毛脱落，就会失去飞行的能力，让他苟延残喘地活下去又有什么关系。弗拉米尼乌斯这样做并没有得到奉命，完全是出于好名的虚荣心理，想要让大家说他是汉尼拔的毁灭者”[77]。

与“阿非利加征服者”西庇阿的宽宏大量相比，这种行为更是相形见绌，西庇阿既没有将汉尼拔赶出非洲、要求他的同胞交出他，也没对他有过任何不敬。

对汉尼拔的反应由仇恨转向钦慕。几个世纪后，讽刺诗人尤维纳利斯（Juvenal）这样描述他的死亡：

啊，光荣啊，
这是怎样的结局：战败，可耻的流亡，
所有人都来看曾经不可一世的汉尼拔
变成一个卑微的门客，

坐在一个懦弱的东方暴君门外，
等待他的陛下屈尊醒来。
没有剑、没有矛、没有投石
能够熄灭那炽热的精神，
曾经震撼世界的惨痛失败、血流成河，
都被一枚戒指，
一枚有毒的戒指一扫而空。

他成了课堂上的经典段落：

继续前进啊，你这个疯子，
翻越你的阿尔卑斯山，吓坏年轻的学生，
成为演讲日的朗诵主题！[78]

无论生前还是死后，汉尼拔都在罗马人的意识中留下了不可磨灭的印记，直到几百年后，罗马的母亲们想让她们调皮的孩子安静下来时还会说："嘘，汉尼拔在门口！"

第 6 章

征服希腊：希腊东部的抵抗

——腓力五世、安条克三世和马其顿的珀尔修斯

波里比阿在他的著作一开头就向读者提出了一个严肃的问题："谁会在见识上如此偏狭或漠然，以至于会不想去思考并发掘究竟罗马人是利用何种方法和何种政府体制，在不到五十三年的时间里，将几乎全世界所有人居住的地方纳入他们的统治之下——这是人类历史上无与伦比的成就？"[1]

波里比阿所说的五十三年，从第 104 届奥林匹克运动会（公元前 220 年—公元前 216 年）算起，包括汉尼拔战争，以及罗马与其他从亚历山大帝国分裂出去的希腊化王国的一系列冲突，包括马其顿的安提柯王朝（Antigonid）、叙利亚的塞琉古王朝、帕加马的阿塔罗斯王朝（Attalids）和埃及的托勒密王朝，以及希腊本土的几个小王朝。波里比阿的时间框架截止到公元前 167 年，这一年卢西乌斯·埃米利乌斯·保卢斯［元老院授予他“马其顿征服者”（Macedonicus）的称号］举行了盛大的凯旋式，展示了从马其顿和伊庇鲁斯掠夺来的不计其数的战利品，以及马其顿的珀尔修斯国王（King Perseus of Macedon）本人。征服的过程有如摧枯拉朽，但讽刺的是，征服是相互的。正如诗人贺拉斯所说：

> 被征服的希腊征服了野蛮的征服者
> （*Graecia capta ferum uictorem cepit*）[2]

如果说罗马是军事上的胜利者，那么希腊则从文化上反攻。这一次罗马人成了蛮族。

希腊和马其顿世界的蛮族性

几个世纪以来，罗马与居住在大希腊地区以外的希腊人只有零星的交往，但是战胜皮洛士和汉尼拔震惊了整个希腊世界，令希腊人认识到，罗马现在已经成为国际舞台上的一个重要角色。

与伊庇鲁斯、迦太基和意大利内部的消耗战让罗马人民厌倦了战争，国库空虚，城市被毁，土地荒芜，还要治理新近获得的行省。不过只要涉及军事问题，罗马共和国永远斗志昂扬。扎马战场的尘埃刚刚落定，罗马已经准备投入新的战斗，这场战斗将使它不可避免地卷入与希腊化王国的纠葛，以最极端的方式带来文化上的变革：这些迄今为止的罗马蛮族将开始吸收希腊文化，并永远改变他们的未来。

有趣的是，罗马的马其顿对手也有蛮族性的问题。马其顿人居住在希腊和色雷斯（Thrace）蛮族之间的过渡地区，希腊人对他们的态度一直摇摆不定：他们到底是不是蛮族？在希腊人听来，他们的语言很奇怪，就是无意义的“bar—bar—bar”：喜剧诗人斯特拉蒂斯（Strattis）在他的《马其顿人》［*Macedonians*，又名《保萨尼亚斯》(*Pausanias*)］中戏仿过这种口音[3]，普鲁塔克也提到过马其顿语与希腊语不同，说亚历山大大帝跳起来“用他的母语马其顿语”大声喊叫[4]。这种“马其顿语”究竟是一种非希腊语的语言，还是某种多利安（Doric）或伊欧里斯（Aeolic）希腊方言的混合加上浓重的色雷斯和伊利里亚口音，仍然存在争议。[5]至少从公元前5世纪开始，人们便开始争论马其顿王室是不是希腊人：

> 现在（这些马其顿人）他们自称是希腊人，这件事我凭我自己的知识就可以断定如此，我在这部著作的后面还要证明这件事。那些在奥林匹亚负责主持全希腊竞技会的希伦诺迪凯（Hellenodicae）也是这样认为的。因为当亚历山大很想参加竞技比赛，并且就是为了这个目的而来到奥林匹亚的时候，和他赛跑的那些希腊人不许他参加比赛——他们说，比赛是在希腊人之间进行的，异族人没有资格参加。但是，亚历山大却证明了他自己是一个阿尔戈斯人，因此他明确地被判定为一位希腊人。这样，他就被列入赛跑者的名单中，参加了200米赛跑。[6]

在神话中，马其顿人的种族是模糊的，他们的命名祖先马其顿不在主流希腊家族的谱系之内。赫西奥德（Hesiod）说马其顿人同希腊人有亲缘关系，但还不是希腊人，因为马其顿是希腊的命名祖先希伦（Hellen）的姐妹之子[7]；赫拉尼库斯（Hellanicus）则说马其顿是希伦之孙[8]；品达（Pindar）和巴库利德斯（Bacchylides）为亚历山大一世写的颂诗暗示，至少马其顿王室被认为是希腊人[9]，但公元前 5 世纪的辩士色拉叙马霍斯（Thrasymachus）表示强烈反对[10]。悲剧作家欧里庇得斯晚年在马其顿国王阿基劳斯（Archelaus）的宫廷中度过，他煞费苦心地修改阿基劳斯祖先的神话谱系，好让他成为希腊人，让他的王国成为希腊王国。显然，对马其顿人来说，不被当成蛮族是很重要的。

腓力五世和前两次马其顿战争

在汉尼拔战争之前，罗马已经对希腊西北部的伊利里亚进行过几次军事干预，一次是在公元前 229 年［第一次伊利里亚战争（First Illyrian War）］，另一次是在公元前 219 年—公元前 218 年［第二次伊利里亚战争（Second Illyrian War），由执政官卢西乌斯·埃米利乌斯·保卢斯指挥］。这足以令马其顿国王腓力五世感到担忧，害怕罗马还有更大的野心。埃米利乌斯·保卢斯战死、罗马人在坎尼遭遇惨败后，腓力五世感觉罗马已经衰弱，想与可能的胜利者迦太基结盟。罗马人截获了他的使者，发现了他的意图，但当时汉尼拔还在意大利横行，罗马人无暇顾及马其顿这边的事务，因此，他们基本上是让希腊中部的埃托利亚同盟（Aetolian League）代替他们与腓力五世作战的。战争开始于公元前 214 年。埃托利亚同盟最终没给罗马人帮上什么忙，公元前 205 年，双方在伊庇鲁斯签订了《腓尼基和约》（Peace of Phoenice）。

伊庇鲁斯的发言人要求腓力五世和罗马指挥官普布利乌斯·森普罗尼乌斯（Publius Sempronius）[11]看在伊庇鲁斯人的面子上，结束这次所谓的第一次马其顿战争（First Macedonian War）。[12]关于领土的谈判进展顺利，双方就同盟的范围达成了一致："国王方面签字的有比提尼亚国王普鲁西阿斯、亚该亚人（Achaeans）、波奥提亚人（Boeotians）、色萨利人（Thessalians）、阿卡纳尼亚人、伊庇鲁斯人；罗马方面签字的有[13]伊利昂人（Ilium，即特洛伊人）、帕加马国王阿塔罗斯一世（King Attalus I）、普劳拉图斯（Pleuratus）、斯巴达僭主纳比斯（Nabis）、埃勒伊人（Eleans）、墨萨尼人（Messenians）、雅典人。"[14]

所有的罗马部落都批准了条约[15]，主要是因为他们想把全部精力放在与汉尼拔的战争上。不过李维指出，不无讽刺的是，他们只是将冲突拖延至解除布匿人的威胁以后，而且《腓尼基和约》的措辞使罗马人很容易找到借口，去帮助他们受到腓力"压迫"的希腊"朋友"。

这个时候，希腊世界还只是次要问题，虽然罗马人一直关注着腓力五世的动向，但他们并不想直接卷入希腊的政治角力。然而，事情在公元前 202 年发生了变化，腓力五世和叙利亚的安条克三世私下达成协议，瓜分了埃及在欧洲和亚洲的领土。当时埃及的统治者"神显者"托勒密五世（Ptolemy V Epiphanes）还是个孩子。他五岁继位，在一群昏聩无能的大臣的摄政统治之下，国家疲弱不堪。著名的罗塞塔石碑（Rosetta Stone）就是在他统治时期制作的，这块诞生于公元前 196 年 3 月 27 日的石碑为破译古埃及象形文字提供了关键线索。石碑对托勒密的描述充满溢美之词，实际上的他远没有这么强大：

> 年轻的王[16]，埃及王位的正统继承人，神的虔诚信徒，埃及王国的建立者和复兴者，敌人的征服者，使埃及繁荣长达三十年，像赫菲斯托斯［Hephaistos①，即普塔神（Ptah）②］和上下埃及的主人[17]太阳神［即拉神（Ra）］一样伟大，“笃爱父亲者”之子，受赫菲斯托斯和太阳神祝福，宙斯（即阿蒙神）在世间的示现，太阳神之子，普塔神的挚爱，永生的托勒密……[18]

埃及的虚弱，加上腓力和安条克的投机行为，打破了希腊世界的权力平衡。

腓力犯下各种战争罪行并进攻雅典之后，帕加马、罗得岛和雅典向罗马求援，把罗马拖进了这场战争。这令罗马人处境尴尬，因为他们有严格的法律限制：《随军祭司法》（*ius fetiale*）规定，只有当他们或他们的盟邦是受害方时才允许参战。严格意义上，罗马所有的战争都必须是防御战。帕加马、罗得岛和雅典都不是罗马的盟邦，腓力五世也没有直接与罗马为敌，但是三方都看到了安条克三世和腓力五世从希腊进攻意大利的可能性。而且，腓力五世与汉尼拔结盟的可能性始终萦绕在罗马人心头。尽管如此，他们还是不能参与一场不合法的战争。因此，负责决定战争与和平的祭司团（参见第 2 章的“克卢西乌姆”）扩展了盟邦的范畴，将“朋友”（*amici*）也包括在内。现在罗马可以名正言顺地打这场“防御战”了。

罗马给腓力五世下了最后通牒：停止干预希腊事务，并赔偿罗得岛和帕加马的损失。腓力五世当然拒绝了。公元前 200 年，第二

---

① 古希腊神话中的火与工匠之神。

② 古埃及孟斐斯地区信仰的造物神，后演变为工匠之神。

次马其顿战争（Second Macedonian War）爆发，尽管罗马方面有希腊化的年轻将军提图斯·昆提乌斯·弗拉米尼乌斯（公元前198年任执政官），罗马人还是又一次被视为蛮族：

> 据说皮洛士第一次……看到罗马军队表现严整的军容，列队出阵有条不紊，他说在这次会战之中，观察罗马人这群蛮族的战线就知道对方绝非一群乌合之众。[19]事实上任何人只要见过弗拉米尼乌斯，从他的谈吐就知道他是一个文明人。马其顿人说他是一个侵略者，率领一支蛮族组成的军队，凡是他的铁骑所至之处，只会带来奴役和破坏。后来他们所遇到的这个人，正当精力兴旺的盛年，表现出温和与仁慈的神态，能说流利的希腊语。何况他还是一个热爱荣誉的军人，只要与他接触就会感到愉快，无形之中会受到他的吸引。[20]

公元前197年，罗马军团在色萨利的库诺斯克法莱战役（Battle of Cynoscephalae，Cynoscephalae意为“狗头山”）中战胜了马其顿方阵。

公元前196年，弗拉米尼乌斯在科林斯（Corinth）举办的地峡竞技会（Isthmian Games）上发表了一篇宣言，证明了他更像希腊人而不是蛮族人：“罗马元老院和他们的将军提图斯·昆提乌斯已经战胜了腓力国王和马其顿人，决定以下城邦的人民［包括科林斯人、洛克里人（Locrians）、福西斯人（Phocians）、优卑亚人（Euboeans）、塞欧蒂斯的亚该亚人（Achaeans of Phthiotis）、马格尼西亚人（Magnesians）、色萨利人和佩里比亚人（Perrhaebians）］应该获得自由，免除赋税，并由他们自己的法律统治。”[21]

宣言得到了狂热的回应：“宣读员……再次朗诵元老院的敕令，

接着就是欢乐的呼声，如此洪亮甚至传到遥远的海上。在场的民众都从座位上站了起来，再也没有任何事物可以吸引他们的注意，他们全部一拥而上，要对希腊的解救者和守护人致敬，表达他们诚挚的谢意。”[22]

他“解放”了希腊，被授予近乎神圣的荣誉。他收获了雕像、一年一度的庆典、祭品和赞美诗，人们吟唱圣歌，对伟大的宙斯、罗马、提图斯和罗马人的信义表示敬意，圣歌的结尾唱道：“啊，献给敬爱的阿波罗！啊，还有那伟大的救星提图斯！”[23]

“救世者”（Saviour）这个称号将他置于人神之间，几个世纪以后，直到普鲁塔克的年代，他在卡尔基斯（Chalcis）仍然受到人们的崇拜。

然而，希腊的自由是有条件的，显然依赖罗马的“保护”。公元前 194 年，当弗拉米尼乌斯从希腊人的领土上撤军时，他告诉他们：

> 彼此之间要和睦相处；所有人都应该着眼于整体的共同利益……然后，他告诫他们，正如过去外人的力量为他们赢得了自由一样，现在他们要靠自己的努力去守护它；要让罗马人感到，他们把自由授予了应得的人，他们的善意没有被辜负。[24]

显然，罗马人感觉希腊人欠他们人情。公元前 193 年，裁判官马库斯·瓦莱里乌斯·梅萨拉（Marcus Valerius Messalla）就在忒欧斯城（Teos）直截了当地说：“我们会努力增加对神明的供奉和给你们的特权，你们在未来也要小心维护对我们的善意。”[25]

假如希腊人对他们对罗马的义务还有哪怕一丝一毫的怀疑，那么罗马强加给埃托利亚同盟的条约说得再清楚不过了：“埃托利亚的人民（必须承认）罗马人民的治权和皇帝。”[26]

弗拉米尼乌斯回到罗马，公元前 194 年，他举行了为期三天的凯旋式，向罗马人展示了来自希腊世界的奇珍异宝，特别是从希腊城邦和腓力的私人收藏中掠夺来的一排青铜和大理石雕像。[27] 马库斯·克劳狄·马克卢斯在第二次布匿战争中占领叙拉古之后，希腊艺术和希腊观念的影响深深地改变了许多罗马人的思想（参见第 5 章的“第二次布匿战争”）。现在，这些来自希腊本土的财富开始改变罗马的面貌。城市里开始到处兴建胜利纪念碑；罗马人竞相模仿希腊的建筑风格；罗马七丘为建筑和庆典提供了完美的场所，以彰显罗马政府的强大和高效。

叙利亚的安条克三世大帝

亚历山大的帝国分裂之后，叙利亚的塞琉古王朝不断发展壮大，作为这个曾经强大的王朝的统治者，安条克三世大帝渴望复兴他的王国。他在小亚细亚推行扩张主义政策，并且在公元前 196 年跨越达达尼尔海峡（Hellespont），进入色雷斯。罗马对此感到不安，特别是当汉尼拔从迦太基流亡到安条克的宫廷之后（参见第 5 章的“战后的汉尼拔”）：

> 阿非利加人汉尼拔被罗马人视为不共戴天的仇敌，在本国受到放逐的惩处，不久之前到达安条克王的宫廷，他劝这位君王不要放过天赐的良机，何况他的统治一直顺利无比，丰功伟业使他赢得“大帝”的称号。安条克将建立统一天下的君主国当成目标，认为最重要的工作是要与罗马人逐鹿中原。[28]

不过，到目前为止，不管是不愿意还是不能够，罗马人还没有找到发动战争的借口。公元前 194 年，弗拉米尼乌斯从希腊撤军，安条克认为这表示罗马方面默认了现状。但是第二年，当他派使者到罗马去确认假想中的友好关系时，罗马人却要求他撤出欧洲，并威胁要从他手中“解放”小亚细亚的希腊城邦，就像从腓力五世手中解放希腊本土的城邦一样。

“解放”和“自由”成为当时的流行语。埃托利亚同盟的成员对罗马对待他们的方式非常不满，特别是考虑到他们曾在与腓力五世的斗争中提供过帮助。于是，他们邀请安条克来解放他们，“埃托利亚人……长期以来怨恨罗马人而且暗中怀有敌意。现在他们向安条克提出建议，发动战争的理由是要为希腊人争取自由”[29]。

普鲁塔克评论说，希腊人已经得到自由，根本没有这个必要。他指责埃托利亚人教唆安条克为了达到他自己的目的，“使用这个冠冕堂皇的借口”[30]。公元前 192 年深秋，当安条克率领一万军队在希腊的德米特里亚斯（Demetrias）登陆，并被选举为埃托利亚联盟的总司令时，无疑是以解放者自居的。

罗马人派执政官马尼乌斯·阿奇利乌斯·格拉波里奥（Manius Acilius Glabrio）率领一支军队去防守希腊人，弗拉米尼乌斯也在阵中。公元前 191 年，格拉波里奥在温泉关战役（Battle of Thermopylae）中大胜安条克，将后者赶回小亚细亚。然后他开始攻打埃托利亚同盟，要不是弗拉米尼乌斯出面干预，他便将他们彻底消灭了。[31]罗马继续对安条克采取攻势，入侵小亚细亚，公元前 190 年末/前 189 年初，“阿非利加征服者”大西庇阿的弟弟、“亚细亚征服者”卢西乌斯·科尼利厄斯·西庇阿（Lucius Cornelius Scipio Asiaticus）在马格尼西亚战役（Battle of Magnesia）中彻底击败了安条克。罗马人要求安条克交出汉尼拔[32]，根据公元前 188 年的《阿帕米亚条约》(Treaty of Apamea)，他需要支付 15 000 塔兰特(talent)① 的赔款，交出战象和舰队，交出包括他的儿子安条克四世（Antiochus IV）在内的人质，并放弃他在托罗斯山脉（Taurus Mountains）以北和以西的领土。[33]罗马将割让的领土重新分配给盟邦罗得岛和帕加马的欧迈尼斯二世，然后召回了军队。安条克三世将目标转向东方，第二年，他在苏萨（Susa）附近的一座巴力神庙掠夺贡物时被杀。

打败安条克三世，进一步巩固了罗马在地中海强国中的位置，罗马看起来越强大，希腊城邦就越希望由它来解决它们的内部纷争。这反过来使罗马更加深入希腊世界，加速了其希腊化/去蛮族化的进程。公元前 187 年，马库斯・弗尔维尤斯・诺比利奥尔(Marcus Fulvius Nobilior) 为战胜希腊的埃托利亚人举行凯旋式，展示了 285 尊青铜雕像和 230 尊大理石雕像[34]；第二年，“亚细亚征服者”西庇阿展出了一个重达 650 千克的雕花银花瓶。希腊艺术对罗马人的影响已经不容忽视，罗马人在评价艺术品上花费了大量精力，他们也在设法为其找到一个合适的位置，使其适应他们自己的目标。[35]随着元老院中与西庇阿关系密切的亲希腊派开始失势，反希腊的势力兴起，保守派的代表人物便是老加图和他的支持者，他们认为希腊和东方对罗马人的性格都有负面影响。在他们看来，罗马的“野蛮”比希腊文化的软弱更可取。禁止对希腊酒神巴克斯(Bacchus) 的崇拜就是这方面的证明。酒神崇拜一度在意大利流

---

① 古罗马重量单位，1 塔兰特约合 26 千克。用于货币单位时，指同等重量的黄金或白银。

行，但是公元前 186 年，元老院禁止了巴克斯秘仪（Bacchic mysteries，希腊语称为 *orgia*），因为他们认为这种仪式过于放荡。[36]

马其顿的珀尔修斯：第三次马其顿战争

公元前 179 年，腓力五世死于安菲波利斯（Amphipolis），他的长子、极具天赋的珀尔修斯继位。他重修了与罗马的条约，准备让马其顿东山再起。珀尔修斯在国内很受欢迎，他娶了“笃爱父亲者”塞琉古四世（Seleucus IV Philopator）的女儿、塞琉古公主拉俄狄刻（Laodice）为妻，将妹妹嫁给比提尼亚的普鲁西阿斯二世［Prusias II Cynegus，绰号“猎人”（the Hunter）］，在更广阔的世界中巩固了自己的位置。在希腊范围内，他支持那些有反罗马倾向的人，这为他赢得了广泛的支持：一个友好、强大的地方势力意味着，在遥远、半蛮族的罗马之外，希腊人有了另外一个可行的选择。

罗马不可能容忍珀尔修斯的政策，特别是因为亲罗马的帕加马的欧迈尼斯二世是他的主要竞争者之一。欧迈尼斯统治期间（公元前 197 年—公元前 160/前 159 年），帕加马的权势达到了顶峰，他把这座恢宏壮丽的城市建成“东方的雅典”，城中央的图书馆拥有 20 万卷藏书，周围是壮观的剧场建筑群，装点着最精美的雕塑作品，如著名的宙斯大祭坛（Great Altar of Zeus），“他建立城市……热衷于豪华的场面，增添了许多宗教建筑、图书馆，使帕加马变成了现在这样辉煌的城市”[37]。

欧迈尼斯还积极与希腊本土各城邦建立联系。他向雅典和德尔斐（Delphi）赠送了丰厚的礼物，也收获了热情的回报和崇高的声誉。

但是对欧迈尼斯二世和珀尔修斯来说，希腊还不够大。马其顿本不想挑起战争，但欧迈尼斯成了罗马为战争寻找借口的工具。中立不再是一个选择：任何不肯站在罗马一边的人都被视为它的敌人。希腊历史学家阿庇安一语中的：罗马决定要毁灭一位“头脑清醒、勤劳而仁慈的国王”[38]。第三次马其顿战争（Third Macedonian War）于公元前171年爆发，公元前168年6月22日在希腊东北部海岸结束，“马其顿征服者”卢西乌斯·埃米利乌斯·保卢斯在彼得那战役（Battle of Pydna）中成功击溃了马其顿方阵，由此消灭了安提柯王朝。[39]在公元前167年埃米利乌斯·保卢斯举行的凯旋式中，珀尔修斯成为最耀眼的战利品。数年后，珀尔修斯死于囚禁中。

罗马在第三次马其顿战争之后的政策非常强硬：反对罗马的埃托利亚人被判处死刑；伊庇鲁斯被洗劫一空，十五万居民被卖为奴隶。波里比阿是被驱逐到意大利的一千名亚该亚人之一，不过他成为埃米利乌斯·保卢斯的儿子费边和西庇阿·埃米利安努斯（Scipio Aemilianus，被“阿非利加征服者”大西庇阿的长子、他的表兄普布利乌斯·科尼利厄斯·西庇阿收为养子）的老师，为希腊文化向罗马的上层社会渗透提供了另一条渠道。

这种大肆劫掠显然令掠夺者收益颇丰，劫掠来的大量金钱使罗马人民可以停止纳税。在“马其顿征服者”卢西乌斯·埃米利乌斯·保卢斯举行凯旋式之前，还从来没有这样巨大的财富被公开展示过：

> 这次的凯旋式要连续举行三天。第一天好像没有什么看头，都是从敌人那边获得的雕塑、绘画和巨大的神像，一共要用两百五十辆战车来装载。[这些战利品中包括希腊最伟大的雕塑家菲迪亚斯（Pheidias）的一尊雅典娜雕像，后来竖立在帕拉蒂尼山（Palatine Hill）上。[40]] 第二天有很多辆大车装满马其顿人精美和名贵的武器装备，都是黄铜或钢铁制品，全部都新近经过打磨和擦亮……载运兵器的大车后面跟随三千人，四个人一组抬着装满银币的大桶，共有七百五十个之多，每桶的重量是三塔兰特。还有人抬着各式各样银制的酒具，用非常别致的方式陈列出来，不仅尺寸大小各不相同，精工制作的浮雕更是让人大开眼界。第三天（有一场祭祀游行，接着展出了数量惊人的黄金和白银，后面跟着）埃米利乌斯特别制作的一个奉献给神明的大银杯，重量达到十塔兰特，外面镶嵌着名贵的宝石。（然后是珀尔修斯餐桌上面摆出的金盘）后面跟着珀尔修斯乘坐的战车，上面放置着他的铠甲和冕旒。（接着是珀尔修斯、他的家人和他们的随从）后面是四百顶金冠，所有的城市都派代表团送这个礼物给埃米利乌斯，庆贺他赢得最后的胜利。（最后是埃米利乌斯本人和他的士兵）盛装华服出场。[41]

在这样的凯旋式之后，一些艺术品流入了私人收藏，其他的则被奉献给圣殿并公开展出。在某种意义上，罗马成为一座希腊艺术博物馆，藏品的数量和质量都令人叹为观止。

公元前 148 年，马其顿再次遭到“马其顿征服者”昆图斯·凯西利乌斯·梅特路斯（Quintus Caecilius Metellus Macedonicus）

的劫掠，这一次他带回了留西波斯（Lysippos）的格拉尼库斯纪念碑（Granicus Monument），这是一组25名骑兵的青铜群像，表现了亚历山大大帝及其部下的英姿，是由亚历山大本人下令制作的。随着越来越多的希腊制品进入罗马，罗马人变得越来越希腊化，最后，他们觉得能够使马其顿真正罗马化的唯一方法就是吞并它。公元前147年，马其顿成为罗马的一个行省，由罗马官员统治，伊利里亚和伊庇鲁斯也被纳入其领土。

公元前146年：迦太基（和科林斯）必须毁灭！

在罗马的扩张过程中，公元前146年是关键的一年，其标志是两座重要城市的毁灭。在希腊，罗马终结了希腊的独立，“亚该亚征服者”卢西乌斯·穆米乌斯（Lucius Mummius Achaicus）击败亚该亚同盟（Achaean League），占领了荷马所说的“富裕的科林斯”，“他像风暴一样袭击了科林斯，并将其付之一炬。城中大多数居民被罗马人杀死，但妇女和儿童被穆米乌斯卖为奴隶。他还卖掉了所有已经获得自由的奴隶和曾经为亚该亚一方作战并从战场上生还的士兵。穆米乌斯还夺走了最珍贵的祭品和艺术品”[42]。

据说，穆米乌斯的劫掠行动让“整个意大利到处都是”雕像和绘画[43]，150年后，斯特拉博（Strabo）评论说，这些战利品仍然是“罗马数量最多、质量最高的公共纪念碑”[44]。这时候希腊已经在马其顿的控制之下，罗马人庆祝征服马其顿，就好像报了希腊人征服他们的特洛伊先祖的一箭之仇：

> 那边那个人[45]，他将征服科林斯，杀死大批希腊人，战功卓著，并胜利地驾着战车登上巍峨的卡皮托神庙。还有那个人[46]，他将铲平阿尔戈斯和阿伽门农（Agamemnon）的迈锡尼，并杀死马其顿的珀尔修斯王——所向无敌的阿喀琉斯的后代[47]，这样他就为他的特洛伊先祖和被亵渎的密涅瓦（Minerva）神庙报了仇。[48]

罗马与迦太基再一次针锋相对时，类似的复仇戏码也被拿来与特洛伊相提并论。公元前153年，老加图在迦太基担任大使时亲眼见证了迦太基的繁荣，他一回到罗马，就一心要摧毁这座城市（参见第5章的“战后的汉尼拔”）。这花了他四年时间，公元前149年，第三次布匿战争（Third Punic War）终于爆发。老普林尼描述了元老院中的戏剧性一幕，加图向众人展示了一个新鲜的、刚刚成熟的无花果，是不到三天前刚刚从迦太基摘下来的。[49]罗马人意识到，他们的宿敌离罗马如此之近，立刻下定决心要永远消灭迦太基。

迦太基人顽强抵抗，直到公元前146年春，普布利乌斯·科尼利厄斯·西庇阿·埃米利安努斯（Publius Cornelius Scipio Aemilianus）[即西庇阿·埃米利安努斯或“阿非利加征服者”小西庇阿（Scipio Africanus the Younger）[50]] 占领了这座城市。罗马人以残酷的手段耀武扬威，五万迦太基人被卖为奴隶；城市被付之一炬，大火燃烧了整整十七天；城墙完全被毁；迦太基的领土被吞并，成为罗马的阿非利加行省。不过，罗马人往迦太基的土地上撒盐、将其变成不毛之地的传说就是19世纪的杜撰，而不是公元前2世纪的史实了。[51]

西庇阿·埃米利安努斯望着燃烧的迦太基城，泪流满面，引用荷马的《伊利亚特》中的话说："有朝一日，这神圣的特洛伊和普里阿摩斯（Priam），还有普里阿摩斯的挥舞长矛的人民将要灭亡。"[52]

鉴于罗马人将他们的祖先追溯到特洛伊，他完全意识到了其中的讽刺意味，并向他的导师波里比阿承认了这一点。他握着波里比阿的手说："多么辉煌的时刻啊，波里比阿！但是我有一种可怕的预感，总有一天会有人对我的祖国宣布同样的命运。"[53]

希腊的征服和罗马的堕落

罗马诗人贺拉斯意识到了这一时期在罗马文明中的重要性：

> 因为晚近罗马人才潜心钻研希腊的书卷，等到
> 布匿战争后和平初现，才开始仿效
> 索福克勒斯（Sophocles）、泰斯庇斯（Thespis）、埃斯库罗斯，
> 看能否翻译或改写出无愧于他们的诗。[54]

希腊的灿烂文化让一些罗马人心醉神迷，却遭到另外一些罗马人的排斥，他们更加欣赏老派的"蛮族性"。罗马人对希腊化的反应经常被简单粗暴地描述为两极分化，一方是以西庇阿·埃米利安努斯为中心的亲希腊文化圈，另一方是以老加图为代表的反希腊传统主义者。李维记录了加图的一段演讲。在演讲中，加图怒斥从希腊世界进入罗马的种种"罪恶、贪婪、奢侈，以及淫欲的诱惑"，特别是希腊的艺术："相信我，这些来自叙拉古的雕像是按照敌人

的标准制作的，是反罗马的。我已经听到太多人赞美科林斯和雅典的艺术品，嘲笑罗马诸神的陶瓦。”[55]

这些“陶瓦”是古老的伊特鲁里亚风格的罗马神庙的建筑特色，显然，喜爱希腊艺术的罗马时髦人士嘲笑它，让加图这样的传统主义者非常气愤。实际上，大约在 250 年前，老普林尼就感觉到，从科林斯和迦太基掠夺艺术品是造成罗马道德沦丧的重要因素，因为它们制造了一种风气，诱使人们耽湎于恶习不能自拔。[56]

尤维纳利斯的创作时期比普林尼晚了一代，在他的《讽刺诗》（*Satires*）中，从极端民族主义的角度表达了类似的感情：“现在再来说说我们的富人最溺爱的民族。这些人像瘟疫，我避之唯恐不及，不必扭捏作态。公民们，我不能忍受希腊化的罗马！”[57]

真正让传统主义者感到气愤的是这种轻视罗马传统（比如陶瓦），认为希腊文化“更加时髦”的态度。连罗马最伟大的将领、“阿非利加征服者”大西庇阿都被指控在叙拉古“变得像个希腊人”，因为他的生活方式“不仅不是罗马式的，甚至也不是军队式的：穿着希腊式长袍和绳鞋在运动场上散步，埋头于书籍，从事体育训练”[58]。

阅读，尤其是阅读希腊文，显然不是一个有男子气概的罗马将军应该做的事，“为了奢侈和享乐的目的”穿着希腊长袍和凉鞋同样糟糕。西塞罗曾经提到，击败安条克三世后，卡皮托山上竖起了一尊卢西乌斯·西庇阿的雕像，因为同样的穿着打扮而饱受诟病。[59]

希腊思想也开始渗透进罗马的教育当中。埃米利乌斯·保卢斯让他的儿子们学习希腊文献，接受雕塑、绘画和文学方面的训练。[60]西庇阿·埃米利安努斯成为喜剧诗人泰伦提乌斯（Terence）

的赞助人。公元前160年，在埃米利乌斯·保卢斯的葬礼上，泰伦提乌斯的《两兄弟》（*The Brothers*）首演，其中有一段主人公围绕教育理念展开交锋的戏剧性场面，影射的就是加图与西庇阿。这出戏剧以两出希腊戏剧为原型，由米南德（Menander）的《两兄弟》（*The Brothers*）加上狄菲洛斯（Diphilus）的《共同殉情》（*Joined in Death*）中的一幕组合而成。剧中有两位主人公，一个是"严厉的老人"（*senex durus*）/"愤怒的老人"（*senex iratus*）得墨亚（Demea），另一个是他思想开明的兄弟、"仁慈的老人"（*senex lenis*）弥克奥（Micio），全剧通过二者之间的冲突，探讨了如何才能更好地教育年轻人的问题。加图完全赞成得墨亚的观点，现实中，他在写给他儿子的一封信中谈到过这种教育理念的分歧。在他看来，西庇阿他们不仅穿着流行服饰、阅读矫揉造作的文学作品，而且在对罗马道德观的核心发起攻击："我将把自己在雅典发现的情况告诉你，我要让你深信，在他们的文献之中表面上富丽堂皇的东西，实际上经不住深入的研究。它们是毫无价值的、难以捉摸的——在这个领域，请把我当成一位预言家。因为当希腊人把他们的文献传授给我们的时候，就是在暗中破坏我们整个的生活方式。"[61]

但是希腊文学深深融入了罗马文化。虽然关于希腊化究竟是使罗马走向文明进步还是腐化堕落的争论持续了好几个世纪，但罗马人吸收的每一个希腊单词、希腊形象和希腊思想都使他们更加远离"野蛮"。至少贺拉斯知道这一点：

> 被征服的希腊征服了野蛮的征服者，把艺术

带给粗鄙的拉丁姆，糙野的农神体
流走了，洁净之水驱逐了恶臭的毒汁，
但此后很长一段时间，粗鄙的印痕
仍然残留，甚至到今天。[62]

第7章

维里亚图斯：伊比利亚的牧羊人、猎人和战士

罗马人在西班牙

罗马建立第一个行省之后150年，西塞罗向元老院指出了一个令人不安的事实："由于最近几年我们派去统治这些附属国的人是多么荒淫无耻，我很难用话语来表达这些国家的人有多么痛恨我们。"[1]

公元前2世纪中叶，伊比利亚半岛［今西班牙和葡萄牙，罗马人称为西班牙（Hispania）］发生的事件生动地说明了这种情绪。前两次布匿战争的胜利开始将西班牙置于罗马的控制之下，有意思的是，现代葡萄牙语和西班牙语全部源自拉丁语［巴斯克语

(Basque）除外]，并且与罗马人到来之前的当地语言没有明显的联系（仍然是巴斯克语除外）。人们常说，现代西班牙是由罗马人建立的。

公元前197年，元老院以新迦太基（今卡塔赫纳）为界，将他们在西班牙的领地划分为两个行省——近西班牙（Hispania Citerior，距离罗马更近）和远西班牙（Hispania Ulterior）。接下来若干年里，这两个行省逐渐向内陆扩张，使伊比利亚半岛在大约175年的时间里几乎成为永久的战区。公元前179年，裁判官老提比略·森普罗尼乌斯·格拉古（Tiberius Sempronius Gracchus the Elder)[2]镇压了几次起义，强行与各城邦签订条约，要求它们向罗马进贡、提供士兵，并且不得重建城墙。格拉古征服和控制了西班牙中部，并因此赢得了举行凯旋式的荣誉。

罗马在行省的暴政愈演愈烈，以至于总督因为敲诈勒索被带回罗马接受审判，西班牙居民揭竿而起。公元前155年，以远西班牙部落名称命名的卢西塔尼亚战争（Lusitanian War）爆发，断断续续地打到公元前139年[3]，近西班牙的努曼提亚战争（Numantine War，公元前154年—公元前133年）也在同时进行。

古代地理学家斯特拉博为我们简要描述了卢西塔尼亚人，在他看来，他们是典型的蛮族——擅长伏击，行动迅速灵活，有些反复无常，但是很容易被训练成士兵。他们装备直径60厘米的小盾牌，用皮带挂在肩上。他们佩带短刀，穿着亚麻的铠甲；少数人穿着锁子甲、戴有三根羽饰的头盔；其他人则戴用筋条编成的头盔。步兵穿着保护小腿的胫甲，每个士兵配有几支标枪；有些人使用长矛，长矛安装有青铜矛头。据说有些居住在杜罗河（River Douro）附近的居民按照斯巴达人的方式生活——使用涂油，利用烤热石头散发出的蒸汽进行蒸汽浴，在冷水中洗澡，每天只吃一顿简单的饭。他们的宗教仪式非常严谨，不仅用动物来献祭，还用战俘的内脏进行占卜。祭司首先用斗篷把战俘蒙起来，然后将牺牲品刺死，通过他倒地的方式来解释预言。他们砍断战俘的右手，把它作为祭品献给诸神。[4]

卢西塔尼亚战争被称为“炽烈战争”(Fiery War，希腊语称为*Pyrinos Polemos*)：

> 罗马人与凯尔特伊比利亚人[5]之间的战争被称为“炽烈战争”，双方以坚韧不拔的毅力顽强地投入战斗。通常，希腊和亚洲的战争都是由一场战役决定的，或者只有少数战争是由两场战役决定的，而这些战役本身是由非常短暂的时间内第一波进攻和遭遇的结果决定的，但是这场战争刚好相反。战斗总是要打到天黑才罢休，士兵们从不丧失勇气，也不屈服于身体的疲劳，经过休整，他们总是恢复信心，重整旗鼓。在整个战争过程中，只有冬季的严寒能让这种持续不断的战斗暂时停歇。所以，如果我们要说一场战争是“炽烈的”，那么就是这场战争，而不是其他。[6]

战争爆发的导火索之一是近西班牙的斯哥达（Segeda）定居点拒绝进贡和提供士兵，并开始重建城墙。昆图斯·弗尔维尤斯·诺比利奥尔（Quintus Fulvius Nobilior，公元前 153 年任执政官）主动进攻，却损失惨重，特别是他的一些战象发了狂，开始攻击自己人。卢西塔尼亚战争期间，历史学家波里比阿正在西班牙，目睹了此起彼伏的冲突。直到公元前 150 年春，近西班牙总督卢西乌斯·李锡尼·卢库卢斯（Lucius Licinius Lucullus）和远西班牙总督塞尔维乌斯·苏尔庇修斯·加尔巴（Servius Sulpicius Galba）出兵卢西塔尼亚，当地居民不得不寻求停战。然而，这两个人背信弃义，欺骗了卢西塔尼亚人，古代作家认为这是典型的蛮族行为，而不是罗马人应有的行为。加尔巴答应宽恕卢西塔尼亚人，并给他们良好的土地，他们便来跟加尔巴会面。但是：

> 他把他们分作三部分，各指着某一块平原给每一部分的人看，命令他们留在这个开阔的地区，直到他来指定他们的地方时为止。当他跑到第一部分人那里的时候，他把他们当作朋友一样，要他们放下他们的武器。他们放下了武器之后，他用一条壕沟包围他们，派遣一些带剑的士兵到里面去，在他们悲叹号哭、呼吁神祇的名字和他们所受保证的誓言的时候，把他们全都杀死了。同样地，他匆匆地跑到第二部分和第三部分人那里去，在他们还不知道第一部分人的命运的时候，又把他们杀死。他这样模仿蛮族人的方法，以诡计报复诡计，有辱于做一个罗马人。[7]

八千卢西塔尼亚人被杀或被卖为奴隶。卢库卢斯和加尔巴后来都因“战争罪”在罗马受到审判。

维里亚图斯

从加尔巴在西班牙的暴行中逃脱的难民中，有一个名叫维里亚图斯（Viriathus）的人，希腊人称他为Ouriatthos或Hyriatthos。这个名字在凯尔特语中可能是“戴手镯的人”的意思，不过拉丁语

中的 *vir*-也与“人”(*vir*)和“棒子”(*virga*)有关。[8]传统上认为他出生于公元前 180 年前后，出生地不明。现代葡萄牙/西班牙民族主义者对此表示怀疑，不过我们至少可以确定他来自卢西塔尼亚，在大西洋沿岸生活，他的主要战场集中在卢西塔尼亚南部。[9]我们不知道他父母的名字。狄奥多罗斯记载了他的早期生涯：他原本是一个牧羊人，因为擅长打猎和抗击强盗，被他的人民选为领袖。很多强盗加入了他的队伍，他屡战屡胜，像将军一样受到尊敬。公元前 147 年，他已经“确立了自己作为酋长的地位，而不是作为小偷和强盗”[10]。

这种描述在很大程度上体现了罗马人对蛮族精英的传统观念：出身卑微，凭借个人的才干和美德成为领袖，这种陈词滥调在罗马的“蛮族史”中反复出现。西西里的狄奥多罗斯对他的人格魅力给予了很高的评价：

> 这个维里亚图斯……是(一个牧羊人和)经验丰富的登山家，他的身体素质确实非常适合这种生活方式，因为他的臂力、脚程和身体的灵活性都比其他伊比利亚人强得多。他已经习惯了缺衣少食、疲于奔命的生活，只维持最低限度的睡眠，时刻保持武装，随时准备与野兽和强盗战斗，他的名字已经家喻户晓……他不仅是强大的战士，还因为杰出的领导能力而享有盛誉。他对战利品的分配一丝不苟，每个人都依据各自表现出来的英勇获得应得的奖励。[11]

迪奥·卡西乌斯(Dio Cassius)完全认可这个形象：

> 他训练有素，追逐和逃跑都非常迅速，在肉搏战中拥有极强的耐力。只要能得到食物和饮水，他就心满意足；他幕天席

> 地，睡在露天下就很惬意。他不畏寒暑，从不为饥饿或其他困苦而烦恼，因为他手边拥有的东西就能满足他的一切需要，仿佛这些已经是最好的。天赋和训练让他拥有了强健的体魄，他的智力则更胜一筹。凡是需要做的事情，他都能迅速计划并完成，因为他不仅知道必须做什么，而且能够掌握恰当的时机；他既能隐藏最深的秘密，也能假装看不到最明显的事实。而且，他……不卑不亢；在他身上，卑微的出身和崇高的声誉结合在一起，使他既不屈从于谁，也不凌驾于别人之上。最后，他打仗既不是为了个人的财富和权力，也不是出于愤怒，而是为了战争本身。因此，人们认为他既是一个热爱战争的人，也是一位战争大师。[12]

由于罗马历史学家在写作时通常都有明显的道德目的，所以很难判断这些评价的真实性。但是维里亚图斯肯定具备足够的魅力，使惯于彼此征战的其他部落的酋长们团结起来，而且很少逃跑或叛变。

第二次卢西塔尼亚战争

上半场：维里亚图斯进攻

关于维里亚图斯与罗马的战争，主要的古代文献来自阿庇安的《罗马史》，这部史书以波里比阿的著作为基础，以李维、阿庇安和西西里的狄奥多罗斯的史料为补充。所有这些作家都强调西班牙的战争打得多么艰苦，因为罗马要对抗的不仅是一个敌对的民族，还有与他们的军队装备不相适应的敌对的环境。卢库卢斯和加尔巴犯下暴行之后，罗马人推进到了图尔德塔尼亚（Turdetania），迫使西班牙部落送上橄榄枝，请求完全臣服于罗马以换取土地。但是正当远西班牙的新任裁判官盖尤斯·维提略（Gaius Vetilius）准备达成协议时，维里亚图斯走进来，提醒卢西塔尼亚人不要忘记罗马人的背信弃义。他给他们提供了另一种选择，用雄辩的口才激励他们，被推选为他们的领袖。

维里亚图斯用计帮助卢西塔尼亚人逃脱。他让他们全部整装列阵，好像有意战斗的样子，然后向四面八方分散，从不同的道路逃往特里波拉（Tribola）[13]重新集结。为了给他们争取时间，维里亚图斯选出一千名战士留下来，跟他迅捷的骑兵一起不断进攻又撤退，就这样骚扰罗马人整整两天，然后在夜色的掩护下逃走，去与主力部队会合。计划进行得非常顺利。[14]

整个战役中，沉重的盔甲、劣等的战马和不熟悉的地理环境都让罗马人吃足了苦头，但维提略还是追到了特里波拉。卢西塔尼亚人利用罗马人的短板，在茂密的丛林中设下埋伏，并在完美的时机截住了罗马人："他们从两面夹攻罗马人，把他们赶到悬崖之上，都俘虏起来。维提略本人也被俘虏；那个俘虏他的人不知道他是什么人，见他年老而肥胖，便认为他是没有什么价值的，因而把他杀死了。"[15]

一万罗马大军中，只有六千残兵败将逃到海滨城市卡彼萨斯（Carpessus），驻扎在城墙上。他们的指挥官向西班牙的培尔利人（Belli）和提蒂人（Titthi）求援，得到了五千盟军。他派遣他们去进攻维里亚图斯，但是维里亚图斯把他们全部杀光了，连一个传递消息的人也没有留下来。罗马人只得偃旗息鼓，留在城中，等待来自祖国的帮助。然而，这时候罗马正全力投入第三次布匿战争和与希腊的战争，向西班牙派遣援军并不是元老院的当务之急。

公元前 146 年，罗马摧毁迦太基、洗劫科林斯之时，维里亚图斯正在劫掠富饶的卡尔佩塔尼亚（Carpetania）地区，朝着托莱图姆［Toletum，今托莱多（Toledo)］进军，直到盖尤斯·普劳提乌斯·凯普萨乌斯（Gaius Plautius Hypsaeus）率领一万步兵和一千三百骑兵到达。维里亚图斯又一次用他的游击战术对付行动迟缓的罗马军团，佯装逃跑，诱使普劳提乌斯派四千人来追逐他，然后转身进攻他们，造成了非常严重的伤亡。维里亚图斯渡过塔古斯河（River Tagus），在一处罗马人称为维纳斯山（Mons Veneris）的树木掩映的高地扎营，普劳提乌斯顽强地追随而至。[16]因为急于扭转之前的败局，他马上和维里亚图斯交战，结果又一次蒙受失败的耻辱。他的军队毫无秩序地逃散，在仲夏时分逃入冬营，不敢露面。维里亚图斯得以毫无阻碍地蹂躏整个地区，要求正在生长的庄稼的主人把庄稼所值的钱数交付给他，否则他便将庄稼毁坏殆尽。

普劳提乌斯回到罗马后，因为令他的政府蒙羞而受到人民的谴责，被判处流放。[17]维里亚图斯将维纳斯山作为战略基地，继续将他“打了就跑”的游击战术发扬光大，这种战术后来被写进了罗马的军事手册。罗马文献对这些战斗的确切年代语焉不详，不过弗朗提努斯（Frontinus）讲过这样一个故事：有一次维里亚图斯设下埋伏，派出几名士兵去驱赶塞戈布里加人（Segobrigenses）的牧群[18]，当城里的人冲出来保护他们的牲畜时，他的人便假装逃跑，把他们引入陷阱，将他们大卸八块。[19]弗朗提努斯还讲过另一个“假装逃跑”的故事，也与塞戈布里加人有关：维里亚图斯花了三天时间撤退，然后忽然掉过头来，只用一天就走完同样的路程，塞戈布里加人正在举行祭祀，全不设防，结果被屠杀殆尽。[20]与此同时，近西班牙总督克劳狄·乌尼曼努斯（Claudius Unimanus）派出军队去增援，但是，据说维里亚图斯几乎全歼了他的部队，用缴获的罗马人的长袍和束棒装饰了整座山头。[21]维里亚图斯虽然取得了很大的成功，但是遭到的反抗也很强烈，罗马人的盟友塞戈维亚人（Segovienses）[22]就是证明：维里亚图斯俘虏了他们的妻儿作为要挟，但是他们宁可看着亲人被处决，也不背叛罗马人。[23]

罗马方面开始意识到情况的严重性。维里亚图斯的战术智慧是显而易见的，他的胜利开始为他在伊比利亚半岛赢得更广泛的支持。不过到了公元前145年，迦太基和科林斯已经被夷为平地，罗马人又可以将目光转向西方了。卢西乌斯·埃米利乌斯·保卢斯的长子、“阿非利加征服者”小西庇阿的哥哥昆图斯·费边·马克西穆斯·埃米利安努斯（Quintus Fabius Maximus Aemilianus，公元前145年任执政官）被派往西班牙，并被授予征兵的权力。为了让参加过布匿战争和马其顿战争的老兵得到休整，他招募那些以前从没打过仗的年轻人，组成两个军团，并要求盟邦增派部队。当他到达奥索［Urso，今奥苏纳（Osuna）］时，共有一万五千步兵和两千骑兵，但他不想在军队训练好之前和敌人交战。马克西穆斯自己到加德斯［Gades，今加的斯（Cadiz）］的梅尔卡特神庙向赫拉克勒斯献祭。与此同时，维里亚图斯杀死了马克西穆斯派来砍伐木材的一些人，随后打败了前来营救他们的部队。维里亚图斯获得了许多战利品。罗马人失去了信心。

正如他的名字所示，昆图斯·费边·马克西穆斯·埃米利安努斯是费边家族的养子，这个家族中最著名的“拖延者”昆图斯·费边·马克西穆斯曾经为战胜汉尼拔立下过大功（参见第5章的“第二次布匿战争”）。年轻的马克西穆斯从历史中吸取教训，并运用从他的生父保卢斯那里学到的、在马其顿战争中获得的第一手战术知识，花了大约一年时间（公元前145年中—公元前144年中）训练他的士兵，让他们通过小规模的战斗逐渐积累经验。虽然维里亚图斯的优势在于他的机动性和对本地环境的熟悉，但他领导的是一群乌合之众，经常面临给养不足的问题，连把他们留在战场上都不容易。相反，罗马人设法让战争按照他们的方式来进行，而他们拥有组织严密、保障完善的军事体系，需要多久就能战斗多久。马克西穆斯一开始进攻就打得卓有成效，阿庇安说他是第二个让维里亚图斯逃跑的罗马将军（虽然卢西塔尼亚人作战很英勇）。马克西穆斯攻陷了维里亚图斯的两个城市，劫掠了一个，焚毁了另一个。[24]维里亚图斯撤退到拜库拉［今拜伦（Bailén）］，在那里罗马人又让他损兵折将。形势开始朝着有利于罗马的方向转变，不过马克西穆斯任期届满，他在科都巴（Corduba）过冬，然后就回到罗马，昆图斯·庞培·奥卢斯（Quintus Pompeius Aulus）成为他的继任。

维里亚图斯不再像过去那样藐视罗马人了。从公元前143年起，他在西班牙挑起另一场战争，他设法使提蒂人、培尔利人和阿雷瓦西人（Arevaci）等好战的凯尔特伊比利亚部落叛离罗马，重新点燃了努曼提亚战争［又称第三次凯尔特伊比利亚战争（Third Celtiberian War）］的战火。虽然维里亚图斯本人没有直接参与，但这场战争在十年时间里将罗马军队和一些最优秀的将军牵制在半岛的其他地方。不过，从来没有一种真正大一统的西班牙人的身份认同，使得维里亚图斯可以动员所有的部落，对罗马人发动一次大规模进攻。所以，他坚持将迄今为止屡试不爽的游击战术贯彻到底。在与昆图斯的战斗中受挫后，维里亚图斯回到他在维纳斯山的大本营，从山上出来突击，杀死了昆图斯的士兵约一千人，从他们手中夺取了一些军旗，把其余的人赶回了他们的军营。他还驱逐了伊都卡（Itucca）[25]的驻军，劫掠了半岛东南部巴斯提泰尼人（Bastitani）的国土。由于胆怯和缺乏经验，昆图斯没有给予他们支援，而是将这一地区的防守任务交给一个名叫盖尤斯·马尔西乌斯（Gaius Marcius）的来自意大利卡（Italica）的西班牙人，自己在仲秋时节跑进科都巴的冬营里去了。

西班牙的局势在罗马引起越来越多的关注。公元前 142 年，担任执政官的是昆图斯·费边·马克西穆斯·塞维利安努斯（Quintus Fabius Maximus Servilianus），他是昆图斯·费边·马克西穆斯·埃米利安努斯（公元前 145 年任执政官）的养子。塞维利安努斯被派往西班牙接替昆图斯，他从罗马带来了两个新的军团和一些盟军，共有大约一万八千步兵和一千六百骑兵。他还写信给北非的努米底亚国王米奇普撒（King Micipsa of Numidia），要求他提供战象。维里亚图斯不想让塞维利安努斯掌握主动，于是在匆匆赶往伊都卡途中便向他发起进攻。根据阿庇安的描述，接下来的交战是典型的“野蛮的蛮族”对抗“有秩序的罗马人”：维里亚图斯的军队“大声呼喊[26]，向他进攻，蛮族士兵们披着长发（他们在战斗中惯用这个方法来威吓敌人），但是塞维利安努斯并没有被吓倒。他勇敢地站在阵地上，敌人没有获得什么东西就被击退了”[27]。

塞维利安努斯的战象到达之后，他便建立起一座大军营，举兵进攻维里亚图斯。一开始罗马人占了上风，但是后来“在追逐中他们的秩序混乱。维里亚图斯在逃跑中看到了这种情况，又聚集了他的军队，杀死了大约三千罗马人，把其余的赶进他们的军营里。他又进攻军营，军营里只有少数人站在营门前抵抗，大部分人因为恐惧的缘故，躲在营帐里，他们的将军和军团将校们费了很大的力气才把他们叫回到他们的岗位上”[28]。

黑夜降临挽救了罗马人。但是维里亚图斯无论日夜，频繁前来骚扰，他带着他的轻装部队和快马，每次都在意想不到的时间出现，直到迫使塞维利安努斯回到伊都卡去。

通过维里亚图斯与伊都卡人民的关系，狄奥多罗斯进一步把他塑造成一个讲话直率、自学成才、洁身自好的人。伊都卡人在效忠他还是罗马人之间摇摆不定，维里亚图斯便给他们讲了一个故事，让他们看到这样做是不明智的：“一个中年男人娶了两个妻子，其中年轻的那个希望她的丈夫看起来和她一样年轻，便把他的白头发拔掉了；年长的那个则把他的黑头发拔掉了。最后，这个男人的头完全秃了。同样的命运也在等待着伊都卡人：罗马人杀死他们的敌人，卢西塔尼亚人也杀死他们的敌人，你们的城市很快就会变成不毛之地。”[29]

狄奥多罗斯用这个没有受过正规教育却颇识时务的蛮族人，为他的读者树立了一个道德榜样：“一个按照自然法则生活的人言辞简洁，将美德付诸实践让他的话充满力量。这位演讲者用浅显的语言说出朴素的道理，让听众毫不费力就能记住。”[30]

蛮族人的行为也可以教会希腊人和罗马人很多东西。

下半场：维里亚图斯防守

就像皮洛士和汉尼拔在意大利一样，维里亚图斯也没有有效的手段，将罗马军队从驻防的城镇中赶出去，卢西塔尼亚战争持续的时间越长，他在提供给养和补充兵源方面面临的困难就越大。因为他的军队人数大为减少，他放弃了夺取伊都卡，在夜里焚毁他的军营，回到卢西塔尼亚去了。现在塞维利安努斯已经知道最好不要追赶他，所以他蹂躏了贝图里亚（Baeturia）地区[31]，劫掠了五个站在维里亚图斯一边的市镇（名称不详），然后进攻今葡萄牙南部的丘内伊人（Cunei），最后在卢西塔尼亚赶上了他的敌人。战斗非常激烈。库里乌斯（Curius）和阿普列乌斯（Apuleius）率领一万名强盗进攻罗马人，库里乌斯战死，但他们还是抢走了许多战利品。不过，塞维利安努斯很快又把这些战利品抢了回来，又攻下了爱斯卡底亚（Escadia）、基密拉（Gemella）和奥波尔科拉（Obolcola）[32]，在这些市镇里维里亚图斯都曾驻扎军队。至于其他的市镇，有些遭到了他的劫掠，有些则幸免于难。塞维利安努斯的报复很严厉：他俘虏了约一万人，杀死了其中五百人，将其余的人卖为奴隶。他接受了一个名叫康诺巴（Connoba）的酋长的投降后，只赦免了康诺巴一个人，而把他所有部下的手都砍掉。[33]

维里亚图斯照例还以颜色。塞维利安努斯围攻埃里山那（Erisana）——这座城镇的具体位置不详。维里亚图斯趁夜晚潜入城中，黎明时分，他进攻那些在那里挖掘壕沟的人，迫使他们丢掉铲子逃跑。塞维利安努斯的主力部队也被打败了，他把他们赶到一些悬崖上，让他们无路可逃。

到如今，维里亚图斯对战争的欲望已经冷却，在胜利的时候，他不想歼灭塞维利安努斯的军队，而是向他提出交易：

在胜利的时候，维里亚图斯并不骄傲自大，而认为这是一个很有利的机会，可以用一个明显的宽宏大量的行动来结束战争；他跟他们订立协议，这个协议后来由罗马人民批准。维里亚图斯被宣布为罗马国家的朋友，并且下令，所有他的部下可以保留他们当时所占有的土地。这样，这场令罗马人极端厌恶的维里亚图斯战争似乎因为这个宽宏大量的行为而结束了。[34]

通过这样的描述，阿庇安充分营造了"高贵的野蛮人"和"堕落的罗马人"的刻板印象；狄奥多罗斯也说，费边被迫接受了一些对罗马人来说非常不光彩的条款。[35]李维对协议的评价是负面的，说塞维利安努斯"以平等地位"[36]达成和平条约是他的败笔，特别是他自己的兄弟昆图斯·塞尔维利乌斯·凯皮奥（Quintus Servilius Caepio，公元前 140 年任执政官）立刻否决了这个条约，因为它有辱罗马人民的尊严，元老院也授权恢复与维里亚图斯的敌对行动。

维里亚图斯为什么选择在这个特定的时间点来寻求和平仍然是一个问号，不过有一种说法是与他的婚姻问题有关。公元前 141 年，他与一个名叫阿斯托尔帕斯（Astolpas）的卢西塔尼亚贵族的女儿或妹妹结婚。史书中没有记载她的名字，不过传说她叫冬吉娜(Tongina)，是一个皮肤白皙、一头黑发、性格活泼的美人。然而，出身高贵的她与出身贫寒的维里亚图斯格格不入，这也暴露了卢西塔尼亚社会的不平等。根据狄奥多罗斯的记载，为了布置婚礼现场，大量的金杯和银杯被展示出来，还有价格昂贵的精美地毯。但是维里亚图斯对这些东西不屑一顾：

（维里亚图斯）倚着一柄长矛，对这些东西不是欣赏……而是嘲笑和蔑视……他说了很多明智、审慎的话，最后强调说，人不可忘恩负义，也不可盲目相信命运的馈赠，特别是因为，很明显，他岳父这些受人尊敬的财富很容易成为那些手握长矛的人的猎物。[37]

维里亚图斯告诉阿斯托尔帕斯，虽然他非常富有，却仍然受制于罗马，甚至受制于他的这位新女婿。他接着说阿斯托尔帕斯应该感谢他，而不是相反：阿斯托尔帕斯不需要给他任何东西，因为他维里亚图斯是“一切的主人”。人们让维里亚图斯坐下来，他拒绝了，虽然摆出了一席盛宴，但他只给跟他一起来的人分了一些面包和肉。他在“用伊比利亚人的方式”献祭之前，几乎什么也没有吃，然后他就要求把他的新娘带来，把她放在马背上，带到山里去。[38]狄奥多罗斯解释说，他这样做是因为“他把节制和禁欲当成最大的财富，把自由当成自己的祖国，把过人的勇气当成可靠的依傍。在谈话中，他坦率而真诚地说出自己的想法。他虽然没有受过正规教育，但是品质高洁，襟怀坦荡”[39]。

维里亚图斯的性格就是这样：一个聪明、有教养、道德上无可指摘的蛮族人——一个高贵的野蛮人。当维里亚图斯把目光投向婚礼上展示的财富时，他问阿斯托尔帕斯：“罗马人为什么还没有夺走这些财富，即使他们有能力这样做?”阿斯托尔帕斯回答说，许多罗马人见过这些财富，但是他们当中没有人想过要夺走它，甚至没有人提出过索取的要求。维里亚图斯说：“那么为什么你拒绝了那些允许你安享富贵的人，要加入我这个出身贫寒的人呢?”这是个一针见血的政治问题。究竟为什么，富有的阿斯托尔帕斯要与粗野、贫穷的维里亚图斯结盟，在他和罗马之间走钢丝呢？史书没有记载阿斯托尔帕斯的回答。重要的是维里亚图斯的问题，以及它所反映的事实：蛮族人也能成为堕落的罗马人和希腊人的道德榜样。

公元前139年，战争在官方层面上继续进行，昆图斯·塞尔维利乌斯·凯皮奥发起进攻，维里亚图斯逃跑并破坏了沿途的一切。两军最后在卡尔佩塔尼亚相遇，维里亚图斯又一次用他在特里波拉用过的计策逃跑，"维里亚图斯……命令大部分军队从一条隐蔽的峡道退却，而把其余的军队安排在一个小山上列成阵势，好像有意作战的样子。当他料到他先前派出的军队已经到达安全地带的时候，突然冲去追赶他们，他这样地藐视敌人，这样地迅速，使那些追赶他的人不知道他奔往何处去了"[40]。

凯皮奥把他的挫败感发泄在维托涅斯人（Vettones）和加莱西亚人（Callaici）身上，第一次将罗马的军事活动扩展到塔古斯河以北和大西洋沿岸。

然而，虽然开展了一系列开疆拓土的活动，凯皮奥却没有赢得古代历史学家的尊重。迪奥·卡西乌斯说"凯皮奥没有任何值得一提的成就……却对自己人造成了许多伤害，以至于差点被他们杀掉。因为他对待他们所有人，特别是骑兵非常残酷，士兵中流传着许多关于他的不体面的笑话，而且他越生气，他们就讲得越起劲，故意激怒他"[41]。

他找不到幕后主使，便决定惩罚所有骑兵，命令他们渡河，到维里亚图斯扎营的山上去砍伐木材。他们冒着危险完成了任务，把带回来的木头都堆在凯皮奥的营帐周围。要不是他跑得快，就被烧死了。

与罗马人的无能形成鲜明对比的是，我们听说了一些坚韧不拔的蛮族妇女的故事。这些故事也带有道德说教的意味，不过，通过它们可以看到古代历史学家是如何通过理想化的蛮族来反衬缺乏阳刚之气的罗马人的。阿庇安偏离主题，向读者介绍了卢西塔尼亚的女战士："当地的妇女们参加战斗，抵抗侵略者，和男子们一块战死，战死时连一声啼哭也没有。"[42]还有特别好战的布拉卡利人（Bracari），他们的妇女也和男子一样带着武器，被俘虏时，抱着"不自由毋宁死"的态度，有些自杀，有些还亲手杀死她们的儿女。[43]

背叛和死亡

维里亚图斯意识到，他能赢得战役，但永远赢不了这场战争。当马库斯·波皮利乌斯·利纳斯（Marcus Popilius Laenas，公元前139年任执政官）率领第二支罗马军队开赴卢西塔尼亚时，维里亚图斯看出自己已经陷入绝境。他甚至没有动武，就与利纳斯进行和平谈判，罗马人要求他交出一批领袖，他杀死了其中一些人（包括自己的女婿），把其余的人交了出去。在利纳斯的命令下，他们全都被砍掉了双手——作为卢西塔尼亚人，他们应该明白这种惩罚的意义。利纳斯还有许多条件，他选择逐条分别提出来，因为他担心一次提出所有的条件，只会让维里亚图斯陷入绝望和全面战争。[44]迪奥·卡西乌斯还说，唯一的症结是利纳斯要求卢西塔尼亚战士交出他们的武器，而这一点在他们看来是没有商量余地的。[45]

最后，维里亚图斯派遣他最信任的说拉丁语的朋友奥达克斯（Audax）、狄塔尔科（Ditalco）和密纽鲁斯（Minurus）[46]到凯皮奥那里去谈判。他们的名字显示，他们不是卢西塔尼亚人，而且他们已经意识到维里亚图斯是失败的一方，因此他们接受了贿赂去刺杀他。据说维里亚图斯睡眠很少，睡觉时也穿着甲胄，以应付任何事变。因为这个缘故，他允许他的朋友们晚上去看他，刺客们利用这个习惯，借口有事相商，进入他的营帐，当时他正睡着。阿庇安说他们刺穿了他的喉咙，因为只有这个部位是没有被甲胄保护着的；狄奥多罗斯说他身中数刀，每一刀都砍中要害；两位作家都说凶手们马上便逃回凯皮奥那里去了。[47]

当他们索要酬金时却失望了，凯皮奥告诉他们："罗马人不喜欢将军被他们自己的士兵杀死。"[48]我们不知道这些刺客后来怎么样了，但是历史对这种行为做出了严厉的批判。瓦莱里乌斯·马克西穆斯在公元 30 年创作的《名人名言录》(*Book of Memorable Doings and Sayings*）中评论道："维里亚图斯之死是双重的背叛，一重是被他的朋友们，因为他死于他们手中；另一重是被昆图斯·塞尔维利乌斯·凯皮奥，因为他表面上承诺网开一面，背地里却煽动这桩罪行。他的胜利不是赢得的，是收买来的。"[49]

维里亚图斯的部下见他早上没有起床感到惊讶，当他们发现他已经穿着甲胄死在床上，都为他的死亡感到悲伤，为自己的安全感到恐惧，最使他们痛苦的是不能找出那些罪犯来。他们为他们的领袖举行了蛮族最高规格的葬礼：他们给维里亚图斯的尸体穿上华丽的衣裳，放在一个高高的火葬堆上焚烧，用许多祭品向他献祭。步兵和骑兵穿着甲胄，一队一队地环绕着他奔跑，"依照蛮族的方式"高唱赞美他的诗歌。所有人都围坐在火葬堆旁边，直到火完全熄灭。二百对角斗士在他的坟墓前举行角斗表演。

维里亚图斯死后，卢西塔尼亚对罗马的抵抗没有持续多久。一个名叫坦塔罗斯（Tautalus）的人接替了他的位置。但是坦塔罗斯很快战败，凯皮奥以卢西塔尼亚向罗马臣服为条件，接受了他的投降。凯皮奥接收了他们所有的武器，给予他们足够的土地，使他们不至于为贫穷所迫而成为盗贼。

维里亚图斯的战败没有马上结束西班牙的战争。维莱伊乌斯·帕特尔库鲁斯（Velleius Paterculus）写道："维里亚图斯死于背叛而不是塞尔维利乌斯的英勇之后，一场更为严重的战争在努曼提亚爆发了。"[50]

历史总是在重演。公元前137年，凯尔特伊比利亚人又一次允许战败的罗马军队毫发无损地离开，罗马元老院又一次拒绝批准条约，打破了允许凯尔特伊比利亚人独立的承诺。于是，战争继续进行，最后在"迦太基的毁灭者"西庇阿·埃米利安努斯的手中结束。他将努曼提亚围困了八个月，使城中居民饥饿难耐，甚至同类相食，最后不得不投降。这座城市被摧毁，幸存者被卖为奴隶，西庇阿又得到了"努曼提亚征服者"的称号，举行了凯旋式。总之，以最典型的罗马人的方式，"任务完成了"。

毫无疑问，维里亚图斯虽然是蛮族出身，却赢得了许多希腊人和罗马人的尊敬（尽管有时候有一点屈尊降贵的意味）。阿庇安在总结他的事迹时说"作为一个蛮族人，他拥有一个将军的最高尚的品格：在面临危险的时候，他总是跑在最前面"[51]；弗洛鲁斯（Florus）说他是"一个极聪明的人，从猎人变成强盗，又从强盗变成领袖和将军，如果命运眷顾，他本来可以成为西班牙的罗慕路斯"[52]。

直到今天，他仍然是葡萄牙的民族英雄。

第 8 章

朱古达：解放非洲的斗争

开　端

罗马历史学家经常利用蛮族的大人物来阐述严肃的道德和政治观点，这往往是他们书写历史的初衷。历史学家和政治家撒路斯提乌斯（Sallust）为北非王子朱古达（Jugurtha）创作了一部著作，名为《朱古达战争》(*Bellum Jugurthinum*)，于公元前 41 年出版。和维里亚图斯一样，朱古达虽然是一个蛮族人，却拥有自律、自由、勇气、坚韧、坦率、高尚等罗马人崇尚的美德。撒路斯提乌斯用朱古达来凸显公元前 2 世纪末罗马的堕落。在谈到当时的道德风气时，他问道："有谁不是同他们的祖先比财富和豪奢，而是比公正和勤劳呢？”[1]

为了对摧毁迦太基之后发生的“和平分裂”表示反对，他写道：“对敌人的恐惧保存了国家的美好的道德风尚。但是当人民的内心摆脱了那种恐惧的时候，由繁荣幸福造成的恶果，即放荡和骄横，便自然而然地产生出来了。这样，在苦难时期他们曾经渴望过的和平，在他们得到之后，却表明它比苦难本身更加残酷和辛酸。”[2]

罗马作家经常抱怨和平使国家衰弱，撒路斯提乌斯说他之所以打算叙述朱古达战争，首先是因为这是一场激烈、血腥、反复无常的战争，其次是因为“这在当时是第一次对贵族的骄横进行抵抗的战争”[3]。毫无疑问，朱古达战争揭露了元老院的腐败，凸显了几位指挥官的无能，导致了元老院和骑士阶级（Equites，罗马的精英商人和放贷者）渐行渐远，证明了元老院是多么容易被一个有能力的人踩在脚下——无论是罗马人还是蛮族人。

早在第二次布匿战争（公元前218年—公元前201年）期间，努米底亚国王玛西尼撒（King Masinissa of Numidia）就是“阿非利加征服者”西庇阿的朋友，站在罗马一边积极作战。当时，他控制着今阿尔及利亚和突尼斯部分地区。战争结束后，罗马人在北非给予玛西尼撒相当广阔的领土，他一直是罗马人忠实的盟友，直到公元前148年以九十多岁的高龄去世。他的儿子米奇普撒继位，米奇普撒有两个儿子，阿多儿巴尔（Adherbal）和希延普撒尔（Hiempsal），还收养了他已故的兄长马斯塔纳巴尔（Mastanabal）的儿子朱古达。因为是侍妾生的儿子，朱古达被划分为普通公民，没有王位的继承权。

朱古达成长为一个精明强干、强健有力、行为旷达、受人爱戴的青年，十分渴望建立军功。米奇普撒为他自己和两个亲生儿子感到担忧，但是又害怕若使用暴力手段除掉朱古达，会激起强烈的反弹。所以，他采取了许多国王用来铲除危险的竞争对手的策略，派朱古达去执行一项有去无回的任务。公元前 134 年，努曼提亚战争期间，米奇普撒让朱古达担任指挥官，率领一队骑兵和步兵去帮助罗马人，指望他因为自己的冲动或敌人的残忍而死在战场上。

在西班牙，朱古达与“阿非利加征服者”“努曼提亚征服者”普布利乌斯·西庇阿·埃米利安努斯会合，正是后者在公元前 133 年结束了努曼提亚战争。令米奇普撒失望的是，朱古达不仅活着回来了，而且“由于他积极肯干、忠于职守，同时又由于他十分听话而往往又不避危险，很快地他便获得了如此高的声誉，乃至他不仅受到罗马士兵的爱戴，而且成了努曼提亚人十分害怕的人物。事实上，他不但作战英勇，在讨论问题时又富有卓见，这是非常难得的”[4]。

朱古达的这些优点，再加上他友善的性格，使得西庇阿和他遇到的许多罗马人都喜爱他。撒路斯提乌斯说其中一些人更关心财富而不讲道德、不自尊自爱，煽动朱古达等米奇普撒死后便独揽努米底亚的大权，“论功业（朱古达）是首屈一指的，而且在罗马没有用金钱买不到的东西”[5]。

对朱古达来说，了解罗马人的要价是极其重要的。不过，西庇阿把他带到一边，给了他一些明智的劝告：

> 他劝告这个年轻人要培养同整个罗马人民的友谊，而不是同个别罗马公民的友谊，并且不要养成贿赂的习惯。他说，向少数人购买属于多数人的东西是危险的。如果他像他开始时

那样坚持干下去，那么名声和王位自然会属于他。但是，如果他操之过急，那么连他自己的金钱也会给他招来杀身之祸。[6]

然后，西庇阿让朱古达带了一封信回家，告诉米奇普撒他的侄子是一个多么了不起的年轻人，这封信似乎改变了米奇普撒对待朱古达的态度。后来，他在遗嘱里规定朱古达和他自己的儿子拥有同样的地位。撒路斯提乌斯生动地记录了米奇普撒临终时与朱古达的一段对话，听起来就像一位不久于人世的老父亲在对他的养子做主题演讲："如果你们的行为是公正的，那我留给你们三个人的便是一个强大的王国，但如果你们干坏事，那么这个王国就是软弱无力的。"[7]他勉励朱古达不要争斗，告诫阿多儿巴尔和希延普撒尔要爱慕和尊重朱古达，并向他学习。

米奇普撒死于公元前118年[8]，他所希望的和睦从未实现。在一座名叫提尔米达（Thirmida）[9]的城镇，希延普撒尔居住的房屋刚好属于朱古达最忠心的侍从。朱古达要这个侍从以检查为名到自己的房子里去，给各个门户又配了一套钥匙。当朱古达的士兵在夜晚闯入时，他们发现希延普撒尔藏在一个女仆的房间里，便杀死了他，把他的首级带给了朱古达。

希延普撒尔之死震惊了非洲，努米底亚人分裂为两派：大多数人站在阿多儿巴尔一边，但是精锐的士兵拥护朱古达。朱古达开始占领众多城市，准备成为整个努米底亚的统治者。阿多儿巴尔派使者到罗马去请求帮助，同时与朱古达开战。结果，阿多儿巴尔大败而逃，经过罗马的阿非利加行省逃到罗马。

冷静下来以后，朱古达才开始担心独霸努米底亚的后果。他认为，只有利用罗马贵族的贪欲和他自己的财富，才有可能平息罗马人民的愤怒。于是，他派遣使者带着大量金银到罗马去，指示他们先送礼给他的老朋友，然后用礼物争取新朋友。计划进展得很顺利，阿多儿巴尔和朱古达都有机会进入元老院。[10]阿多儿巴尔发表了慷慨激昂的长篇演讲，最后说："元老们，凭着你们自己的名义，凭着你们的孩子和双亲的名义，并且凭着罗马人民的尊严的名义，我请求你们在我身遭不幸的时候帮助我，正视不公道的行为，别让属于你们的努米底亚王国由于邪恶的行径和我的家族被杀害而遭到毁灭。"[11]

朱古达的使者们仗着已经重金行贿，只作了简短的回答，说希延普撒尔被努米底亚人杀死是因为他残酷暴虐，指控阿多儿巴尔挑起战争，请求元老院根据朱古达的行为来评判他。

经过讨论之后[12]，元老院里"把金钱看得比公道还重"的那一派占了上风[13]，决定由卢西乌斯·奥皮米乌斯（Lucius Opimius，公元前 121 年任执政官）主持的十人委员会在朱古达和阿多儿巴尔之间分割努米底亚王国。撒路斯提乌斯说朱古达对委员会的分配结果十分满意，留下了著名的论断："他就确信这样一个真理，这便是他在努曼提亚的朋友们告诉他的：在罗马，任何事物都是可以买到的。"[14]

然而，实际上，对阿多儿巴尔来说，这样的结果可能是更有利的。

第一次战役：罗马的失败

朱古达蛰伏了几年，以等待时机，然后开始行动，"他本人是一个进取心强而又好战的人，而他想制服的对手却是一个温顺、平和、禀性安静、易受欺侮、宁可受人威胁也不威胁他人的人”[15]。

公元前112年春，朱古达开始攻打他这位不好战的对手。[16]这是一次出其不意的突袭，打了就跑，朱古达希望阿多儿巴尔反击，好给他提供开战的借口。起初，阿多儿巴尔没有咬钩，但是朱古达持续不断的骚扰最终令他忍无可忍，派出了军队。

在努米底亚境内重兵防守的锡尔塔［Cirta，今阿尔及利亚的君士坦丁（Constantine)］附近，朱古达在黎明时分向阿多儿巴尔的军营发起攻击，并追赶他的部队。阿多儿巴尔本人在居住在那里的一些意大利人的帮助下逃入了锡尔塔城中。朱古达包围了这座城市，元老院又向非洲派出了使节。他们的任务是“面见两位国王，并以罗马元老院和人民的名义宣布，他们希望并命令：交战双方应当放下武器，通过法律而不是通过战争来解决他们的争端”[17]。

朱古达和阿多儿巴尔都不愿意也不可能这样做：朱古达将战争归罪于阿多儿巴尔，而阿多儿巴尔根本没有机会澄清事实，因为朱古达不让他见到使节们。

罗马人一离开，朱古达就继续在锡尔塔的行动。阿多儿巴尔设法把一封信送到罗马，在元老院宣读。元老们又分成了两派，人们又一次“为了私人的利益而牺牲了公共的福利”[18]。委员会又一次被派往非洲，这一次首席元老马库斯·埃米利乌斯·司考茹斯(Marcus Aemilius Scaurus，撒路斯提乌斯对他有极大的偏见）也在其中。他们召唤朱古达到阿非利加行省来。朱古达在恐惧和贪婪之间摇摆不定，最后贪婪占了上风：他无视委员会的威胁，继续加强围攻。

锡尔塔的意大利人相信罗马会保护他们，因此，他们劝说阿多儿巴尔投降并把这座城市交给朱古达，以保全性命。公元前 112 年秋，阿多儿巴尔虽然认为朱古达是绝对不能信赖的，但他还是听从意大利人的建议投降了。不出所料，朱古达把阿多儿巴尔拷打致死，然后杀死了所有成年的努米底亚人和意大利商人。

锡尔塔的大屠杀改变了整个局势。元老院再也不能犹豫不决或者派出无用的使节了，他们必须采取行动。在公元前 111 年任保民官的盖尤斯·美米乌斯（Gaius Memmius）的领导下，各派系给元老院施加了很大压力。美米乌斯怀疑元老院有人收受贿赂，并且担心这件事可能威胁到罗马的粮食供给，因为阿非利加是罗马重要的粮食来源地。与此同时，骑士阶级要求保护他们在非洲的商业利益，并进行报复。于是，公元前 111 年的执政官之一卢西乌斯·卡尔普尔尼乌斯·贝斯提亚（Lucius Calpurnius Bestia）奉命率军前往努米底亚。

贝斯提亚在努米底亚初战告捷，但是朱古达开始向他派遣使节，想在他身上试一试金钱的力量。朱古达还向他指出战争的困难——正如与维里亚图斯作战一样，罗马的重装步兵在对抗朱古达机动性极强的战士时没有用武之地。通过这种方式，“执政官那事实上贪婪而堕落的思想就很容易偏离自己的目标”[19]，双方开始和谈。以三十头战象、许多家畜和马匹，还有少量的银子为代价，朱古达保住了努米底亚的王位。

贝斯提亚回到罗马，美米乌斯强烈怀疑他收受贿赂。这位保民官对贵族的权势深恶痛绝，用激动人心的演讲来揭露他们的傲慢和残忍，煽动复仇的欲望：

> 用钱买来的奴隶尚且不能容忍他们的主人给予他们的不公正的待遇，生来就应当执掌权力的罗马公民却要耐心地忍受奴役吗？但是把持了我们国家的人是何许人？他们是这样的一些人，他们犯过罪，手上沾满了鲜血，贪得无厌，无恶不作，而与此同时却又扬扬自得、自视甚高，他们把荣誉、名声、忠诚——简言之，一切光荣和可耻的事物——都变成谋取私利的手段。[20]

美米乌斯承诺保证朱古达的安全，让他到罗马来揭发那些腐败的元老的罪行。朱古达来到罗马，却收买了保民官盖尤斯·巴埃比乌斯（Gaius Baebius）。当美米乌斯开始质问朱古达时，巴埃比乌斯便行使否决权，不让他回答，让人民既愤怒又失望。

这时候，有件事情朱古达做得太过分了。锡尔塔被攻克、阿多儿巴尔死后，玛西尼撒的孙子玛西瓦（Massiva）逃离努米底亚，流亡到罗马。他对朱古达的王位是一个潜在的威胁，在罗马也有一些人支持他，于是，朱古达指示他最信赖的侍从波米尔卡（Bomilcar）去安排暗杀玛西瓦——当然是通过金钱的手段。朱古达希望这件事能够暗中进行，但是如果不行，那就不惜采取任何手段。

事情办成了，但是办得很外行。刺客被逮捕，变成了告密者。波米尔卡受到审判，但朱古达设法把他秘密送回了努米底亚。罗马对解决事情已经失去信心，命令朱古达离开罗马。走出罗马城之后，朱古达回头张望这座城市，留下了罗马历史上著名的蛮族语录之一：“这是一座准备出卖的城市，而如果它碰到一个买主的话，它注定很快会灭亡的！”[21]

在公元前 110 年任执政官的斯普里乌斯·波斯图米乌斯·阿尔

比努斯（Spurius Postumius Albinus）的领导下，罗马继续进攻努米底亚。阿尔比努斯希望在通常于 11 月举行的选举之前结束战争。[22]但是朱古达太狡猾了。他千方百计地争取时间，接二连三地制造拖延的借口，一时撤退，一时进攻，答应投降又反悔，就这样耍弄阿尔比努斯。在罗马，人们开始怀疑阿尔比努斯的无能背后有什么阴谋，最后，他在年底离开努米底亚，让他的兄弟奥卢斯（Aulus）留下来指挥。

撒路斯提乌斯对奥卢斯的评价是一个傲慢而无能的人。[23]奥卢斯想赶紧结束战争，越快越好。考虑到新当选的执政官即将到来，可能从他手中抢走胜利的荣耀，或者来自朱古达的贿赂，他对朱古达重兵防守的金库所在地苏图尔城（Suthul）[24]发起了进攻。朱古达毫不费力地守住了城池，并诱使奥卢斯进入荒漠，他收买了许多罗马士兵，要他们与他合作。当努米底亚人夜袭罗马军营时，一些利古里亚人（Ligurian）和色雷斯人逃跑了，一名首席百夫长（Primus Pilus）[25]则制造机会，让朱古达的士兵进入营地。奥卢斯接受了极具屈辱性的投降条件：他的人可以离开，但是必须从象征投降的轭门下走过（所谓轭门，就是用两支长矛插在地上，顶上再横插一支长矛作为横梁[26]），并且奥卢斯必须在十天内离开努米底亚。

奥卢斯不光彩的投降在罗马激起了公愤。公元前 109 年，保民官盖尤斯·马米利乌斯·利美塔努斯（Gaius Mamilius Limetanus）通过了《马米利法》（*lex Mamilia*），成立一个“马米利委员会”（Mamilian Commission），对腐败丑闻进行全面调查。马库斯·埃米利乌斯·司考茹斯是三名委员之一，但是撒路斯提乌斯告诉我们：“尽管如此，调查进行得相当粗野和横暴，因为证据是道听途说的，民众愿意怎样办就怎样办。要知道，和过去贵族中常见的情况一样，民众由于成功也变得傲慢无礼了。”[27]

在被定罪和流放的人当中，包括卢西乌斯·奥皮米乌斯（公元前 121 年任执政官），公元前 116 年，正是他领导的使团将努米底亚在朱古达和阿多儿巴尔之间一分为二；还有三位将军，卢西乌斯·卡尔普尔尼乌斯·贝斯提亚（公元前 111 年任执政官）、波斯图米乌斯·阿尔比努斯（公元前 110 年任执政官）和盖尤斯·加尔巴（Gaius Galba），后者为自己辩护的演讲成为罗马学童必须熟记的演讲摘录之一。[28]

梅特路斯战役：罗马的非决定性胜利

撒路斯提乌斯用拉丁语玩了一个漂亮的文字游戏，他告诉我们，在奥卢斯缔结了可耻的条约（*foedus*）和罗马军队可耻的溃逃（*foedam*）之后，昆图斯·凯西利乌斯·梅特路斯［公元前 109 年任执政官，后来获得了“努米底亚征服者”（Numidicus）的称号］被任命为指挥官。这是一个果敢有为的人物，他虽然站在同平民派对立的位置，但名声一直是清白无瑕的，不为金钱的力量所动。[29]他得到了全社会的支持，开始在意大利招募新兵，并重新训练斯普里乌斯·阿尔比努斯在阿非利加的军队，以提振士气。朱古达对形势感到悲观，又一次谋求和谈，不过梅特路斯已经摸清了他的底细。他知道朱古达是一个蛮族人，便以其人之道还治其人之身，“努米底亚人是一个反复无常的种族，他们的性情难以捉摸，喜欢变化。于是（梅特路斯）把使节们分开……向他们逐步摸底……通过慷慨的许诺诱使他们把朱古达交到他手里：如果可能的话，把活的朱古达交到他手里；如果不能生擒他，那么死的也可以"[30]。

梅特路斯在努米底亚推进得非常谨慎，朱古达意识到，他要对付的这个人在后世所谓的"马基雅维利主义"（Machiavellian）① 方面跟他不相上下。罗马人显然从维里亚图斯这样的人身上吸取了教训，朱古达没能将他们引入埋伏圈，自己先沉不住气了。他在穆图尔河（River Muthul）河畔的平原上选择了一个有利位置，准备给罗马人致命一击，但是梅特路斯顽强抵抗，笑到了最后：

> 都称得上是伟大统帅的这两个人相互间就是这样进行斗争的：就个人而论，他们两个人难分高下，但是就拥有的条件而论，两个人却不是对等的。梅特路斯有勇敢的士兵，但是地形对他不利；而朱古达除了士兵的条件之外，一切都对他有利。最后罗马人看到自己没有地方可以逃避而敌人又不给他任何战斗的机会——这时已经是傍晚了——于是便按照命令向小山发起了进攻并且突破了敌人的防线。努米底亚人失去了这个阵地之后就退却并逃跑了。一些人被杀死，大多数人之所以得救，是由于他们跑得快和罗马人对那里的地形不熟悉。[31]

朱古达远没有屈服，不过由于努米底亚人的蛮族习惯，他不得不招募新兵："在一次战败之后没有一个努米底亚人追随国王，而是各自分散到他们认为可去的地方，而士兵们并不觉得这样做可耻。他们的风气就是这样。"[32]

---

① 马基雅维利（1469—1527）是意大利政治家和历史学家，以主张为达目的不择手段而著称。

于是，梅特路斯改变策略，开始蹂躏农村，焚烧城镇，屠杀所有能够参军的成年人。这迫使朱古达不得不转守为攻：原来他的全部希望在于逃跑，现在却被迫要去追踪敌人了。

梅特路斯的成功让罗马方面欢欣鼓舞。元老院决定为他举办一次谢神祭（*Supplicatio*），这是一种持续数天的感恩活动，在这期间停止一切商业活动，开放神庙，举行献祭，诸神的雕像也被放在神龛中展示。这激励了梅特路斯加紧结束战争。朱古达开始通过破坏秣草、污染泉水来骚扰梅特路斯，梅特路斯不得不改变策略：他决定围攻朱古达的主要据点扎马［有好几座扎马城，此处可能指大扎马（Zama Regia）］。双方围绕这座市镇展开激烈的战斗，最终梅特路斯没能攻下扎马。[33]公元前 109 年 10 月前后，罗马人放弃了进攻，回到他们的冬营，梅特路斯继续施压，想让波米尔卡背叛朱古达。他差一点就成功了。朱古达本来已经准备投降，但他转而“想到从国王变成奴隶，这是一个多么可怕的跌落”[34]，决定继续战斗。

梅特路斯的任期延长到公元前 108 年，战争开始变得肮脏起来。瓦伽城［Vaga，今贝加（Bedja），位于乌提卡（Utica）西南约 95 公里处］本来有梅特路斯的驻军，但是“至于民众，他们照例是善变的，努米底亚人尤其是这样，他们喜欢闹事和制造乱子，喜欢变动而反对和平和安宁”[35]。

朱古达说服他们的领袖，在公共假日进行一次大屠杀，但是他们只享受了几天胜利的喜悦，就遭到了梅特路斯的残酷报复。

与此同时，波米尔卡非常担心自己的人身安全。因此，他决定先下手为强，除掉朱古达。遗憾的是，他选择了错误的同谋者。这个人名叫纳布达尔撒（Nabdalsa），在关键时刻，他临阵退缩，揭发了波米尔卡以保全自己的性命。波米尔卡被处决，但是这件事情让朱古达对身边所有的人都失去了信任。从那以后，他再也没有睡过一个安稳觉。

朱古达与南方的游牧民族盖图里亚人（Gaetulians）和他的岳父、毛里塔尼亚国王波库斯（King Bocchus of Mauretania）取得了联系，而梅特路斯继续穿越阿非利加的沙漠追踪他。梅特路斯稳扎稳打，占据了戒备森严的锡尔塔城，等待朱古达的军队到来。就在这个时候，他得到一个坏消息。他的部下盖尤斯·马略（Gaius Marius）被选举为公元前 108 年的执政官，并被授予努米底亚战争的指挥权。

盖尤斯·马略是一个“新人”(*novus homo*)，其家族以前从未参与过罗马的高层政治。公元前 155 年，马略出生于阿庇努姆(Arpinum)；公元前 133 年，努米底亚战争期间，他是西庇阿·埃米利安努斯手下的军政官；公元前 115 年升任裁判官；他精明地与家道中落的贵族尤利乌斯家族联姻；公元前 109 年加入梅特路斯的军队，作战十分英勇。但是，当他表现出想回罗马竞选执政官的愿望时，梅特路斯拒绝并羞辱了他。于是，马略试图架空梅特路斯。他赢得了士兵和阿非利加的骑士阶级的爱戴。然后，他向一个名叫伽乌达（Gauda）的觊觎王位者许诺，如果他当上执政官，就让伽乌达得到朱古达的王位。他还获得了罗马平民的支持。最终，梅特路斯让步了。马略回到罗马，指控梅特路斯故意拖延战争，承诺如果自己当选，无论死活都把朱古达带回来。后来，保民官提图斯·曼利乌斯·曼奇努斯（Titus Manlius Mancinus）通过特别法令将朱古达战争的指挥权交给马略，这件事对元老院关于外交和军事任命的垄断造成了沉重的打击。

梅特路斯十分苦恼——根据撒路斯提乌斯的说法，苦恼到了不适当的程度。[36]他既抑制不住自己的眼泪，又管不住自己的舌头，他不愿意帮助自己的继任者，放弃了一切军事解决的努力。他试图策反波库斯，但毛里塔尼亚人还没有做好背叛朱古达的准备。战争陷入了停顿。

马略对抗朱古达：罗马的最后胜利

罗马的气氛是乐观的。马略深受老兵的欢迎，但他需要更多的军队。为此，他不得不放弃一般规则，不再要求服兵役者必须拥有一定数量的财产。元老院认为这无异于政治自杀，但是他们完全错了：在对人民发表了一番激动人心的演讲后[37]，马略招募了一支包括许多穷人和无业者的大军，这些人想要一份稳定的工作和一位受人爱戴的领袖，渴望参加冒险和劫掠。加入马略队伍的人数远远超过预期，他把他们训练成一个军团。这是罗马历史上的一个关键时刻：在罗马的政治生活中，军队从来没有占据过这么强有力的位置。

让梅特路斯懊恼的是，马略回到努米底亚后开始取得胜利，这使得他的新兵可以轻而易举地得到他们渴望的战利品。波库斯意识到朱古达可能要失败，开始寻求和平对话，但是，此时此刻马略更感兴趣的已经是战场上的胜利，而不是外交手段和阴谋背叛了。他穿越沙漠，进军努米底亚东南端的绿洲城市卡普萨［Capsa，今突尼斯的加夫萨（Gafsa）］，他在黎明时分发动突袭，敌人完全措手不及。马略烧毁了这座城市，成年的努米底亚人被杀死，其余的人被卖为奴隶，战利品在士兵们中间进行了分配。撒路斯提乌斯认为这等同于战争罪，但仍然为他辩护，因为卡普萨的蛮族人“善变而不可信赖”[38]。

虽然攻克了卡普萨，但实际上马略并不比他的前任更接近战胜朱古达。不过他仍然得到人民的拥戴，他的任期延长到了公元前 106 年。那一年，他向西远征到穆路卡河［River Mulucchа，今穆卢耶河（Moulouya）］，得益于一个勇敢的利古里亚人的帮助，他占领了朱古达的一个主要的金库。一度摇摆不定的波库斯现在又和朱古达站在一起了，一个深秋的夜晚，在锡尔塔附近，他们比任何时候都更接近消灭罗马军队。非洲军队攻向罗马人，“既没有作战的队形也没有作战的计划，而完全像是随便凑到一起的乌合之众”[39]，马略的士兵不得不退到附近的两座小山。然后，朱古达的战士们先天的蛮族性葬送了自己的性命，“随后，蛮族在点起许多篝火——这是他们通常的习惯——之后，便把夜间大部分时间用来寻欢作乐、高声呼叫，而这时他们的领袖——这些人由于没有被打跑而充满了信心——的举动也居然像是胜利者了”[40]。

天亮的时候，面对罗马人的反攻，筋疲力尽的非洲人毫无还手之力。这是朱古达迄今为止遭遇的最惨重的失败，马略的部队列成方阵向冬营前进时，他又一次发起进攻，结果损失更加惨重。此役过后，“不管你放眼到什么地方，到处都是武器、战械和尸体，大地都被鲜血浸透”[41]。这是非洲人的鲜血。

波库斯终于意识到自己站错了队。他向罗马派出使节，马略的副手卢西乌斯·科尼利厄斯·苏拉（Lucius Cornelius Sulla）礼貌地迎接了他们。苏拉跟马略刚好相反：他是贵族，受过希腊和罗马文学的良好教育，喜欢奢华的享受，能言善辩，一路顺风顺水。波库斯喜欢苏拉，要求与他单独谈判。这对苏拉来说非常冒险，“他要相信一位蛮族人的诚意会让受到庇护的人去向他投降，事实上这位蛮族人对自己的亲人都毫无信用可言”[42]。但他还是踏上这趟危险的旅程，长途跋涉来到波库斯的王宫，他彬彬有礼而又态度坚定地告诉对方，交易已经摆在桌面上，但是波库斯必须用行动而不是言语来证明自己：他必须交出朱古达。经过一番阴谋算计，陷阱设好了。

> 波库斯偕同几位友人和罗马财务官到一座小山上去——那些伺伏着的人可以清楚地看到这座小山——好像是出迎朱古达以示对他的尊重。按照约定，朱古达也来到了同一个地方，他只带着几名随从，但是没有带武器。约定的信号一经发出，伺伏着的人立刻从四面八方冲向他。和他同来的人都被杀死，国王本人被捆绑起来交给了苏拉，苏拉把他带给了马略。[43]

理论上，这件事的荣耀属于作为统帅的马略，这激起了苏拉的强烈不满。苏拉为自己制作了一枚纪念戒指，“他对出人头地的欲念已大到大肆夸耀的程度，为了彰显这次伟大的冒险行动，他特别制作了一枚作为信物的戒指，不仅戴在手上，还经常使用，上面镌刻‘波库斯奉上朱古达，苏拉接受献俘’的图案”[44]。

我们可以从苏拉的儿子福斯都斯（Faustus）后来铸造的钱币上看到这一设计的概念图：苏拉坐在中央的审判席上，上面写着“幸运”（*Felix*）的字样，波库斯献出橄榄枝，朱古达双手被反绑在身后。但是，在当时收获赞美的是马略。

公元前 104 年 1 月的朔日，在马略的凯旋式上，朱古达被展示给罗马人民。他被铁链捆绑，和他的两个儿子一起走在马略的战车前面。[45]一同展出的还有从他的王国掠夺来的惊人的财富：

> 朱古达身为俘虏出现在众人面前，这完全超出大家的期待。没有人相信阿非利加的敌人遭到歼灭，朱古达还能活在世上，可见他能适应各种命运的安排，按照当时的需要采行权宜的策略，同时能够证明他的机警不亚于他的英勇。不过，当他走在凯旋式行列的前头，据说已经处于神志错乱的状况，典礼完毕押解到监狱里面后，禁卒剥光他的衣服，抢夺他戴的金耳环，就连耳垂都被扯破，然后将他赤身裸体打进黑牢[46]，这时他丧失理性陷入疯狂，发出鬼嚎一般的惨笑，大声叫道："啊！赫拉克勒斯！你的浴室怎么这样冷！"六天的时间在饥饿的绝境中挣扎，直到临死的那一刹那还想继续活下去，最后还是遭到报应结束邪恶的一生。[47]

罗马与努米底亚的斗争结束了。波库斯获得了努米底亚西部的土地［可能是东至安帕萨加河（River Ampsaga）、西至穆路卡河的地区］，朱古达同父异母的兄弟伽乌达成为藩属王（client king），控制了西部地区。[48]然而，一个新的蛮族威胁正在北方出现，《朱古达战争》的最后一句话清楚地说明了马略的重要性："当时我们国家的希望和幸福都掌握在他手里了。"[49]

第9章

辛布里人和条顿人：日耳曼对意大利的威胁

朱古达的覆灭让马略成为当时的英雄，但是他几乎立刻就投入了下一场战斗。他在南方对付朱古达时，北方一些日耳曼部落的进攻引起了罗马极大的恐慌。对罗马来说，这不是什么全新的问题，这里所说的日耳曼部落是辛布里人（Cimbri）和条顿人（Teutones）。

辛布里人和条顿人

辛布里人起源于今丹麦的日德兰半岛（Jutland）北部。公元98年左右，历史学家塔西佗（Tacitus）在《日耳曼尼亚志》（*Ger-*

mania）中这样描述他们：

> 就在日耳曼尼亚这样一个遥远的角落里，沿海居住着辛布里人。这个部落现在虽不甚重要，过去却有着煊赫的声威。关于他们古代的荣耀，现在还到处保留了不少遗迹。在莱茵河的两岸有他们的营垒遗址，范围非常广阔，当你现在巡行这些营垒遗址的时候，还可以想象他们当年军容的雄壮，同时也可以发现这一次大规模移民的痕迹。罗马纪元六百四十年，当凯西利乌斯·梅特路斯和帕皮利乌斯·卡波（Papirius Carbo）任执政官的时候（公元前 113 年），我们初次听说辛布里人的侵略。[1]

公元前 2 世纪末，辛布里人面临人口过剩的问题，海洋的侵蚀更是令情况雪上加霜。不过，正如斯特拉博（公元前 64/前 63 年—约公元 24 年）急于指出的那样，一些古代作家把环境问题看得比实际上严重得多，这个故事有时候会与柏拉图的亚特兰蒂斯神话扯上关系[2]：

> 至于辛布里人，关于他们的故事有些未必是确实的，有些则是完全靠不住的。例如，人们不能接受他们之所以成为游牧者或强盗，是因为他们原先居住在半岛上，却被巨大的洪水赶出了自己的家园，因为他们现在仍然居住在他们原先居住的地方……认为他们离开自己的家园，是因为他们受到了某种自然现象，或者是无休止的、每天出现两次的现象的刺激，这也是荒谬的。可以断言，出现过大洪水看来是虚构的，因为海洋确实受到潮汛这种方式的影响，但这些现象是有规律的、周期性的。[3]

斯特拉博也不相信辛布里人与洪水作战的故事，以及他们为了训练自己无所畏惧而让洪水冲毁家园的故事，但是他相信他们作为一个喜好打劫的游牧部落，曾经向东远征至黑海和亚速海（Sea of Azov）之间的刻赤海峡（Kerch Strait）。在古代，这一地区被称为辛梅里安人的博斯普鲁斯（Cimmerian Bosphorus），就是用辛布里人的名字命名的。[4]

在希腊人和罗马人的记述中，辛布里人有一些奇异的蛮族习俗。他们的妇女和男子一同出战，并且由女祭司陪伴。这些头发灰白的女人是预言家，身穿用扣子系紧的白色亚麻斗篷，腰上有青铜腰带，光着脚。她们用战俘来进行占卜。女祭司给战俘戴上花冠，把他们带到大约500升那么大的黄铜水罐前。然后她们登上一个升起的平台，弯下身看着水罐，当战俘被吊起来之后，便割断他们的脖子。有些人根据流入容器之中的鲜血来预测吉凶，另一些人则把尸体切开，观看内脏，预言本部落的胜利。辛布里人在交战的时候，会敲打紧紧蒙在柳条车身上的皮革，以这种方式发出可怕的声音。[5]

辛布里人与日德兰半岛的阿姆布昂人（Ambrones）和他们的另一位日耳曼邻居条顿人一起迁徙，不过，奇怪的是塔西佗在这段记载中没有提到任何一个部落的名字。早在公元前4世纪，希腊探险家和地理学家马萨利亚的皮西亚斯（Pytheas of Massalia）[6]就提到过条顿人，说他们从一个叫作古通人［Gutones，可能是哥特人(Goths)］的当地民族手里购买琥珀，用作燃料。[7]普鲁塔克说，当时的罗马人根据入侵者灰色的眼睛和壮硕的体形，推测他们是来自北方海洋的日耳曼种族，除此以外，还因为日耳曼人把“掠夺者”称为“辛布里”(Cimbri)。[8]

日耳曼入侵

辛布里人和条顿人跨过易北河（River Elbe），绕了一大段路来到诺里库姆（Noricum，大致为今奥地利和斯洛文尼亚的一部分），公元前113年的执政官格内乌斯·帕皮利乌斯·卡波在那里迎击他们。关于这场战役我们所知甚少。斯特拉博告诉我们，卡波在罗赖亚城［Noreia，今奥地利的诺伊马克特（Neumarkt）］附近与辛布里人发生冲突，不分胜负[9]；李维说辛布里人来寻找战利品，卡波和他的军队被打败了[10]；阿庇安称他们为条顿人，在他的记述中，卡波说诺里库姆人是罗马的外国朋友，谴责条顿人的侵略行为。条顿人道了歉，说他们不知道罗马和诺里库姆的关系，承诺以后再也不侵扰他们了。卡波表面上接受了道歉，然后在条顿人离开的途中背信弃义地袭击他们：

> 他受了很大的苦，失去了大部分军队。因为天黑了，同时当战斗正在进行的时候，雷雨大作，来自天空的绝对恐怖把交战双方分开，战事就停止了，不然的话，卡波可能会跟他的全部军队同归于尽。虽然是这种情况，但是罗马人只能分成小队，逃入森林中，三天之后，经过许多困难，才聚集起来。条顿人由这个地方进入了高卢。[11]

他们中的一些人在赫尔维蒂人（Helvetii）的领土上定居。在米尔滕贝格（Miltenberg）和海德堡（Heidelberg）发现了一些关于神祇墨丘利·辛布里阿努斯（Mercurius Cimbrianus）的铭文，证明了他们的存在。[12] 据说，赫尔维蒂人本来生活富裕、爱好和平，但是当他们看到辛布里人因为劫掠而比自己过得更好时，他们开始变得好战，并加入了辛布里人后来的远征。

公元前 110 年左右，辛布里人和条顿人进入罗讷河谷，逼近罗马。他们想要土地来定居，第二年，他们开始与罗马谈判，说马尔斯的人民应该给他们一些土地，他们会支付报酬，用他们的双手和武器为罗马的任何目标服务。[13]

元老院拒绝了他们的提议，他们便诉诸武力，来争取自己想要的东西，并击败了执政官马库斯·尤尼乌斯·西拉努斯（Marcus Junius Silanus）。卡波和西拉努斯的双重失败给罗马造成了巨大的创伤，“死了这么多人，有人在为儿子或兄弟痛哭；有人失去父亲成为孤儿，哀悼他们的父母和意大利的沦陷；许多女人失去丈夫，变成贫穷的寡妇”[14]。

但是元老院一如既往地毫不妥协，蛮族也没有乘胜追击。

公元前 107 年，罗马人任命马略为努米底亚的指挥官时，在纳尔榜高卢（Gallia Narbonensis）以西，另一位执政官卢西乌斯·卡西乌斯·朗基努斯（Lucius Cassius Longinus）中了高卢的提古林尼人（Tigurini）的埋伏，被杀死了。他的使者盖尤斯·波皮利乌斯·利纳斯（Gaius Popilius Laenas）与蛮族达成协议，幸存的罗马人可以安全离开，但是要留下人质和一半财产。他的士兵屈辱地从象征投降的轭门下走过，利纳斯后来因叛国罪受到审判，并被流放。

托洛萨［Tolosa，今图卢兹（Toulouse）］的起义进一步表明了这一地区的动荡不安。这座城市放弃了与罗马人的联盟，将驻军用铁链锁了起来，把希望寄托在辛布里人身上。公元前 106 年，执政官昆图斯·塞尔维利乌斯·凯皮奥在一次夜袭中轻松收复了托洛萨，但掠夺神庙的丑闻激起了民愤。据说，这些神庙里藏有公元前3世纪布伦努斯的高卢人从德尔斐掠夺的黄金。[15]然而，黄金消失了：没有财宝被送到罗马，士兵们自己却都赚得盆满钵满。[16]凯皮奥受到了怀疑，据说他最后受到了应有的惩罚：不仅他自己被当成洗劫神庙的罪犯流放，他死后留下的仅有的女儿们也沦为娼妓。[17]

复仇女神降临到凯皮奥身上之前，辛布里人在公元前105年又一次袭击了纳尔榜高卢。执政官格内乌斯·马利乌斯·马克西穆斯（Gnaeus Mallius Maximus）被派去增援，但是两位将军不愿合作，造成了灾难性的后果。在最初的一场小规模战斗中，骑兵指挥官、前执政官马库斯·埃米利乌斯·司考茹斯从马上摔下来，被辛布里人俘虏了。蛮族让他参加他们的会议，请他担任他们的首领，司考茹斯拒绝了，还劝说他们不要越过阿尔卑斯山入侵意大利。于是，他就被一个名叫波依奥里克斯（Boiorix）的“蛮族年轻人”杀死了，这个名字是凯尔特语和伊利里亚语的合成词，意思是“波依国王”(King of the Boii)。[18]司考茹斯坚忍地接受痛苦的死亡，无愧于一个真正罗马人的身份，有人说他被关在一个柳条笼子里活活烧死。[19]

马利乌斯派人去请求凯皮奥与他联合抗击蛮族，但是凯皮奥拒绝了。他跨过罗讷河，向他的士兵夸口说，要去“帮助受到惊吓的执政官”，但是他拒绝讨论如何作战，也不听从元老院派来的使节要求两位将军合作的意见。辛布里人的使节又来要求用土地和谷物换取和平，凯皮奥对他们同样不屑一顾。他的态度激怒了对方，辛布里人立刻发起进攻，虽然他的营帐离马利乌斯的非常近，但他仍然拒绝与他合作。

公元前105年10月6日，战斗在阿劳西奥［Arausio，今奥朗日（Orange）］附近打响，罗马遭遇了自坎尼战役以来最惨重的失败：鲁提利乌斯·鲁弗斯（Rutilius Rufus）说至少有七万正规部队和轻装部队阵亡；瓦莱里乌斯·安提亚斯（Valerius Antias）说阵亡数字是八万士兵和四万随营侍从。[20]由于缺乏总体的战略眼光，辛布里人没有乘胜追击。他们进入西班牙，被凯尔特伊比利亚人驱逐，又掉头回到意大利。为了惩罚凯皮奥的失职，罗马人没收了他的财产（自“傲慢王”塔克文之后这还是第一次），剥夺了他的权力。他的冒渎行为遭到了诸神的惩罚（参见本节前文）。

马略挽救危局

弗洛鲁斯认为，如果不是盖尤斯·马略的好运气，这场危机本来可能导致罗马的灭亡。[21]现在，与朱古达的战争结束了，人民希望他们的英雄能够拯救他们，摆脱日耳曼人的威胁。马略第二次被缺席选举为执政官，这两种情况都是不合法的，但是人民不容许任何反对。[22]他担任执政官直到战争结束，然后开始准备对抗一支庞大的军队：据说有三十万战斗人员，还有更多的妇女和孩童，这些蛮族用所向无敌的实力和狠劲从事战争，其狂暴和快捷的行动就像吞噬一切的火焰，没有人能够抗拒他们的攻击。[23]

在迎击北方民族之前，马略做出了对罗马的未来产生深远影响的重大贡献：将军队重新组织为当时最强大的战斗机器。募兵制代替了征兵制；士兵成为一种职业；战争成为一门艺术；纪律更加严格；晋升靠的是功绩，而不是社会背景；士兵的装备和舒适性变得至关重要；取消了青年兵（*hastati*）、壮年兵（*principes*）和后备兵（*triarii*）的划分，抛弃了笨拙的棋盘格式方阵；每个军团（理论上）由六千人组成，分成十个六百人的大队，每个大队又分成六个百人队[24]；所有军阶都配备挖掘战壕的工具、罗马重标枪（*pilum*，一种沉重的短程投掷标枪；参见本节后文）和罗马短剑（用来突刺的短剑），像角斗士一样接受肉搏战训练；罗马的盟邦提供骑兵；鹰成为军团的标志。每年选举指挥官的制度在许多场战争里制造了大麻烦，这种过时的制度被废除了。现在，罗马军队效忠于整场战争而不是个别战役，效忠于指挥官而不是国家和人民。

这些新政意味着军队的忠诚只属于它的统帅，为未来的指挥官藐视同僚、元老院和公民大会敞开了大门，不过这些都是后话了。此时此刻，马略在罗讷河谷对他的士兵进行严格的训练，包括各种形式的跑步、长途行军、自己背负行李、自己准备口粮。这些吃苦耐劳的士兵赢得了“马略之骡”（Marius’ Mules）的称号[25]，到公元前102年，他们准备好了。

这时候，蛮族兵分三路向意大利进攻：条顿人和阿姆布昂人通过利古里亚沿西海岸南下；辛布里人从诺里库姆绕过阿尔卑斯山脉；提古林尼人从东面进攻。弗洛鲁斯说马略让他的士兵们待在营地里，等待时机，“直到蛮族的怒火取代了勇气，而后这怒火也消磨殆尽。因此，蛮族决定继续进军，他们嘲笑我们的士兵——他们有信心占领罗马——说是愿意为他们带信给他们的妻子”[26]。

马略不理会这种嘲弄，他让条顿人渡过罗讷河，然后在色克蒂留斯泉［Aquae Sextiae，今普罗旺斯地区艾克斯（Aixen-Provence)］向他们发起进攻。“他们的数量之庞大真是令人难以置信，这群蛮族人面目狰狞，令人望而生畏，发出极其奇特的呐喊和吼声”[27]，但是马略已经知道如何对付他们，当“马略之骡”们听到“蛮族的恐吓之词和令人无法忍受的羞辱”[28]，他们几乎按捺不住要马上发动进攻。

马略阻止了他们，直到他的供水出现困难。“当士兵们要求喝水，马略回答说：‘如果你们是男子汉的话，水就在那里。’怀着这样的激情，他们将敌人杀得片甲不留，胜利的罗马人喝下蛮族的鲜血，就像从被鲜血染红的溪流中喝水一样。”[29]

战斗十分惨烈，日耳曼妇女“手持刀剑和战斧，发出令人毛骨悚然的尖叫，对败逃者和追击者给予一视同仁的攻击，因为前者是叛徒而后者是仇敌。她们与战斗人员混杂在一起，竟敢赤手空拳抢夺罗马人的盾牌，或者抓取他们的长剑，无论是遍体鳞伤还是刀斧加身，她们忍受到最后也不屈服”[30]。但他们还是被征服了。有十万人被杀或被俘，包括他们的国王条顿博达斯（Teutobodus），他出现在马略的凯旋式上，魁伟的体格令罗马人啧啧称奇。[31]

次年（公元前 101 年），马略再次当选执政官，他与前一年共同担任执政官的昆图斯·路泰提乌斯·卡图卢斯（Quintus Lutatius Catulus）在山内高卢（Cisalpine Gaul）合兵一处。弗洛鲁斯嘲笑“蛮族的愚蠢”，说辛布里人试图渡河，不是通过桥梁或船只，而是游泳，当他们发现这样不可行后，就向河里扔木头，想要阻断水流。[32] 罗马人在韦尔切利［Vercellae，今都灵附近的维切里（Vercelli）］附近的波河（River Po）河谷与他们交战[33]，又是一场激烈而艰苦的战斗。辛布里骑兵的亮相十分抢眼：

> 他们的骑兵部队约为一万五千人，阵容极其壮观而华丽。蛮族戴着头盔，形状很像野兽的头颅和下颚，还有其他奇特的

> 形式，高耸的羽毛冠饰使得他们的体型看起来更为修长，穿着铁制的胸甲，手持闪闪发光的白色盾牌，每个人的攻击性武器是两根投矢，等到开始短兵相接时，使用沉重的长剑。[34]

罗马人摆出了马略新设计的罗马重标枪来对付他们：

> 原来的标枪所使用的是铁质矛头，它的底端有两根长钉，好与木质枪杆牢牢结合在一起，现在马略只留下一根长钉，另外一根用木栓取代。这根木栓的质地很脆弱，等到掷出的标枪射中敌人的盾牌后插在上面，因无法支持标枪的重量，这根木栓就会折断，只有一根长钉固定的铁质矛头就会弯曲，标枪仍紧紧留在盾牌上面，枪杆下垂拖在地上，给敌人带来极大的不便。[35]

这意味着，一旦标枪卡在敌人的盾牌上，就很难拔出来，盾牌就不能用了，而一旦矛头弯曲，标枪也不会被扔回来了。

蛮族妇女又一次给罗马历史学家留下了深刻的印象，她们用大车筑起一道路障，在车上挥舞着刀斧和长矛：

> 她们的死亡和她们的抵抗同样光荣。她们向马略派出代表，要求获得自由，去当女祭司——这个要求是不可能被合法批准的[36]——遭到拒绝后，她们勒死她们的婴孩，或者把他们大卸八块，她们自己则要么互相杀戮，要么用自己的头发在树上或车轭上吊死。[37]

波依奥里克斯和他的十二万同胞被杀，六万人被俘。马略和卡图卢斯联合举行了凯旋式。[38]提古林尼人“经过可耻的逃亡和劫掠，最后消失了”[39]。

北方的威胁解除了。罗马人立刻将辛布里人和条顿人描绘成典型的蛮族野人，在拉丁语中，“条顿”成为“日耳曼”的同义词。

第 10 章

意大利战争：意大利的反叛与抵抗

意大利的骚乱

罗马与北方、南方和西方的蛮族交战时，意大利本土的盟邦认为自己受到了不公正的歧视，越来越动荡不安。虽然在一开始，意大利是被迫成为罗马的一部分的，但是与罗马结盟带来的好处多多，这反而变成了一种优惠。他们和罗马人一样从罗马的扩张中获益：没有他们的忠诚，罗马不可能在公元前 3 世纪和公元前 2 世纪的防御与扩张战争中赢得胜利。实际上，最近靠军功脱颖而出的英雄马略，就来自一座意大利小城。意大利人一次又一次证明了他们的价值，但是他们争取罗马公民权的努力却总是徒劳无功：他们帮助罗马走上了伟大的道路，却不是罗马的公民。

罗马的全体公民包括罗马城内的公民，以及罗马同意授予完整公民权的城市的公民，包括自治城市（*municipia*）、殖民地和一些小型农村公社。在他们之下，是拥有部分权利的拉丁同盟（Latin League），拉丁人享有通婚权和交易权，当地市政官员在任期届满后能够获得罗马公民权[1]，在罗马的拉丁人能够以部落为单位在部落大会上投票。而且，他们不需要缴纳贡税；虽然需要为军队提供兵源，但是能够保留自己的宪法、法律、治安官、户籍和货币。再下面，是位于底层的其他意大利盟邦，他们也不需要缴纳贡税，但是完全从属于罗马：盟邦彼此之间不允许直接交易，贸易必须通过罗马进行；军事上，他们必须为罗马提供兵源，但是回报丰厚的东部战争总是由罗马人去打，西班牙和其他不愉快的边境任务则落到盟邦头上；他们的晋升机会受到限制；不能平等地分享战利品；他们的经济状况日益恶化；他们受到罗马官员的残酷盘剥，没有申诉权；虽然他们当中有些人非常富有，却不能用财富来换取名望，因而心怀不满。

还有身份认同的问题。后来的罗马历史学家不能将意大利人定性为彻头彻尾的蛮族，因为他们已经完全罗马化了，但是在某些方面，他们仍然是“异类”：拉丁语不一定是他们的母语；罗马人通常认为他们的生活方式是粗野、未开化的，近似于蛮族；无论正确与否，意大利人发现罗马人总是将他们与其他蛮族相提并论。

总而言之，罗马社会中有太多既得利益阻碍了意大利人获得公民权：元老院担心难以操纵新的选民；骑士阶级不想引入商业上的竞争者；平民不愿与任何人分享他们的配额和特权。所以，多年来，意大利盟邦为争取平等权利所做的各种努力都以失败告终。

意大利人的盟主和对手

公元前 129 年，西庇阿·埃米利安努斯刚刚对拉丁人和意大利人关于在意大利重新分配土地的提案表示支持，就离奇地死亡了——死因众说纷纭，谋杀、自杀、自然死亡都有人主张[2]——而他的提案没有被通过。三年后，保民官马库斯·尤尼乌斯·班努斯（Marcus Iunius Pennus）提出一项法案，要求将所有的非罗马人（奴隶除外）赶出罗马，西塞罗对此表达过强烈的反感："有些人不让外国人享受他们城市的好处，或干脆把外国人驱逐出境，这种做法也是不对的，譬如我们父辈时代的班努斯。"[3]

公元前 125 年，马库斯·弗尔维尤斯·弗拉库斯提出了一个更加慷慨的提案，所有意大利盟邦都应该获得完整的公民权或者针对罗马地方长官的申诉权，但是他的提案被元老院搁置了。公元前 122 年，改革家盖尤斯·格拉古（Gaius Gracchus）继续施加压力，他计划提升拉丁同盟的地位，赋予其完整公民权，并将其他盟邦提升到拉丁同盟的地位，建立一些大型海外殖民地，对意大利人和罗马公民平等开放。元老院又一次用保民官老马库斯·利维乌斯·德鲁苏斯（Marcus Livius Drusus the Elder）的反对案挫败了他的努力。为了争取民众的支持，德鲁苏斯开出了比盖尤斯·格拉古更高的价码，指出拉丁同盟不应该受到罗马指挥官的不公正对待，并提议建立十二个新殖民地，每个殖民地从穷人中招募三千名定居者。罗马平民不愿意与意大利人分享这些利益，虽然德鲁苏斯的计划从来没打算付诸实践，但是他成功地获得了足够的支持，否决了格拉古的提案。

这个问题沉寂了大约二十年，至少在罗马的政治生活和历史学家的心目中是这样。公元前 100 年，马略击败辛布里人和条顿人后回到罗马，风头一时无两，希望实现“七次当选执政官”的预言。他让在暴乱中当选的保民官卢西乌斯·阿普列乌斯·萨都尼努斯（Lucius Appuleius Saturninus）和裁判官盖尤斯·塞尔维利乌斯·格劳西亚（Gaius Servilius Glaucia）通过法案。萨都尼努斯代表马略通过了一些措施[4]，包括用托洛萨的黄金（参见第 9 章的“日耳曼入侵”）为西西里、亚该亚和马其顿的老兵建立公民殖民地。拉丁人和意大利人都可以参与，因此有机会获得公民权，这样一来，就部分地实现了马略在韦尔切利做出的承诺，“据说有次他把罗马公民权赠予一千名卡麦里侬（Camerinum）的居民，因为这些人在战争中有极其英勇的表现。这种处理方式好像有些不合法，有人要他就这点给出解释，他的答复是战争的噪声使人很难听清楚法律的低声细语”[5]。

这种亲意大利的条款引发了进一步的骚乱，罗马市民出于嫉妒，将矛头转向萨都尼努斯和意大利老兵。

为了应对元老院的反对，萨都尼努斯在他的法案中增加了一个条款，要求所有的元老宣誓忠于他的法律。当时的元老院懦弱无能，只有一个人拒绝了——马略的宿敌、“努米底亚征服者”昆图斯·凯西利乌斯·梅特路斯（公元前 109 年任执政官）。梅特路斯被流放到罗得岛。公元前 99 年选举时，与格劳西亚竞选执政官的对手盖尤斯·美米乌斯在投票日的早晨被公然谋杀。这件事做得太过分了：马略、普通市民、骑士阶级和元老院都忍无可忍。元老院抓住机会，宣布了一项元老院终极决议（*Senatus Consultum Ulti-*

mum)，呼吁马略拯救国家。萨都尼努斯和格劳西亚打开监狱大门，并占领了卡皮托。随后爆发了巷战，叛乱者寡不敌众，被围困在卡皮托。他们向马略投降，马略承诺保全他们的性命，把他们带到元老院。但是正当元老院就他们的命运展开讨论时，一伙暴徒冲进来，用屋顶的瓦片砸死了他们。

于是，元老院重新控制了局面，马略失去了影响力。他只能眼看着元老院宣布萨都尼努斯的法律无效，因为它是诉诸暴力手段（*pervim*）通过的。最后，他离开意大利，前往东方，希望挑起与本都国王米特拉达梯六世（Mithridates VI of Pontus）的战争（关于米特拉达梯战争参见第12章）。与此同时，罗马的意大利盟邦又回到了起点。

这场血腥冲突爆发五年后，通过了一项非常保守、反动的法案——《李锡尼和穆齐法》(*lex Licinia Mucia*)。这项法案是由大祭司昆图斯·穆西乌斯·斯凯沃拉（Quintus Mucius Scaevola）和卢西乌斯·李锡尼·克拉苏（公元前95年任执政官）提出的，并以后者的名字命名，目的是禁止非罗马公民宣称自己是罗马公民，违者将被驱逐出城。西塞罗的态度模棱两可：他不赞成把意大利人赶出罗马，但是这个想法背后又有一些他喜欢的东西。

> 当然，不是公民的人就不能享有公民的各种权利和特殊待遇，关于这一点，我们的两位最有智慧的执政官克拉苏和斯凯沃拉已经制定了法律。但是，不让外国人享受城市的好处是完全违反人性法则的。[6]
>
> 至于旨在减少公民数量的《李锡尼和穆齐法》，我看到它是被一致同意的，只因为它是由我们所知的最有智慧的两位执

政官提出的，但是它不仅无效，而且可能对罗马造成严重的损害。[7]

这项法案使盟邦与罗马更加疏远。西西里的狄奥多罗斯讲述过这样一则轶事，是关于意大利部落马尔西人（Marsi）的首领昆图斯・庞佩迪乌斯・西洛（Quintus Pompaedius Silo）的：

马尔西人的首领庞佩迪乌斯[8]开始了一场惊心动魄的冒险。他从那些犯过罪、害怕被追究的人当中召集了一万人，带他们前往罗马，在和平的外衣下藏着短剑。他的目的是用武装人员包围元老院并要求公民权，如果劝说无效，就血洗帝国的中心。他遇到盖尤斯・多米提乌斯（Gaius Domitius）[9]，后者问他："庞佩迪乌斯，你带领这一大群人要到哪里去？"他回答说："去罗马，应保民官的召唤，去申请公民权。"[10]

最后，多米提乌斯说服庞佩迪乌斯放弃了他的计划，但是这个事件反映了法案所激起的偏执情绪。罗马历史学家昆图斯・阿斯科尼乌斯・佩狄亚努斯（Quintus Asconius Pedianus，约公元前 9 年—约公元 76 年）说，罗马盟邦"对罗马公民权的强烈欲望像熊熊燃烧的火焰一样"[11]，认为这项法案是"三年后意大利战争爆发的主要原因"[12]。

公元前 91 年，意大利战争爆发，当时老德鲁苏斯的儿子小马库斯・利维乌斯・德鲁苏斯（Marcus Livius Drusus the Younger）战胜了盖尤斯・格拉古，成为保民官。小德鲁苏斯给人的印象是元老院中一个诚实、善良的成员，一个身家富裕、受人爱戴的人，发自内心地相信他不仅能够帮助意大利盟邦，平息它们的不满、消除它们的威胁，而且能够在这个过程中让贵族派（Optimates，保守主义者、亲贵族的元老)、平民派（支持平民利益的元老)、骑士阶级和意大利人团结起来。他认为为了避免意大利的冲突大爆发，必须解放罗马盟邦，而这一目标一旦实现，带来的新生力量又可以为元老院所用。现实中，因为路途遥远，只有很少的意大利人行使了投票权：当时，有资格参加百人团大会和平民大会的人中，实际参加者只有10%左右。在他看来，能够实际到罗马参与政治活动的意大利人都是富人，因为只有富人才能负担旅途的费用，这些人与元老有着相似的利益，很容易被元老院和贵族派操纵。

小德鲁苏斯意识到，要实现这个有争议的目标，他需要很高的声望，因此他试图取悦所有的人：他允许三百名骑士进入元老院，并将陪审团的控制权交给这一新扩大的实体，让元老院和骑士阶级都尝到甜头；平民和平民派得到新鲜谷物的配额与更多的殖民地，不过这一次是在意大利和西西里，而不是海外；废除《李锡尼和穆齐法》，授予意大利盟邦完整公民权。根据这个计划，元老院将得到扩大和加强，骑士阶级得到荣誉，人民得到实惠，意大利人用土地换取投票权。

起初，这些提案被通过了。但是执政官卢西乌斯·马尔西乌斯·菲利普斯（Lucius Marcius Philippus）强烈反对，以多项提案被整合为一项法案为由，宣布其无效。因为这违反了《凯其利和蒂迪法》(*lex Caecilia Didia*)，该法规定，一项法律的每一个独立要素都必须单独投票表决。疑虑开始出现，大批意大利人怀着乐观的希望涌入罗马，更加剧了这种疑虑。元老院不敢肯定，新选民一定会像现在的选民一样，选择贵族派的候选人，对于骑士阶级的加入，他们也心怀戒备；骑士阶级想要维持对法庭的垄断；所谓的“城市暴民”不想与意大利人分享他们的配额。谣言开始流传，说意大利人正在当地集结，准备进军罗马。

事态发展到德鲁苏斯感觉他需要武装护卫的程度。他回到家中，等待激情冷却，结果却遇刺身亡。[13] 意大利人失去了最后的朋友，罗马的各方力量联合起来，准备迎接“意大利的威胁”。为了先发制人，防止下一个德鲁苏斯的出现，保民官昆图斯·瓦里乌斯·塞维鲁［Quintus Varius Severus，也被称为“混血儿”(Hybrida)，因为他的母亲是西班牙人[14]］通过了《瓦里法》(*lex Varia*)，宣布所有意大利的支持者都犯有叛国罪（*maiestas*）。一些元老被流放，包括尤利乌斯·恺撒（Julius Caesar）的舅舅盖尤斯·奥勒里乌斯·科塔（Gaius Aurelius Cotta）。不过瓦里乌斯没能给德鲁苏斯最著名的保守派支持者马库斯·埃米利乌斯·司考茹斯（公元前115 年任执政官）定罪，司考茹斯在法庭上成功地为自己辩护，质问陪审团是选择相信一个行省来的西班牙人，还是相信“首席元老”。后来，瓦里乌斯被以他自己通过的法律定罪并流放。就在这个时候，意大利人开战了。

意大利战争（“同盟战争”）

意大利战争（Italian War）发生于公元前 91 年—公元前 88 年，也称“同盟战争”(Social War)，这个名称来源于拉丁语 *Bellum Sociale*，不过弗洛鲁斯说这是一种委婉的说法，因为实际上这是一场针对公民权的战争。[15][16] 贵族派将战争的爆发归咎于德鲁苏斯，因为他们需要一个替罪羊，而他们完全没有意识到，正是他们的态度迫使意大利人不得不诉诸极端手段。

意大利战争爆发于皮切努姆（Picenum）的阿斯库伦。罗马人越来越担心可能发生冲突，向意大利全境派出了代理人。阿斯库伦人开始害怕他们的计划已经暴露，公元前91年，裁判官昆图斯·塞尔维利乌斯（Quintus Servilius）、他的使者方泰尤斯（Fonteius）和居民中所有的罗马人都被杀害了。培利格尼人（Paeligni）和马尔西人都是意大利中部好战的山区部落，他们与南部说奥斯坎语的萨莫奈人和卢卡尼亚人一道，加入皮切尼人（Piceni）的队伍。总体而言，大约三分之二的意大利部落揭竿而起，不过北部地区大体上置身事外，拉丁人保持了忠诚，包括分布在叛乱区域的重要殖民地。东部的阿普利亚人（Apulia）和西部的坎帕尼亚人一开始也忠于罗马。

总的来说，反叛者来自意大利的贫困山区，这些人吃苦耐劳，与马略的一些老兵关系密切。他们组织了一个意大利同盟（Italian League），这是一个以科菲尼乌姆（Corfinium）为大本营的独立国家，他们将其命名为意大利卡。[17]科菲尼乌姆成为他们的首都，他们有自己的议会、五百人组成的元老院、十名裁判官和两名执政官。他们甚至铸造了钱币，上面刻有奥斯坎文字和意大利公牛制服罗马狼的生动图案。他们发动了一场大战，管理了约十万人，即使只有几年时间，这也是一项了不起的成就。不过，最后同盟因为目标过于分散、存续时间过于短暂，还算不上一次重要的政治实验。参与反叛的大部分地区都说拉丁语，只想争取公民权，但萨莫奈人和卢卡尼亚人想要摆脱罗马获得解放。

意大利人了解罗马的战略战术，这对罗马构成了极其严重的威胁。这一次，元老院积极行动起来。他们召集了高卢人、西班牙人和努米底亚人，将军力提高到十五万人。罗马还拥有地处意大利中心的位置优势，以及制海权以保证食物供应，但是在纪律和指挥方面，双方不相上下。总的来说，因为意大利人是主动进攻的一方，所以在初期的交锋中处于优势，但是罗马凭借更加充裕的资源笑到了最后。像许多内战一样，战争非常血腥：西西里的狄奥多罗斯当时还在世，他说这场战争“比以往所有的战争都更加激烈”，包括特洛伊战争和第二次布匿战争。[18]

在公元前90年的第一次战役中，元老院让两位缺乏军事经验的执政官负责排兵布阵：卢西乌斯·尤利乌斯·恺撒（Lucius Julius Caesar，苏拉在他阵中）在南方，普布利乌斯·鲁提利乌斯·卢珀斯（Publius Rutilius Lupus，马略在他阵中）在意大利中部。萨莫奈人盖尤斯·巴比乌斯·穆提卢斯（Gaius Papius Mutilus）抵挡住了恺撒，最终占领了罗马的主要补给基地坎帕尼亚，不过罗马人设法守住了卡普亚（Capua）。在北方，战争主要在罗马以东50公里区域的马尔西人当中进行，鲁提利乌斯战死，一些忠于罗马的城市沦陷了。但是罗马守住了阿斯库伦，马略继任指挥官，苏拉被派去帮助他。虽然马略似乎不情愿进攻昔日的盟友，但还是挽回了局面。[19]

谣言开始在罗马传播，称叛军在伊特鲁里亚和翁布里亚十分活跃，由于国库空虚，胜利似乎还遥不可及，罗马做出了一些重大让步。首先，公元前90年底，执政官恺撒通过了《关于授予拉丁人和同盟者市民籍的尤利法》（*lex Julia de Civitate Latinis et Socii Danda*），授予拉丁人和没有参加同盟战争的意大利人完整公民权；《卡尔布尼亚法》（*lex Calpurnia*）授权罗马指挥官，可以在战场上授予公民权；公元前89年的《普劳蒂和帕皮里亚法》（*lex Plautia Papiria*）允许六十天内出现在罗马裁判官佩雷格里努斯（Peregrinus）面前的所有意大利人成为罗马公民。阿庇安认为这几乎就是意大利人想要的全部[20]，不过西塞罗说有一些例外："后来还有《尤利乌斯法》，依据这项法案，可以把公民身份授予那些同盟者和拉丁人，条件是那些没有'表示同意'的国家的人不能得到公民身份。这就是在那不勒斯（Naples）和赫拉克利亚（Heraclia）的公民中间引起激烈争论的原因，因为这些国家的大部分居民宁可不要我们的公民身份，也要在他们自己的条约下享受自由。"[21]

这些让步分化了意大利人，对罗马是有利的，公元前 89 年的新任执政官格内乌斯·庞培·斯特拉博（Gnaeus Pompeius Strabo）经过血战夺取了科菲尼乌姆和阿斯库伦，北方的战争接近尾声。在南方，苏拉接管了指挥权，在一场精彩的战役中收复了坎帕尼亚，杀死了叛军首领穆提卢斯，战场上只剩下萨莫奈人和卢卡尼亚人了。公元前 88 年，苏拉当选为执政官。现在，北方的马尔西人已经投降，在南方，昆图斯·凯西利乌斯·梅特路斯·皮乌斯（Quintus Caecilius Metellus Pius）在阿普利亚击败并杀死了最后的叛军将军昆图斯·庞佩迪乌斯·西洛。这有效地终结了意大利战争，只有一些零星的游击战一直持续到公元前 83 年。

余 波

维莱伊乌斯·帕特尔库鲁斯认为："通过逐步向那些没有拿起武器或及时放下武器的人授予罗马公民权，罗马的力量得到了恢复。"[22]

当然，还有更多东西需要恢复。罗马人和意大利人都在战争中遭受重创——阿庇安说战争夺去了超过三十万意大利年轻人的生命[23]——他们还要庆幸伊特鲁里亚没有参加起义。最后，罗马人虽然在战场上击败了意大利人，却不得不给予同盟他们为之战斗的东西。结果是，意大利向统一迈出了一大步，意大利半岛的文化差异开始变得不那么明显。不过，为了更公平地融入罗马的政治体系，新公民们还需要进一步的政治斗争。在这个过程中发生了数不清的暴力冲突，包括内战、没有执政官的年份、马略的覆灭和苏拉的崛起——后者成为罗马的统治者，最终成为独裁者。对罗马的反叛和抵抗并不只来自传统意义上的蛮族，但是一旦意大利的局势稳定下来，所有半岛居民便一致对外了。

第 11 章

斯巴达克斯：挑战罗马的角斗士

意大利战争后，意大利的反叛和抵抗终于平息，不过在一定程度上，那些敢于从内部挑战罗马权威的人仍然受到赞赏。庞贝古城I.7.7号建筑的入口处有一幅简单的图画，描绘了两个骑马的人、一个号手和两个站在地上打斗的人。其中一个骑马的人头上的铭文仍然清晰可辨，是用奥斯坎语从右向左书写的，指出这个人物就是被卡尔·马克思称为“古代历史上最杰出的人物……伟大的统帅……高贵的人……古代无产阶级的真正代表”[1]的斯巴达克斯(Spartacus)。[2]

斯巴达克斯领导了古代规模最大、战绩最辉煌的奴隶起义。然而，由于古代文献的匮乏和相互矛盾，很难对其做出准确的评价。

同时代的撒路斯提乌斯的《历史》只留下残篇；西塞罗也经历了这些事件，但只是顺便提及；至于李维对起义的记载，我们只能参考公元2世纪弗洛鲁斯对其著作所做的摘要——《罗马史纲要》(*Epitome*)，以及公元4世纪的另一部《摘要》(*Periochae*)；普鲁塔克的《克拉苏传》(*Life of Crassus*) 和阿庇安的《内战史》(*Civil Wars*) 的记载大同小异，可能都要追溯到撒路斯提乌斯。这些事件对罗马人的观念产生了深远的影响，但是要为它们构建一个连贯的叙事，实在是困难重重。

他是斯巴达克斯

自从第二次布匿战争以后，罗马的领土不断扩张，西班牙、希腊、马其顿和其他地方的罗马士兵长期征战，家乡的小农场因为无人经营而难以为继，他们开始卖掉这些小农场，移居到城市。理想化的"公民-农民-士兵"的传统模式越来越难以为继。意大利城市的发展也为农村带来了变化。小农场逐渐演变为大种植园，被称为"大庄园"(*latifundia*)，这些庄园的主人不在当地，由奴隶耕种。由于罗马的海外扩张和海盗盛行，奴隶的数量越来越多，因此价格非常便宜。据说，提洛岛（Delos）上的奴隶市场一天就能买卖上万名奴隶。[3]

> 富有者……使用奴隶作为农业工人与放牧者，因为害怕自由劳动者会被从农业生产中抽出去当兵[4]；同时奴隶子孙的繁殖使他们获得很大的利益，因为奴隶不服兵役，繁殖得很快。

这样，某些有势力的人变为极为富有，奴隶人数在全国多了起来，而意大利人民的人数和势力，因受经济、捐税和兵役的压迫而衰落。[5]

意大利农村人口中，奴隶的比例越来越高（据某些人估计，意大利的总人口为六百万，其中有二百万奴隶），罗马人经常依据对奴隶国籍的刻板印象来给他们分配任务——例如，高卢人和西班牙人是优秀的牧民——身体强壮的奴隶被定期送往角斗士学校，准备登上职业舞台。斯巴达克斯就是其中的一员，“斯巴达克斯……出身色雷斯的游牧民族[6]，不仅积极主动和英勇善战，还有丰富的知识和高尚的（cultured）[7]心灵，即使在希腊人中间也是出类拔萃的人物”[8]。

色雷斯位于希腊和罗马世界的最北端。其边界在不同时代有所变化，在罗马时期，其疆域北至巴尔干山脉（Haemus Mountains），东至黑海，南至马尔马拉海（Sea of Marmara）、达达尼尔海峡和爱琴海，西至内托斯河（River Nestus），这条河发源于今保加利亚境内的里拉山脉（Rila Mountains），于萨索斯岛（Thasos）附近汇入爱琴海。公元前4世纪，马其顿的腓力二世（Philip II of Macedon）征服了这一地区，他的儿子亚历山大大帝死后，色雷斯由马其顿国王统治，直到公元前168年，罗马人在彼得那战胜了珀尔修斯（参见第6章的“马其顿的珀尔修斯：第三次马其顿战争”），将色雷斯的一部分并入马其顿行省。

色雷斯人是一个印欧民族，希腊人和罗马人认为他们原始、分裂、好战、嗜血[9]，不过从他们的墓葬中发掘出了大量的金银制品，大部分是从“非蛮族”地区进口的。希罗多德提到他们把自己的孩子卖给做生意的人，他们对于本族的少女完全不加管束，而是任凭她们和她们所喜爱的任何男子发生关系[10]；他们要为伯罗奔尼撒战争（Peloponnesian War）中一些最残忍的暴行负责[11]。柏拉图说他们的性格充满激情、活跃、好斗[12]。波里比阿曾说，珀尔修斯的同盟者科提斯（Cotys）不像个色雷斯人，因为他头脑冷静、性情温和、意志坚定[13]。埃福罗斯（Ephorus）、斯特拉博和波利埃努斯（Polyaenus）记述了色雷斯人玩弄诡计违背条约的故事，他们声称条约只规定了停战的“天数”，没有包括夜晚，因此在夜间发动突袭是正当的，“色雷斯人的虚伪”（Thracian pretence）这个谚语就是这样诞生的（类似于“布匿人的忠诚”，参见第 5 章的“汉尼拔掌权”）[14]；他们在战斗前挥舞武器互相攻击[15]。塔西佗说他们在山区中过着野蛮的生活，桀骜不驯，甚至对自己国王的顺从往往都是反复无常的[16]；他们还有一个可怕的习惯，就是将罗马人的头颅穿刺在他们的独门武器——色雷斯大砍刀（拉丁语称为 *rumpia*，希腊语称为 *rhompaia*）上[17]。

色雷斯人符合罗马人对蛮族的一切想象，普鲁塔克评价斯巴达克斯“更像个希腊人”，也是蛮族恐惧症的老生常谈：任何取得非凡成就的非希腊/罗马人，都被认为与普通的蛮族不同，而斯巴达克斯取得的成就足以令罗马人汗颜：

> 一个人甚至能够忍受……与奴隶发生战争的耻辱。因为尽管他们受环境所迫，能够忍受任何形式的虐待，但他们还是形成了人类社会的一个阶级（虽然是一个低贱的阶级），被允许受到我们所享有的自由的祝福。但是我不知道应该如何命名斯巴达克斯挑起的这场战争，因为普通士兵是奴隶，而他们的领

袖是角斗士——前者是最卑贱的阶级，而后者是最恶劣的阶级——这使得他们对罗马的伤害更加屈辱。[18]

为了解释为什么虽然斯巴达克斯不是一个有声望的人[19]，一些意大利人却和他联合起来反抗罗马人，斯巴达克斯通常被赋予一些罗马人钦佩的品质——强健的体魄和顽强的精神以及一些高贵的行为，“蛮族人斯巴达克斯接受别人的帮助也会表达对那人的感谢。因为即便是在蛮族人当中，人类也会出于本性，对那些施与恩惠的人报以同样的恩惠”[20]。

斯巴达克斯可能参加过罗马的辅助部队。阿庇安说“他曾经在罗马军队里做过士兵（*Rhomaiois*）”[21]，但是在希腊语中，这句话既可以指他为罗马作战，也可以指他与罗马作战。不过，弗洛鲁斯认为他的确是为罗马作战的，“（斯巴达克斯）从一个色雷斯雇佣兵变成一个士兵，从士兵变成逃兵，从逃兵变成强盗，最后凭借自己的力量成为一个角斗士”[22]。

斯巴达克斯被俘后，从卡普亚的训练学校（*ludus*）开始了他的角斗士生涯，这是一种由私人老板（*lanista*）运营的商业机构，这所学校的主人名叫伦图卢斯·巴蒂亚图斯（Lentulus Batiatus）。[23]巴蒂亚图斯通过购买或招募获得角斗士，训练他们，然后出租给演出经纪人（*editor*）。角斗士是一种很有价值的商品，通常要接受高水平的训练，能够得到均衡的饮食和细致的医疗照顾。

弗洛鲁斯告诉我们，斯巴达克斯是一个莫米罗角斗士（*Murmillo*）。[24]他应该手持短剑，戴有檐的头盔，头盔上绘有独特的鱼形纹饰；持长盾（*scutum*，一种高大的长方形弧面盾牌，上面有圆形凸饰）；他的右臂被厚厚的衬垫护臂（*manica*）包裹，左腿有绑腿和短护胫，右腿只有绑腿。讽刺的是，虽然斯巴达克斯出生于色雷斯，他通常的对手却是色雷斯角斗士。后者手持弯曲的匕首，戴宽檐头盔，头盔上有新月形和狮鹫头的冠饰；持小型方盾，戴护臂，两条腿都包裹衬垫，戴长护胫。和大多数角斗士一样，他们系缠腰布（*subligaculum*），饰有宽金属腰带（*balteus*），赤脚。色雷斯角斗士的形象在涂鸦中很常见，而且似乎特别受妇女欢迎。有的花瓶一面绘有色雷斯角斗士，另一面绘有色情场景；有些陶灯上的色情场景中，女方装扮成色雷斯角斗士，支配驯顺的莫米罗角斗士。[25]在庞贝城最后的日子里，色雷斯角斗士塞拉都斯（Celadus）曾吹嘘自己"让女孩们叹息"[26]、"用雄风征服女孩"[27]，以及是"女孩们的主人"[28]。

尼禄统治期间的一则涂鸦记录了庞贝举行的一些角斗比赛的结果，在这些比赛中，来自卡普亚的帝国训练学校的"尼禄"角斗士对战"尤利安"角斗士，比赛形式是色雷斯角斗士对战莫米罗角斗士：

> 色雷斯角斗士对战莫米罗角斗士。卢西乌斯·森普罗尼乌斯（Lucius Sempronius），赦免；尤利安的普拉塔努斯（Platanus），胜利。
>
> 色雷斯角斗士对战莫米罗角斗士。尼禄的普耐克斯（Pugnax），三战，胜利；尼禄的穆拉努斯（Murranus），三战，死亡……
>
> 色雷斯角斗士对战莫米罗角斗士。尤利安的赫尔马（Herma），四战，胜利；昆图斯·佩提里乌斯（Quintus Petillius）……赦免……

色雷斯角斗士对战莫米罗角斗士。尤利安的诺多（……），七战，胜利；卢西乌斯·彼得洛尼乌斯（Lucius Petronius），十四战，死亡。

色雷斯角斗士对战莫米罗角斗士。卢西乌斯·费边，九战，死亡；尤利安的阿斯托斯（Astus），十四战，胜利。[29]

斯巴达克斯的名字可能很重要。色雷斯皇室似乎使用这个名字，撒路斯提乌斯告诉我们："一些奴隶是审慎的人，拥有自由而高贵的心灵……他们称赞（斯巴达克斯的建议?），认为他们应该按照斯巴达克斯的建议去做。"[30]

根据这种说法，斯巴达克斯的追随者中有一些出身于精英阶层的奴隶，可能只有在斯巴达克斯本人拥有高贵血统的情况下，他们才会追随他。不过这也再次让我们看到，罗马人只会崇拜"高贵的野蛮人"。

反抗罗马的奴隶起义

在很大程度上，罗马人和他们的蛮族邻居都认为奴隶制是理所当然的。大多数时候，大多数奴隶能够忍受他们的处境，接受严重的不平等和缺乏人身自由是生活的现实。而且，像当时其他许多地方一样，罗马有史以来就是一个奴隶制社会。此外，奴隶甚至没有被视为一个社会群体，他们是财产。但是，无论如何他们是罗马社会结构的一个组成部分，逃亡的奴隶让奴隶主有如芒刺在背，过着战战兢兢的生活。当时有一句众所周知的谚语，大意是"所有的奴隶都是我们的敌人”（*tot servi quot hostes*）。还有一个著名的故事，说元老院否决了一项通过服装来区分奴隶的法案，“元老院曾经建议用服饰把奴隶和自由民区分开来。显然，这样做会对我们构成多么大的危险啊！如果奴隶开始数我们自由民的人数的话，他们会发现我们的人数是非常少的”[31]。

在某种意义上，这种恐惧是完全有理由的，斯巴达克斯绝不是第一个反抗罗马的奴隶。公元前 198 年，一些在第二次布匿战争期间沦为奴隶的阿非利加俘虏在意大利的塞提亚（Setia）造反。他们趁塞提亚人正在举行竞技会时发动袭击，在混乱和屠杀中占领了这座城市。在城市裁判官（urban praetor）卢西乌斯·科尼利厄斯·伦图卢斯（Lucius Cornelius Lentulus）的领导下，罗马迅速做出反应：主谋被逮捕，逃亡者被追捕，后来都被处决。[32]几年后，马尼乌斯·阿奇利乌斯·格拉波里奥镇压了一次席卷伊特鲁里亚的奴隶起义。反叛者又一次遭到严厉的报复：许多人被杀或者被俘，他们的首领被鞭笞并钉死在十字架上。[33]公元前 185 年，裁判官卢西乌斯·波斯图米乌斯（Lucius Postumius）对出没在塔兰图姆周边道路和公共牧场的七千名强盗采取了类似的零容忍政策。不过跟五十年后西西里发生的事件相比，这些都是小巫见大巫了。

公元前 135 年—公元前 132 年，西西里爆发了一场大规模奴隶起义。我们的主要文献来自西西里的狄奥多罗斯，他出生于西西里岛上的阿里昂（Agyrion）。描述这些事件的原著已经佚失——这是常有的事——留给我们的是两部在某种意义上相互矛盾的摘要，其中一部的作者是公元 9 世纪君士坦丁堡东正教会的牧首福提乌（Photius）[34]，另一部的作者是公元 945 年—949 年统治拜占庭帝国的君士坦丁七世（Constantine Porphyrogenitus）[35]。大体上，事情是这样的：大量不同来源的奴隶在这里受到关押和虐待。他们像牲口一样被驱赶、打上烙印，连基本的衣食需求都不能得到满足。他们只能通过犯罪来获得基本的生活必需品，谋杀和抢劫在地方上蔓延，总督试图控制局面，却遭到奴隶主们的阻挠。最终奴隶们再也无法忍受了。

起义是由一名来自阿帕米亚（Apamea）的叙利亚奴隶发动的，他的主人是恩纳的安提格奈斯（Antigenes）。这个奴隶名叫攸努斯（Eunus），但是他以自己祖国的统治者的名字为自己命名，自称“安条克国王”。据说，他能像变魔术一样从口中吐出火焰，并且能够预知未来，他成为西西里东部的奴隶领袖。起义军攻入恩纳，更多的奴隶加入进来。

> 他们冲进房屋，大肆杀戮，连吃奶的婴儿也不放过，把他们从母亲的怀中抢走，摔在地上。为了泄欲，他们在丈夫的面前占有他们的妻子，这是多么卑鄙无耻的行为。城里的大批奴隶加入了这些暴徒。他们首先将愤怒和残暴发泄在自己的主人身上，然后开始杀害其他人。[36]

他们杀死了恩纳的达谟菲鲁斯（Damophilus），这个人骄傲、富有，对待奴隶惨无人道，他的妻子梅伽丽斯（Megallis）更是有过之而无不及。达谟菲鲁斯被带到剧院，在愤怒的人群面前被刺死并斩首；他的妻子被鞭打并扔下悬崖；他们的女儿一向温柔、仁慈地对待奴隶，得到了赦免。

攸努斯/安条克的追随者们使用农具，直到他们得到像样的罗马武器，狄奥多罗斯说“数不清的奴隶”加入了他们。[37]与此同时，在西西里岛西部，一个名叫克勒翁（Cleon）的奇里乞亚（Cilician）奴隶管家（*vilicus*）集合了一支二十万人的奴隶大军，据说这个人也拥有宗教的神秘力量。模仿者竞相出现，罗马、雅典和提洛岛都爆发了小规模的起义，直到罗马元老院终于抽出时间，派普布利乌斯·鲁庇里乌斯（Publius Rupilius）率军前往西西里。他占领了陶罗曼尼乌姆，恩纳的攸努斯死在莫尔甘提纳（Morgantina）的监狱中，身上爬满了虱子。

公元前 133 年，罗马还在西西里应对攸努斯和克勒翁时，地中海东端陷入了短暂的混乱，帕加马国王阿塔罗斯三世（King Attalus III of Pergamum）去世，出人意料地将他的王国遗赠给罗马。一个名叫阿里斯托尼库斯（Aristonicus）的人声称帕加马应该属于他，因为他是阿塔罗斯的父亲欧迈尼斯二世的私生子。为了支持自己的诉求，他发行了一种"基斯托福鲁斯银币"（*cistophori*，意为"提篮者"）。阿里斯托尼库斯最初赢得了几场胜利，但是后来被以弗所人打败了。于是，他召集起一个底层人民的联盟，包括奴隶和当地的非希腊人，允诺给这些人自由，把他们称为"太阳城的公民"[38]。阿里斯托尼库斯想建立一个名为赫里奥波里斯（Heliopolis，意为"太阳城"）的国家，那里每个人都能获得自由。他有时候被视为一个社会革命家，但事实上，吸收奴隶加入他反抗罗马的战争，并不意味着这就是一场有意义的奴隶起义：阿里斯托尼库斯更多是一个觊觎王权的机会主义者，利用奴隶和其他人的怨恨（这种怨恨无疑是真实的）来实现自己称王的目标。他击退了罗马的第一波进攻，在战场上杀死了执政官普布利乌斯·李锡尼·克拉苏（Publius Licinius Crassus），但是最后被马库斯·帕尔帕纳（Marcus Perperna）俘虏并带回罗马，公元前 130 年在监狱中被处决。

还是通过福提乌和君士坦丁七世的作品，西西里的狄奥多罗斯为我们提供了第二次西西里奴隶起义的相关记载。这次起义爆发于公元前 104 年。在马略为对抗辛布里人和条顿人而征兵的过程中（参见第 9 章的“日耳曼入侵”），元老院命令资深裁判官普布利乌斯·李锡尼·涅尔瓦（Publius Licinius Nerva）担任西西里总督，对岛上自由民被非法奴役的问题进行调查。他释放了八百名奴隶，点燃了西西里所有奴隶争取自由的希望，但是释放奴隶的行动马上就停止了。一些奴隶开始争取自由，趁主人在床上熟睡时杀死他们，并招募新的追随者。经过断断续续的斗争，叛军取得了一些成功，缴获了一些罗马的军事装备和战马，叛军的人数很快达到数万人。东部的奴隶在萨尔维乌斯［Salvius，绰号“特里丰”（Tryphon）］的领导下，西部的奴隶在雅典尼昂（Athenion）的领导下，在整个西西里制造了一场“灾难远征”[39]。犯过法或穷困潦倒的自由民也加入了暴动，他们赶走整个牧群、抢劫谷仓、收走庄稼、杀死他们遇到的每一个人。这是完全的无政府状态，“不久之前，这些人还因为他们的财富和地位而享受同胞的尊敬，一时间风云突变，他们不仅受到难以想象的轻蔑与嘲弄，被他们的奴隶抢走全部财产，而且不得不忍受自由人同胞的令人难以忍受的虐待”[40]。

动乱跨越墨西拿海峡，蔓延至意大利南部，裁判官卢西乌斯·李锡尼·卢库卢斯被授予指挥权，去镇压卡普亚的奴隶起义。他作为行省的资深裁判官，率领一万七千大军越过海峡进入西西里。特里丰和雅典尼昂从来没有形成真正的统一领导。虽然卢库卢斯在战场上击败了他们，但他没能乘胜追击，后来因为履行职责不力在罗马受到审判。

卢库卢斯的继任者盖尤斯·塞尔维利乌斯（Gaius Servilius）同样无能，部分原因是卢库卢斯为了不让塞尔维利乌斯取得战争的胜利，解散了他的军队，破坏了防御工事。卢库卢斯后来被流放，不过就在这时，特里丰死了，只剩下雅典尼昂在西西里征战。公元前 100 年，执政官马尼乌斯·阿奎利乌斯（Manius Aquillius）上任。他是一个勇敢的领袖，与奴隶开战，并在肉搏战中亲手杀死了雅典尼昂，卓有成效地清除了残余的抵抗力量。一个名叫萨提洛斯（Satyrus）的新领袖带领一千名幸存者投降：

> 当他们作为俘虏被带回罗马，（阿奎利乌斯）让他们与野兽搏斗。据说他们以英勇而高贵的形式结束了自己的生命，因为他们不屑于与野兽搏斗，而是在公共祭坛上彼此杀戮；其他人都死了以后，萨提洛斯是最后一个，他像一个英雄一样自杀了。这就是持续了将近四年的奴隶起义的悲惨结局。[41]

斯巴达克斯的爆发

在斯巴达克斯的故事中，残酷和绝望是最突出的主题。一些文献一方面强调斯巴达克斯和他的追随者的无辜，另一方面痛斥卡普亚的角斗士老板巴蒂亚图斯让他们生活在非人的环境中。[42]公元前 73 年，两百人在绝望中计划逃跑，但是他们被出卖了，只有七十人左右制服守卫成功逃脱。[43]他们用厨房里的厨具武装自己，最初有三个首领的名字被提到：色雷斯人斯巴达克斯、高卢人克利苏(Crixus)[44]和俄诺玛俄斯（Oenomaus）。这是一次真正的蛮族起义。

色雷斯人和凯尔特人在路上截获了一批为其他城市的角斗士运送武器的大车。有了熟悉的武器，他们在维苏威山（Mount Vesuvius）上占据了一处有利位置，击败了卡普亚派来镇压他们的民兵之后，他们“从此拥有适合士兵使用的武器，这种情况让他们极其兴奋，不再被人视为野蛮和可耻的角斗士了”[45]。

从起义刚刚爆发开始，斯巴达克斯的队伍中就不只有逃跑的奴隶，还有自由的牧羊人、牧民和农场工人，他们都是受压迫的无产阶级，很多人在当地的“大庄园”工作。随着对附近地区的劫掠，他们的人数也急剧增加。[46]

罗马的中央政府不得不采取行动。他们派盖尤斯·克洛狄乌斯·格雷柏（Gaius Clodius Glaber）率军前去征讨，这支部队只有三千名匆忙召集起来的士兵，没有经过训练。[47]克洛狄乌斯设法将角斗士们围困在了一座险峻的山顶，不过山顶上长着很多野葡萄，斯巴达克斯的人砍下枝条，编成非常结实的绳梯，他们用这些绳梯爬下悬崖，打了罗马人一个措手不及。克洛狄乌斯的部队逃跑了，斯巴达克斯占领了他的营地：现在他们有了更多的武器，可以分给那些加入他们的逃亡者。[48]

罗马人仍然认为这些冲突属于强盗行为，而不是真正的战争。依据现存的文献，我们很难说清楚公元前 73 年究竟发生了什么，不过起义军继续与罗马人斗智斗勇，让前来镇压他们的指挥官束手无策。裁判官普布利乌斯·瓦里尼乌斯（Publius Varinius）[49]向他们进军，但是犯了分散兵力的错误，奴隶军将他的部将卢西乌斯·弗里乌斯（Lucius Furius）和卢西乌斯·科西努斯（Lucius Cossinus）各个击破。弗里乌斯被打得溃不成军，科西努斯正在萨利尼（Salinae）洗浴时，斯巴达克斯发起突袭，差一点就抓住了他。斯巴达克斯抢走了他的辎重和行李，后来又占领了他的营地，在这个过程中杀死了他。逃亡者们受到胜利的鼓舞，又经过一连串的交战击败了瓦里尼乌斯。有一次，斯巴达克斯巧妙地化险为夷，他在营地门口每隔很近的一段距离便竖起一根木桩，然后给尸体穿上衣服，把它们绑在木桩上，让它们看起来就像哨兵。晚上，他趁着夜色偷偷溜走，离开前点火把这些假哨兵全都烧掉了。[50]

战役结束时，斯巴达克斯俘获了瓦里尼乌斯的战马、扈从和束棒[51]，起义军在坎帕尼亚肆意横行，将诺拉（Nola）、努凯里亚（Nuceria）、图里伊和梅塔庞图姆（Metapontum）夷为平地。[52]在与卢卡尼亚接壤的阿提纳斯［Campus Atinas，今迪亚诺河谷（Vallo di Diano）］北端阿尼广场（Forum Annii）的农村：

> 逃亡的奴隶们立刻开始强暴年轻女孩和已婚妇女，杀死那些试图反抗或逃跑的人，当他们转身时，用卑鄙的方式从背后砍杀他们，一路上留下半死不活的受害者残缺的躯体。还把火把扔到屋顶上。城里的许多奴隶同病相怜，自然而然地结成同盟，他们找出主人藏匿的东西，或者把主人从藏身处拖出来。无论是神圣的还是邪恶的东西，都逃不过这些蛮族的怒火和他们奴隶的天性。[53]

这些前角斗士以他们能够想象到的最恰当的方式来复仇，他们扮演起角斗士老板和演出经纪人，为他们自己举行角斗表演：

> 在一个女俘虏的葬礼上——她是因为不堪忍受被暴力侵犯的痛苦而自杀的——他们让四百名俘虏进行角斗比赛。这些曾经的被观看者，现在成了观看者。他们是作为角斗士老板而不是军事指挥官来组织这些比赛的。[54]

起义军的人数增加到七万人。[55]他们当中，有人掌握了用柳条和兽皮制作盾牌的技术，有人在奴隶监狱里融化铁器打造刀剑[56]，他们还围捕成群的马匹，组成了骑兵部队。他们越来越像一支正规军了。

公元前72年：罗马派出执政官，克拉苏登场

罗马方面终于认识到事态的严重性，特别是元老院中的富人和奴隶主们。两位执政官，卢西乌斯·格利乌斯·帕布利可拉（Lucius Gellius Publicola）和格内乌斯·科尼利厄斯·伦图卢斯·克洛迪亚纳斯（Gnaeus Cornelius Lentulus Clodianus）受命率领两个军团去对付斯巴达克斯。克利苏独自率领三万战士迎敌，被格利乌斯击败，克利苏本人也阵亡了。与此同时，色雷斯人决定带领他的人民离开意大利，他们向阿尔卑斯山进军，等到越过这道天险以后，大家就分道扬镳返回自己的家乡。但是他发现自己被两名罗马指挥官包围了。"（斯巴达克斯）回过头来分别应战，把他们各个击破。他们在混乱中向不同的方向溃退。斯巴达克斯杀死了三百个罗马俘虏，致祭克利苏的亡灵之后，即率领十二万步兵向罗马进攻，烧掉所有无用的东西，杀死所有的战俘，并屠宰他们的驮兽，以便轻装行军。"[57]

起义军进攻罗马的可能性在城里引起了恐慌，但是从来没有变成现实。斯巴达克斯没有充足的资源来夺取这座城市，他很快就放弃了这个想法。不过，在一段时间内，斯巴达克斯赢得了更多的胜利，包括在穆提那（Mutina）附近击败前执政官盖尤斯·卡西乌斯·郎基努斯·瓦卢斯（Gaius Cassius Longinus Varus），后者现在是山内高卢的总督，手下的军队有一万人。卡西乌斯只勉强逃脱了性

命。[58]但是，如果说斯巴达克斯拒绝进攻罗马，那么他的追随者则拒绝离开意大利。他们想要继续烧杀抢掠，而他们的首领无力阻止他们。

普鲁塔克评价参加这些战役的罗马人"腐化和混乱"[59]。执政官被解除了军事上的职务，现在元老院要另外寻找一位指挥官。他们选择了"在罗马人中以出身和财富著称"的马库斯·李锡尼·克拉苏[60]，他被任命为裁判官，带着六个新的军团来进攻斯巴达克斯。[61]克拉苏做的第一件事就是用古老的罗马方式整肃纪律。他对自己的军队痛下杀手：

> 他将五百名最早逃走的官兵分为五十个十人组，每个组用抓阄的方式抽出一个人立即处死，恢复罗马最古老的惩罚"十一之刑"。这种极其残酷的过程，是当着全军官兵的面执行的，不仅死者遭到无情的羞辱，就连旁观者都感到杀鸡儆猴一般的惊愕和恐惧。[62]

克拉苏让他的士兵们看到他比斯巴达克斯更危险之后，就上了战场。"他马上打败了斯巴达克斯的军队一万人（他们驻扎在一个与大部队分开的地方），杀死了他们三分之二的人。于是他继续勇猛地进攻斯巴达克斯本人，在一场光辉的战役中把他打败了，追赶其逃亡的队伍直到海边，他们想从那里渡海到西西里去。"[63]

这可能带来新的威胁，让西西里爆发另一场奴隶起义。可能是西西里的总督、后来声名狼藉的盖尤斯·维勒斯（Gaius Verres）帮忙阻止了这次跨海行动。[64]当起义军发现勉强拼凑起来的木筏不顶用时，斯巴达克斯试图向一些西西里海盗寻求帮助。海盗们同意了，可收了他的钱便扬长而去。然后，克拉苏修建了一条由壕沟、城墙和栅栏组成的 65 公里长的防线，从这边的海岸到另一边的海岸，横跨整个半岛，将斯巴达克斯围困在意大利的最南端。[65]

公元前 73 年：斯巴达克斯对阵克拉苏

克拉苏的围困使斯巴达克斯没有机会继续劫掠。他尝试突围，一天内的伤亡就达到一万两千人，而罗马方面仅有三人死亡、七人受伤。[66]形势开始变得令人绝望。“在一个雨雪纷飞的夜晚，他认为行动的时机已经来到，于是用泥土和大量树枝填平部分堑壕（弗朗提努斯说他使用的是被屠杀的俘虏和牲畜的尸体[67]），他的军队大约有三成人员突围而出。”[68]

起义军阵营中，分歧开始滋长。[69]一个自行其是的派系在卢卡尼亚湖附近受到克拉苏的攻击，斯巴达克斯不得不去救援他们。但是，与此同时，罗马出于紧张，从西班牙召回了正在那里镇压塞多留（Sertorius）起义的格内乌斯·庞培（Gnaeus Pompeius），又从色雷斯召回了正在与本都的米特拉达梯六世作战（参见第 12 章的“第三次米特拉达梯战争”）的卢库卢斯。这意味着不管是不是出于克拉苏的本意[70]，他必须在别人把功劳抢走之前结束战争。

斯巴达克斯抓住机会提出条件，但是遭到了拒绝。卡斯图斯（Castus）和坎尼库斯（Cannicus）率领的一个高卢人和日耳曼人支队在西勒鲁河（River Silarus）上游离开了斯巴达克斯的主力部队，被克拉苏击败了。关于这场战斗的细节，现在已十分模糊。根据普鲁塔克的记载，克拉苏秘密占领了一处高地，结果被两个爬到山上来度过经期的高卢妇女发现了。战斗仓促打响，克拉苏的部队杀死起义军一万两千三百人，除了两个人的伤口是在背上，其余人员拼死不退奋战到底，表现极其英勇。[71] 弗朗提努斯则说这次交战是克拉苏精心设下的埋伏，三万五千名起义军和他们的指挥官被杀，罗马人夺回了五个鹰标、二十六面军旗和五副束棒。[72]

斯巴达克斯本人不在被击溃的卡斯图斯和坎尼库斯阵中。他撤退到佩提利亚（Petilia）的山区，在那里战胜了前来追击的克拉苏的两名部将。不过，这一次胜利给斯巴达克斯带来了毁灭的结局。他的将士变得过于自信，他们又一次违背斯巴达克斯的明智判断，要求与克拉苏直接交锋，这正中罗马人下怀。小规模冲突升级为全面战争。正如普鲁塔克所述：

> 有人把他的坐骑牵出来，（斯巴达克斯）拔出剑来将马杀掉，并且说只要获胜，敌人的好马多得可以任意挑选，而一旦战败，他也不会用来逃命。他直接向克拉苏冲过去，在拿着武器激战和受伤倒地的人员之中，还是遍寻不着他的对手，有两个百夫长联手搦战被他杀死，最后四周追随的人都弃他而去，但他还是坚持不退，奋力抵挡敌人的围攻直到最后战死。[73]

阿庇安讲述的版本有着不同的结局：“这个战役持续的时间很长，死了很多人，这是意料中的事，因为数以千计的绝望的人在拼命战斗。斯巴达克斯的大腿被矛刺伤了，他屈下一膝，拿着盾牌放在他的前面，就这样和那些向他进攻的人战斗，直到最后他和一大群跟他在一块的人被包围并杀死为止……斯巴达克斯的遗体没有被发现。”[74]

弗洛鲁斯给了斯巴达克斯一个特别恰当的结局，即在高水准的战斗中“至死方休”（*sine missione*）——这是一个角斗场上的术语，对一个真正的角斗士来说是再合适不过了。[75]

起义军的伤亡人数高达数万。虽然斯巴达克斯起义的规模和成就都是非同凡响的，不过，实际上好莱坞电影中“我是斯巴达克斯”的名场面并没有发生过。六千幸存的起义军被钉死在十字架上，从卡普亚到罗马的阿庇安大道（Appian Way）两旁，每隔三十米就有一个十字架。[76]克拉苏害怕被别人抢走功劳的担忧变成了现实，庞培“就像一只腐食的兀鹰”[77]一样到来。会战以后有五千人逃出，落在庞培手里，全部被他屠杀殆尽。克拉苏冒着生命危险完成了最艰苦的工作，理论上却是庞培结束了战争，庞培举行了大凯旋式，而克拉苏的对手是奴隶和海盗之类的下等人，只能举行小凯旋式。不过他违反礼仪，戴上了一顶桂冠，而不是胜利女神维纳斯的爱神木花冠。[78]弗洛鲁斯做出了道德论断，指出为了迎合平民对“面包与马戏”的热衷，罗马财政严重超支，经济不堪重负，是导致奴隶起义或所谓的“奴隶战争”（Servile Wars）的根本原因。[79]

第 12 章

米特拉达梯六世：本都的“毒药王”

当罗马忙着对外与北方、西方和南方的蛮族交战，对内处理意大利内部的冲突时，一位古代历史上被埋没的伟大人物正统治着黑海沿岸，今土耳其境内的本都王国。这个人野心勃勃，致力于成为下一个亚历山大大帝，三十年来，他无疑是罗马在东方最大的敌人。他敏锐地捕捉到罗马无暇他顾的机会，充分利用了行省人民对腐败的罗马总督的反感。他的名字是米特拉达梯六世·欧帕托(Mithridates VI Eupator)。

米特拉达梯成为本都国王

本都是一个多民族的王国，有 22 种不同的语言，到米特拉达梯六世登基时，在黑海上的希腊殖民地以及亚历山大大帝和他的继业者们的影响下，也吸收了少量的希腊文化。不过，它仍然骄傲地保持独立，到米特拉达梯的父亲米特拉达梯五世（Mithridates V，公元前 150 年—公元前 120 年在位）时，本都是一个繁荣的希腊化国家，也是罗马正式的“同盟和朋友”，在公元前 146 年导致迦太基灭亡的第三次布匿战争期间，米特拉达梯五世曾与罗马人并肩作战。

米特拉达梯六世有时候被拿来与迦太基最伟大的子民相提并论。维莱伊乌斯·帕特尔库鲁斯这样描述他：“他总是渴望战争，怀有非凡的勇气和强大的精神，也取得了伟大的成就；他在战略上像一个将军，体能上像一个士兵，对罗马的仇恨就像汉尼拔。”[1]

公元前 120 年，父亲去世，11 岁的米特拉达梯继承了王位。不过，当时实际上是他的母亲拉俄狄刻（Laodice）以摄政身份执掌大权，朋友们担心男孩的生命安全，把他带走藏在了山里面。据说，他在那里成长为一个坚强、勇敢、有志向的人。七年后，成年后的米特拉达梯回到王宫，囚禁了他的母亲，杀死了他的弟弟，继承了本应属于他的王位，并娶了他的亲妹妹（也叫拉俄狄刻）为妻。

米特拉达梯开始名声大振：他非常勇敢；拥有传奇般的运动能力；像赫拉克勒斯一样暴饮暴食[2]；能流利地说 22 种语言[3]；他是希腊知

识分子的朋友；对朋友的慷慨有口皆碑；精力充沛、足智多谋。

> 他自己送给尼密亚（Nemea）和德尔斐的盔甲表明他的身躯很高大。他是如此强壮，骑在马上投射标枪可以投至最后一个人。他能够骑在马上一天骑180公里，相当长距离后才换一次马。他常同时用十六匹马驾驶一辆战车。他有希腊学问的素养……喜欢音乐。他大体上饮食有节，忍苦耐劳，只是喜欢女人。[4]

虽然他野心勃勃地想要统治小亚细亚以及更广阔的地区，但在希腊人和罗马人眼中，他还是一个蛮族。他对希腊文化的喜爱被他的生活方式抵消了。本质上，他是一个东方君主：多疑、残忍、嗜杀——后来兵败时，为了不让后宫的五百名女眷落入敌人手中，他把她们全都杀死了（参见本章的“第三次米特拉达梯战争”）——他依靠恐惧而不是忠诚来统治国家。他怀疑自己的守卫，晚上由一头公牛、一匹马和一头牡鹿来守夜，一有危险的迹象，这些动物就会叫醒他。[5]要是他能想得到，“让他们恨我吧，只要他们怕我”这句话一定会成为他的名言。[6]

米特拉达梯帝国主义

坐稳了王位之后，米特拉达梯马上开始了一系列的帝国主义扩张活动。他占领了现在黑海北岸的克里米亚（Crimea）。这个地区有一些希腊城邦，他将潘提卡彭（Panticapaeum）定为首都，派一个儿子代表他去统治。征服北方以后，他又征服了东方的小亚美尼亚（Lesser Armenia），以及黑海东岸的科尔喀斯（Colchis），就是传说中金羊毛的所在地。[7]克里米亚和科尔喀斯的远征是由米特拉达梯手下的将军狄奥凡图斯（Diophantus）指挥的，这些军事行动创造了大量的收入和本地兵源。

与此同时，米特拉达梯亲自领导了几次与邻国统治者的对抗行动，特别是在小亚细亚南部和西部。公元前104年，当罗马忙于应付辛布里人和条顿人的挑战时，他趁机占领了加拉太（Galatia）、帕夫拉戈尼亚（Paphlagonia）和卡帕多细亚（Cappadocia）。这不构成对罗马的直接威胁，但是让他与其他统治者发生了冲突，这些人和他一样，名义上是罗马的同盟和朋友。罗马元老院派出使节，命令他将征服的领土交还给合法的主人，他无视了他们的要求。

马略成功地消除了辛布里人和条顿人的威胁之后，便迫不及待地与米特拉达梯一较高下。公元前101年，米特拉达梯的使节携带大笔金钱来到罗马，想要贿赂元老院，马略的亲信萨都尼努斯故意侮辱他们，试图挑起战争，结果却只是使罗马的丑闻曝了光。公元前98年，马略前往小亚细亚巡视［借口向弗里吉亚的培希努（Pessinus）神庙的西布莉（Cybele）女神履行誓言］，遗憾的是，他空有好战的野心，却没有与米特拉达梯交战的权力，只能在一次私人会面中严厉地责骂了对方。

虽然几乎在一切方面都是个蛮族人，但是米特拉达梯仍然努力将他的希腊精神当作武器，把自己塑造成一个对抗（他们眼中的）罗马蛮族的希腊斗士。存世的考古学证据表明，他在这方面是成功的。早在公元前115年，一个名叫狄俄尼索斯（Dionysus）的官员就在提洛岛上竖起了一座米特拉达梯的雕像。后来，米特拉达梯决定亲自到希腊去学习，他在希腊世界进行了一番“游学旅行”，大约在公元前102/前101年。提洛岛就是他停靠的港口之一。提洛岛上有一处英雄圣地，是那一年由一个名叫赫利奈克斯（Helianax）的雅典祭司献给他的。圣地里有米特拉达梯的朝臣、外国盟友和伙伴的几座半身像，以及一座他本人身穿罗马将军制服的华美雕像。雕像服饰的选择显示，这时候米特拉达梯与罗马的关系还是相当友好的。公元前94/前93年，一个名叫狄卡乌斯（Dicaeus）的塞拉皮斯（Serapis）祭司在得洛斯的塞拉比尤姆神庙（Delian Serapeum）为雅典人民、罗马人民、米特拉达梯国王和他的父母举行了一次献祭，进一步证明了米特拉达梯在提洛岛和雅典的受欢迎程度。

公元前96年，朱古达的征服者卢西乌斯·科尼利厄斯·苏拉是西西里的前执政官——行省总督（proconsular governor）。在米特拉达梯南部边境的卡帕多细亚，他扶持“罗马人的朋友”阿里奥巴尔赞一世（Ariobarzanes I Philoromaios）为傀儡国王，同时阻止米特拉达梯与他的新盟友、亚美尼亚国王提格累尼斯（Tigranes）取得联系。然后在公元前92年，罗马命令米特拉达梯完全放弃他在小亚细亚的领土。他马上照办了，但是心里很不情愿。米特拉达梯被允许继续占领科尔喀斯和克里米亚，因为这不侵犯罗马的利益，但是，这时候他一定已经意识到，要实现自己的梦想，他必须战胜罗马。

战胜罗马似乎的确在米特拉达梯的日程表上。据说，在鼎盛时期，他的军队有十二万五千步兵、数千骑兵和许多刀轮战车，他的舰队有四百艘战船。公元前91年，意大利战争/同盟战争爆发，他第一次真正的机会来了（参见第10章）。罗马完全专注于国内事务，给了米特拉达梯和提格累尼斯（现在是他的女婿）一个窗口期，他们趁机占领了西方的比提尼亚和南方的卡帕多细亚。罗马派出一个由马尼乌斯·阿奎利乌斯（公元前 101 年任执政官）领导的委员会，恢复了比提尼亚国王尼科米底斯六世（King Nicomedes VI）[①] 的王位。米特拉达梯不战而退，但罗马人还是向尼科米底斯索要一笔巨额费用，作为帮助他的报酬。于是，在阿奎利乌斯和其他罗马债主的经济压力之下，尼科米底斯入侵本都。米特拉达梯很狡猾，选择撤退。他任由尼科米底斯一路推进到阿马斯特里斯（Amastris），没有遇到任何抵抗。现在他有了合适的借口，可以在他选择的任何时间发动战争。

第一次米特拉达梯战争

有了充分的理由和必胜的信心，米特拉达梯先下手为强，发动了历史学家所称的第一次米特拉达梯战争（First Mithridatic War，公元前 88 年—公元前 84 年）。他横扫卡帕多细亚和罗马的亚细亚行省，许诺给希腊城邦自由并免除它们的债务。在当地人的帮助下，他制造了所谓的“亚细亚晚祷”（Asiatic Vespers），大肆屠杀这一地区的罗马人和意大利人，有些文献称，一天之内就有八万人丧生，包括男人、妇女和儿童。这也充分证明了当时行省对罗马的强烈不满。

在帕加马的阿斯克莱皮昂（Asclepieion）发生了惨无人道的大屠杀，提洛岛也没能幸免。提洛岛原本处于意大利势力的控制之

---

① 应为尼科米底斯四世。

下，在战争中反对米特拉达梯，当雅典人选择站在米特拉达梯一边反抗罗马时，提洛岛便叛离了。雅典人在哲学家、政治家忒欧斯的阿佩利孔（Apellicon of Teos）的领导下发动了一次远征，要求收复这座岛屿。提洛岛是一个圣地，是阿波罗的出生地，理论上不应受到战火的蹂躏，但是要制裁米特拉达梯的罪行，只能仰赖诸神的怒火。在公元前88年，诸神没有拯救它。“米特拉达梯的将军门诺法涅斯（Menophanes）……乘战船前来……将外国人和岛民全部屠杀殆尽。他从商人们那里掠夺了大量财富和所有神圣的珍宝，将妇女和儿童卖为奴隶，将提洛岛夷为平地。”[8]

阿庇安和保萨尼亚斯（Pausanias）说死亡人数高达两万[9]，此后提洛岛再也没有恢复元气。意大利市场是罗马资本主义在希腊世界中的象征，自然首当其冲，遭到了最严重的破坏。这里曾经得到重建，直到公元前69年，米特拉达梯的盟军、雅典诺多罗斯（Athenodorus）的海盗将残余的部分摧毁殆尽。

米特拉达梯还入侵了欧洲大陆。雅典的民主派“邀请”他去解放希腊，他的代理人亚里逊（Aristion）领导了一次革命，反对那里不得人心的寡头政治，并自立为王。米特拉达梯的将军阿基劳斯（Archelaus）控制了大部分爱琴海地区，并占领了希腊中南部。埃雷特里亚（Eretria）、卡尔基斯和优卑亚全都倒向米特拉达梯，甚至斯巴达人也被打败了。除了高贵的罗得岛，爱琴海的几乎全部岛屿都倒向了米特拉达梯。这再次生动地说明了这一地区对罗马的敌意之深。昆图斯·布鲁提乌斯·苏拉（Quintus Bruttius Sura）率领罗马军队，在希腊彼奥提亚（Boeotia）地区的喀罗尼亚（Chaeroneia）附近迎战米特拉达梯的指挥官阿基劳斯，双方激战三天，罗马人抵挡住了阿基劳斯的猛攻，但最后还是撤退了。[10]

这个时候（公元前87年），苏拉本人率领五个军团进入伊庇鲁斯。米特拉达梯无力阻止他穿越马其顿，苏拉沿途集结兵力、补充给养，洗劫了奥林匹亚、伊庇道鲁斯（Epidaurus）和德尔斐的神庙，还掠夺其他财宝来为他的军队提供资金。[11]公元前86年3月1日，罗马军队一举攻下了雅典。普鲁塔克评论说："苏拉围攻雅典，可用来作战的时间非常有限，'还有其他工作让他分心'。"[12]

苏拉随后将阿基劳斯赶出比雷埃夫斯（Peiraieus）的港口，猛烈的围攻将这座港口变成一片废墟。本都军队继续穿越色雷斯和马其顿，直到双方又一次在彼奥提亚的喀罗尼亚展开激战。苏拉设法缩小战线之间的距离，使阿基劳斯的战车丧失作用，因为它们需要一段距离加速疾驰，才能获得巨大的冲力，发挥杀伤敌人的效果：

> 这些战车的速度很慢，给人的印象是有气无力，罗马人在欢呼的喊叫声中将他们击退，如同在赛车场那样要他们再来一次。这个时候两军的主力已经遭遇，蛮族这边大家都挺起长矛，盾牌紧密靠拢连成一体，尽力保持完整的战线。罗马人这边在投出标枪以后，拔出佩剑向前猛冲，立即与蛮族的长矛接触发生激烈的战斗。[13]

罗马人的顽强更胜一筹，阿基劳斯的军队被击溃了，只有一万人（不到总兵力的10%）还能保留作战能力[14]，李维估计伤亡人数高达十万。[15]

米特拉达梯的军事专家多里劳斯（Dorylaus）率领八万精锐部队前来增援，他们渡海抵达希腊，第二场大战在彼奥提亚平原的奥考麦努斯（Orchomenus）附近打响。苏拉挖掘壕沟、在空地上插入木桩，来削弱本都骑兵和战车的机动性，又一次大获全胜，"沼泽满溢鲜血，湖泊堆满尸体，当天有大量蛮族的弓箭、头盔、铁器的碎片、胸甲和刀剑埋在很深的淤泥当中，距那次会战两百年以后还陆续被发现”[16]。

苏拉对本都营地展开猛攻，不过阿基劳斯躲进沼泽里，逃走了。米特拉达梯听说奥考麦努斯的消息后，开始反思自从战争开始以来他在希腊投入的庞大兵力以及惊人的损耗率。他命令阿基劳斯尽可能以最好的条件媾和。[17]

凭借战场上的胜利，苏拉向米特拉达梯继续施压。公元前 85 年，他朝东北穿越马其顿到达达达尼尔海峡。随后派卢西乌斯·李锡尼·卢库卢斯到埃及和利比亚去招募海军。卢库卢斯是一位以奢侈著称的罗马政治家，据说他曾经一场宴席就花费了 5 万塞斯特蒂（*sestertii*），而当时一个士兵的年薪只有 480 塞斯特蒂。

与此同时，罗马正在经历剧烈的政治动荡。苏拉的对手派卢西乌斯·瓦莱里乌斯·弗拉库斯（Lucius Valerius Flaccus）和盖尤斯·弗拉维乌斯·费姆布里亚（Gaius Flavius Fimbria）去对付米特拉达梯，他们还有一个秘密任务就是背叛苏拉（至少苏拉是这样认为的）。然而，费姆布里亚发动兵变，杀死了弗拉库斯，在林达库斯河［River Rhyndacus，今土耳其西北的穆斯塔法凯马尔帕沙河（River Mustafakemalpaşa）］河岸击败了由米特拉达梯的儿子（也叫米特拉达梯）指挥的后备军，控制了帕加马。老米特拉达梯设法逃离了帕加马的大本营，公元前 85 年夏，他已经准备好谈判了。费姆布里亚被苏拉围困在帕加马，手下只有两个不那么忠诚的军团。当他的部队弃他而去时，费姆布里亚试图引刀自尽，但是没能致死，不得不由一名奴隶帮助结束生命。[18]苏拉接管了他的军队。

米特拉达梯和苏拉在特罗阿斯（Troad）的达达努斯（Dardanus，位于特洛伊附近）会面。米特拉达梯由两万步兵和六千骑兵护送，还有大量刀轮战车，苏拉只带了四个步兵大队和几百名骑兵。经过漫长而激烈的讨论，双方达成了协议。协议对米特拉达梯相当宽容，但是要求他放弃在亚细亚行省占有的一切。米特拉达梯同意放弃他在亚细亚征服的全部领土；他将撤出帕加马（他的大本营），交出他在比提尼亚、帕夫拉戈尼亚和卡帕多细亚的所得；献出他爱琴海舰队的七十艘战船和五百名桨手；支付一笔 2 000 塔兰特的赔款——这个数字并不太高。作为回报，米特拉达梯能够保留本都的王位，并被承认为罗马的盟友。[19]

本质上，《达达努斯条约》使米特拉达梯在未来一段时间内成为罗马的一个隐患。同时，罗马对待亚细亚的行省则要严厉得多：支持米特拉达梯的城市失去了独立和所有权利；一些城市的城墙被拆毁；行省要支付 2 万塔兰特的巨额赔款。后来，这些不幸的行省人债台高筑，主要就是因为他们为了偿还赔款，不得不向无情的罗马商人借高利贷。但是苏拉并不以为意，这些问题就留给其他人去解决好了。他急于返回罗马，以超乎想象的野蛮方式向他的政敌复仇。[20]

第二次米特拉达梯战争

苏拉离开时，卢西乌斯·李锡尼·麦利那（Lucius Licinius Murena）和先前费姆布里亚的两个军团一起留下善后。苏拉刚回到罗马，麦利那为了举行凯旋式，便开始寻找一切借口发动战争。米特拉达梯的将军阿基劳斯现在倒向了麦利那，阿基劳斯说服他先发制人、入侵本都，这就是第二次米特拉达梯战争（Second Mithridatic War，公元前 83 年—公元前 81 年）。米特拉达梯抗议说这违反了协议，麦利那回答说他没有看到协议，因为苏拉没有写下来——他看到口头协议得到实际执行后便离开了。米特拉达梯向罗马的元老院和苏拉派出使者时，麦利那已经蹂躏了米特拉达梯的四百个村庄。米特拉达梯没有抵抗，而是等待他的使者回来。罗马派来了裁判官昆图斯・卡利狄乌斯（Quintus Calidius），公开告诉麦利那元老院命令他不要侵扰本都国王。但是麦利那不予理会，继续入侵米特拉达梯的领土。于是，米特拉达梯决定在战场上迎击麦利那，并于公元前 82 年获得一场大胜。[21]苏拉派奥卢斯・盖比尼乌斯（Aulus Gabinius）去告诉麦利那不要和米特拉达梯作战。麦利那被召回，公元前 81 年，双方以和之前同样的条件恢复了和平。西塞罗看得很明白，米特拉达梯又一次全身而退：“卢西乌斯・苏拉对米特拉达梯取得了一次胜利，卢西乌斯・麦利那也打了一次胜仗，这两人都是勇士和伟大的将领，但是受到打击以后的米特拉达梯仍旧待在他的王座上！”[22]

第三次米特拉达梯战争

这时候，意大利的局势令罗马无暇顾及米特拉达梯。苏拉成功地当上了罗马的独裁官，实施了一系列恐怖禁令，冷酷地杀害他个人和政治上的敌人，多达数千人。他还对罗马宪政进行了颇具争议的改革，公元前 87 年，他刚一死去，这些改革措施就被废除了。罗马很快陷入内战。罗马人的注意力转移了，米特拉达梯又看到了机会。公元前 74 年，比提尼亚国王“笃爱父亲者”尼科米底斯四世去世，由于没有留下子嗣，他将他的王国遗赠给罗马。米特拉达梯再次入侵比提尼亚，发动了第三次米特拉达梯战争（Third Mithridatic War，公元前 74 年—公元前 63 年）。阿庇安说他做了充分的准备，招募了一支多民族的大军，有十四万步兵和一万六千骑兵[23]，在博斯普鲁斯海峡边、拜占庭对岸的卡尔西顿（Chalcedon）击败了罗马执政官马库斯·奥勒里乌斯·科塔（Marcus Aurelius Cotta）匆忙拼凑起来的军队。[24]

另一位执政官卢西乌斯·李锡尼·卢库卢斯可能举办过罗马有史以来最奢华的宴会，但他同时也是一位战术大师。通过不正当的手段获得任命后，他接管了战争，在出征的旅途中研究了战略战术[25]，重新整肃了部队的纪律。他阻止了米特拉达梯占领马尔马拉海南岸的基齐库斯（Cyzicus），并在公元前 74/前 73 年的围攻中击败了敌人。这时候，斯巴达克斯奴隶起义在意大利爆发（参见第 11 章的“斯巴达克斯的爆发”），在一定程度上分散了罗马对米特拉达梯的注意力，但卢库卢斯还是将米特拉达梯赶出了他占领的沿海地区，并在第二年冬天（公元前 73/前 72 年）入侵本都。普鲁塔克在叙述中插入了一段有趣的评论：“我很奇怪，不知道撒路斯提乌斯出于何种原因，说罗马人在这场会战中第一次见到骆驼，事实上很久以前在西庇阿击败安条克的时候，以及后来在奥考麦努斯和喀罗尼亚附近与阿基劳斯的战斗中，就已经有很多人熟悉这种动物了。”[26]

卢库卢斯没能解决掉行踪莫测的本都国王，不得不扎营过冬。随后双方展开了一系列游击战，直到最后，卢库卢斯在本都的卡比拉（Cabeira）大败米特拉达梯。[27]

> 遭遇这场惨败之后，米特拉达梯下令杀死皇室的公主们，并决定在他的臣民们不知情的情况下逃离卡比拉。但是他被一些高卢人追赶，这些人并不知道他是谁，差一点就要抓住他，这时刚好一头骡子驮着米特拉达梯的金银财宝经过，高卢人便停下来掠夺这些财宝。米特拉达梯这才逃过一劫，跑到了亚美尼亚。[28]

接下来的几年里，当罗马仍然在应付斯巴达克斯起义的同时，卢库卢斯占领了本都的所有据点，但是没有抓到米特拉达梯本人。米特拉达梯逃到亚美尼亚，提格累尼斯拒绝交出他。卢库卢斯很清楚，只要米特拉达梯还在逃，战争就没有结束，他顽强地继续追击。公元前 69 年，他在托米萨（Tomisa）渡过幼发拉底河（River Euphrates），率领一万两千步兵和三千骑兵入侵亚美尼亚。[29]他这样做并没有得到元老院的许可，相当于叛国行为。虽然提格累尼斯的兵力远胜于他，但他还是在提格累诺塞塔（Tigranocerta）大败提格累尼斯，夺取了这座要塞。[30]

随着卢库卢斯继续东进，他留在身后的领土开始失去控制，特别是亚细亚和奇里乞亚，最后他手中只剩下比提尼亚和他的部队。更糟糕的是，公元前 68 年，就在他逼近提格累尼斯的首都阿尔塔克萨塔（Artaxata）时，他的军队发生了哗变：士兵们不喜欢严格的纪律，只想要轻松的战斗和劫掠；他们在东方待得太久了，听说卢库卢斯还打算入侵帕提亚（Parthia）时，他们不愿意继续前进。[31]卢库卢斯别无选择，只能退到美索不达米亚过冬。

当然，这又给了米特拉达梯机会卷土重来。公元前 67 年，他打回本都，在比提尼亚与罗马人展开游击战。卢库卢斯的将军盖尤斯·瓦莱里乌斯·特瑞阿留斯（Gaius Valerius Triarius）在泽拉（Zela）被米特拉达梯击败，伤亡七千人[32]，卢库卢斯自己的部队还在继续叛逃。更糟糕的是，在罗马，作为富商的骑士阶级坚决反对卢库卢斯对亚细亚行省的经济政策：苏拉将行省的债务从 2 万塔兰特增加到 12 万塔兰特，卢库卢斯则将其降到 4 万塔兰特；他还将利率锁定在 12%。作为统治精英的贵族派对他没有得到正式许可就进攻提格累尼斯感到恼火。平民和平民派也不喜欢他，因为他不是他们中的一员，而且他们认为他让战争拖得太久了。最后，卢库卢斯被剥夺了指挥权，米特拉达梯和提格累尼斯又夺回了他们的领土。

在罗马，当务之急是决定由谁来代替卢库卢斯，公元前 66 年初，保民官盖尤斯·马尼利乌斯（Gaius Manilius）通过了《马尼利法》(*lex Manilia*)，授予庞培与米特拉达梯作战的指挥权。这在罗马引起了巨大的争议，军事上的理由却很充分。庞培刚刚取得一场大捷，肃清了地中海的海盗，他被授予的这项特殊指挥权还有两年半才到期——他已经拥有“必要的权力”了。贵族们分成两派。一些人认为卢库卢斯被欺骗了，争辩说不应该将这么大的权力交到一个人手中，他们指出还有其他合适的人选，而且现任的官员都可以承担这项任务。这里面有一定程度的恐惧和嫉妒的成分，而且他们感觉庞培不是真正的自己人。另一些人则尊重庞培的成就，支持他的任命。平民派非常支持这项法案：尤利乌斯·恺撒发言支持法案，而罗马人民喜欢庞培。骑士阶级也持支持的态度：庞培战胜海盗对他们的贸易活动非常有利，亚细亚的和平也符合他们的利益。连一向不喜欢这类事情的西塞罗，也发出了支持的声音。[33]他争辩说这项法案并非没有先例，战争本身在所难免，庞培非常适合这项任务，而且无论如何都会登场。他没有说出他的真正动机——他需要庞培的支持才能当上执政官。在他的支持之下，马尼利乌斯的法案被全部三十五个部落一致通过。庞培假装对新的“负担”感到不满，实际上这正是他一直想要的。罗马的政治家们很快揭穿了这出讽刺剧的真面目。

基本上，庞培需要做两件事情：第一，俘虏或杀死米特拉达梯；第二，让这件事看起来比实际上更加困难。米特拉达梯寻求和平，让他骑虎难下。显然，这给当时在奇里乞亚的庞培出了难题：如果他接受和平条件，他的对手会说在庞培接手以前，对米特拉达梯的战争就已经胜利了。所以，他向米特拉达梯提出相当于无条件投降的条款，让对方别无选择，只能拒绝。

庞培还不能赢得太容易，他必须确保东方的一切工作都是由他亲力亲为的，因此，他撤销了卢库卢斯的所有法令。在与卢库卢斯的一次针锋相对的会面中，庞培指控卢库卢斯贪婪成性，嘲讽他是“穿着长袍的薛西斯”[34]。卢库卢斯则反唇相讥，说“庞培前来打一场虚无缥缈的战争，他通常表现在人前的作为，就像一只腐食的兀鹰，聚在别人所杀的尸体上面，把战争的遗骸啄得七零八落”[35]。

卢库卢斯离开后，庞培率领五万人进攻本都。本都国王尽了一切努力避免直接交战，最后，两军终于在幼发拉底河畔的达斯特雷亚（Dasteira）附近遭遇。那是一个明亮的月夜，月光从罗马人身后照下来。

> 一开始，所有的（罗马）号手一起吹响进攻号，然后士兵们发出洪亮的呐喊声，有人用长矛敲击盾牌，有人用石头敲击铜器。喧嚣声在山谷中回荡，发出令人恐怖的回声，蛮族在深

夜的荒野中忽然听到这样的声音，惊慌失措，还以为遇到了什么超自然的现象。[36]

蛮族陷入混乱，被罗马人团团包围，米特拉达梯的士兵在慌乱中相互推搡和践踏。罗马人投下的长长的影子迷惑了对手："蛮族人以为他们非常接近，徒劳地向空中投掷标枪，当罗马人从阴影里近距离攻击时，就能够出其不意地杀伤对手。就这样，很多蛮族人被杀，少数人被俘。也有相当数量的人逃跑了，其中就有米特拉达梯。"[37]

米特拉达梯和他的侍妾海普希克拉夏（Hypsicratia），以及另外两名同伴逃脱了追捕。海普希拉克夏虽然是一介女流，但天生性格豪迈、英勇无畏，以至于国王经常用海普希克拉底（Hypsicrates）这个男性的名字来称呼她。[38]

庞培将达斯特雷亚设为殖民地，并改名为尼科波利斯（Nicopolis，意为"胜利之城"）。与此同时，米特拉达梯在亚美尼亚边境勉强集合起少得可怜的三千人的残军。[39]米特拉达梯曾经的盟友提格累尼斯认为罗马人过于强大，决定悬赏 1 000 塔兰特抓捕米特拉达梯。走投无路的米特拉达梯经过艰苦的长途行军，绕过整个黑海东岸，抵达克里米亚的潘提卡彭，沿途征服了一些当地部落。他驱逐了他和他的王后（也是他的妹妹）拉俄狄刻所生的儿子马卡尔斯(Machares)，逼得他自寻短见。假如说米特拉达梯现在已经不是本都国王，那么他还是克里米亚的领主。后来，庞培将这个地方重组为罗马的一个行省。

庞培追踪米特拉达梯直到科尔喀斯，然后，他放弃了追踪，转而去征服几个以前没有听说过的部落。这些胜利为他日后返回罗马积累了很好的宣传材料。他用他的舰队将米特拉达梯封锁在潘提卡彭，然后掉过头来征服了本都。他把米特拉达梯的侍妾们送还给她们的父母和亲人，其中一个名叫斯特拉托妮丝（Stratonice）的侍妾将西诺里亚（Sinoria）城堡献给了他。他还发现了一大批米特拉达梯的信件，从这些信件中，可以一窥这位国王的性格：

> 从这些备忘录知道……米特拉达梯用毒药夺走了很多人的性命，包括他的儿子亚里阿拉昔斯（Ariarathes）和萨迪斯人阿尔西乌斯（Alcaeus of Sardis），后者因在赛马中取得优胜而惹恼了他。还有一些解梦的意见，包括他自己和他妻子的在内，以及他和侍妾摩妮美（Monime）之间多封极其猥亵的情书。迪奥法尼斯（Theophanes）说发现鲁提利乌斯的一封信函，企图用激怒暴君的方式让他屠杀亚细亚的全部罗马人。[40]

与此同时，米特拉达梯正在征召军队、制造武器，并酝酿着一个惊人的计划：再组织一支大军，向多瑙河上游进军，像汉尼拔一样，与高卢人联手入侵意大利。[41]

双方陷入僵持。庞培的注意力转向了相反的方向，穿越并征服了叙利亚，公元前63年，他抵达犹地亚（Judaea），陷入了长达三个月的耶路撒冷围攻战。最后，“运道会解决这些疑难杂症”[42]：庞培在耶利哥（Jericho）时，传来了米特拉达梯的死讯，这一定让他如释重负，因为过去三年他一直没能抓住他。米特拉达梯失去了臣民的支持，又面临另一个儿子法纳西斯（Pharnaces）的反叛，最后结束了自己的生命。[43]

> 于是米特拉达梯拿出一些总是和他的宝剑一起装在剑鞘里的毒药来，用水调和。他有两个在一起长大、现在还年轻的女

儿……已经分别许配给埃及王和塞浦路斯王，当时她们请求让她们先服一些毒药，随后两人马上中毒身死。虽然米特拉达梯很快地走动，以促使毒药迅速发作，但是毒药对他没有效力，因为他惯常不断地服食其他药品，以防止他人给自己下毒。[44]这些药品至今还被叫作“米特拉达梯药剂”[45]。

于是，米特拉达梯让他忠实的高卢侍从毕都伊塔斯（Bituitus）杀死他。毕都伊塔斯服从了国王的命令。庞培给米特拉达梯举行了体面的葬礼，并支付了葬礼的费用。

米特拉达梯是罗马在东方最顽强的敌人之一，当他的死讯传来，人们纷纷走上街头庆祝。阿庇安承认，由于米特拉达梯战争，罗马帝国已经从西班牙和赫拉克勒斯之柱（Pillars of Hercules）扩张到黑海、埃及边境的沙漠和幼发拉底河。在罗马人眼中，他们又赢得了一场伟大的胜利，指挥官庞培现在可以当之无愧地获得“伟大”的称号了。不过，米特拉达梯却不像他渴望的那样伟大。除了他自己的生命和权势之外，他没有什么宏伟的计划；虽然他热爱希腊文化，却没有给当地的希腊人多少好处。对希腊人来说，这是一种双输的局面：要么被米特拉达梯统治——一个文化上完全陌生的蛮族，我们的历史文献都是这样强调的，要么被无能的罗马行省总督统治。事实上，最终是蛮族，而不是希腊人，造成了米特拉达梯的毁灭。

庞培的士兵们觉得，米特拉达梯的丧生抵得上杀敌一万。著名学者、诗人 A. E. 豪斯曼（A. E. Houseman）将米特拉达梯之死写进了他的诗篇《西罗普郡少年》(*A Shropshire Lad*，1896)：

从前在东方有一个国王

（东方的国王在筵宴时常常
把下毒的酒和下毒的肉
不知不觉地吃个够），
他向众毒荟萃的大地
采撷一切生命的汁液，
先是一点滴，渐由少而多，
把致命的毒尽数网罗。
当觥筹交错时，王高踞宝座，
兴高采烈，嬉笑而不经意；
人在他肉盆里加进砒霜，
睁着大眼睛看见他吃光；
人在他酒杯内放进鳖精，
骇异地看见他一饮而尽。
看得人，吓得人，脸色如白衣，
下毒人结果反害了自己。
我说这故事是闻自人道，
米特拉达梯王终至寿考。

第 13 章

帕提亚射击：克拉苏在卡莱

> 我认为预知未来也可能是一种不幸……比如马库斯·克拉苏。当他的权势和财富登峰造极时，如果知道自己注定要在幼发拉底河对岸失去儿子和军队，自己也将在屈辱中死去，对他来说，这又有什么好处，又算得上什么祝福呢？[1]

前三头同盟

米特拉达梯六世死后，庞培回到罗马，解散了他的军队，举行了盛大的凯旋式，然后却在政治上碰壁了。作为退伍复员的补偿，他需要为老兵们提供土地，需要兑现他在东方所做的所有政治安排，他还想与贵族派的中坚力量马库斯·波尔基乌斯·加图的家族联姻。但是贵族派团结一致，让他处处受挫。曾经是罗马首富的马库斯·李锡尼·克拉苏［绰号“富人”（the Rich），参见第 11 章的“公元前 72 年：罗马派出执政官，克拉苏登场”］也受到贵族派的排挤：克拉苏远征帕提亚之前，经过计算，他的全部财产总值 7 100 塔兰特，大部分都是不义之财。[2]作为税收财团骑士阶级的代言人，他试图就亚细亚行省的收税权重新展开谈判，但贵族派并不买账。贵族派还得罪了正在冉冉上升的盖尤斯·尤利乌斯·恺撒（Gaius Julius Caesar），他想为最近在伊比利亚半岛的胜利举行凯旋式，还想在公元前 59 年当选执政官。但是，根据法律他只能二选一：要么在罗马城外等待凯旋式，要么亲自进城登记他的候选人资格。贵族派从来就不喜欢他，告诉他二者不可兼得。恺撒放弃了凯旋式，出现在罗马，让他们措手不及。于是他们颁布法令，如果恺撒当选，那么卸任以后只能得到一个三流职位，去管理意大利的林地和牧群。这显然是不可接受的。

庞培、克拉苏和恺撒不是好朋友，但是他们知道，如果三人合作，就能在短时间内得到他们想要的一切。所以，他们建立了一种“友谊”（*amicitia*，一种非正式的政治协议），后来被称为“前三头同盟”（First Triumvirate）。同盟保证恺撒在公元前 59 年当选执政官，恺撒则不择手段地确保三巨头中的每一个人得到自己想要的东西。从那时起，联盟就开始遭遇来自内部和外部的压力，但是自身利益将他们团结在一起。公元前 56 年选举季之前，他们又在意大利的卢卡（Lucca）敲定了一项新协议，完全控制了罗马：恺撒在高卢的指挥权延长到五年（参见第 14 章的“罗马和高卢”）；庞培和克拉苏成为公元前55年的联合执政官；庞培得到了西班牙的控制权，为期五年，同时他本人可以留在罗马；叙利亚成为克拉苏的行省，为期五年。

克拉苏简直不敢相信自己的好运。他开始梦想着征服整个东方："妄自称大的心态非常奇特，然而比起他的狂热已经有所保留。他把卢库卢斯对抗提格累尼斯的行动，以及庞培击灭米特拉达梯的远征，视为易如反掌折枝的童稚嬉戏，认为自己的运道不限于叙利亚和帕提亚这个范围之内，将未来的目标定在巴克特里亚（Bactria）和印度，还有更为遥远的海洋。"[3]

克拉苏在选举中没有提到过要对帕提亚发动战争，但是每个人都知道他打算这样做（尽管帕提亚人没有做任何冒犯罗马的事，而且与罗马签订了和平条约）。保民官盖尤斯·阿泰乌斯·卡皮托（Gaius Ateius Capito）想要阻止克拉苏离开罗马，他先是试图逮捕他，然后又在城门口发出阴森可怕的诅咒，召唤奇特而可怖的神明。但是这些都不能让克拉苏放弃他的目标。

帕提亚和帕提亚人

希腊人和罗马人将克拉苏准备进攻的民族称为"帕提亚人"。他们最初叫作"帕尼人"（Parni），是半游牧民族联盟大益人（Dahae）的一支，希腊化时期生活在里海（Caspian Sea）南岸的希尔卡尼亚（Hyrcania）附近。他们的希腊名字来自波斯的阿契美尼德王朝（Achaemenid Persian），以及后来塞琉古王朝的一个被称为"帕提亚"（*Parthava*）的行政区。通常认为，帕提亚［安息（Arsacid)］时代从公元前 247 年开始。从这一年起，帕提亚人占据了这一地区，逐步发展成一个西至幼发拉底河、东至印度河（River Indus）的帝国。与罗马的战争爆发前，帕提亚国王统治着一个种族、政治、社会和文化都相当多元化的国家。克拉苏离开罗马时，帕提亚的国王是奥罗德斯二世（Orodes II）［又称阿尔萨息（Arsaces）或希罗德斯（Hyrodes），公元前 57 年—公元前 37 年在位］。他的王后是希腊化的科马根尼（Commagene）的公主，名叫拉俄狄刻（Laodice）。

现代学术界一直热衷于恢复帕提亚人的原貌。传统上认为，他们在文化上依附于希腊人和罗马人，没有太大的政治野心，各个方面都比不上罗马。然而，遍布其领土的考古遗址和最近从美索不达米亚发现的文本，呈现出更加丰富的细节。我们可以从他们的钱币和文化交往中看到亲希腊的倾向，同时也能看到他们的统治中不乏所谓的“伊朗特色”，而且，为了将多元化的臣民团结起来，进行了许多文化融合方面的努力。不过，再多的文化同化也不能改变希腊人和罗马人的态度，在他们眼中帕提亚人无疑是蛮族。“帕提亚弓箭手”和“悬挂彩绘箭囊的帕提亚人”[4]，都被罗马诗人用作代表东方异国情调的意象。

奥罗德斯二世和他的臣民说帕提亚语，这是伊朗中西部的一种语言。他们信奉琐罗亚斯德教（Zoroastrianism），举行圣火礼，不过对其他所有宗教都持包容态度。在叙利亚、中国和印度的贸易往来中，帕提亚人充当了重要的中间人。在战场上，他们的重装骑兵令人闻风丧胆，他们的轻骑兵弓箭手也能造成可怕的伤害。他们骑乘自己繁育的、现在已经绝种的尼萨（Nisaean）战马，希罗多德说这种马的体形比其他地方的马大得多，这在古代具有很高的价值。[5]

克拉苏防守

公元前 54 年，克拉苏征募到他所需要的军队，从布隆迪西乌姆［Brundisium，今布林迪西（Brindisi）］的海港离开意大利。他没有耐心等待，在冬天的风暴中便出航，损失了一大批战船。他率领剩余的军队，快速行军通过加拉太的蛮族领地，在那里，他与戴奥塔鲁斯国王（King Deiotarus）有过一番唇枪舌剑的交锋。这位国王的年纪已经很老了，但是正在建立一座新城市。克拉苏嘲笑他道："陛下非要等到日暮西山才开始大兴土木。"国王说道："啊！将军！彼此彼此，你远征帕提亚也不能说是英年壮举。"[6]

戴奥塔鲁斯嘲笑克拉苏已经六十多岁了，而且外表看起来还要更加苍老。西塞罗也在写给他的朋友阿提库斯（Atticus）的信中说，克拉苏"穿着官员的长袍坐在那里，不如过去的卢西乌斯·埃米利乌斯·保卢斯那样尊贵"[7]。他说的是公元前 168 年，保卢斯在他的第二个执政官任期内出发去征讨珀尔修斯时（参见第 6 章的"马其顿的珀尔修斯：第三次马其顿战争"）也是六十岁。不同的是，保卢斯是带着吉兆出发的，而克拉苏是带着诅咒出发的。

克拉苏的开局十分顺利。他架桥渡过了幼发拉底河，没有遇到抵抗，随即控制了美索不达米亚的许多城市，其中一些是主动投降的。他在夺取一个希腊人称为齐诺多夏（Zenodotia）的城市时遇到了轻微的抵抗，尽管这场胜利的意义并不大，但他还是让士兵向他欢呼"凯旋将军"（Imperator，这是真正战功彪炳的将军才能享有的荣誉称号）。[8]然后，他在新占领的地区留下守备部队，但是没有一鼓作气继续前进，夺取原本就对帕提亚人抱有敌意的巴比伦和塞琉西亚（Seleucia，美索不达米亚的一座城市，有大量希腊人口），而是撤退到叙利亚的冬营去了。克拉苏的儿子普布利乌斯・李锡尼・克拉苏（Publius Licinius Crassus）也来为他助阵，但是老克拉苏的精力集中在财务而不是军事上——约瑟夫斯（Josephus）说他穿越犹地亚，抢劫了耶路撒冷的神庙，为远征提供资金[9]——这给了帕提亚人重要的喘息之机。

公元前 53 年选举季伊始，奥罗德斯二世派使者向克拉苏提出抗议，质问他入侵的理由是什么。克拉苏回答说，他将在塞琉西亚揭晓他的理由。帕提亚使者瓦吉西斯（Vagises）笑着举起手说道："如果你能活着见到塞琉西亚，这个手掌就会长出头发。"[10]使者离开后，克拉苏开始听说关于帕提亚战士的奇闻轶事，以及他们的可怕之处，"罗马人在逃走的时候，无法摆脱帕提亚人的追击，然而等到敌人体力不支撤离时，罗马人却没有能力赶上将他们捕获。他们使用一种非常奇特的新型箭矢，速度如闪电那样快捷，到达的距离使弓箭手已经无法看清楚目标，疾飞的箭矢增加了杀伤力。他们的骑兵部队使用攻击性武器，可以穿透所有的盾牌和铠甲，然而他们的防护装备是如此坚硬，没有任何武器能够对他们造成伤害"[11]。

这让罗马军队感到惊讶。克拉苏的士兵们一直以为帕提亚人与亚美尼亚人和卡帕多细亚人没有多大差别，卢库卢斯不费吹灰之力就战胜了后者（参见第 12 章的"第三次米特拉达梯战争"）。占卜连续发现不祥和大凶的朕兆，但是克拉苏对这一切置之不理，继续一意孤行，还拒绝了亚美尼亚国王阿塔伐斯德二世（King Artabazes II）支援一万重装骑兵和三万步兵的提议。

克拉苏的军队由七个军团、近四千骑兵和约四千轻步兵组成。他们从幼发拉底河右岸上的朱格玛（Zeugma）离开叙利亚，沿着河岸行军，一路上除了沙地上的马蹄印，没有遇到任何帕提亚人。这增强了克拉苏的信心，但是他的财务官盖尤斯·卡西乌斯·朗基努斯（Gaius Cassius Longinus）变得更加谨慎——这个人后来成为刺杀恺撒的刺客之一。他建议克拉苏不要离开河边，并且出于战略和后勤上的考虑，应向塞琉西亚进军。

正当克拉苏在权衡他的选择时，一个名叫亚里阿姆尼斯［Ariamnes，或阿布加鲁斯（Abgarus），或马扎拉斯（Mazaras）］的阿拉伯酋长找到了他。[12]这个人曾经为庞培效力，每个人都知道他是亲罗马的，但是普鲁塔克道出了真相，这个家伙“狡猾而又机警，在他的引导之下克拉苏走向毁灭的道路。虽然罗马人遭遇各种不利的逆境，但他是使其全军覆没最主要和最致命的因素”[13]。他想诱使克拉苏离开河边的安全地带，进入开阔的平原：帕提亚人从来没有考虑过正面进攻，而是想要设法包围克拉苏。亚里阿姆尼斯被特指为“那个蛮族人”（the Barbarian），他的能言善道也是公认的。[14]

亚里阿姆尼斯催促克拉苏不要再浪费时间，应立刻追击帕提亚军队，首先是因为他们想逃跑，其次是因为奥罗德斯二世没有跟他的将军苏里纳（Surena）和塞拉西斯（Sillaces）在一起。但这些情报全是一派谎言。奥罗德斯并不害怕克拉苏，相反，他正忙着教训亚美尼亚，惩罚想给罗马充当后备军的阿塔伐斯德。苏里纳则想与罗马人交战，而不是逃之夭夭。

在希腊人和罗马人眼中，苏里纳是典型的东方蛮族贵族：

> 苏里纳不是寻常人士，无论是财富、家世还是声誉，在王国可以说是一人之下万人之上，要是说到武德和勇气，更是首屈一指的名将。他体态匀称而且容貌英俊，是有名的美男子。他私人出游和旅行时，总是有一千匹骆驼装载他的行李、二百辆大车运送他的侍妾、一千名全副武装的卫士，加上无数的轻装士兵，至少有一万名骑兵，为他提供各种勤务和充当随护的行列。[15]

苏里纳头脑灵活，性格谨慎，与克拉苏完全相反。和罗马历史上的许多蛮族一样，他也被用来反衬一个不具备真正“罗马性”（*Romanitas*）的罗马人的道德缺陷。

亚里阿姆尼斯说服克拉苏跟随他离开河流，进入面积广大的平原地区，没有树木也没有水源，一眼望去全是开阔的沙漠。当干渴、沮丧和怀疑开始压垮克拉苏的士兵时，阿塔伐斯德的使者来了。亚美尼亚国王说他不能帮助克拉苏，因为他正在与奥罗德斯作战，不过他邀请罗马人加入他，如果不行，他也建议他们至少要向山区前进，在那里帕提亚骑兵不能发挥最大的效力。克拉苏刚愎自用地对使者说，他没空管亚美尼亚人的闲事，以后再找时间与阿塔伐斯德见面，对他叛逆的行为好好算一算账。[16]卡西乌斯认为继续向克拉苏谏言也没有用，只能咒骂“那个蛮族人”：“啊，你这个奸诈小人，怎么会把这种混账主意带到我们的营地，用花言巧语和迷魂药剂蛊惑克拉苏，竟然使得他率领大军开进广阔无垠的沙漠！难道他不知道，这个地方能让游牧民族的强盗头子如鱼得水，对罗马大军的将领而言却会带来大祸临头的灾难吗？”[17]

亚里阿姆尼斯在阴谋败露之前就逃跑了，克拉苏还以为他仍然在为自己效力。

这时候，有报告说帕提亚军队正在逼近。克拉苏不顾卡西乌斯的建议，将他的士兵排成中空的方阵。公元前 53 年 5 月 6 日，他们前进到一条河边，然而克拉苏没有让士兵们宿营休整，而是让他们立刻投入战斗。他们顾不上疲累，保持快速的步伐前进。苏里纳的军队乍看起来十分虚弱，但是帕提亚人将他的主力藏在第一道战线的后方，命令他们要用外衣和毛皮掩盖盔甲反射的亮光。等到两军足够接近，战场上回荡着可怕的声音和恐怖的呐喊，“帕提亚人不用号角和喇叭来激励作战的勇气，他们装备一种巨大的铜鼓，瞬间在队伍中间敲打起来，配合着充满死亡气息和沉重压抑的喊叫，就像一群野兽的咆哮，混合着惊天动地的雷霆之声”[18]。

罗马人被吓得晕头转向，帕提亚人将甲胄的外罩除去，露出精钢制成的胸甲和头盔，他们的坐骑也装备青铜和钢铁马具，全都发出耀眼的光芒，更是让罗马人大吃一惊。苏里纳以全副蛮族人的派头出现，“（他）苗条的身材和俊美的容貌，加上精致的外形和华丽的服装，缺乏男子汉的气质，一点都不像是指挥大军的统帅。他的面孔化了妆，头发梳成米底人（Medes）的样式[19]。其他的帕提亚人则蓬头垢面，头发像斯基泰人（Scythian）那样在前额盘成一堆，看起来格外狰狞恐怖”[20]。

帕提亚人包围了罗马人的方阵。克拉苏命令轻步兵出击，但他们立刻就遭遇帕提亚人使用“大而有力的弯弓”射出的密集的箭雨，退了回来。[21]箭矢的强劲和威力使其能够穿透任何一种铠甲，当罗马军队看到它们毁灭性的效果时，恐惧开始蔓延。而且，罗马人的方阵阵形使得帕提亚人甚至不需要特意瞄准，他们只要发射就不会失误。如果罗马人保持阵形，他们就只能任人宰割，但是如果他们冒险出击，就会遭遇著名的“帕提亚射击”——帕提亚人即使在逃走的时候也仍旧可以射出大量箭矢。

罗马人希望帕提亚人的箭矢会耗尽，当满载箭矢的驼队到来时，他们的希望破灭了。克拉苏只能派他的儿子强攻。普布利乌斯率领一千三百骑兵、五百弓箭手和八个大队的重装步兵发起攻击。但是帕提亚人转身就逃。普布利乌斯在后面追赶，直到发现自己上当了：那些看起来在逃跑的蛮族人现在转过身来，还有很多生力军加入他们的行列。他们将重装骑兵安排在罗马人的正面，其余的骑兵部队绕着罗马人疾驰，扬起阵阵沙尘，使得他们看不见彼此，也无法相互交谈。大屠杀接踵而至：“（罗马人的）身体忍受被箭射中的折磨，只能先将伤口的箭杆弄断，等到用力拔起带着倒钩的箭头，就会带出纠缠在一起的神经和血管，像是在对自己施以无法忍受的酷刑。”[22]

帕提亚人将很多幸存者的手钉在盾牌上、脚钉在地上，使他们丧失战斗能力。普布利乌斯只能带领他的骑兵孤军奋战，他们大多数是轻装的高卢人，帕提亚人的武器、铠甲和沙漠炎热的气候都让他们难以承受。普布利乌斯本人身负重伤，他把残余部队撤到了一座毫无防护的沙丘上，成了帕提亚人的活靶子。只有五百名罗马人被俘，普布利乌斯不在其中：帕提亚人砍下他的头颅，向着克拉苏进军。[23]

克拉苏刚开始前进，帕提亚人就用长矛顶着普布利乌斯的头颅过来了。与蛮族人的怒吼和鼓声相比，罗马人的呐喊声显得软弱无力。在这一天剩下的时间里，帕提亚骑兵向克拉苏的主力进攻，但是没有取得决定性的胜利。克拉苏独自躺在地上过夜，“对普通人来说，他是运气不好的例子，而对那些有见识的人而言，则是自私和野心的证明”[24]。

卡莱战役

克拉苏彻底绝望了，他的军官们召集了一个战争委员会，决定撤退。他们打算趁着夜色悄悄离开，但是这必须抛弃大量伤员。经过一阵混乱的行军，他们到达了卡莱［Carrhae，今土耳其东南的哈兰（Harran）附近］，在那里受到指挥官科波尼乌斯（Coponius）的欢迎。[25]

帕提亚人方面，他们清剿了罗马营地周围的残余部队，然后确认克拉苏的确已经到达卡莱，便向这座城市进发。苏里纳要求卡莱人交出克拉苏和卡西乌斯，罗马人只得计划在不让卡莱人知道的情况下悄悄逃走。但是，克拉苏又一次上当受骗了：他将行动的细节告诉一个叫作安德罗玛克斯（Andromachus）的当地人，还选他担任向导，谁知这个家伙毫无诚信可言，将情报全部提供给了帕提亚人。

在安德罗玛克斯的带领下，克拉苏的军队在一个没有月光的夜晚离开卡莱，他带他们走过一条曲折难行的路线，进入沼泽地带。一些罗马人对此深表怀疑，尤其是卡西乌斯，他决定不再跟随，返回卡莱。卡西乌斯的向导是一个阿拉伯人，向他建议要等待月亮过了天蝎座再启程，他回答说，他更害怕的是射手座（意指帕提亚的弓箭手），然后率领五百名骑兵逃回叙利亚。

破晓时分，克拉苏才意识到形势有多可怕。他远离其他的罗马军队，孤立无援，虽然经过一番努力以后再度回到正确的道路上，但帕提亚人的进攻把他逼到了一座小山上。他的指挥官屋大维乌斯

（Octavius）看到他陷入危险，立即率领自己的部队去击退进攻者，与他会合。这给苏里纳提出了挑战：他的部队已经厌倦了战斗，而罗马人可能从他手中溜走。所以他又用了一个诡计。他先是释放了一些俘虏，这些人听到帕提亚人谈话——当然是事先安排好的——说奥罗德斯不希望战争无休止地拖延下去，情愿用友情善待克拉苏，好为双方恢复邦交建立稳固的基础。然后，苏里纳要求暂时休战。再接下来，他取下弓弦，骑马登上小山，向克拉苏提出一项协议："我已经见识到罗马士兵的勇气和体力，现在国王希望双方不再非要拼个你死我活，而是要表达善意和建立友谊，等到签署停战协议，你们就可以安全离去。"[26]

克拉苏现在已经不像之前那样容易相信蛮族的花言巧语，但是士兵们鼓噪起来，不许他犹豫不决，于是他和屋大维乌斯动身去和苏里纳会面。

普鲁塔克告诉我们："蛮族那边由两个混血的希腊人前来迎接。"[27]他们的血统似乎可以追溯到亚历山大大帝的部队，亚历山大曾在公元前 4 世纪率军经过这一地区。在这次会面中，普鲁塔克把谁当成"蛮族"是非常耐人寻味的。这两个人让双方的会面充满了紧张的气氛，克拉苏步行而苏里纳骑马。帕提亚人宣布，奥罗德斯二世要和罗马人休战，但是他们必须到幼发拉底河畔去签署条约，因为帕提亚人已经不信任罗马人了。苏里纳的随从牵来一匹套上黄金口嚼的骏马，强行将克拉苏送上马鞍，并且鞭策马匹快速前进。双方扭打起来，屋大维乌斯和其他人围住马匹，拔出剑来斩杀了一个蛮族马夫。克拉苏被一个名叫波玛克萨司里斯（Pomaxathres）的帕提亚人砍落马下。[28]

关于克拉苏之死还有其他版本，但普鲁塔克指出这些说法全是臆测。他提到另一个没有留下姓名的杀手，在克拉苏倒地以后砍下了他的头颅和右手。据迪奥·卡西乌斯记载，克拉苏为了不被生擒，为自己的士兵所杀。[29]还有传闻说他的尸体受到了羞辱。有一个故事说，为了讽刺他的财富，帕提亚人把融化的黄金灌进他口中。另一个故事说，苏里纳举行了一场滑稽表演，模仿罗马人的凯旋式，让一个长得很像克拉苏的俘虏穿上女人的衣服，骑在马背上，在骑骆驼的号手和扈从的引导下进场。扈从的束棒上面挂起很多钱袋，战斧上悬吊着砍下来的罗马人的头颅。他们后面是一群妓女，唱起下流的小调，嘲笑克拉苏的柔弱和怯懦。苏里纳还从罗马人的行李中发现了一批禁书，其中最著名的是亚里斯泰德（Aristides）的《米勒西卡》（*Fabula Milesiaca*），他想利用这些书籍，却在道德上取得了适得其反的效果。《伊索寓言》中有一个故事，说每个人都带着两个皮袋：一个放在身前，里面装着邻居的缺点，时时都可以看得很清楚；另一个放在身后，里面装着自己的过错，根本没有办法看到。当人们看到苏里纳把一个装着色情文学《米勒西卡》的皮袋放在身前，身后却用很多辆大车载运他的侍妾时，就想起了这个故事："当他们对《米勒西卡》的故事大肆嘲笑的时候，帕提亚人或许已经忘记安息皇室的血胤，其中很多人的生母都是……侍妾。"[30]

普鲁塔克还讲述了一则奇闻轶事，说克拉苏的头颅被送到奥罗德斯的宫廷，出现在欧里庇得斯以死亡为主题的悲剧《酒神的伴侣》（*The Bacchae*）的演出中。奥罗德斯国王精通希腊文学，一个著名演员正在表演剧中的片段：阿高埃皇后（Queen Agave）在迷幻的状态下以为她的儿子彭透斯（Pentheus）是一头狮子，将他肢解，当她恢复意识时，发现自己怀中抱着的其实是儿子的头颅。当克拉苏的头颅被扔到宴席中，帕提亚人欣喜若狂，这个演员天衣无缝地融入阿高埃的角色，仿佛受到启示一样，灵光一现地唱道：

> 今日我们进行阵容庞大的追捕，
> 要从高山峻岭获得高贵的猎物。[31]

克拉苏的远征变成了一场滑稽的悲剧。他的一些士兵投降了，那些试图逃跑的人则被追捕和残杀。根据普鲁塔克的记述，有两万罗马人在战役中惨遭杀害，一万人成为俘虏。

公元前 53 年苏里纳的胜利产生了深远的影响。在个人层面上，他为自己的成功所害，奥罗德斯忌惮他功高震主，将他处死。[32]但是罗马停止了在东方的扩张，美索不达米亚回到帕提亚人的控制之下，幼发拉底河成为罗马帝国的东部边界。这两个大国现在成为势均力敌的对手，这种情况一直延续了 700 年。此时此刻，帕提亚人没有任何征服罗马的野心，但是罗马的将军们为了追求荣誉，时不时地将目光投向东方。[33]公元前 44 年，尤利乌斯·恺撒计划远征帕提亚，为克拉苏的失败复仇，但是《西卜林书》(*Sibylline Books*)预言，帕提亚帝国只能被一位国王消灭——对罗马的共和国理想来说，这无疑是个诅咒。就在出发前夜，恺撒被一个阴谋集团刺杀，讽刺的是，克拉苏以前的指挥官卡西乌斯也在其中。[34]

第 14 章

维钦托利：高卢的叛乱

罗马和高卢

到公元前 59 年，尤利乌斯·恺撒已经给了前三头同盟所有他们想要的东西（参见第 13 章的“前三头同盟”）。山内高卢和伊利里库姆（Illyricum）成为他的行省已经有五年，当山外高卢（Transalpine Gaul）的总督在一个非常方便的时机（不过并没有什么可疑之处）死去时，这一地区也落入了他的掌控之中。第二年，他以消除高卢人对意大利可能的威胁为借口，开始征服罗马统治区域之外的高卢地区。布伦努斯洗劫罗马的记忆历久弥新，罗马一直将其东征西讨的帝国主义行为视为一种基本的防御。

恺撒本人为他在高卢的行动留下了极为宝贵的第一手资料：用独具一格的散文体写成的《高卢战记》(*De Bello Gallico*)[又称《随记》(*The Commentaries*)]。这部作品是为了在罗马宣传他的形象而创作的，在这方面无疑非常成功。尽管有着明显的倾向性（恺撒总是用第三人称谈论自己，但全书的基调显然是美化他自己的），这本书仍然为罗马人如何看待蛮族提供了非常宝贵的线索。遗憾的是，没有高卢方面的文字资料存世，考古学有时候能够成为古代叙事的补充，不过有时候也会提出相反的证据。[1]

恺撒的叙述从著名的"高卢全境分为三部分……"开始[2]，他告诉读者，这里居住着比尔及人（Belgae）、阿基坦人（Aquitani）和一个自称凯尔特人的民族——不过罗马人称他们为高卢人。这三个民族彼此之间的语言和法律各不相同，由许多较小的部落组成。把他们统称为"高卢人""凯尔特人"或其他什么人会造成误解，让人以为他们是一个统一民族，实际上，他们的忠诚和身份认同都是非常本地化的，正如恺撒本人解释的那样："在高卢，不仅每一个国家、每一个部落、每一个地区，并且几乎每一个家族，都分成各个党派，担任这些党派领袖的，照他们的看法，是一些具有极高权威、一切事情和措施都得根据他们的意见和判断才能决定的人。"[3]

在社会等级方面，恺撒说凡是有一些地位和身份的人，都分属于两个阶层——德鲁伊［Druids，参见第17章的"征服不列颠蛮族（一）"］祭司阶层和骑士阶层（最优秀的战士），普通平民的处境则简直跟奴隶差不多，自己既不敢有所作为，也从来没有表达意见的机会。底层人如果还不起债，或者被势力较大的人欺凌，就只能投靠贵族们，贵族对他们，实际上有主人对奴隶一样的权力。[4]

蛮族经常被描绘得跟罗马人截然相反，恺撒笔下的高卢人也是如此。他们极其迷信，面临重大危机时会用活人献祭。献祭由德鲁伊祭司执行，他们认为，要赎取一个人的生命，只有献上另一个人的生命，不朽的神灵才能俯允所请。一种献祭的方法是制作硕大无朋的人像，四肢用柳条编就，其中装进一些活人，然后点燃柳条，把他们活活烧死。祭司认为，在这些仪式中，罪犯是最好的人选，因为他们更容易被神接受，但是，如果找不到合适的罪犯，他们也乐于使用无辜的人。

高卢人也有一些与罗马人的神祇相对应的神。他们最崇敬的是墨丘利（Mercury），他是一切技艺的创造者、一切道路和旅程的向导，也掌管商业。阿波罗、密涅瓦、朱庇特和马尔斯受到的尊敬跟别的民族差不多：阿波罗驱除疾疫；密涅瓦掌管技术和工艺；朱庇特是众神之王；马尔斯主持战争，他们将所有战利品都献给他，用最严酷的刑罚和死亡来惩罚渎神者。[5]他们还自称是冥神狄斯（Dis）的后裔，他们计算起时间长短来，不是几天几天地数，而是几夜几夜地数。[6]

另一项引起恺撒兴趣的蛮族习俗是，直到孩子长大成人、可以在战争中服役之前，高卢人禁止他们的孩子接近自己，他们认为未成年的儿子在父亲身边公开出现是一件丢脸的事。他们对待妇女的方式也很奇特。丈夫不管从妻子那边接到多少嫁妆，都从自己的财产中取出相等的一份，放在一起，当一方死后，这笔双方共有的钱连带积累的利息，就都归活着的那一方。丈夫对妻子也像对他们的孩子一样，有生杀大权。如果一个出身显贵的丈夫的死状有可疑的地方，就对其妻子进行询问，像审讯奴隶一样（可以运用酷刑），一旦定罪，就用最残忍的刑罚将她处死。恺撒说，“按高卢人的生活方式来说”[7]，他们的葬礼可以算作铺张靡费的了。他们把死者生前喜爱的一切东西都投进火中，连同活的牲畜在内。他还说，在他到来不久以前，甚至连奴隶和仆从也会在葬礼结束时一并烧掉。

那些被认为管理得最好的部落严格控制着他们的“社交媒体”：凡从邻人那里听到有关国家大事的任何消息或谣言时，必须直接报告给官吏，不得泄露给其他任何人，因为他们认为那些无知、冲动的人常常会受到谣言惊吓，从事破坏活动，或者轻率地对重要的事情做出决定。官吏们决定向民众公开哪些信息，在公共会议以外的场合谈论政治是违法的。

最近在法国的勒凯拉（Le Cailar），一项新发现似乎支持古代文献的记载。西西里的狄奥多罗斯和斯特拉博都提到，高卢人砍下敌人的头颅，用含雪松油的防腐剂保存，然后挂在他们的房子前或者马脖子上，无论拿多少黄金来交换，他们都拒绝归还这些头颅。被砍断并摘除大脑的头骨显示了用香料防腐，特别是接触过松树树脂的证据，这说明，文字记载与考古学证据可能是吻合的。[8]

维钦托利的叛乱

公元前56年年底，恺撒征服了赫尔维蒂人，打垮了比尔及人，并成功地镇压了大西洋沿岸维内蒂人的顽强抵抗。这使得他控制了北至默兹河（River Meuse）、西至罗马人所谓的“大洋”（Ocean）的广大地区。在对跨越莱茵河的日耳曼部落进行了一次惩罚性的突袭之后，他于公元前55/前54年入侵不列颠（Britain）。恺撒对他在不列颠的真正目标避而不谈，可能是因为那里的事业没有完成，不过无论他的计划是什么，都被公元前54/前53年冬的一场高卢部落起义打断了。比尔及的厄勃隆尼斯人（Eburones）消灭了第十四军团，恺撒花了整整一年时间才控制住局势，最终在默兹河和莱茵河之间的领土上制造了灭绝整个种族的大屠杀。

公元前52年，格内乌斯·庞培·马格努斯（Gnaeus Pompeius Magnus）和昆图斯·凯西利乌斯·梅特路斯·皮乌斯·西庇阿（Quintus Caecilius Metellus Pius Scipio）的执政官任期内，罗马经历了巨大的政治动荡。恺撒当时已经回到意大利过冬，一些高卢人希望罗马的紧张形势能够拖住他，让他第二年年初不能回到高卢北部，与他的部队会合。这是发动叛乱的完美时机。高卢人开始抱怨罗马的压迫，谈论获得自由的策略——不自由毋宁死。卡尔弩德斯人（Carnutes）同意第一个出手。他们发下了神圣的誓言，决定了起事的日期。卡尔弩德斯人在钦那布姆［Cenabum，今奥尔良（Orléans）］屠杀了罗马公民，消息很快传遍了传统的凯尔特人地区：在一个没有噪声污染的世界，他们向相邻的部落喊话，别人接到消息后，也照样再传递下去。这一天结束之前，消息已经传到了150罗里外的阿浮尔尼人（Arverni）部落[9]，那里有一个名叫维钦托利（Vercingetorix，希腊文献中写作Ouergentorix）的酋长受到鼓舞，准备采取行动。

恺撒描述维钦托利是“一个势力极大的青年”[10]。他的父亲契尔季洛斯（Celtillus）作为阿浮尔尼酋长，曾经“掌握过全高卢的领导权”[11]，但是因为图谋王位，被族人处死。维钦托利想要煽动阿浮尔尼人，但是，包括他的叔父戈彭尼几阿（Gobannitio）在内的一群首领认为不该冒这么大的风险，将他逐出他们的首都及尔哥维亚［Gergovia，今克莱蒙费朗（Clermont-Ferrand）和热尔戈维（Gergovie）附近］。但是维钦托利没有放弃。他在乡间招募贫民和亡命之徒，跟与他有着共同理想的阿浮尔尼人一道，赶跑了他的对手。他被他的追随者们奉为“国王”(*Rex*)。[12]

维钦托利争取自由的战斗口号赢得了周边部落的支持，包括塞农人、巴里西人（Parisii）、庇克东内斯人（Pictones）、卡杜尔契人（Cadurci）、都龙耐斯人（Turoni）、奥来尔契人（Aulerci）、雷穆维契斯人（Lemovices）、安得斯人（Andi），以及所有其他邻接大洋的各族，一致同意授予他最高指挥权。他向这些部落索要人质，规定了每个部落必须交付的军队人数和制造武器的时限，他尤其重视骑兵的定额，并且通过恐怖手段来执行他的意志。对犯有严重罪行的人，他用火刑和其他一切酷刑处死，如果犯的罪较轻，他便把罪犯割去双耳或挖掉一只眼睛后送回家去。[13]

最初，维钦托利占据优势。新的起义将恺撒留在南方的山内高卢，与他在北方的军队分开。高卢中南部以前没有反叛过，所以维钦托利可以出其不意。而且，由于这个原因，罗马在山外高卢行省的防卫十分薄弱。维钦托利派卡杜尔契人路克戴留斯（Lucterius）南下进攻山外高卢边境上的卢登尼人（Ruteni），希望借此阻止恺撒北上，他自己则北上进攻高卢中西部的别都里及斯人（Biturig-es）。别都里及斯人向他们的保护人爱杜依人（Aedui）求援，发现救援不至，他们就加入了维钦托利的起义。[14]

恺撒通过加强山外高卢的防御，挫败了维钦托利的计划，然后他进行了一次“小汉尼拔”式的行动，率领一小股部队翻越积雪覆盖的塞文山脉（Cévennes Mountains），进入维钦托利的祖国，“他在军士们的积极努力下，清除了六罗尺深的积雪，打开通道，到达阿浮尔尼边境。他们毫无防备，大为吃惊，因为他们认为塞文山脉像一堵城墙似的保护着自己，在这样的季节，就连一个单身的旅客也从来没闯出路来过”[15]。

普鲁塔克评论说：“严寒的季节仍旧保持快速的行军，让这些蛮族产生一种印象，有一支战无不胜攻无不克的军队即将与他们作战。”[16]

恺撒正确地预料到维钦托利会回来保卫他的祖国，利用这个机会赶往维恩那［Vienna，今法国东南部的维埃纳（Vienne）］，然后穿过爱杜依人的领土进入林恭内斯人（Lingones）的领地，在那里与他在北方的军团会合。

作为反击，维钦托利袭击了波依人（Boii）领土上一座名叫戈尔哥宾那（Gorgobina）的城镇（准确位置不详）。恺撒有责任保护戈尔哥宾那，他必须权衡利弊，一面是让维钦托利一个个地夺取他的盟邦，另一面是后勤供应上的困难。他本不想让军团这么早离开冬营，但还是选择了出击。他南下占领了维隆诺邓纳姆［Vellaunodunum，可能是今蒙塔日（Montargis）或朗顿堡（Château-Landon）］，在那里获得了驮兽，然后占领了卢瓦尔河（River Loire）上的钦那布姆，又向别都里及斯人重兵防守的诺维奥洞纳姆［Noviodunum Biturigum，可能是今伯夫龙河畔讷安（Neung-sur-Beuvron）］进攻。维钦托利停止围攻戈尔哥宾那，来对付诺维奥洞纳姆的罗马人，但是在他的骑兵赶到之前，这座城市已经在执行投降的各项条件了。城里的一些人看到高卢骑兵，以为有了得救的希望，拿起武器继续战斗，但是，当罗马人在城外的骑兵战中占了上风，高卢人陷入恐慌，他们捉住那些带头抵抗的人，把他们交给恺撒，自己也投降了。[17]

阿凡力古姆

公元前 52 年，维钦托利在别都里及斯的诺维奥洞纳姆的失利改变了战争的局势。他试图通过极端的焦土政策来切断恺撒的给养，要把粮食和城镇全部毁掉。维钦托利对参加会议的首领们说："这些措施看起来很残酷，令人痛心，但他们应当考虑到作为被征服者必然的下场，他们的妻子儿女会被拖去奴役、他们自己会被杀死，要比这惨痛得多。"[18]

他获得了一致的支持。在一天之内，别都里及斯就有二十多座城镇被烧毁。火光从四面八方都看得见，高卢人虽然痛心疾首，但是安慰自己说，胜利已经万无一失，自己的损失很快就可以得到补偿。但是他们在如何处理阿凡力古姆［Avaricum，今布尔日（Bourges）］的问题上发生了分歧，这座城市拥有罗马人迫切需要的粮食储备。烧掉它，还是保卫它？"别都里及斯人趴在全体高卢人脚下恳求这些人，千万不要强迫他们亲手烧掉这个差不多是全高卢最美丽的城市、他们国家的安全保障和掌上明珠。他们声称，他们可以很方便地利用它本身的地形来保卫自己，因为它差不多四面都由河流和沼泽包围着，只有唯一的一条狭窄的小路可以通向它。"[19]维钦托利表示了怀疑，但还是屈从于多数人的意见。

恺撒开始了一场持续 27 天的围攻。一开始，维钦托利在 15 罗里外扎营，尽可能地骚扰恺撒派出来搜集粮草的小分队。在春季的暴雨中，恺撒的军队开始修建两座木塔，以及一道壮观的攻城阶梯。高卢人尽一切努力来抵抗，他们竖起自己的木塔，在高度上不输恺撒的木塔；在罗马士兵施工时袭击他们，或者在阶梯下挖掘地道，破坏它们的地基。

罗马人接近完工时，维钦托利将他的营帐转移到阿凡力古姆附近，企图诱使罗马人搜集粮草的小分队落入埋伏。但是罗马人发现了他的计划，趁维钦托利不在时，恺撒出兵挑战。但高卢人不愿意在维钦托利不在场时迎战。恺撒回去继续围城，高卢人则指控维钦托利是叛徒，因为他自己离开了，留下他们孤立无援、群龙无首。他们不知道他是不是跟恺撒做了交易。维钦托利费尽口舌，才使他们相信他的忠诚，他还使他们相信罗马人已经筋疲力尽、意志消沉，就快要投降了。[20]

罗马人完全没有这种打算，但是高卢人向阿凡力古姆增派了一万援军。罗马人的坚韧与高卢人的谋略棋逢对手。罗马人修建了一道 25 米高、100 米宽的壁垒，维钦托利的士兵则挖掘坑道，向它投掷燃烧的火把和油膏，尽一切努力摧毁它。他们英勇无畏的抵抗最终失败了：

> 有一个立在市镇城门前的高卢人，把别人递给他的树脂和油膏，一团团地投掷到正在焚烧的一座木塔的火焰中去，当他被一架弩机[21]射过去的矛洞穿右肋，倒地死去时，这批人中站在他后面的另一个人，跨过他的尸体，继续这一工作，当这第二个人又被弩机以同样的方式射死时，又有第三个人接替上去，接替第三个人的是第四个人，那地方防守的人始终没中断过。直到那壁垒上的火被扑灭，四面的敌人都被逐走，战斗结束时才停止。[22]

高卢战士决定在夜里悄悄逃离这座城市，他们的妻子恳求他们不要把自己和孩子留给罗马人，任凭命运摆布。男人们无动于衷，于是这些妇女开始制造噪声，向罗马人发出警告。男人们只得放弃了计划。

最后，天气打败了高卢人。在狂风暴雨中，他们的守卫不像应有的那样严密，恺撒的士兵抓住这个机会，发起全面进攻，打了高卢人一个措手不及。他们将守城的士兵赶下城墙，围困在城中，为钦那布姆的大屠杀和连日来的艰难围攻报了仇。老幼妇孺和战斗人员全部被屠戮殆尽——按照恺撒的说法，共有四万人。只有八百人逃到了维钦托利的营地。[23]

虽然战败，但维钦托利仍然握有很多筹码。他很快指出，保卫阿凡力古姆从来就不是他的主意，这场灾难是由别都里及斯人的愚蠢造成的；而罗马人之所以能够获胜，是因为他们在攻城战中的专业技巧，而不是传统战场上的勇气。他本人没有被打败，高卢人仍然拥护他的领导。[24]

及尔哥维亚

接下来的战斗让维钦托利更加声名大振。罗马人在阿凡力古姆停驻了几天，消除了饥饿和疲劳之后，恺撒准备继续投入战斗。亲罗马的爱杜依人派来使节，打乱了他的计划。这个强大的国家正因为那一年最高领导权的归属问题而处于内战的边缘。恺撒必须平息争议，还必须亲自出马。因此，他前往特乞几亚［Decatia，今法国中部的德西兹（Decize)］，决定支持富有的年轻贵族孔维克多列塔维斯（Convictolitavis)，他让爱杜依人把所有的骑兵和一万步兵交给他，承诺等战争结束就给他们应得的报酬。然后，他派四个军团北上去讨伐塞农人和巴里西人，他自己率领六个军团沿阿列河［River Allier，拉丁语中称为厄拉味尔河（Elaver）］穿越阿浮尔尼人的领土，进攻及尔哥维亚。

恺撒需要渡河才能抵达及尔哥维亚，但是在一年中的这个时候，这是不可能的，同时维钦托利已经毁掉了所有桥梁，并守卫着对岸。恺撒派出四个军团沿着河流前进，另两个军团在树林里隐藏好。当高卢人尾随主力部队时，隐藏的军团便从藏身处出来，重建了一座桥梁，渡河来到西岸。维钦托利不想进行激烈的正面战斗，所以他也向及尔哥维亚进发[25]。"维钦托利傍着市镇，在山上安下营寨，把军队按照国别，各自间距一段适当的路程，环绕着自己布开，将可以俯瞰罗马营寨的山头都占据了，显示出一副声势浩大的样子。"[26]

及尔哥维亚城建在一座陡峭的山上，恺撒马上意识到，他不可能用突击的方式夺取它，因此他准备围攻。为了保障自己的粮食供应，同时夺取高卢人的粮草，他设法占领了正对城市的一座陡峭的山丘，从那里他可以阻止守军获得淡水，并干扰他们搜集粮草的行动。两个军团驻扎在山丘上，另外四个军团在平原上扎营。然后，他用两道 4 米宽的平行防护沟将两座营地连接起来，让他的士兵可以安全地走来走去。[27]

到目前为止，对恺撒来说一切都很顺利。但是之后，蛮族的背叛破坏了他的计划。爱杜依人孔维克多列塔维斯以德报怨，接受了阿浮尔尼人的贿赂，投向了维钦托利：

（维钦托利说）爱杜依邦是阻碍高卢获得必然胜利的唯一

> 一个国家，其他各邦都在爱杜依的势力控制之下，一旦把它争取到手，罗马人在高卢就将无立足的余地。他自己虽然在恺撒手中得到过一些好处，但恺撒判给他的，本来就是他有最正当的理由得到的东西，而他对全国的自由，却负有更大的责任。为什么爱杜依人要让恺撒来决定有关他们自身权利和法律的事情，而罗马人的事情却不由爱杜依人来决定呢？[28]

孔维克多列塔维斯让他的盟友李坦维克古斯（Litaviccus）率领本来要送去给恺撒助战的一万步兵，当他们经过几天的行军来到罗马营地时，李坦维克古斯编造了一些假消息："兵士们，我们赶到哪里去呢？所有我们的骑兵、所有我们的贵族，全都已经遇害了，我们国家的领袖厄朴理陶列克斯（Eporedorix）和维理度马勒斯（Viridomarus），也被罗马人指控为叛逆，没有经过审问就处死了。"[29]

他还制造了"目击者"，让这些人撒谎说他们目睹了这一切。爱杜依人用残酷的刑罚杀死了随行的罗马人，准备加入维钦托利的队伍。实际上，厄朴理陶列克斯和维理度马勒斯一直在恺撒身边。恺撒听说这些假消息后，立刻反击，他带领四个军团迎向爱杜依步兵，将据说已经处死的厄朴理陶列克斯和维理度马勒斯展示给对方看。李坦维克古斯逃到维钦托利营中，他的士兵按照原计划加入了恺撒的队伍。

恺撒的围攻进行得并不顺利。这时出现了一个意外的机会，使罗马人可以进攻城外山上的高卢人据点，他把他的军团派了上去。他们夺取了三个高卢营地，但是当恺撒下令停止进攻时，除了第十军团，其他人都被贪婪和狂热冲昏了头脑，继续进攻及尔哥维亚的城墙。高卢人的增援部队在城中集结，“在他们聚集起了大批人之后，不久以前在城上向罗马人伸手哀求的那些妇女，又开始恳求起她们自己的人来，并且按照高卢的风俗，露出乱蓬蓬的头发，把她们的孩子也带到大家眼前来”[30]。

罗马人寡不敌众，疲惫不堪。这次进攻在混乱中结束，第十军团和第十三军团的几个大队帮忙接应才挽救了局面。罗马人回到营地，损失了四十六名百夫长和近七百人。

恺撒需要挽回颜面。第二天，他训斥士兵们的鲁莽和不听指挥，然后，为了以一种相对体面的方式撤退，他连续两天让部队整装列阵。维钦托利很聪明，他知道双方实力悬殊，拒绝应战。于是，恺撒声称他已经挫伤了高卢人的傲气，然后便沿着阿列河撤退到爱杜依人的土地上。不过，迪奥·卡西乌斯对围攻及尔哥维亚有着不同的看法：“恺撒的时间白白浪费了……总的来说，他是被击退了。”[31]

事实上，公元前 52 年及尔哥维亚防御战的成功并不是因为维钦托利的任何具体行动，而且罗马人只是暂时受挫，并没有被彻底击败。但是它仍然具有非常重要的意义，因为在整个高卢战争中，这是唯一一次恺撒在亲自指挥的战斗中遭遇重大挫折。维钦托利之所以名垂青史，在很大程度上就是因为这个。

阿莱西亚

维钦托利的成功影响了爱杜依人，他们决定支持他们认为即将获得胜利的一方。孔维克多列塔维斯和李坦维克古斯与维钦托利结成同盟，屠杀了卢瓦尔河上的诺维奥洞纳姆的守军和商人，烧毁了毕布拉克德城（Bibracte）。有谣言说恺撒已经撤到了山外高卢，其他部落加入了起义，不过雷米人（Remi）和林恭内斯人忠实于罗马，特雷维里人保持中立。爱杜依人要求掌握战斗的指挥权，但是在一次全高卢的大会上，维钦托利被任命为统帅，这让厄朴理陶列克斯和维理度马勒斯很不高兴。战略还是用焦土政策来拖垮罗马人，同时进攻其他没有参加起义的高卢部落。

当恺撒还在集结和部署军队时，维钦托利决定挑起战斗，一劳永逸地解决问题：

> 他召集骑兵指挥官们举行一次会议，向他们指出：胜利的时刻已经到来，罗马人正在离开高卢逃向行省。照他的看法，如果只想取得一时的自由，这样也就够了，但如为将来的太平和安宁着想，这还只是一个非常小的成就，因为罗马人在集合起一支大军之后，必然还会回来跟他们继续战斗。因此高卢人必须趁他们进军途中、辎重累赘的时候，攻打他们。[32]

高卢人的确发起了进攻，但他们不是组织有序的罗马军团和强大的辅助骑兵的对手。现在，维钦托利别无选择，只能撤退。罗马人追击他到孟杜皮人（Mandubii）领地上的要塞阿莱西亚［Alesia，当地居民称之为 *Alisiia*；今第戎（Dijon）附近的阿利斯-圣雷讷（Alise-Sainte-Reine）］，在那里，他很快发现自己要面对罗马人的铁镐和铁锹的力量。

维钦托利将他的骑兵派出去寻找援军，而恺撒的计划是在任何增援部队赶来营救之前，先用饥饿把敌人拖垮。罗马人的城墙是他们修建过的最惊人的工事之一：一道 15 公里长的防御网。他们在面向阿莱西亚的一边挖了一条 7 米宽的壕沟，两边垂直，以阻止任何突袭；在这条沟后面 600 米，又挖了两条 5 米宽的壕沟，靠近里面的一条灌满水；再后面是 4 米高的防堤和壁垒，加上胸墙和雉堞，胸墙和防堤衔接的地方向外斜列着削尖的木桩，用来防止敌人向上爬；环绕整个工事，每隔 120 米竖起一座木塔。[33]

考古学研究显示，这套工事从未真正完成，但是它足以将高卢人困在他们的据点中。当他们尝试突围，罗马人又增加了额外的工事：将削尖的树干或粗树枝钉在地上，在壕沟前排列成五行，任何人冲进来都会被刺穿，他们把这叫作“阴阳界”（tombstones）；在这前面，又挖了八行斜对角的坑穴，每个坑穴有 1 米深，底部有削尖的粗木桩，陷阱表面用树枝和柴草来掩盖，他们称之为“百合花”（lilies）；再前面又有 30 厘米长的木材埋在地里，顶上钉着铁钩，他们把它叫作“踢马刺”（spurs）。[34]仿佛所有这些还不够似的，知道维钦托利已经去请求援军，恺撒还面向另外一边修建了一道类似的工事，有 22 公里长。

恺撒的每支军队有一个月的口粮[35]，而维钦托利的人快要断粮了。高卢人讨论对策，恺撒记录了克里多耶得斯（Critognatus）发表的一段“残忍得出奇、伤天害理到极点”[36]的演讲，他建议像他们的祖先被辛布里人和条顿人包围时那样做——吃掉那些年龄不适于作战的人。他们觉得这应该是最后万不得已时的办法。他们先将所有的孟杜皮人，连同他们的妻儿赶出城外。维钦托利希望这些人能够“得救”，成为罗马人的奴隶，以缓解自己的粮食压力。但是恺撒拒绝接收他们。他没有足够的食物给他们，而且希望高卢人让他们回去，进一步消耗高卢人的粮食。最后，两边都不肯接纳这些人，他们就在两军之间的无人地带饿死了。[37]

恺撒给出了一份高卢各部落集结起来解放这座城市的部队名录，共二十五万步兵和八千骑兵。[38]高卢人为这样庞大的数量和壮观的气势而扬扬自得，当他们到达时，阿莱西亚的守军欣喜若狂。现在换成罗马人被包围了。他们在第一天的骑兵战中击退了援军的第一波进攻，第二天午夜，高卢人又发起了第二次进攻。维钦托利率领他的军队出城支援，但是在黑暗中，交战变得困难重重，前来救援的高卢人无法杀伤罗马人。他们被“踢马刺”钩住，掉进坑穴被尖桩刺穿，或者被壁垒和木塔上的罗马弩机射中。没有人能穿透罗马人的防线。维钦托利的部队在防御工事上花了太多时间，当他们闯出来时，他们的同胞已经撤退了，他们只好又回到据点中。

援军举行了一次战争会议，“双方心里都觉得这是做出最后努力的唯一机会，高卢人认为除非突破工事，否则一切脱身的希望都断绝了，罗马人也认为只要这一天能守得住，所有的辛劳都从此可告结束”[39]。

高卢人的第三次进攻最接近成功。他们看到恺撒在阿莱西亚北边的山上有一座军营，这座山丘特别陡峭，不能被包括在工事圈内。他们向这里进攻，维钦托利可以看到正在发生的事情，开始从据点突围。罗马人两边同时应战，形势十分危急。高卢人突破了防御工事，用泥土填满壕沟，用挠钩拉倒壁垒和胸墙，驱走木塔中的罗马守军。不过，如果我们相信恺撒的话，那么局势仍在他的掌控之中。他身穿在战斗中经常穿着的华丽罩袍[40]，以超凡的能力整顿他的骑兵和步兵，敦促他的士兵坚持到底，扭转了战斗的形势。高卢援军逃离了战场，“这样一支庞大的军队在转瞬之间，就像一个鬼魂或一场梦一样消失得无影无踪，很多人都是丧命在战斗现场”[41]。

他们各自逃回家，维钦托利别无选择，只能投降。

在恺撒的《高卢战记》中，维钦托利的移交乏善可陈：阿浮尔尼人对同盟部落的首领们说，他所做的一切都是为了高卢的自由，指示他们要么杀了他，要么把他交给罗马人。他们选择了后者。不过，在普鲁塔克的《恺撒传》(*Life of Caesar*）中，两位领袖的会面更加具有戏剧性："维钦托利穿上华丽的铠甲，给马匹加上各种装饰，骑着出城，在恺撒座位的前方绕行一周，然后下了坐骑脱去铠甲，蹲踞在恺撒的脚前一动也不动，最后被带走囚禁起来，供凯旋式出场亮相之用。"[42]

维钦托利被送到罗马，关在曾经关押过朱古达的同一座监狱［图利亚努姆（Tullianum）监狱，参见第 8 章的"马略对抗朱古达：罗马的最后胜利"］。他在那里待了好几年，直到公元前 46 年，恺撒举行凯旋式，才被带出来展示，并在凯旋式结束时被处决。[43]诺贝尔奖得主、19 世纪的历史学家特奥多尔·蒙森（Theodor Mommsen，1817—1903）提出维钦托利是被公开斩首的。[44]虽然没有证据，但是这不太可能：斩首是罗马精英阶层的"特权"。他更有可能是被绞死的。

恺撒又花了几年时间来平息高卢人最后的抵抗，不过战胜维钦托利是一个关键时刻。恺撒重新掌握了控制权，高卢人付出了高昂的代价：高卢战争中，他们约有一百万人死亡，另有一百万人成为奴隶。用尤利乌斯·恺撒的话说，这是"罗马和平"（*Pax Romana*）的代价，"因此，他用种种方法——以殷勤有礼的语言接待他们的使节、馈赠丰厚的礼物给他们的首领、不增加他们新的负担等——顺利地使多次失败后筋疲力尽的高卢，在更加驯服的情况下保持着和平"[45]。

恺撒的征服为罗马赢得了两倍于意大利面积的富庶领土，为他自己赢得了历史上效率最高的将军的美誉。同时，维钦托利的故事证明了发达的高卢"蛮族"部落能够给罗马带来怎样的危险，而他起义的结果证明了，在被征服之后他们又是如何彻底地臣服于罗马的治权的。

第 15 章

克娄巴特拉七世：克诺珀斯的荡妇女王

埃及的托勒密王朝

恺撒征服高卢，彻底改变了罗马帝国的重心，为他赢得了军队和平民的欢心。然而，他持续面临着来自罗马贵族核心集团的反对、阻挠和暴力违抗，其中一些人对他本人以及他所主张的一切都怀有深深的仇恨。扑灭维钦托利叛乱的余烬之后，他马上被卷入一连串事件的旋涡之中。公元前 49 年，恺撒渡过卢比孔河（River Rubicon），国家又陷入了一系列内战："后来发生的那场奴隶起义和内战不知打了多少仗、流了多少血，构成罗马帝国主体的意大利人几乎全被征服，就好像他们是野蛮人似的！"[1]

当时埃及的统治者是一位活力四射的年轻女性，于公元前 51 年继位。她的名字是克娄巴特拉（Cleopatra）。这时候的埃及已经不再是修建金字塔的强大国家：公元前 332 年亚历山大征服这个国家时，它已经被波斯人统治了约 200 年。亚历山大兴建了亚历山大城（Alexandria），这座城市迅速发展为一个充满活力的多元文化中心。公元前 323 年，亚历山大死后，他的将军托勒密（Ptolemy）掌权，建立了一个统治埃及的王朝，这个王朝延续了 300 年，势力范围随时间推移有所变化。托勒密一世［Ptolemy I，绰号“救世者”（the Saviour）］是马其顿人，之后所有继任的统治者也都是，除了克娄巴特拉［全名为“神圣的笃爱父亲者”克娄巴特拉七世（Cleopatra VII Thea Philopator）］以外，都叫托勒密。他们大多实行兄妹通婚，有不少复杂而不光彩的内幕。芭芭拉·蔡斯-里布（Barbara Chase-Riboud）在《克娄巴特拉的裸女肖像》（*Portrait of a Nude Woman as Cleopatra*）一诗中，借克娄巴特拉七世之口向她的一个情人解释她家族的历史，足以让人听得晕头转向：

> 但是要小心，亲爱的，托勒密家的女人与暴力如影随形，
> 金钱、男人和自由，她们都要。
> 克娄巴特拉沉迷杀婴、弑君和弑父。
> 托勒密建造了博物馆[2]，
> 他的儿子托勒密二世放逐了妻子，与姐姐成婚。
> 托勒密四世杀害了他的父亲、兄弟和母亲；
> 娶了他的姐姐然后杀死了她。
> 托勒密五世与克娄巴特拉结婚，
> 他的儿子托勒密六世娶了他的姐姐克娄巴特拉，
> 她和她的两个兄弟都结了婚，并成为女王，

另一个兄弟托勒密八世为了报复他的妻子和姐姐，
杀死了他的孩子克娄巴特拉。
然后他娶了他的妻子克娄巴特拉和第二任丈夫的女儿，
也就是他哥哥的女儿、他的侄女。
托勒密七世被他的父亲和叔父杀害，
他娶了他的母亲，也就是他的姐姐，
在新婚之夜杀死了她，
他的兄弟托勒密九世也为他的父亲所杀，
或者是为他的姑母和同父异母的姐姐所杀。
托勒密十世娶了他的姐姐克娄巴特拉，
托勒密十一世杀害了他的母亲克娄巴特拉。
托勒密十二世娶了他的表姐克娄巴特拉，又杀了她，
他自己被人民杀死。
他的儿子托勒密十三世生下一个克娄巴特拉，
但是为了夺回王位杀死了她。
现在只剩下你身边这个克娄巴特拉了。[3]

托勒密王室的所有女性都叫克娄巴特拉，在希腊语中的意思是“高贵的父亲的女儿”。罗马人对她的恐惧和憎恨都达到了极致，正如W. W. 塔恩（W. W. Tarn）所说的那样：“罗马从来没有畏惧过任何国家或个人，只有两个例外：一个是汉尼拔，另一个是个女人。”[4]

“神圣的笃爱父亲者”克娄巴特拉七世

克娄巴特拉出生于公元前 69 年，公元前 51 年继承了父亲托勒

密十二世（Ptolemy XII）的王位。托勒密十二世是一个放荡、傲慢的统治者，为自己赢得了“吹笛者”（the Flute Player）的可笑绰号。他在位期间，大多数时间都在争取罗马的认同和支持，最后通过向尤利乌斯·恺撒支付一笔巨额贿赂达到了目的。他在最后的遗嘱中命令克娄巴特拉与她两个弟弟中年龄较长的托勒密十三世（Ptolemy XIII）结婚，并与他一同统治。于是，这个不到二十岁的女孩拥有了曾经属于法老的无上权力。卢浮宫保存有她在位第一年的一座浮雕，可以作为她王权的证明，浮雕中她被描绘为一个男性法老，戴着上埃及和下埃及的王冠，向女神伊西斯（Isis）献上两个球形花瓶。旁边的铭文写道：“以‘神圣的笃爱父亲者’克娄巴特拉女王的名义，将这处圣地献给伊西斯女神，由大祭司奥利西斯（Onnophris）掌管。第一年，11 月 1 日。”[5]有趣的是，莎士比亚笔下的屋大维（Octavius）嘲笑安东尼（Antony）：

> 比克娄巴特拉更没有男人的气概。[6]

关于克娄巴特拉的童年缺乏历史证据，不过我们知道，托勒密王朝非常推崇希腊文学和艺术，他们重视教育，有一套旨在提高儿童整体文化水平的教育体系［称为 *enkukleios paideia*，encyclopaedia（“百科全书”）这个词就是从这里来的］。普鲁塔克告诉我们，克娄巴特拉的声音非常甜美，能够熟练掌握各种“蛮族”语言：“单单听她那甜美的声音，就是一种赏心乐事，她的口齿宛如最精巧的弦乐器，可以随时转换不同的语言。她在接见来自各地的蛮族人士时，很少使用通事，大半都是用对方的语言直接交谈，不论对方是衣索匹亚人（Aethiopians）、特罗格洛迪特人（Troglodytes）、希伯来人（Hebrews）、阿拉伯人、叙利亚人、米底人还是帕提亚人。除了这些民族之外，她还会讲许多其他民族的语言。”[7]

克娄巴特拉的希腊-马其顿血统意味着她自己不是蛮族人，但是在罗马人眼中，她代表了一切与“罗马性”截然相反的东西。在他们看来，她比蛮族还要糟糕，但是她有能力征服每一个出现在她面前的人。普鲁塔克说：“与她相处像是如沐春风，她俏丽的仪容配合动人的谈吐，流露于言语和行为之间的特有的气质，的确能够颠倒众生。”[8]迪奥·卡西乌斯也评论过她的声音和人际交往能力：“她拥有非常优雅的嗓音，知道如何用她的魅力去吸引每一个人。”[9]

克娄巴特拉的魅力无可否认，遗憾的是，没有当时的文献为我们提供关于她外貌的具体描述。迪奥·卡西乌斯只说“她的容貌和言谈都令人沉醉，拥有征服每一个人的力量，甚至包括尤利乌斯·恺撒，一个已过盛年的情场老手”[10]。不过，普鲁塔克的说法更加保守：“据说克娄巴特拉并没有沉鱼落雁的容貌，更谈不上倾国倾城的体态，但是她有一种无可抗拒的魅力。”[11]

毫无疑问，她的魅力来自她的个性，而且她知道如何“做最好的自己”，据说她写过一部关于美容的专著，不过胆小的人恐怕不敢采纳她的建议：“防脱发：将硫化砷捣成糊状，与橡树树胶混合，涂在布上，将头皮尽可能用碱洗净，把布包在头上……另一种方法：将老鼠头捣碎，抹在头皮上用力摩擦。另一种方法：将脱发处用布擦干，涂抹上老鼠屎。”[12]

铸币上的克娄巴特拉形象比较“写实”，大眼睛，表情生动，鹰钩鼻和突出的下巴很有特点。她的头发向后梳，学者们称之为“甜瓜头”（*Melonenfrisur*），发辫压在宽宽的王冠饰带下，在颈后梳成一个圆髻。马克·安东尼为了她抛弃屋大维娅（Octavia，参见本章的“克娄巴特拉和马克·安东尼”）时，这对夫妇发行过铸币来庆祝他们的结合。钱币正面，克娄巴特拉头像旁边的文字是“神圣的克娄巴特拉七世女王”，不过用的是罗马钱币上常见的主格形式，而不是希腊钱币上常见的属格形式。她的鼻子、眼睛和下巴也很夸张，她梳着“甜瓜头”，戴着王冠，露出卷发和圆髻，穿着精美华贵的衣服，低胸束腰外衣上装饰着珍珠。[13]虽然也有华丽的珠宝，但整体上与好莱坞电影中的迷人形象相去甚远。正如布莱兹·帕斯卡尔（Blaise Pascal）所说的那样："克娄巴特拉的鼻子，如果它生得短一些，那么整个大地的面貌都会改观。"[14]

在雕像和半身像中，她的外貌通常与钱币上的形象相同。有一座大理石头像表现了“甜瓜头”和王冠，王冠上有一块大理石凸起，原来可能是一条眼镜蛇，和托勒密王朝的一些女王戴的一样。她也以头戴秃鹫头饰和分成三股的埃及式假发的形象，出现在罗马的肖像画和埃及的壁画中，在丹德拉（Dendera）的哈索尔（Hathor）① 神庙的壁画中，她既戴着秃鹫头饰也戴着眼镜蛇王冠。在纯粹埃及风格的站立像中，她穿着类似紧身连衣裙的打褶长袍[15]，有时候还有雕琢的装饰线条。[16]也有希腊-罗马-埃及混合风格的站立像，她穿着埃及风格的系带服装，却是以典型的希腊风格雕塑的，她头戴着螺旋形假发，手持羊角，这两者都起源于希腊。[17]在画像中和钱币上，她经常持有一对羊角[18]，三条圣蛇乌赖乌斯（*uraeus*）是她的标志，可能是为了将她与更早以前的女王阿尔西诺伊二世（Queen Arsinoë II）区分开来。后者也有一对羊角，容貌与克娄巴特拉十分相似，但是绕着两条圣蛇乌赖乌斯。

---

① 古埃及神话中的爱与美女神。

克娄巴特拉七世的圣像具有非凡的意义。她的埃及臣民认为它们是神圣的，直到她死后 400 年，其中一座圣像还在菲莱岛（Philae）上受到崇拜。令人惊讶的是，她的一座圣像在罗马的中心存在了相当长的时间。这座雕像是她作为尤利乌斯·恺撒的客人在罗马逗留期间，恺撒下令制作的（参见本章的“克娄巴特拉和尤利乌斯·恺撒”），他将其竖立在维纳斯神庙里（维纳斯是恺撒家族的守护神）。直到公元 3 世纪，迪奥·卡西乌斯写作时它还在那里：“事情就是这样，虽然被打败、被俘虏，克娄巴特拉仍然享有荣光，因为她的形象被供奉在我们的神庙中，在维纳斯神庙就可以看到她的金身。”[19]

如果说关于她的形象有时候还存在争议，那么关于她的象形文字则已经基本明确了。在罗塞塔石碑的破译过程中（参见第 6 章的“腓力五世和前两次马其顿战争”），让-弗朗索瓦·商博良（Jean-François Champollion）从象形文字、世俗体（象形文字的一种草书版本）和希腊文的对照中注意到，希腊文中的人名，在象形文字中的对应位置都是用椭圆形圈起来的，这显然是为了标出重要的单词。最后，正是罗塞塔石碑上的人名提供了破译象形文字的线索。商博良认为，托勒密和克娄巴特拉（虽然这里指的是另一位克娄巴特拉）这两个名字不是起源于埃及，因此在象形文字中，它们需要按照读音拼写出来，基于这种假设，他从这两个名字入手。“托勒密”（*Ptolemaios*）和“克娄巴特拉”（*Kleopatra*）中都包含字母“o”，是由一个绳圈或套索表示的，读音是“wa”。可能有两个符号用来表示“t”，其中一个的读音更接近我们的“d”。此外，两个名字中都出现的狮子符号可能是一种折中，因为古埃及语中没有“l”的读音，埃及人发这个音很困难。在外来语中，“l”通常被“r”或“rw”代替，其发音与狮子符号相同。这些加在一起，埃及人似乎把托勒密读作 Ptwarwmys，把克娄巴特拉读作 Krwiwapadra。

克娄巴特拉的祖先不是埃及人，她也不是黑人——无论有多少人出于各种意识形态方面的原因希望她是。这是一个现代的问题：对罗马人来说，在定义一个人的身份时，肤色远不如他们的文化来得重要。[20]关于克娄巴特拉的种族渊源的理论，主要是围绕两个不确定的谱系来构建的，首先是她母亲的身份，其次是她祖母的身份。[21]托勒密王朝不遗余力地保持他们的"血统纯正"：就克娄巴特拉而言，她与她的两个弟弟结了婚；在王朝历史上，叔父与他们的侄女结婚；她的祖父托勒密九世［Ptolemy IX Lathyrus，绰号"鹰嘴豆"(Chickpea)］娶了自己的女儿克娄巴特拉·贝勒尼基三世(Cleopatra Berenice III)。克娄巴特拉七世的祖母是托勒密九世的侍妾，而不是他的妻子，但玛丽·莱夫科维茨（Mary Lefkowitz）指出："由于托勒密王朝喜欢近亲通婚，甚至乱伦，通常认为克娄巴特拉的祖母与其家族的血缘很近。如果她是一个外国人，当时的罗马作家一定会在攻击克娄巴特拉这个罗马的敌人时提到这一点。"[22]她母亲的情况也类似，关于她的信息很少。官方说法是，她的母亲是她父亲的姐妹克娄巴特拉·特里菲娜五世（Cleopatra V Tryphaena)。为了诋毁她，怀有敌意的罗马文献经常拿克娄巴特拉七世的乱伦做文章[23]，但是从来没有说过她的外表不像希腊人，或者说她属于"异族"。本质上，克娄巴特拉七世是马其顿后裔，在文化认同上属于托勒密王朝，因此是希腊人，虽然出于政治和宗教原因，她把自己视为太阳神拉神的女儿，使用神圣的"笃爱父亲者"这一皇室称号。毫无疑问，哪怕有最微弱的迹象表明克娄巴特拉是"混血儿"，刻薄的罗马文献一定会紧紧抓住这一点大做文章，但是他们从来没有这样做。

克娄巴特拉和尤利乌斯·恺撒

从公元前 51 年登上王位的那一刻起，克娄巴特拉就必须为之奋斗。当时的埃及政治混乱，叛乱频发，货币疲软，克娄巴特拉自己家族的内斗又使形势更加严峻。她最小的妹妹阿尔西诺伊（Arsinoë）觊觎王位，她的兄弟兼丈夫被三个不怀好意、玩弄权术的顾命大臣控制：他们是宦官弗提努斯（Photinus）、军人阿基拉斯（Achillas）和辩士狄奥多图斯（Theodotus）。但是，年轻的女王很快展示了她的政治敏感。她让货币贬值，推行新的宗教政策；公元前 50 年，罗马的叙利亚行省总督的两个儿子在亚历山大被暗杀，她将凶手交给总督，表明了自己亲罗马的立场。埃及名义上是独立的，但是这种自由在很大程度上是由罗马单方面决定的。克娄巴特拉知道，与罗马保持良好关系对她的野心至关重要，但是要准确地选择合作对象却不是那么容易，特别是因为在她登基的前两年，罗马陷入了内战。有趣的是，在庞培与尤利乌斯·恺撒对抗期间，克娄巴特拉曾经派兵支持庞培，有传言说，庞培的儿子格内乌斯·庞培（Gnaeus Pompeius）作为使节访问亚历山大期间与克娄巴特拉有染。她的立场是可以理解的，因为庞培曾经支持她的父亲托勒密十二世。公元前 57 年，托勒密十二世被他的臣民驱逐时逃到罗马，庞培收留了他。

在她家乡的土地上，克娄巴特拉的弟弟托勒密和妹妹阿尔西诺伊煽动叛乱，迫使她在公元前 48 年年初离开亚历山大。她很快集结起一支雇佣军，如果不是庞培本人于 9 月 28 日出其不意地出现在埃及的培硫喜阿姆（Pelusium），两军就要打起来了。这时候，他刚刚在希腊的法萨卢斯（Pharsalus）被恺撒打得溃不成军。[24]考虑到他与托勒密十三世的父亲的宾主之谊，庞培本来希望受到热情的欢迎，但是他失望了。狄奥多图斯建议刺杀他："最后他带笑加了一句话：'死者不会反噬。'"[25]

恺撒描述了这次谋杀：

> 因（托勒密十三世）年幼而在摄行国政的他的那些亲友，可能是出于恐惧，正像他们后来讲出来的那样，怕庞培在把王室的军队勾引过去之后，会进一步占领亚历山大和埃及，还可能是出于轻视，庞培现在失势了，通常情况，一个人在落难时，总是连朋友也会反目成仇的。这些人表面上对庞培派去的使者给出了慷慨的答复，邀请他到国王这里来，但是他们自己却商量好一个阴谋，派一个胆大异常的人，即国王的总管阿基拉斯，和一个军政官卢西乌斯·塞普提米乌斯（Lucius Septimius）一起去杀死庞培。庞培受到他们十分殷勤的招呼，而且由于海盗战争时塞普提米乌斯曾经在他部下担任过百夫长，有些相识，因此在几个自己人的陪同下，他上了一艘小船，就在那边被阿基拉斯和塞普提米乌斯杀害。[26]

这件事令西塞罗十分难过，但是并不惊讶："庞培会有那样的结果，这一点早就在我的意料之中。所有的国王和城邦对他的成功都已不抱希望，在那样的状况之下，无论逃往哪里，结果都是一样的。尽管如此，我还是无法不为他的命运感到悲哀。我所认识的庞培，是一个诚实、纯粹、有原则的人。"[27]

几天后，恺撒来到埃及，把交战各方召集到亚历山大，举行了历史上最重要的会议之一：

> 克娄巴特拉不知道怎样进入皇宫才能不被人发觉，后来想出一个办法，她伸直身体躺在一条地毯上面，（由她的一名亲信）卷起来，背着走进恺撒行宫的大门。克娄巴特拉的胆识和机智，使得恺撒大为倾心，经过交谈以后，美色的蛊惑更是让他难以自拔。于是他出面成为仲裁者，让这一对姐弟和解，条件是两人共同治理国家。[28]

从根本上说，恺撒追求的是金钱，克娄巴特拉追求的是权力。恺撒的决定使他卷入一场全面战争，著名的亚历山大图书馆严重受损，最终托勒密十三世战败，于公元前 47 年 3 月 27 日溺水而死。恺撒封克娄巴特拉为埃及女王，她与她年仅 11 岁的弟弟托勒密十四世结婚，共同统治埃及。与克娄巴特拉缠绵了两周后，恺撒离开埃及，前往叙利亚，在那里赢得了泽拉战役并留下了他的名言“我来，我见，我征服”(*veni*，*vidi*，*vici*)。克娄巴特拉的儿子恺撒里昂（Caesarion，意为“小恺撒”）是否真是恺撒之子，现在还不得而知，不过这个孩子是在公元前 47 年 6 月 23 日出生的，因此恺撒的父亲身份非常值得怀疑。

公元前 46 年，恺撒回到罗马，举行了凯旋式，维钦托利和克娄巴特拉的妹妹阿尔西诺伊都出现在这次凯旋式上。克娄巴特拉也带恺撒里昂去了罗马，恺撒让她住在自己的一座别墅里。她的举止似乎非常得体，但是许多罗马人非常憎恶“这个埃及女人”，甚至不愿意说出她的名字。西塞罗在给他的朋友阿提库斯的一封信中写道：“我受不了女王……女王也很傲慢，她住在台伯河对岸的别墅时，我至今回想起来仍感到痛苦。”[29]

无论多么不现实和不可能，恺撒成为国王、克娄巴特拉成为他的王后的可能性，都令罗马的精英阶层不寒而栗。公元前 44 年 3 月15 日恺撒遇刺后，克娄巴特拉马上离开了这座城市。西塞罗说：“女王逃走了，我并不难过。”[30]

恺撒遇刺引起了新一轮的内战，比之前的战争更加丑陋，这意味着克娄巴特拉争权夺利的计划只能暂时搁置了。于是，她回到埃及等待结果，当她的弟弟长到 14 岁，要求自己那部分统治权时，克娄巴特拉毒死了他。

克娄巴特拉和马克・安东尼

恺撒死后，罗马内战的重要参与者之一是他的得力助手马克・安东尼，他的主要对手是盖尤斯・屋大维（Gaius Octavius）。屋大维是恺撒遗嘱的主要受益人，他被指定为恺撒的继承人，这允许他更改自己的名字：历史学家称他为“屋大维”，不过他的全名是盖尤斯・尤利乌斯・恺撒・屋大维乌斯（Gaius Julius Caesar Octavianus）。安东尼轻蔑地对他说：“好家伙，你的名字应当拥有一切。”[31]在某种意义上，他说对了。现在，安东尼在军事上控制了罗马帝国的东端，而克娄巴特拉在情感上控制了安东尼。他们两人的关系始于公元前 41 年，安东尼计划入侵帕提亚，召见了克娄巴特拉。女王很高兴，到塔尔苏斯（Tarsus，位于今土耳其东南部）去拜访他。安东尼作为一名年轻军官在埃及逗留时，她只有 14 岁，还不认识他，但是现在她已经有二十八九岁，“处于花容月貌的全盛时期，女性之美达到光辉灿烂的阶段，智慧完全成熟，更能善解人意”[32]，而且洋溢着不可动摇的自信。安东尼的亲信迪流斯（Dellius）前去传话：

> 看到她容貌艳丽、口齿伶俐，他立即认为安东尼不会与这样的妇女作对，可以预判她会得到他最大的恩宠……克娄巴特拉对自己的魅力更具信心，她曾经凭着无往不利的娇媚，使得恺撒和年轻的格内乌斯·庞培拜倒在她的石榴裙下，现在更能使得安东尼对她一见倾心……她为这次旅行大肆准备，就一个富裕王国的财力所及，带了许多礼品、金银和贵重的饰物，最大的本钱还是她的魅力和美色。[33]

她故意姗姗来迟：

> 她乘坐一艘大型皇家游艇，有着镶金的船尾，紫色的船帆全部伸展开来，银色的船桨配合箫笛和竖琴的节拍划动……克娄巴特拉躺在一个由金线织成的华盖下面，打扮得像是画里所见的维纳斯，面容俊美的男童，衣着宛如画家笔下的丘比特，站在两旁为她打着扇子，侍女的装饰像是海上仙子和美丽的女神，有的在船尾掌舵，有的在操纵缆绳，缥缈的香气向四周飘散。[34]

安东尼彻底为之倾倒。他的妻子富尔维娅（Fulvia）在意大利竭力维护他的利益，抵御屋大维不断扩大的威胁，安东尼却抛弃了她。他推迟了帕提亚的远征，与托勒密王朝的女王一起回到了亚历山大。

克娄巴特拉很清楚如何利用安东尼的弱点。在埃及，他们开始举办极尽奢华的宴会。普鲁塔克的祖父认识一个亚历山大的医学生，他曾经看到八头野猪同时在烤制。他不禁问道："参加的客人一定不少吧？"御厨告诉他，客人不过十二位左右。[35]他们整天沉迷于这种奢侈放荡之中，组成了一个会社，自称"极乐会"(Inimitable Livers)。直到公元前 40 年，安东尼与屋大维的关系恶化，他才不得不返回意大利，留下一对刚出生的双胞胎——亚历山大·赫利俄斯(Alexander Helios)和克娄巴特拉·塞勒涅(Cleopatra Selene)。

安东尼与屋大维暂时达成和解。富尔维娅刚刚去世，屋大维的姐姐、美丽善良的屋大维娅刚刚丧偶，于是安东尼娶了屋大维娅。屋大维娅与克娄巴特拉和富尔维娅之类的"坏女人"截然相反，她在三年里生了两个女儿，大安东尼娅(Antonia Maior)和小安东尼娅(Antonia Minor)。她把她们和她第一次婚姻所生的孩子，以及安东尼和富尔维娅所生的两个孩子一起抚养长大。安东尼则带着他的新娘径直回到东方，发行了描绘他们两人形象的铸币——这是第一次有尚在人世的女性，以她自己的名义清晰可辨地出现在罗马的官方货币上。公元前 37 年春，屋大维娅帮助她的丈夫和她的兄弟解决了一些分歧，签订了《塔兰图姆条约》(Treaty of Tarentum)，从此以后，她被尊称为"奇迹之女"(a wonder woman)。[36]

然后，安东尼到东方去重启帕提亚的战事。但是，他一离开罗马的妻子，就立刻与克娄巴特拉旧情复燃。大英博物馆著名的波特兰花瓶(Portland Vase)描绘的可能就是这幅场景。左边是安东尼，右边是置身于一幅"典型的埃及户外场景"中的克娄巴特拉，她的身边有一条蛇。中间的厄洛斯(Eros)① 已经完成了他的任务，

① 古希腊神话中的小爱神。

他的弓垂在手边，一只手举着火炬，引诱安东尼走向克娄巴特拉。在安东（Anton）的注视下，她把他拉向自己——安东是赫拉克勒斯的一个名不见经传的儿子，安东尼将他塑造成传说中自己家族的创始人。花瓶的另一面描绘着罗马广场的断壁残垣，屋大维娅以弃妇的姿态靠在一棵无花果树下，屋大维在家族守护神维纳斯的陪伴下安慰她。

公元前36年，克娄巴特拉又生了一个孩子，托勒密·菲拉德尔普斯（Ptolemy Philadelphus）。安东尼在亚美尼亚取得一些军事胜利后，让埃及女王取代了铸币上屋大维娅的位置，这更是对屋大维娅的侮辱。在罗马人看来，把一个外国女王的形象放在罗马的官方货币上是完全不合适的，安东尼的敌人将克娄巴特拉描绘成“克诺珀斯（Canopus）不敬（或乱伦）的荡妇女王”[37]，相反，屋大维娅则是遭到背叛的善良妻子。安东尼告诉屋大维，对一个像他这样有名望的人来说，这些指控太虚伪了：“什么使您变成这样？因为我和女王睡觉吗？……您只和德鲁西拉（Drusilla）一个人睡觉吗？祝您好运，如果您读到这封信时已不再和特尔图拉（Tertullia）或特连提拉（Terentilla）或卢菲拉（Rufilla）或萨尔维娅·提提塞尼娅（Salvia Titsenia）或所有这些人鬼混了。难道您于何地或与何人寻欢作乐是要紧的事吗？”[38]

但是屋大维的辩士们充分利用了罗马将军和东方女王之间的风流韵事。安东尼的帕提亚战役付出了高昂的代价，以失败告终。不过公元前34年秋，他还是在亚历山大举行了一场盛大的凯旋式，著名的“亚历山大奉献”（Donations of Alexandria）就发生在这个时候。这个事件被认为“违背他那素孚众望的作风，这种侮蔑祖国的行为看起来像是戏剧性表演”[39]。这给屋大维送上了大量的宣传材料：安东尼和克娄巴特拉举行了一场典礼，他们坐在黄金宝座上，身边是恺撒里昂和他们自己所生的三个孩子；克娄巴特拉被称为“万王之女王”，恺撒里昂被称为“万王之王”；安东尼将他无权分配的大片东方领土授予克娄巴特拉和她的孩子们。

接下来的一年中，罗马人对“那个埃及女人”的仇恨不断升级，但是即便如此，也不是所有人都支持屋大维：公元前 32 年初，两位执政官和三百多名元老离开罗马，去加入安东尼。屋大维任命了新执政官。安东尼与屋大维娅离婚。屋大维公开了安东尼的遗嘱，这样做完全是违法的，而他说这是为了将安东尼的野心公之于众：安东尼在遗嘱中表示，他想把首都从罗马迁到亚历山大。安东尼和克娄巴特拉去了希腊。屋大维向克娄巴特拉宣战（重要的是，这不被视为一场内战），并前往希腊做最后的决战。

关于后来发生的事件，历史几乎完全是由胜利的一方书写的，屋大维告诉我们：“整个意大利自愿向我宣誓效忠，并要求我做……那场战争的统帅。高卢、西班牙、阿非利加、西西里和撒丁岛诸行省进行了同样的效忠宣誓。”[40]

他在兵力上略胜一筹，马库斯・维普撒尼乌斯・阿格里帕（Marcus Vipsanius Agrippa）也是一位出色的将领，而克娄巴特拉在安东尼军队中的出现却是破坏性的。关于公元前 31 年 9 月 2 日进行的亚克兴战役（Battle of Actium），细节已很难考证，但最后的结果是克娄巴特拉的军队逃跑，安东尼紧随其后，剩下的部队投降了。屋大维在尼科波利斯（胜利之城）竖起了一座俯瞰战场的胜利纪念碑。后来，亲屋大维的诗人维吉尔将这场战役描述为高尚的罗马人和可憎的蛮族人之间的冲突：

> 一边是奥古斯都率领着意大利人作战，在他这边有元老们和平民们……一边是安东尼，还有他从外国收集来的财宝和各种各样的武器，因为他刚从东方远征……胜利归来，他携带着埃及的、东方的……士兵，还有（说来可耻!）他那埃及妻室……她还没有看见她背后那两条将来要置她于死地的毒蛇。[41]

亚克兴战役发生后不久，贺拉斯写了一首诗，敏锐地捕捉到了安东尼与克娄巴特拉的关系给罗马人带来的恐惧：

> 可悲啊，你们后世的人将否认，罗马
> 曾做过一位女人的臣仆，
> 士兵们扛着营栅和武器，竟能忍辱
> 伺候长满皱纹的太监，
> 太阳甚至看见一张埃及的帐幕
> 耻辱地悬挂在军旗中间。[42]

贺拉斯认为罗马士兵应该像男子汉一样忍受蚊虫的叮咬，再没有比这“帐幕”更可恶、更可怕、更“非罗马”、更野蛮的东西了。

克娄巴特拉和屋大维

安东尼和克娄巴特拉逃回埃及，大约一年后，屋大维的军队征服亚历山大，这出戏剧演到了最后一幕。我们必须怀着谨慎的态度来对待历史记录，不过事情似乎是这样的：克娄巴特拉将自己关进一座陵墓，（根据迪奥·卡西乌斯的记载）这是她与伊拉丝（Eiras）

和卡蜜恩（Carmian），还有一个宦官一起，早就为自己建造好了的。然后，她派人送信给安东尼，说她已经死了。他试图自杀，但伤势不足以马上致命，当他发现克娄巴特拉还活着，便命令他的奴隶把他抬到陵墓去。克娄巴特拉放下绳子，在两位侍女的帮助下把他吊上来。普鲁塔克描述说，安东尼满身血污，像是快要断气的样子，就在被人往上吊的时候，还扬手向克娄巴特拉打招呼，竭尽自己的体力拼命挣扎。[43]等到她终于把他拉了上来，便把他放在床上，脱下身上的衣服盖住他的身体，她用手捶击自己的胸膛，把他伤口流出的血涂在自己脸上。

安东尼死了，克娄巴特拉还得去见屋大维。迪奥·卡西乌斯说："她记得她是女王，宁愿带着君主的头衔和威严死去，也不愿苟且偷生。不管怎样，她已经准备好将她的财宝付之一炬，用毒蛇和其他爬行动物来结束自己的生命。她以前在人类身上做过试验，以便弄清楚这些生物是如何置人死地的。"[44]

这里说的毒蛇（asp，希腊语写作 *aspis*）是埃及眼镜蛇，能够长到两米长。普鲁塔克还说，她发现被这种毒蛇咬了以后，受害者会感觉渐渐麻木陷入昏睡状况，看来没有任何痛苦，就像睡着了一样，怎么都叫不醒[45]："（这种毒蛇）有四颗毒牙，底部中空，含有毒素。这些毒牙从下颚长出来，长长的，呈钩形，根部覆盖着一层薄膜，能将它们隐藏起来，毒蛇就从这里向人体喷射出没有解药的毒素……没有被咬伤的痕迹，也没有致命的红肿，那个人就毫无痛苦地死去，在昏睡中结束了生命。"[46]

古代文献一致表示屋大维不想杀死她。他们谈了话，她施展了全部女性魅力："她故意做出无心打扮的姿态——实际上穿着丧服的样子更加衬托出她的美丽——坐在一张（装饰华丽的）卧榻上。

她在自己身边摆满了尤利乌斯·恺撒的各种画像和半身像，怀中抱着恺撒写给她的所有信件。”[47]

她把这些信读给屋大维听，但是他保持了罗马人的美德，对她的诱惑无动于衷，不过克娄巴特拉的确使他相信她并不想死。屋大维离开了，扬扬自得地想象着回到罗马后，她将成为他凯旋式上最耀眼的明星。

普鲁塔克生动地描写了克娄巴特拉之死。（公元前 30 年 8 月 17 日）她沐浴更衣，享用了一顿豪奢的盛宴，然后一个埃及农民带来一个竹篮，看守的卫兵询问他里面装了什么东西，农民将上面的树叶拨开，露出一堆无花果。克娄巴特拉派人给屋大维送去一封密信，屏退所有的侍者，只留下两个最忠诚的侍女，然后封闭陵墓的大门。[48]

实际上，没有人确切地知道克娄巴特拉是怎么死的。我们的文献提到：无花果下面藏着毒蛇；或者有一个藏着毒蛇的大水罐，上面覆盖着鲜花；或者是一把浸透毒药的梳子；再或者是一根涂满毒药的针。文献还说毒蛇从来没有被找到，她的尸体没有显示出中毒的症状，只是手臂上有两个模糊的小孔。

罗马的宣传机器竭尽所能地妖魔化克娄巴特拉。普罗佩提乌斯（Propertius）在诗中称她为“克诺珀斯乱伦的荡妇女王”，公元 1 世纪制作的一盏陶灯可能就描绘了这个形象：一幅尼罗河风景画中有一个东方女人，很可能是克娄巴特拉，坐在一条长着巨大阴茎的大鳄鱼背上。但是，克娄巴特拉的形象不断被修改。屋大维需要战胜一个真正危险的对手，而值得尊敬的对手通常会引起罗马人的同情和钦佩。贺拉斯创作了关于克娄巴特拉的颂诗，准确地捕捉到了当时的氛围：

此刻理当饮酒，此刻自由的足
理当敲击大地[49]，伙伴们，此刻终于
可以在供奉神像的长椅上铺满
萨利祭司的丰盛食物。
以前，取出祖先窖藏的凯库布（Caecuban）[50]就是
亵渎神灵，当这位疯狂的女王[51]执意
摧毁卡皮托山的神庙，谋划
我们伟大国度的葬礼。
拥着一群肮脏淫邪的男人，一群
乌合之众，她饮醉了甘甜的时运，
左右于无限的欲望，什么都敢
梦想。然而火焰中消殒
殆尽的舰队遏止了她的疯病，因为
马莱奥酒游荡迷失的神志也被逐回，
顿然意识到了真实的恐惧，
从意大利溃逃，一路如飞。
恺撒[52]乘船追赶，犹如鹰追赶温驯之鸽，
犹如在积雪的海摩尼亚原野，
迅捷的猎人追赶兔子，决心
将这命运的征兆擒获。[53]

对与她同时代的作家来说，克娄巴特拉是“不能被提到名字的女人”：他们使用的代称都含有贬义，诗人们也避免用直接叙述的形式讲述她的故事。不过，卢坎（Lucan）是个例外，他点出了克娄巴特拉的名字，并且以相当露骨的方式描写她是如何用她的美貌、性感和不知羞耻取悦恺撒的。但是，即便如此，还是有些东西

不能被提及：为了换取恺撒的支持，她付出的代价是“一个不可言说的羞耻之夜”。所以，那不可言说的羞耻仍然没有被说出来。[54]

克娄巴特拉最好的墓志铭之一是由迪奥·卡西乌斯书写的：

> 克娄巴特拉是一个性欲旺盛、贪得无厌的女人。她经常表现出值得尊敬的雄心壮志，但是同样经常表现出唯我独尊的傲慢自大。正是由于爱情的力量，她获得了埃及的统治权，当她渴望以同样的方式获得罗马的统治权时，她失败了，并且失去了她的王国。她凭借一己之力征服了同时代两个最伟大的罗马人，但是因为第三个罗马人毁灭了她自己。[55]

屋大维赦免了她和安东尼所生的孩子，但是将他的对手和富尔维娅所生的长子处死，恺撒里昂也遭到同样的命运。阿庇安在总结米特拉达梯战争后罗马的状态时说：“地中海周围整个一圈，只缺埃及这一个地方了。”[56]现在，屋大维完成了这项任务：埃及成为罗马的属国，结束了托勒密王朝300年的统治。屋大维将埃及置于他个人的统治之下，又在宣传中尽可能地混淆视听：“我将埃及归到罗马人民的治下。”[57]

我们很难掌握关于克娄巴特拉生平的第一手资料，不过，有一个例外。柏林的埃及博物馆（Ägyptisches Museum und Papyrussammlung）保存有一份写在莎草纸上的文件，这份文件是在阿布希尔-梅勒克（Abusirel-Melek）的罗马墓地，从制作木乃伊的材料中发现的。这是一道皇家法令，授予安东尼的亲信P. 卡尼狄乌斯（P. Canidius）免税权，日期是公元前33年2月23日。在由抄写员写下的正文下面，克娄巴特拉亲笔签署了这份文件，她没有写下她的名字，而是写了一个单词。如果她只能留给后世一个词的话，那么这个词真是再合适不过了：γινέσθοι（*ginesthoi*）=“梦想成真”[58]。

第 16 章

阿米尼乌斯：还我军团！

奥古斯都与蛮族

安东尼和克娄巴特拉之死，使屋大维在军事上和政治上再也没有对手。他成了罗马世界的主人。公元前 29 年，他回到罗马，举行了一场持续三天的凯旋式，他自己告诉我们，公元前 27 年 1 月他又一次表现了自己的大公无私："我一平息内战便经一致同意掌控了所有事务，在我第六次和第七次任执政官时，我将国务从我的权限中转交到元老院和罗马人民的仲裁下。"[1]

事实上，他完全不是这样做的。在所谓"元首制"的安排下，他掌握了大部分军团驻扎的行省，保留了罗马外交政策的控制权，获得了带有宗教意味的“奥古斯都”（Augustus，拉丁语写作*augeo*，意思是“我使之丰饶”）的称号，成为“第一公民”（*Princeps*），他的“权威”（*auctoritas*）意味着他的意志将在一切重要领域得到执行。但是，当时的历史学家都为他高唱赞歌：“没有哪一种恩惠是人们不能向神祈求的，也没有哪一种恩惠是神不能赐予人类的，没有任何可以想到的愿望和祝福，是（屋大维）不能赐予共和国、罗马人民和世界的。”[2]

他成了罗马的第一位皇帝。

明确帝国与蛮族之间的边界，保卫帝国的安全，是奥古斯都最重要的任务之一。在东方，帕提亚仍然是他的心头大患，他原本设想以幼发拉底河和阿拉伯沙漠为界，不过在公元前 20 年，那里的王朝爆发争端，奥古斯都利用这个机会“迫使帕提亚人向我归还了三个罗马军团的战利品和军旗，并以卑下者身份乞求罗马人的友谊”[3]。

这里说的军旗（鹰标）是克拉苏在卡莱战役中失去的（参见第 13 章的“卡莱战役”）。这是强有力的宣传材料。

绵延数千公里的罗马北部边境更加令人担忧。从公元前 16 年到公元前 15 年，在一场奥古斯都所谓的“正义的”战争中[4]，他的继子提比略（Tiberius，未来的皇帝）和尼禄·克劳狄·德鲁苏斯（Nero Claudius Drusus）征服了阿尔卑斯山以北，直至多瑙河的大片领土。这一地区后来被划分为雷提亚（Raetia）[5]和诺里库姆行省，在法国里维埃拉（Riviera）的拉蒂尔比耶（La Turbie），凯旋门上的铭文记载了这次征服：“由元老院和罗马人民献给奥古斯都皇帝、已故的恺撒之子……为了纪念在他的领导和保护之下，从亚得里亚海到地中海，阿尔卑斯山的所有种族都被纳入罗马人民的统治之下。被征服的阿尔卑斯种族（下面列出了 46 个蛮族部落的名称）……”[6]

公元前 14 年，高卢人和意大利人之间的地区成为滨海阿尔卑斯行省（Alpes Maritimae），奥古斯都夸耀说：“我将潘诺尼亚（Pannonia）各部族[7]——我统治之前罗马人民的军队从未进入，却被……提比略·尼禄征服——控制在罗马人民的权威之下。”[8]

再往东，默西亚（Moesia）于公元 6 年成为罗马行省，将罗马帝国与蛮族之间的边界推进到多瑙河。但是，由于欧洲的主要河流经常将相邻的民族团结在一起，而不是将他们分开，而且由于政治、文化、语言、宗教和经济上的界限很少相互一致，所以边界总是相对模糊的，一会儿朝这边、一会儿朝那边移动。

对奥古斯都来说，莱茵河边界的问题太多，因此他计划打造一个大日耳曼尼亚行省，以易北河为东部边界，首都设在莱茵河上的阿格里皮奈西斯殖民地［Colonia Agrippinensis，今科隆（Cologne）］。公元前 12 年—公元前 9 年，尼禄·克劳狄·德鲁苏斯致力于这项任务，直到他坠马而死。然后，提比略继续推动这一进程，直到公元 6 年，伊利里库姆的潘诺尼亚人和达尔马提亚人（Dalmatians）爆发起义，他花了三年时间，用了十五个军团和同样多的辅助部队才镇压下去。但是，“他刚刚结束与潘诺尼亚人和达尔马提亚人的战争，完成这项任务还不到五天，就从日耳曼传来了坏消息”[9]。

罗马总督普布利乌斯·昆克提利乌斯·瓦卢斯（Publius Quinctilius Varus）对日耳曼人的傲慢激起了强烈的反弹，罗马人战败。这次失败将永远改变罗马人对待蛮族的态度。

日耳曼尼亚和日耳曼人

日耳曼人是希腊人和罗马人在欧洲北部遇到的，仅次于凯尔特人的第二大语言和文化群体。早期日耳曼民族的发展历程极难考证。我们最主要的两个古代文献来源是恺撒的《高卢战记》和塔西佗，特别是塔西佗于公元98年完成的《日耳曼尼亚志》。这本书是为了让受过教育的罗马人了解日耳曼人，以及他们的性格、习俗、组织机构、民间传说、宗教和气候而写成的，强调了“日耳曼威胁”的严重性，因为生活在莱茵河和多瑙河对岸、人数众多的“日耳曼”民族经常给罗马人带来灾难。

罗马作家可能从高卢的凯尔特人那里吸收了一些观点，但这也可能造成混淆，因为German（“日耳曼”）这个名称似乎是一个高卢单词，“日耳曼人”并不这样称呼自己。而且，许多当代研究中经常充斥着不适用于古代世界的民族主义和意识形态。标准观点是，日耳曼人的语言和文化起源于现在的德国北部，从公元前500年起，波罗的海（Baltic）西部就是其领土。公元前300年左右开始的民族大迁徙让日耳曼人与地中海世界有了接触，包括公元前2世纪辛布里人和条顿人的迁徙（参见第9章的“辛布里人和条顿人”），可能就是从这个时候起，日耳曼人开始在莱茵河下游定居。公元前1世纪初，苏维汇人（Suebi）到达莱茵河上游。

在《日耳曼尼亚志》的开头，塔西佗这样描述未被划分的日耳曼尼亚［他指的是莱茵河东岸的土地，而不是罗马的上日耳曼尼亚（Germania Superior）和下日耳曼尼亚（Germania Inferior）行省内凯尔特化和罗马化的日耳曼民族]："在它与高卢人、雷提亚人和潘诺尼亚人之间，有莱茵河和多瑙河为界；在它与萨尔马提亚人(Sarmatians)[10]和达契亚人（Dacians)[11]之间，有些地方被群山阻断，有些地方因彼此猜忌而互相隔离；至于其他一方，则为一片大洋所围绕。"[12]

在分析日耳曼尼亚社会时，我们必须考虑到日耳曼人定居点广泛的地理分布，以及众多民族之间深刻的文化差异和多样性，尽管塔西佗认为他们应该是一种土著，从来不曾与异族"混血"：

> 又有谁愿意离开这亚细亚、阿非利加或者意大利而迁居到那景色荒凉、风光凄厉的日耳曼尼亚去呢？除非那是他的故乡……我个人同意把日耳曼尼亚的居民视为世界上一种未曾和异族通婚因而保持自己纯净血统的种族，视为一种特殊的、纯粹的、除了自己以外和其他人种毫无相似之处的人。因此，虽然他们人数极多，但体格却完全一样：他们都有着凶暴的蓝眼睛、金黄色的头发、高大的身躯；他们只有突然冲动的勇猛而不耐烦于操劳和艰苦的工作，也绝不习惯于忍受燥渴和炎热；由于气候和土壤的缘故，他们对于寒冷和饥饿倒是能安之若素。[13]

然而，考古学证据帮助我们勾勒出一幅铁器时代社会的简单图景，至少与他们的凯尔特邻居相比，这是一个处在上升期的社会，有悠久的农场和村庄。他们的农业既有耕种也有放牧，不过恺撒说这两者都不是他们的主业：

> 他们对农耕不怎样热心，他们的食物绝大部分是奶、奶酪和肉类，也没有一个人私人拥有数量明确、疆界分明的土地。关于这种做法，他们列举了许多理由：怕养成习惯，从而把作

战的热情转移到务农上去；怕从此孜孜追求大片田地，势力大的会把弱小的逐出自己的田地；怕从此为了避寒避暑，热心地大兴土木；还怕从此引起爱财之心，因而结党营私，纷争起来。他们的目的是要使普通人看到自己所有的跟最有势力的人所有的完全相等，从而感到心满意足。[14]

日耳曼人可能有名义上的国王，根据塔西佗的说法，是按照出身推举的，但国王的权力并不是无限的，真正的政治权力分散在当地部族首领手中，他们不是以命令来控制人民，而是以身作则，凭借作战的勇敢和身先士卒的精神来博取人民的拥戴。[15]重大决策由全部落商议决定，尽管是以一种相当混乱的方式，在塔西佗看来，这就是蛮族的方式。会议通常在新月或满月时举行：

当召集会议时，他们不能立刻集合，而需要花费两三天的时间才能召集，这倒是他们自由自在的一个缺点了。在聚集了相当多的人以后，会议便开始，大家都带着武器就座。祭司们宣布肃静……于是在国王或酋长们之中，或以年龄、或以出身、或以战争中的声望、或以口才为标准，推选一个人出来讲话；人们倾听他，倒并非因为他有命令的权力，而是因为他有说服的作用。如果人们不满意他的意见，就报之以啧啧的叹息声；如果大家很满意他的意见，就挥舞着他们的矛。[16]

铁的相对匮乏决定了他们武器的风格，最常见的武器是他们称为“夫拉矛”（*frameae*）的短矛。这种短矛带有一个窄而尖的铁头，非常轻便，因此，不论步兵还是骑兵、不论短兵相接还是远距离交战，都能适用。

> 每个步兵带着不少的标枪，赤裸着，或顶多披上一件轻便的外衣，将标枪投掷得极远极远。日耳曼人从不讲究衣着的装饰，对于他们的盾，也仅仅涂上自己喜欢的颜色而已。他们没有护胸甲，也很少见到戴着金属或兽皮制的头盔的人。他们的马匹既不美丽，也不善于奔驰……一般说来，他们的步兵较强……从全体壮丁中挑选出来的矫捷的步兵列在最前排，他们都是很适宜于配合骑兵作战的……
>
> 他们的阵式列成楔形，在交锋时，往往先退却一下，而后再向前进攻，这被视为一种战术，而不是怯懦……失去自己的盾是一件被视为奇耻大辱的罪行，犯了这种罪的人不许参加宗教仪式，也不能出席大会。许多在战争中苟全性命的人，都以绞首来结束他那不名誉的生命。[17]

他们的战士攻击性极强，给恺撒留下了深刻的印象，他们会蹂躏自己的边境，在领土周围制造大片的无人区，如果无人敢在附近定居，他们便认为这是自己勇气的标志。他们对于在自己国家疆界以外的抢劫活动不以为耻，因为这让他们的年轻人有事可做，如果他们的本土“常年太平无事”[18]，很多高贵的青年就要自愿地去找寻那些正在发生战争的部落：“一则因为他们的天性好动而恶静，二则因为他们在危难之中容易博得声誉，三则因为只有在干戈扰攘之中才能维持人数众多的侍从。”[19]

恺撒说，过去有过一个时期，高卢人的英勇超过了日耳曼人，但是因为高卢邻接着罗马的行省，无论奢侈品还是日用品都供应充裕，经过多次战争，一再被击败后，高卢人变得软弱了，在战斗力方面就不如日耳曼人了。[20]

恺撒说他们的全部生活只有狩猎和追逐战争，从孩提时代起，他们就习惯于勤劳和艰苦。[21]婴儿都由自己的母亲哺乳，从不委托给保姆和乳娘，他们在肮脏和贫穷的环境中长大，却长出一副让罗马人羡慕的壮健身躯。[22]“年轻人很晚才通情事”[23]，贞洁受到推崇：在日耳曼尼亚，没有人对秽行付之以嗤笑，也没有人将勾引旁人堕落或受人勾引而堕落的行为视为一种时髦的风气；无论男女，都不懂得幽期密约；通奸极为罕见；一个人二十岁以前就有关于女性的知识，被认为是极可耻的事情之一，“这一类事情，在他们中间，本来没有什么秘密可言，因为男男女女同样都在河中洗澡，身上掩蔽的同样只是一片兽革或一块鹿皮遮布，身体的大部分都任其裸露在外”[24]。

塔西佗详细描述了日耳曼人的服装，说他们每个人都披上一件外衣，用钩子束紧，要是没有钩子，则用荆棘代替。最阔气的人与众不同之处就在于另穿一件内衣，“不像萨尔马提亚人和帕提亚人所穿的那么宽大，而是束得紧紧的，使每一部分肢体都凸露出来”[25]。许多人也穿野兽的皮，妇女的服装和男子一样，不过她们经常穿一种亚麻布的衣服，缀以紫色的边，而这衣服的上部并不放宽做成袖子，因此她们的胳膊、肩膀和胸部附近都裸露在外。

罗马人对日耳曼妇女的看法符合标准的“蛮族刻板印象”：强悍、怪异，一点也不像罗马人。在传说中，有许多次将要溃败的战役都是被妇女挽救过来的。这些妇女袒露着胸脯，不断地祈祷，使男子们俨然觉得妇女被奴役是他们最痛心的事。[26]像所有的古代社会一样，日耳曼人拥有奴隶，但是采取与罗马人不同的模式——他们的奴隶更像佃农，只是需要承担一些强制劳役，拥有自己的土地和房屋，其他家务都由蛮族妇女和儿童来承担。[27]

日耳曼妇女被认为拥有预知未来的神秘能力，男子们经常和她们商量事务，尊重她们的意见。与高卢人和布立吞人（Britons）不同，他们没有德鲁伊祭司来主持宗教仪式，而且如恺撒所说，“对祭祀也不热心”[28]。他说他们视作神灵的，只有那些他们能直接看到的，或者能够明明白白从他们的职能中获得帮助的——日神［罗马神话中的索尔（Sol）］、火神（罗马神话中的伏尔坎）、月神［罗马神话中的卢娜（Luna）］等——至于其他的，他们全不知道，甚至连名字都没听说过。不过，塔西佗说他们还崇拜墨丘利［日耳曼神话中的沃坦（Wotan）］，杀人来向他献祭，还有赫拉克勒斯［日耳曼神话中的多纳尔（Donar）］和马尔斯［日耳曼神话中的提尔（Tiu）］，用动物来向他们献祭。他们非常重视朕兆和卜筮，“认为把诸神围在墙垣之中或将诸神塑成人的形象都是亵渎神明的行为。他们将树木丛林献给神祇。他们所称诸神的名称都是不可理解的，只有他们在虔心敬奉之中才能领悟其意义”[29]。

他们对宾主之谊有严格的规范，慷慨地分享食物——野果、野味和乳酪——他们喜欢没日没夜地喝酒聊天，经常以酩酊大醉、大打出手收场。距离莱茵河最近的部落比其他部落稍微“文明”一些，他们购买葡萄酒，但大多数人还是像典型的蛮族一样喝啤酒：“他们的饮料是用大麦和其他各类粮食酿造的，发酵以后，和酒颇为相似……如果让他们纵饮——他们想喝多少酒，就供给他们多少——那么，这种恶习就容易使他们自动屈服，正如用刀剑征服他们一样。”[30]

不过，塔西佗并不是在暗示罗马人想要通过把日耳曼人灌醉来征服他们：他是在告诉他那些喝葡萄酒的罗马读者，日耳曼人是软弱、原始和野蛮的。

与凯尔特人不同，日耳曼人没有原始的城市定居点，因此也没有任何形式的中央行政管理机构。他们只忠于本地部落，没有对“日耳曼”整体的认同感：只有在战争中，他们才在一个领袖的领导下有效地团结起来。但是，由于缺乏明确定义的国家机构，他们对罗马的侵略表现出一定程度的灵活性，这使他们很难被征服。

阿米尼乌斯、瓦卢斯和条顿堡森林

公元 9 年，信使给奥古斯都带来了“可怕的消息”，与普布利乌斯·昆克提利乌斯·瓦卢斯在日耳曼尼亚指挥的几个罗马军团有关。瓦卢斯的家族血统并不十分高贵，但是名气很大，维莱伊乌斯·帕特尔库鲁斯描述他是一个性格温和、喜欢安静的人，身心都有一点懒散，更习惯于和平时期安逸的军营生活，而不是真正去打仗。[31]他前往富庶的叙利亚行省任职时甚为清贫，可离任时，行省贫瘠而他自身暴富。被任命为日耳曼尼亚的指挥官时，他完全错误地判断了日耳曼人好斗的天性，像对待罗马奴隶一样对他们发号施令，像对待一个臣服的国家一样向他们索要钱财。[32]而且，他“深入日耳曼腹地，好像置身爱好和平的民族中间，将整个夏营的时间都浪费在主持开庭和推敲法律程序的适当细节上”[33]。

我们的文献主要来自维莱伊乌斯·帕特尔库鲁斯，在他看来，这样做大错特错。他说日耳曼人十分奸诈，任何没有与他们接触过的人都无法理解：他们天生谎话连篇；他们捏造虚假的诉讼，故意挑起争端；他们一再告诉瓦卢斯，他们永远感谢罗马人公正地解决了他们的争端，通过法律而不是战争来解决争端的新方法使他们野蛮的天性变得温和了。[34]瓦卢斯对自己的定位是一个在法庭上执行司法的文职裁判官，而不是在日耳曼腹地作战的军事指挥官。

这时候，一个贵族出身的日耳曼青年登场了，他“行动果敢，头脑敏捷，智慧远超普通的蛮族”[35]。

他的名字叫作阿米尼乌斯（Arminius），是凯路斯奇（Cherusci）酋长西基默（Sigimer）的儿子。在塔西佗的时代，这个部落已经衰落了：

> 他们长期以来没有受过侵略，安享着过度的、使人颓靡不振的太平之福。这自然很幸福，却未见得安全，因为处在横暴的强邻虎视眈眈之下，太平不过是自欺欺人而已。当强权决定一切的时候，公道和仁义只是加在强者身上的美名。因此，凯路斯奇人本该有善良正直的声誉，现在却被称为愚夫和懦夫。[36]

但是在公元9年，凯路斯奇人还相当强大。阿米尼乌斯本人已经成为罗马公民，在罗马的辅助部队服过役，甚至获得了骑士头衔。但是，他利用瓦卢斯的疏忽，为发动叛乱做准备，“他敏锐地意识到，一个不知道害怕的人是最容易被打倒的，安全感是大多数灾难的开端”[37]。

他慢慢地拉拢同党，让他们相信罗马是可以被摧毁的，并确定了起事的日期。这时候，一个名叫塞盖司特斯（Segestes）的日耳曼人向瓦卢斯告密，但是瓦卢斯不相信他的话。不会再有第二次机会了。[38]

阿米尼乌斯设法将罗马的三个军团——第十八军团、第十九军团，可能还有第十七军团——引诱到条顿堡森林（Saltus Teutoburgiensis）附近的卡尔克里泽（Kalkriese），那里的地形非常复杂。[39]交战的具体细节不详，不过迪奥·卡西乌斯生动地描绘了瓦卢斯军队的噩梦是如何开始的。由于森林太茂密，他们不得不砍伐树木，修路架桥。像在和平时期一样，他们被大车、驮畜、妇女儿童和一大群仆人拖累着。狂风暴雨阻碍着他们前进，道路湿滑，树根虬结，行军困难重重。树枝不停地折断，掉在他们头上。在所有这些困难中间：

> 蛮族士兵通过熟悉的小径穿过最浓密的灌木丛，突然间从四面八方把他们团团围住。一开始，他们从远处投掷武器，发现没有人自卫，很多人都受了伤，他们便靠近过来。罗马军队完全没有组织，又跟辎重和非战斗人员混在一起，无法在任何一处地点列成阵式，在任何一个地点上又都比敌人人数少，他们损失惨重，根本无力抵抗。[40]

总体形势非常清晰："一支英勇无比的军队，罗马军队中纪律严明、精力充沛、经验丰富的典范，由于将军的疏忽、敌人的阴谋和命运的无情……被森林、沼泽和伏兵团团围住，像牲畜一样几乎被屠杀殆尽。"[41]

这是一场彻底的溃败，是自从克拉苏在帕提亚惨败以来，罗马在异国的土地上遭遇的最惨痛的失败："（日耳曼人）挖出一些人的眼睛，砍掉另一些人的双手。他们割掉一个人的舌头，把他的嘴缝起来，一个蛮族人手里拿着他的舌头，说：'你这条毒蛇，现在不再吐信子了吧。'"[42]

营地长（*Praefectus Castrorum*）卢西乌斯·埃吉乌斯（Lucius Eggius）死在敌人的酷刑之下，而不是死在战场上。卡尔杜斯·

凯利乌斯（Caldus Caelius）逃脱了相似的命运，他抓住一节捆绑他的铁链，用它猛砸自己的头，“脑浆和鲜血从伤口中迸射出来”[43]。瓦卢斯效仿他的父亲塞克斯图斯·昆克提利乌斯·瓦卢斯（Sextus Quinctilius Varus），用剑刺穿了自己的胸膛——他父亲在腓立比（Philippi）战败时也是这样做的。日耳曼人将他被烧毁了一半的尸体“野蛮地”肢解[44]，砍下他的头颅，送给罗马的奥古斯都。

六年后，一支罗马军队回到这一地区，在瓦卢斯的军队战败的地方找到了第十九军团的鹰标，而士兵们的尸骨还没有被掩埋。他们发现了瓦卢斯的第一个营地，看到颓垣断壁的土墙和一道浅沟，以及被占领的遗迹：“在这附近的平原上是分散的或是成堆的白骨，因为有的人是分头逃命，有的人则没有跑动。在那里还有残破的投枪和战马的肢体，以及钉在树干上的骷髅，十分显眼。在附近的森林里有一些蛮族的祭坛，罗马军队的军团将领和作为主力的百夫长就是在这里被日耳曼人处死的。”[45]

灾难中的幸存者向他们的同胞指出了阿米尼乌斯站在上面发表演说的座坛、为囚犯准备的绞架和地牢，以及他侮辱军旗和鹰标时那种傲慢的态度。然后，罗马军队埋葬了三个军团的士兵的遗骨，以表达对同胞的哀悼和对蛮族的仇恨。近年来，考古学家在卡尔克里泽附近挖掘出了被肢解的人类遗骸，骨头上有深深的伤痕，这可能就是塔西佗所说的集体墓穴。[46]

阿米尼乌斯与日耳曼尼库斯

阿米尼乌斯对瓦卢斯军团的屠杀，有效地阻止了罗马在莱茵河以东的扩张。迪奥·卡西乌斯告诉我们，日耳曼人铲除了所有的罗马据点，只有位于利珀谷（Lippe valley）的一个例外，维莱伊乌斯·帕特尔库鲁斯称之为亚里索（Aliso）。[47]在莱茵河以东的滨湖哈尔滕（Haltern am See）的考古学发现显示了匆忙撤退的证据：至少 24 名士兵被埋在坑穴里；武器被储存在别处；成堆的钱币被掩埋；还有大量保存完好的陶器。营地长卢西乌斯·凯迪西乌斯（Lucius Caedicius）受到日耳曼人的大军围攻，但是在一个暴风雨之夜设法逃脱了。[48]

惨败的消息传开时，瓦卢斯的外甥卢西乌斯·诺尼乌斯·阿斯普雷纳斯（Lucius Nonius Asprenas）是摩根提亚库姆［Moguntiacum，今美因茨（Mainz）］的第一日耳曼军团（*Legio* I *Germanica*）和第五云雀军团（*Legio* V *Alaudae*）的指挥官，他率领军队北上，占领了科隆和克桑滕（Xanten）的要塞，尽可能地营救幸存者（但是被指控侵吞死去官员的财产）。奥古斯都皇帝的继子提比略率领第二十英勇凯旋军团（*Legio* XX *Valeria Victrix*）和第二十一饕餮军团（*Legio* XXI *Rapax*）从多瑙河向莱茵河进军。罗马陷入了深深的不安，奥古斯都连续数月既不理发也不修面，有时用头撞门，嚷道："昆克提利乌斯·瓦卢斯，还我军团！"[49]

阿米尼乌斯想与其他日耳曼部落结成联盟，与此同时，提比略有效地巩固了莱茵河的防御，于公元 12 年举行了凯旋式。然而，失去的领土再也没有被收回。在莱茵河上，建立了上日耳曼尼亚和下日耳曼尼亚两个军事区，每个区部署了四个军团。然后，奥古斯都留下一个建议，将帝国控制在莱茵河、多瑙河和幼发拉底河的现有区域内。公元 14 年，提比略继位，继续执行了这一建议。

尽管如此，北方边境仍然动荡不安。公元 14 年秋，下日耳曼尼亚部队在提比略的侄子日耳曼尼库斯（Germanicus）[50]的率领下，入侵“自由”日耳曼尼亚。奥古斯都死后，强大的莱茵河驻军开始蠢蠢欲动，这次行动可能只是为了分散兵力，而不是有什么深远的战略目标。不过，战争持续到公元 15 年，日耳曼尼库斯接管了直至威悉河（Weser）上游的上日耳曼尼亚部队。他想利用“日耳曼叛乱的鼓动者”[51]阿米尼乌斯和亲罗马的日耳曼人领袖塞盖司特斯之间的分歧，正是后者曾经试图警告瓦卢斯要小心阿米尼乌斯（参见本章的“阿米尼乌斯、瓦卢斯和条顿堡森林”）。塔西佗说塞盖司特斯是迫于当地人民团结一致的意志的压力，不得不参加战争的，私下里他与阿米尼乌斯不和，因为阿米尼乌斯拐跑了他已经许配给别人的女儿。当塞盖司特斯发现自己被敌对的同胞包围时，他转向罗马求助，“这时阿米尼乌斯已经成了关键人物，因为他是主战的。原来，在蛮族那里，一旦发生骚乱，越是不怕死的人就越受到信任，人们就越是愿意拥戴他为领袖”[52]。

日耳曼尼库斯对塞盖司特斯施以援手，还俘虏了阿米尼乌斯的妻子图丝涅尔达（Thusnelda）。她当时正怀有身孕，阿米尼乌斯得知妻子被俘、尚未出生的孩子会遭到奴役，气得发了疯。他试图煽动凯路斯奇人对塞盖司特斯和罗马宣战，与此同时，日耳曼尼库斯答应保证塞盖司特斯的孩子和亲属的安全。图丝涅尔达后来生下一个男孩，取名图梅利库斯（Thumelicus），在拉文纳（Ravenna）长大。[53]

正是在这个时候，日耳曼尼库斯的军队来到瓦卢斯的军队被屠杀的地点（参见本章的“阿米尼乌斯、瓦卢斯和条顿堡森林”），在一些没有结果的小规模冲突之后，日耳曼尼库斯撤出了战区。阿米尼乌斯将注意力转向奥卢斯·凯奇纳·塞维鲁（Aulus Caecina

Severus）率领的部队。塞维鲁本来在与日耳曼人的卡狄（Chatti）部落作战，现在正通过一条被称为“长桥”（*Pontes Longi*）的狭窄堤路返回，堤路以外是一片泥泞难行的沼泽地，到处都是纵横交错的小河。[54]塞维鲁做了一个噩梦，梦见浑身是血的瓦卢斯从沼泽地里站起身来叫他，但他没有听从瓦卢斯的话，当瓦卢斯伸出手来的时候，他把瓦卢斯推了回去。[55]阿米尼乌斯的凯路斯奇人最擅长在这样的环境中作战，但是他们没有乘胜追击，而是忙着去掠夺战利品了。当罗马人终于来到坚实的地面上，阿米尼乌斯的意见是先让他们出来，然后把他们再次围困在一个泥泞难行和崎岖不平的地方。然而，阿米尼乌斯的叔父音吉奥美路斯（Inguiomerus）“主张使用蛮族所喜欢的那些更加激烈的办法。他认为，如果把营地包围起来，就更便于发动猛攻。这样不但可以得到更多的俘虏，而且可以把战利品完整无缺地拿过来”[56]。音吉奥美路斯的意见占了上风，结果是随后罗马人赢得了胜利。

公元16年，日耳曼尼库斯改变了策略，他建立了一支庞大的舰队，准备通过欧洲的主要河流来运送他的军队。他们在巴塔维亚人（Batavians）的领土上［今荷兰奈梅亨（Nijmegen）附近］集结，经过3公里长的德鲁苏斯运河（Fossa Drususiana）[57]——这条运河在阿纳姆（Arnhem）附近将莱茵河与艾瑟尔河（Issel）连接起来——然后经过弗里斯兰人（Frisians）和卡乌奇人（Chauci）的土地，在埃姆斯河（Ems）上游的山谷中登陆。日耳曼尼库斯从这里向东进军，阿米尼乌斯和他的凯路斯奇人正在威悉河东岸一个名叫伊迪萨维索（Idistaviso，位置不详）的地方等着他。

交战前，阿米尼乌斯请求同他的兄弟佛拉乌斯（Flavus）说话，佛拉乌斯当时正在罗马军队中服役，他是个有名的人物，因为他对罗马人非常忠诚，并且失去了一只眼睛。阿米尼乌斯询问为什么他的面容被毁，佛拉乌斯告诉了他事情的经过。阿米尼乌斯问他得到了什么样的赏赐，佛拉乌斯列举了提高饷银和其他军事嘉奖。阿米尼乌斯嘲笑了他为人役使所获得的廉价赏赐。[58]他们以相反的立场展开了论辩。佛拉乌斯强调罗马的伟大、对战败者的严厉惩罚，以及对归顺者一贯的宽大，并用阿米尼乌斯的妻子和孩子做例子。阿米尼乌斯则提出了对祖国的神圣天职、他们自古以来享有的自由、保卫日耳曼的炉灶的神灵，以及他们的母亲也希望阿米尼乌斯做凯路斯奇人的解放者，而不是叛徒和卖国贼。他们分别时大喊大叫着相互威胁和侮辱，佛拉乌斯的话里夹杂着许多拉丁语，是他在罗马军队中服役时学会的。[59]

日耳曼尼库斯让他的辅助部队渡过威悉河，率先发起进攻，巴塔维亚人指挥官卡利奥瓦尔达（Chariovalda）代表罗马人英勇作战，在大量投枪的攻击之下阵亡。在主要会战前，日耳曼尼库斯依据典型的蛮族刻板印象，让他的军队为在森林地带作战做好准备：

> 在树干和丛生的灌木林当中，蛮族的巨大的盾和投枪不可能像我们的投枪、短刀和贴身的甲胄那样灵便。他们的战术是密集突击并把锋刃指向敌人的正面。日耳曼人既没有胸甲也没有头盔，甚至他们的盾牌下面都没有金属或牛皮垫着，而只是用柳条简单编成或干脆就是薄薄的一层涂色的板子。只有最前面一排的士兵使用相同样式的枪，其余的人只有投枪，而且这种投枪不是枪头用火煅烧尖了就是太短。再说，他们的体格尽管看起来很可怕，而且在短时间的进攻中也很孔武有力，可是一旦受伤，他们的精力便支持不住了。他们这种人在转身逃跑

> 时一点也不觉得羞耻，而且完全不把他们的首领放在心里。他们在失败的时候惊惶失措，垂头丧气，可是在胜利时又把神圣的和人间的法律全部置诸脑后。[60]

阿米尼乌斯的战斗口号是谴责罗马人的贪婪、残酷和骄横：对他来说，不自由毋宁死。

日耳曼尼库斯部署了八个军团，加上高卢人、日耳曼人、雷提亚人和文戴里奇人（Vindelician）辅助部队，这些人本身都是蛮族。这是罗马的纪律与日耳曼的蛮勇之间的对决，结果毫无悬念。阿米尼乌斯在战斗最激烈的地方，攻击着，呼喊着，流着血，尽力鼓舞他的士兵，为了不使别人认出他来，他满脸都抹上自己的血。当他的凯路斯奇人被打退时，他杀入辅助部队的阵地，又冲了出来——可能是与其中的卡乌奇人串通，有人放他出来的。音吉奥美路斯也由于“同样的勇气或同样的诡计”而得以逃命。[61]塔西佗干巴巴地说，这是一次辉煌的、同时对罗马来说代价并非惨重的胜利。但这不是战争的结束。

这次失败促使日耳曼部落重新投入战争，第二场会战发生在凯路斯奇边境。这是一处被河流和森林夹在中间的狭窄的沼泽地带，安格里瓦利人（Angrivarii）早就在这里修筑了一道很宽的土堤，作为他们与凯路斯奇人的边界。罗马人的因地制宜赢得了胜利——投石机和火炮给土堤上的守军造成严重伤亡，日耳曼人的人数过多，地方却有限，这使他们无法有效地发挥其武器的威力。在肉搏战中，罗马人“把盾牌紧紧贴在胸前，手里紧握着刀柄，却一直在砍杀着敌人的高大肢体和光着的脑袋，这样便在他们的敌人中间杀开了一条血路。这时阿米尼乌斯杀得已不再那样起劲，或许是因为他接连不断地遇到危险，或许是因为不久前负的伤妨碍了他战斗。音吉奥美路斯则在战场上杀来杀去的时候，觉得自己尽管勇敢作战，但是运气却很不佳”[62]。

日耳曼尼库斯甚至可以从战斗中撤回一个军团来设营，其余的士兵则直到夜幕降临，都在继续尽情地砍杀蛮族。他们竖起了胜利纪念碑，接受了敌人的投降，日耳曼尼库斯回到冬营。为了庆祝夺回瓦卢斯失去的鹰标，罗马建起了一道凯旋门，上面的铭文写道，日耳曼尼库斯已经为“被诡计毁灭的罗马人民的军队”报了仇。[63]

公元 17 年 5 月 26 日，在执政官盖尤斯·凯利乌斯［Gaius Caelius，或凯西利乌斯（Caecilius）］和卢西乌斯·庞波尼乌斯·日耳曼尼库斯·恺撒（Lucius Pomponius Germanicus Caesar）的主持下，日耳曼尼库斯举行了凯旋式，因为他战胜了凯路斯奇人、卡狄人、安格里瓦利人和易北河靠罗马这一边的其他所有日耳曼部落。在罗马人看来，这样的荣誉完全是他应得的：他重新征服了利珀谷和北海海岸，战胜了阿米尼乌斯，恢复了罗马的威望。提比略皇帝现在需要做出决定：继续进攻，还是不再去管日耳曼人。他明智地选择了后者，将罗马军队从利珀谷撤回，派他的儿子德鲁苏斯·尤利乌斯·恺撒（Drusus Julius Caesar）去伊利里库姆，把日耳曼尼库斯重新部署到东方。公元 19 年 10 月 10 日，日耳曼尼库斯在安条克病逝，很多人觉得他的死非常可疑。[64]不过，罗马的边境在莱茵河固定下来，并在 200 年的时间里保持相对安定。日耳曼尼库斯留给罗马的另一项遗产是他的儿子盖尤斯·尤利乌斯·恺撒。莱茵河战役时，日耳曼尼库斯和妻子大阿格里皮娜（Agrippina the Elder）把他带在身边。那时他还是个小孩子，他们让他穿上一套小号的军服，走在军队中，他由此得到了一个亲切的绰号——卡利古拉（Caligula），意思是“小靴子”。[65]

阿米尼乌斯与日耳曼人

罗马人撤走后，日耳曼蛮族部落又“遵守本国的风俗习惯”[66]彼此打起来了。对立双方，一边是马科曼尼人（Marcomanni）的国王玛洛波都斯（King Maroboduus），这个人在战争中保持中立，但是相当罗马化，另一边是“拥护自由”的阿米尼乌斯。[67]苏维汇人的两个反叛部落，谢姆诺尼斯人（Semnones）和朗哥巴狄人（Langobardi），加入了阿米尼乌斯的凯路斯奇人，但是他的叔父音吉奥美路斯投向了玛洛波都斯。在组织纪律方面，参加战役的军队从与罗马人的战斗中学到了很多东西。阿米尼乌斯把玛洛波都斯描述成一个没有骨气的逃亡者和卖国贼，激励他的士兵，提醒他们已经恢复了自由，他们曾经歼灭过罗马的军团，而且他们许多人的手里还拿着从罗马战死者手中取得的战利品和投枪。玛洛波都斯则反击说，阿米尼乌斯给他自己和他的人民招致了灾难，因为他背信弃义地使“三个军团的残部和心地坦荡而怀疑有任何阴谋诡计的统帅”上了当。[68]阿米尼乌斯占了上风，玛洛波都斯向提比略皇帝请求援助时，罗马人明确地告诉他，因为他在之前的战争中保持中立，所以没有资格得到罗马的帮助。塔西佗说德鲁苏斯还是被派去安排双方议和[69]，不过他巧妙地挑起蛮族之间的冲突，使玛洛波都斯蒙受了更大的损失。玛洛波都斯再次请求提比略开恩，元老院经过讨论，允许他进入意大利，在拉文纳度过了他生命的最后十八年。

关于阿米尼乌斯之死，塔西佗掌握了一些宝贵的第一手资料：

> 从担任过元老的同时代作家的作品中，我发现，在元老院里曾宣读过从卡狄人的酋长阿德刚德司特利乌斯（Adgandestrius）那里送来的一封信。信里保证说，如果给他送去毒药，他可以把阿米尼乌斯害死。但是给他的回答却是："罗马人民对他们的敌人进行报复时从来不使用阴谋诡计，而是进行公开的战斗。"这句崇高的话的意思是想使提比略置身于那些古代统帅的行列，因为他们曾阻止并揭发了毒死国王皮洛士的建议。[70]

阿米尼乌斯试图利用罗马人撤退、玛洛波都斯被驱逐的机会，扩大对日耳曼部落的统治，但是这得罪了太多人，最后是蛮族的内斗，而不是罗马军团使他黯然陨落，"人民用武力反抗他，战事的结果变化多端，但最后阿米尼乌斯还是死于其亲戚的阴谋之手"[71]。

塔西佗为阿米尼乌斯写了一段影响深远的墓志铭，赞颂他的成就，哀叹其他古代历史学家对他缺乏重视：

> 他毫无疑问是日耳曼的解放者……他对罗马进行的战斗有胜有负，但整个战争没有失败过。他一共活了三十七年，在位十二年，直到今天他本族的歌谣还在传颂他的事迹。但是那些只赞颂希腊历史事件的希腊历史学家把他忽略了。而我们那些只醉心颂扬过往而漠视我们当前时代的罗马人，也没有对他给予足够的重视。[72]

19世纪末，这种把阿米尼乌斯视为日耳曼"民族英雄"的观点受到高度重视，塔西佗对他“毫无疑问是日耳曼的解放者”的评价被频繁引用。不过，他的战斗生涯非常清楚地表明，在他有生之年，一个统一的日耳曼的概念尚未出现，连一种理想都算不上，更不用说成为现实了。

第 17 章

布狄卡：爱西尼女王，罗马之鞭

不列颠尼亚：遥远、神秘的蛮族国度

尤利乌斯·恺撒对他在公元前 55 年和前 54 年两次远征不列颠的描述，让这座岛屿真正进入了罗马人的视线（参见第 14 章的“维钦托利的叛乱”）。他对不列颠蛮族的人种、气候、资源和位置进行了生动翔实的介绍：

> 住在不列颠内地的人，据他们自己历代传说，是岛上土生土长的，住在沿海地区的人，则是为了劫掠和战争，早先从比尔及迁移过去的……居民很多，简直难以计数，他们的房舍建得很密集……牲畜的数量也极多……有各种树木，只缺山毛榉

和松树。他们认为兔、公鸡和鹅不可食用，只饲养了做观赏或娱乐之用……

这座岛的形状呈三角形。它的一条边面向高卢，这条边的一只角……是面向东方的，另外略下方的一只角，朝着南方……另一条边面向西班牙，即西方，这一条边外面有一个爱尔兰岛……据说附近还有几个较小的岛屿。关于这些岛屿，有人记载说，冬至节时，接连有三十天是黑夜……第三边面向北方，没有什么陆地面对着它，但这边有一只角却差不多正对着日耳曼人。[1]

这种不列颠西边朝向西班牙的错误观点被普遍接受，地理学家斯特拉博也采信了这一观点："不列颠的形状像三角形，它最长的一条边与高卢地区平行……每边的长度大约是860～880公里。（不列颠海岸）自坎提乌姆［Kantion，即肯几姆（Kent），正对着莱茵河口］延伸到海岛最西面的顶端，正对着阿基坦的比利牛斯山脉。"[2]

类似地，恺撒对岛上居民的描述也使蛮族的形象深入人心：

全不列颠中，最开化的居民是住在肯几姆地区的，这是一片滨海地区。他们的习俗与高卢人没有多大差别。至于住在内陆地带的人，则大多数都不种田，只靠奶和肉生活，用毛皮当作衣服。所有不列颠人都用菘兰染身，使人看起来带有天蓝颜色，因此在战斗中显得极为可怖。他们还蓄着长发，全身除了头部和上唇之外，到处都剃光。妻子们由每一群十个或十二个男人共有，特别是在兄弟之间和父子之间共有最为普遍，如果这些妻子有孩子出生，则被认为是她在处女时第一个接近她的人的孩子。[3]

不列颠人染蓝身体的刻板印象持续了 500 多年，直到诗人克劳狄安（Claudian）的时代，还在将不列颠尼亚拟人化，说她“披着喀利多尼亚（Caledonia）野兽的皮，脸颊上有刺青，蓝色的长袍像波浪一样扫过她的足迹”[4]。

斯特拉博继续提供了一些关于岛上物产和居民生活方式的信息，他们是真正的蛮族：

> 岛上出产谷物、牲口、黄金、白银和铁，还有皮革、奴隶和纯种的猎狗。当然，这些物品是输出海岛的……不列颠人比高卢人身材更加高大，头发不太黄，但他们的身体比较胖……他们的习惯部分像高卢人，部分更简朴、更具有蛮族的特点，以至于由于他们缺少经验，许多人虽然有丰富的乳类，却不会做干酪。不列颠人也不擅长园艺和其他农业活动……森林就是他们的城市，他们用砍下的树木围成一块广阔的圆形场地，在这块场地之中建立自己的农舍和牲口圈——但不是为了长期居住。他们这里下雨比下雪多，即使天晴的时候一整天也有很长时间布满浓雾，只有中午时分可以看见三四个小时的太阳。[5]

传统观点还认为，不列颠位于比它的实际位置更靠北的地方：

> 该处的白昼比我们这里的白昼长；夜间的天空也颇为明朗，在不列颠的极远之处，夜晚非常短，所以在薄暮与拂晓之间，只有很短的间隔。据说在天净无云之时，通宵都可以见到太阳的光芒；在那儿没有日出与日落，太阳只是在天空横过一下而已。[6]

其中有一些描述是正确的，但大部分只是脱离现实的道听途说，尤其是假定不列颠人对农业一无所知。斯特拉博从来没有去过不列颠，在他的时代，不列颠没有被彻底征服过。我们听到的更多是那些罗马人感兴趣或者认为重要的东西，而不是真正的事实。塔西佗写作的时代是公元 98 年左右，罗马军队已经北上到达苏格兰，但他的作品中仍然不乏传统上的错误认知：

> 最早居住在不列颠者为何种人？他们是土著还是外来的移民？我们对这类问题，像对其他蛮族一样，所知极少。不列颠居民的形貌特征有许多不同的类型，根据这些类型，我们可以做出推断。喀利多尼亚（今苏格兰）的居民有红色的头发和健壮的肢体，这很明显地说明了他们是属于日耳曼人种的。西鲁瑞斯人［Silures，大致来自今南威尔士的蒙茅斯郡（Monmouthshire）］面色黧黑，头发大多卷曲，而他们所居之处又正与西班牙隔海相望，凡此种种都说明他们是古代渡海来此而占有了这一带地方的一支伊比利亚人。和高卢人相距最近的地区的居民也很像高卢人，也许他们来自同一族，也许因为他们所居住的两岸相距太近，气候相同，所以形貌也长得一样，不过，从各方面来看，可以相信高卢人是曾经移居到与自己邻近的这个岛屿上来的。这一带居民的迷信和宗教仪式与高卢人的习惯最为近似；他们彼此的语言也没有多大的差异；他们都同样地好招惹危险，而当危险来临的时候，又都同样地畏缩。不过，不列颠人还没有因长期安逸而流于萎靡不振。[7]

最后，塔西佗进行了成本-收益分析，可能是他这段讨论的关键："不列颠出产金、银及其他金属，征服它的价值就在于此。"[8]

所以，不列颠是大洋彼岸一块遥远、神秘的陆地——诗人贺拉斯称那里是“世界的尽头”[9]，大洋“拥有众多的海兽，向着遥远的不列颠咆哮”[10]——还有可能提供丰厚的贡品。征服它是一件名利双收的好事，岛上居民的蛮族性更是增添了人们的兴趣。

征服不列颠蛮族（一）

卡利古拉皇帝已经准备好入侵不列颠，但是出于未知的原因没有付诸实践。公元41年，卡利古拉遇刺，一直躲在幕后的他的叔父克劳狄，突然发现自己被禁卫军（Praetorian Guard）抬上了王座（至少官方说法是这样的[11]）。对他来说，为了笼络军队并保证自己的安全，最理想的方法就是开疆拓土，而不列颠尼亚正是完美的目标。他可以超越尤利乌斯·恺撒，恺撒两次造访这座岛屿，接受了一些部落酋长的臣服，但是从未获得实际的永久利益[12]；后勤工作均已由卡利古拉完成；胜利的经济回报十分诱人；德鲁伊教现在将总部迁往莫纳岛［Mona，今安格尔西岛（Anglesey）］，但是仍然运用他们的影响力在高卢制造事端；克劳狄是一个实践派历史学家；还有一个现成的借口，卡拉塔库斯（Caratacus）[13]和托戈杜努斯（Togodumnus）是已故的“不列颠国王”库诺贝利努斯（Cunobelinus）[14]的儿子，在他们两人的领导下，强大的卡图维拉尼（Catuvellauni）部落正在积极扩张，使得不列颠不再是罗马帝国的一个稳定而有利可图的邻居。

于是，公元43年，克劳狄召集了一支攻守平衡、指挥有方的大军，包括：久经沙场的第九西班牙军团（*Legio* IX *Hispana*），由奥卢斯·普劳提乌斯（Aulus Plautius）全权指挥；格内乌斯·霍斯迪乌斯·格塔（Gnaeus Hosidius Geta）、提图斯·弗拉维乌斯·维斯帕西亚努斯［Titus Flavius Vespasianus，未来的皇帝韦斯巴芗（Vespasian）］和他的哥哥弗拉维乌斯·萨比努斯（Flavius Sabinus）等一流军官；第二奥古斯都军团（*Legio* II *Augusta*）、第十四合组军团（*Legiones* XIIII *Gemina*）和后来命名的第二十英勇凯旋军团，可能还有第八奥古斯都军团（*Legio* VIII *Augusta*）的一个布旗队（*vexillatio*），每个军团都有辅助部队提供骑兵，总数在四万人左右。渡海和登陆都进行得很顺利，他们很快找到卡拉塔库斯和托戈杜努斯，并击败了他们。在普劳提乌斯的凯尔特辅助部队的帮助下——这些凯尔特人专门训练过游泳渡河——罗马人渡过了“一条蛮族认为罗马人没有桥梁就无法通过的河流”[15]，要么是梅德韦河（Medway），要么是泰晤士河（Thames）。托戈杜努斯在圣奥尔本斯谷（Vale of St Albans）的游击战中被杀。克劳狄于8月到达，接手了指挥权，战胜了蛮族，夺取了他们在卡姆罗多努［Camulodunum，今科尔切斯特（Colchester）］的首都，回到罗马举行了一场盛大的凯旋式。罗马建起了一座凯旋门：“由元老院和罗马人民建立，因为他接受了十一位不列颠国王的正式臣服，大获全胜而毫发无损，而且因为他第一次将大洋彼岸的蛮族人置于罗马人民的统治之下。”[16]

这是一个绝好的例子，证明征服蛮族可以为罗马统治者带来巨大的荣誉。

罗马入侵不列颠之后，经历了一个征服和融合相互交织的时期，昔日的蛮族领土蹒跚着迈出了第一步，开始向一个完全成熟的罗马行省转变。在第一任总督治下，福斯路（Fosse Way）发展为贯通西南到东北的交通要道，维鲁拉米恩（Verulamium，今圣奥尔本斯）和朗蒂尼亚姆（Londinium，今伦敦）等定居点开始繁荣发展。卡拉塔库斯领导了反罗马的叛乱，罗马总督普布利乌斯·欧司托里乌斯·斯卡普拉（Publius Ostorius Scapula）在威尔士边境的山区击败了他，平息了叛乱。卡拉塔库斯本人渡过塞文河（River Severn），逃到西鲁瑞斯人的沼泽地带。公元 51 年，卡拉塔库斯逃到不列刚提斯女王卡尔提曼杜娅（Queen Cartimandua of the Brigantes）座前，这位女王统治着一个部落联盟，领土覆盖今天约克郡（Yorkshire）和兰开夏郡（Lancashire）的大部分，并延伸到苏格兰低地。她把他交给了罗马人。在塔西佗笔下，卡拉塔库斯在罗马对克劳狄发表了一段精彩的演说：

> 如果我的身世和我的地位能够同我在胜利时的不骄不躁配合起来，那么我就不会以俘虏的身份，而是以朋友的身份到这个城市来了。而且你们也不会不屑于同一位身世高贵并且统治着许多民族的国王缔结和平的联盟了。我当前的命运如果对我来说是屈辱，那么对你们来说就是光荣。我有马匹、人员、武器和财富。我在失掉这些东西时感到难过，这有什么奇怪呢？如果你们想统治整个世界，难道世人会欢迎自己被人奴役吗？如果我不作抵抗便投降你们，然后被带到你们跟前来，那么就不会有很多人知道我的失败或你们的胜利了。你们惩罚了我之后，这事也就会被人们忘记了。但是，如果你们保留我的性命，我将永远会记住你们的宽大。[17]

皇帝赦免了他。迪奥·卡西乌斯提到，后来卡拉塔库斯在罗马漫游，欣赏她的规模和繁盛，评论道："那么，你们已经拥有这么多财产，还要觊觎我们可怜的帐篷吗？”[18]

之后发生的事件证明了罗马控制不列颠的信心。第五任总督盖尤斯·苏维托尼乌斯·保利努斯（Gaius Suetonius Paulinus，任期公元 58 年—61 年）用第十四合组军团和第二十军团消灭了莫纳岛的德鲁伊教，莫纳岛位于福斯路西北延长线上很远的地方。从恺撒的《高卢战记》中，可以看到罗马人对德鲁伊教的看法，他告诉读者，德鲁伊祭司主持公私祭典，解释所有宗教事务，不需要交税，也不需要服兵役。他们还教授年轻人德鲁伊艺术，命案、继承和疆界等问题也都由他们裁决。他们还有权不准某人参加祭祀。祭司中间有一个是首领，掌握最高的权力，由地位最高的那个人担任，如果有好几个人地位相仿，就通过选举或是武力决定。

恺撒说，任何想要进一步通晓德鲁伊教的人，都必须到不列颠去学习。[19]学习相关教义就要二十年之久，许多教义是通过诗篇传习的，但是都没有写下来。一则他们不希望这些教材让大家都知道，二则也防止那些学习的人从此依赖抄本，不再重视背诵的功夫。德鲁伊教的核心信仰之一是灵魂不灭，人的死亡不过是灵魂从一个身躯转入另一个而已，他们认为这一信条能使人们摆脱畏死之心，大大增加他们的勇气。恺撒总结说：“他们还有许多别的理论，探索星象和它们的运行、宇宙和大地的形体、事物的本质、不朽之神的能力和权力等，把它们传授给青年们。”[20]

德鲁伊教在不列颠社会有很大的影响力。但是，当保利努斯执行他的任务时，一场灾难降临在当时的皇帝尼禄头上，“任何增强和扩大帝国的意图与愿望都丝毫不能使他动心，他甚至打算从不列颠撤回军队，但是似乎因为羞于损伤父亲的荣誉，故而放弃了这种企图”[21]。

布狄卡起义[22]

爱西尼人（Iceni）是居住在今诺福克（Norfolk）附近的一个部落，国王普拉苏塔古斯（King Prasutagus）死后没有留下子嗣，便将他的王国一分为二，一半献给罗马，一半留给他的女儿们。危机由此产生，因为这样的安排是罗马法律所不能接受的，“乌尔比安（Ulpian）的《论告示》（*ad Edictum*）第 16 卷：依据皇家行省代理（*procurator*）的命令，皇帝的奴隶可以继承遗产；如果皇帝本人被指定为继承人，行省代理可以管理这笔遗产，以不致辱没皇帝的继承权”[23]。

可以想见，蛮族人普拉苏塔古斯并不了解罗马法律的细节，他的遗嘱没有得到尊重：“仿佛成了敌人手中的战利品，百夫长们掠夺了他的王国，奴隶掠夺了他的全家。一开始，他的妻子布狄卡（Boudicca）受到了鞭打，他的两个女儿遭到蹂躏：爱西尼人的所有显要人物的财产全部被夺走，国王的亲属都成了奴隶。”[24]

埃塞克斯（Essex）的特里诺文特人（Trinovantes）[25]也遭遇了类似的“俘虏和奴隶”的命运，不过他们的不满集中在卡姆罗多努。罗马人在这个新殖民地上为圣克劳狄修建了神殿[26]，当地人认为这是永久的残暴统治的堡垒，而且势必要大量消耗他们的财产来管理。更糟糕的是，为了支付这些费用，不列颠人接受了克劳狄的捐款，还从尼禄的家庭教师小塞涅卡（Seneca the Younger）等投机者那里借了债，使得岛民的债务连本带利高达 4 000 万塞斯特蒂。[27]塔西佗还特别提到了岛上的行省代理德奇亚努斯·卡图斯

(Decianus Catus) 的贪婪，塞涅卡要求岛民偿还贷款时，他也要求不列颠人归还捐款。[28]

这种明目张胆的暴政严重侵犯了不列颠人内心深处的荣誉感：

> 曾经有一个时候，统治着我们的是一个国王，而现在我们的头上却来了两个国王：一个屠杀我们生命的总督，一个掠夺我们财产的行省代理……对受他们统治的臣民来说，都是同样遭殃。这个手下的骄兵悍将，那个手下的恶仆狠奴，都一齐向我们施行凶暴和凌辱。什么都逃不过他们的贪婪，谁都逃不过他们的淫欲。在战争中，那些身强力壮的人肆意劫杀，而现在呢？在我们家里抢劫的、掳走我们子女的、强迫我们去当兵的，却大多是一些不中用的懦夫，好像布立吞人不懂得为了保护自己的祖国而牺牲似的。[29]

早在公元 48 年，第二任总督普布利乌斯·欧司托里乌斯·斯卡普拉试图解除爱西尼人的武装，这种恐怖政策就曾经导致一场短暂的叛乱。[30]公元 60 年—61 年之交（确切日期存在争议[31]），在布狄卡女王的领导下，爱西尼爆发了一场规模更大的起义，并迅速传播到特里诺文特，“（并且把）其他部落也拉到自己这一边来。因为这些人不曾因奴役而失去斗志，他们曾秘密地联合起来，企图反抗罗马而重新获得自己的独立”[32]。不列颠的不满显然酝酿已久。虽然战争的爆发可以归咎于像塞涅卡这样老奸巨猾的罗马人，但是使得事态失控的大部分责任必须由总督苏维托尼乌斯·保利努斯来承担。

罗马的历史传统是反对尼禄的，虽然在这个阶段，他的统治相对温和，但布狄卡起义还是经常被用来贬低他的声誉。在古代历史学家看来，布狄卡刚好是对尼禄的完美反衬：她虽然是一个蛮族妇女，但是被赋予了尼禄所缺乏的所有美德，再加上一点异国情调，“布狄卡拥有超越寻常妇女的智慧……她身材高大，神情严峻，她的目光炯炯有神，声音充满威严，茂密的红发垂到腰际。她戴着一个金色的大项圈，穿着五彩的束腰外衣，外面罩着一件厚斗篷，用一枚领针扣紧。这就是她平常的打扮”[33]。

她的起义军有大约十二万人，他们进攻并夺取了卡姆罗多努，将其夷为平地。罗马指挥官难辞其咎，他们把这里当成了享乐之地，讲求舒适而不讲求实用，实际上并没有工事来保卫城市。这里居住的老兵年事已高；城市没有围墙；在亲起义军的密探的误导下，甚至放弃了壁垒和壕沟；总督在岛上的另一端；行省代理只派出了二百人，还没有适当的武器；他们没能疏散老人和妇女；他们相信神殿的庇护，但是神明没有眷顾他们：

> 这时，卡姆罗多努的一座胜利女神像没有什么明显的理由便倒掉了，它的背部向上，就仿佛是在敌人面前跑开似的。兴奋欲狂的妇女们高呼，毁灭就在眼前，又说在侵略者的元老院中听到了外国人的喊叫声。尖锐的叫声在剧场里回荡着，人们在泰晤士河河口的地方看到了一个已经沦为废墟的移民地的幻景。此外，海洋呈现出血红的颜色，而退潮时又把一些像是人的尸首的东西留在海岸上。这一切朕兆都给不列颠人带来希望，给老兵们带来相应的恐惧。[34]

昆图斯·佩提里乌斯·凯里亚里斯·凯西乌斯·鲁弗斯（Quintus Petillius Cerialis Caesius Rufus）率领第九西班牙军团的一个布旗队从他的要塞——不是在朗多普（Longthorpe）就是在林

肯（Lincoln）——南下，试图解放卡姆罗多努，但是他中了埋伏，被打得溃不成军，可能损失了两千人[35]，不过他自己逃脱了。“土著部落”在两天的围攻后占领了城市，将他们的怒火集中发泄在圣克劳狄的神殿上。[36]

苏维托尼乌斯·保利努斯一接到消息就迅速做出反应。第十四合组军团和第二十军团从莫纳岛启程返回，行程需要两周，与此同时，他和骑兵先行，试图保卫朗蒂尼亚姆。他还要从伊斯卡［Isca，今埃克塞特（Exeter）］召回第二奥古斯都军团，但他们的军团长（*Legatus*）在高卢，而营地长波伊尼乌斯·波司图姆斯（Poenius Postumus）拒绝出兵。保利努斯骑马穿过被占领的领土抵达朗蒂尼亚姆，他立刻意识到，他没有足够的资源来防守它，所以决定牺牲这座城市来保卫整个行省，掉头回去与他的军团会合。他允许城内的居民和他一起走，但是所有留下来的人——妇女、老人和那些依恋故土的人——都被屠杀了，“不列颠人既不收容俘虏也不把俘虏卖为奴隶，他们更不在战时进行其他任何交换。他们迫不及待地杀死、绞死、烧死和磔死敌人，就仿佛尽管他们清楚地知道最后算账的日子一定会到来，但他们却想在这期间抢先进行报复似的”[37]。

朗蒂尼亚姆和维鲁拉米恩先后发生了可怕的大屠杀，古代文献称有超过七万人失去生命，布狄卡的蛮族军队犯下了一些骇人听闻的暴行：

> 他们将最高贵、最漂亮的女人剥光衣服吊起来。他们切下她们的乳房，缝在她们嘴里，让这些女人看起来好像在吃奶的样子，然后用削尖的木桩刺穿她们的身体。这一切都是在安达特（Andate）的树林里进行的……他们举行献祭，大吃大喝，

抛开一切束缚。（安达特是他们的胜利女神的名字，她很喜欢这种特殊的尊崇。）[38]

与步兵会合后，保利努斯只有一万人左右（第十四军团、第二十军团的布旗队，加上辅助部队），现在他们与蛮族的人数对比差不多是一比二十。尽管如此，他意识到如果不立刻开战，情况还会更糟。他必须想办法对付不列颠的战车（*essedarii*），这是至关重要的，“他们在战斗中表现得跟骑兵一样灵活、跟步兵一样坚定。再由于日常的应用和演习，他们的技术变得十分纯熟，即使从极陡的斜坡上冲下来，也可以把全速奔驰的马突然控制住，使它在一瞬间停止或打转。他们还能在车杠上奔跑，或直立在车轭上，甚至在车子飞奔时，也能从旁边一跃而上”[39]。

战车很少发生事故。在尤维纳利斯的《讽刺诗》第4首中，图密善（Domitian）的顾问维恩托（Veiento）给出了一个预言：“我看到强烈的预兆，你将取得一场伟大的胜利。你将俘虏某个国王，或者阿维拉古斯（Arviragus）[40]会从他的不列颠战车上摔下来。”[41]

在大众的想象中，布狄卡的战车是一种车轮上装有镰刀的车辆，不过这种印象来自错误的罗马文献。庞波尼乌斯·梅拉（Pomponius Mela）在布狄卡继位之前约二十年写到，不列颠人“不仅在马背上作战，还使用两匹马拉的战车和以高卢风格武装的战车（*bigis et curribus*）[42]……他们称这种战车为刀轮战车（*covinni*），并且在轮轴上安装镰刀”[43]。

同时代的其他作者也提到刀轮战车。卢坎说比尔及人“驾驶着引人注目的刀轮战车”[44]，西里乌斯·伊塔利库斯（Silius Italicus）

营造了“身体涂成蓝色的图勒人（Thule）驾驶刀轮战车在密集的战线中穿梭”的刻板印象[45]。

在罗马人的日常中，车辆是一种私人的民用交通工具，这就是为什么加上镰刀会让这些作者如此着迷。

塞克斯图斯·尤利乌斯·弗朗提努斯（Sextus Julius Frontinus）在布狄卡起义后不久担任不列颠总督[46]，他也提到高卢人派出装有镰刀的四匹马拉的战车（*falcatas quadrigas*）与恺撒作战[47]，不过恺撒自己使用了不同的术语：他称这种战车为 *essedum*（凯尔特语），称其驭手为 *essedarii*。公元 6 世纪用希腊语写作的约达尼斯（Jordanes）也使用这个名称：“不知道是为了好看，还是其他什么目的，（不列颠人）习惯用铁刀给自己文身。在战争时，他们不光骑马和步行，而且还会驾驶几种双轮战车，他们通常称之为 *essedae*。”[48]

但是，经常与他们交战的恺撒却没有提到过不列颠刀轮战车；塔西佗描述了他的岳父阿古利可拉（Agricola）在格劳庇乌山战役（Battle of Mons Graupius）中与战车手的遭遇，也没有提到过刀轮战车［参见本章的“征服不列颠蛮族（二）”］。显然，这是有原因的——所有提到不列颠刀轮战车的文献都不是亲眼所见。实际上，公元 2 世纪的希腊历史学家阿里安（Arrian）对不列颠人和波斯人的战车做了重要的区分：不列颠人“使用两匹马拉的战车，他们的马体形较小，也不健壮。这种轻便的两轮战车适合在各种地形上奔跑，驽马也吃苦耐劳。在亚洲，波斯人很早就使用刀轮战车和披甲马，从居鲁士（Cyrus）时代就开始了”[49]。

迄今为止，人们没有找到任何关于不列颠刀轮战车的考古学证据。一个重要的发现是，在公元前 48 年罗马铸币者卢西乌斯·霍斯提利乌斯·萨瑟纳（Lucius Hostilius Saserna）铸造的第纳尔（*denarii*）硬币上，描绘了一辆双轮战车（*biga*），车手左手举着鞭子，右手撑腰；一名士兵站在车上，面向后方，左手举着盾牌，右手投掷标枪；车轮上显然没有镰刀。[50]布狄卡著名的刀轮战车可能是虚构出来的。

保利努斯选择惠特灵大道（Watling Street）附近、曼塞特（Mancetter）和圣奥尔本斯之间的某处作为战场[51]，在这里，他的侧翼和后方都有森林和山丘保护。他的排兵布阵有如教科书一般，军团士兵组成密集的队形，两边是轻装部队，最外面的两翼则集合着骑兵。布狄卡的蛮族士兵却毫无组织，在广阔的土地上各处活动着，情绪十分激昂。[52]

希腊和罗马历史学家在描述重要战役之前，总要让双方指挥官发表演讲，这是他们的传统。在迪奥·卡西乌斯笔下，布狄卡向她的士兵慷慨陈词，将坚强、勇武的不列颠人与尼禄统治下阴柔、软弱的罗马人做对比：他们过着奢侈的生活，喝纯酒，给身体涂油，洗热水澡，和年轻男子睡觉，即使已经过了青春年华仍然积习难改。她嘲笑道，尼禄虽然名义上是个“男人”，但“他实际上是一个女人，证据就是他唱歌，还弹竖琴”[53]。塔西佗在这里也使用了“女性的主题”，不过这段演讲更多是为了向罗马读者解释蛮族的习俗，而不是激励不列颠战士：

> 布狄卡驾着马车依次走过了各个部落，她的两个女儿就在她的前面。她坚定地表示，她知道不列颠人习惯上是在妇女的统率下作战的，但是现在她不是作为一个具有光荣世系的女王，为着她那遭人践踏的国土和权力来报仇雪恨，她是作为一

> 名普通的妇女来进行复仇的，因为她失去了自由，她的身体受到了鞭笞，她的女儿遭到了蹂躏。罗马人的贪欲甚至连她们本人都不放过，上了年纪的人和少女都不能逃脱他们的侮辱。不过，上天是赞同他们进行正义的报复的。一个敢于出战的军团已经被歼灭了，其余的军团躲在他们的营地里，或是正在向四面寻找一条逃跑的出路。罗马士兵甚至不敢正视他们千千万万人的怒吼声，更不用说他们的猛攻和刀剑了！如果他们在内心里考虑过他们已有多少人武装起来，考虑过他们是为何而战，那么他们就会认识到这是非胜即死的一仗。这是一个妇女确定不移的决心——如果男子甘愿做奴隶的话，就让他们忍辱偷生吧！[54]

不列颠人怀有必胜的信心，甚至把他们的妻子带来观看胜利，将她们安置在平原边缘那里的马车上。

可惜，蛮族的乐观主义用错了地方，与摆开阵仗的罗马军队正面交锋一贯如此。在保利努斯精准的指挥下，罗马人坚守阵地，将他们的投枪掷向冲过来的敌人，然后以楔形的队列猛冲出去。他们很快便消灭了主要的抵抗力量。布狄卡的战士想逃跑，却被四面的马车围住。罗马人连妇女和驮畜都没有放过。这场战役给塔西佗留下了深刻的印象："这天取得了很大的胜利，它比得上我们先前的任何一次胜利。根据一种说法，不列颠人阵亡的几近八万……布狄卡服毒自尽了。"[55]不过，根据迪奥·卡西乌斯的说法，布狄卡是病死的。

布狄卡起义几乎终结了罗马对不列颠尼亚的干预。在战场上获胜后，苏维托尼乌斯·保利努斯采取了残酷的报复政策，甚至在他本人和新任行省代理盖尤斯·尤利乌斯·阿尔皮努斯·克拉西奇亚努斯（Gaius Julius Alpinus Classicianus）之间引起了摩擦。直到尼禄的释奴波里克利图斯（Polyclitus）前来调停[56]，并且任命了新总督马库斯·特里贝利乌斯·马克西穆斯（Marcus Trebellius Maximus），才使问题得到解决，实现了布狄卡起义后迫切需要的和平与稳定。

征服不列颠蛮族（二）

在不列颠，罗马历史的下一阶段围绕另一位女王展开，不过这次是一位亲罗马的女王，不列刚提斯女王卡尔提曼杜娅。一系列的军事叛乱导致尼禄于公元 68 年自杀，之后是所谓的“四帝之年”（Year of the Four Emperors）。[57]在英吉利海峡对岸，局势同样动荡不安，不列颠军队发生了多起暴乱，特里贝利乌斯和第二十英勇凯旋军团指挥官马库斯·罗斯西乌斯·科利乌斯（Marcus Roscius Coelius）不和，卡尔提曼杜娅的前夫维努提乌斯（Venutius）“不仅生性勇敢好战，并且憎恨罗马的名字”[58]，试图重新挑起反抗罗马的斗争：

> 他本人还十分憎恨女王卡尔提曼杜娅……后来她的实力又增强了，因为她曾通过叛变的手段俘虏了国王卡拉塔库斯，从而给克劳狄·恺撒的凯旋式添加了光彩……她渐渐瞧不起她的丈夫维努提乌斯，而把他的侍从维洛卡图斯（Vellocatus）召来和自己同居，并且允许维洛卡图斯和她分享统治大权……因

> 此从外面取得了援助同时又得到了不列刚提斯人内部叛乱的帮助的维努提乌斯，就使卡尔提曼杜娅处于极其危险的位置。于是她要求罗马人的保护，而实际上我们的一些步兵和骑兵的队伍，在多次的战斗中取得了各种各样的胜利之后，终于得以拯救女王，使她摆脱了危险。维努提乌斯得到了他的王国，但我们却被卷入了战争。[59]

在罗马，后尼禄时代的弗拉维王朝（Flavian dynasty）的第一位统治者韦斯巴芗面临着两种选择，要么彻底征服这座岛屿，要么全面撤退。而韦斯巴芗是参加过不列颠战役的老兵，显然不会选择撤退。公元 71 年，布狄卡起义期间第九西班牙军团的军团长佩提里乌斯·凯里亚里斯被任命为总督。他向北进军，将第九西班牙军团部署在艾波罗肯［Eboracum，今约克（York）］，扫荡了不列刚提斯人的力量。他的继任者塞克斯图斯·尤利乌斯·弗朗提努斯也很有能力，征服了南威尔士。韦斯巴芗统治时期，塔西佗的岳父格内乌斯·尤利乌斯·阿古利可拉（Gnaeus Julius Agricola，公元 77 年或 78 年任总督——根据现有文献很难确定具体日期）征服了北威尔士，派他的辅助骑兵部队游泳渡过麦奈海峡（Menai Strait），征服了莫纳岛，然后继续向北推进到泰河（River Tay），巩固了福斯-克莱德（Forth-Clyde）沿线，到达了（当时的皇帝）韦斯巴芗所设想的罗马扩张的极限。公元 81 年，图密善继位，阿古利可拉担心北方部落可能发生叛乱。于是，他进入喀利多尼亚人的领地，当地部落“不宣而战”[60]，向罗马的坞壁进攻，使得阿古利可拉可以打一场“防御战”，消除一切潜在的威胁。

阿古利可拉在福斯-克莱德沿线外的第一场战役中，第九西班牙军团的营地遭到夜袭，幸亏得到了第二十英勇凯旋军团的援救。第二年（公元 83 年或 84 年），阿古利可拉在重要的格劳庇乌山战役中对抗卡尔加库斯（Calgacus）领导的喀利多尼亚人，罗马人赢得十分轻松，阿古利可拉甚至不需要投入他的军团，他的辅助部队就造成了敌军上万的伤亡。之后不久阿古利可拉就被召回，在一段时间内，这一战役标志着罗马在不列颠扩张的终结。塔西佗对这场战役做了精彩的描述[61]，或许可以说，塔西佗作为一名传记作家，比阿古利可拉作为一名将军更加出色。时至今日，历史大多是由胜利者书写的，但是被征服的蛮族经常被赋予最精彩的台词。卡尔加库斯没能激励他的战士赢得胜利，但是开战之前，塔西佗借他之口发表的批判罗马帝国主义的演讲，却在未来几个世纪里引起了蛮族世界的共鸣："罗马人是蹂躏世界的强盗……如果他们的敌人是富足的，那他们就贪得无厌地掠夺敌人的财物；如果他们的敌人是贫穷的，那他们就千方百计地把敌人置于他们的魔爪之下。东方也好，西方也好，哪儿都不能使他们感到满足。全人类中也只有他们才对无论穷富的人都怀着同样迫切的贪心。去抢、去杀、去偷，他们竟把这些叫作帝国；他们造成一片荒凉，却称之为天下太平。"[62]

第18章

征服犹太：犹太大起义

犹地亚

尼禄的将军们刚刚在遥远的帝国西方建立了一些表面上的秩序，皇帝就不得不面对犹地亚的反叛和抵抗。动乱爆发时，犹地亚成为正式的罗马行省已经有60年，不过在此之前是长达六个世纪的动荡历史。早在公元前586年，国王尼布甲尼撒二世（King Nebuchadnezzar II）就洗劫了耶路撒冷的圣殿，将这座城市夷为平地，将城中的居民流放到巴比伦尼亚（Babylonia）。后来，这一地区先后落入波斯帝国（公元前538年—公元前332年）、埃及的托勒密王朝（公元前332年—公元前200年）、叙利亚的塞琉古王朝

（公元前 200 年—公元前 142 年），以及犹大·马加比（Judas Maccabaeus）的父亲玛他提亚（Mattathias）的后裔、哈斯蒙尼（Hasmonean）的世袭大祭司（公元前 142 年—公元前 63 年）的统治之下。哈斯蒙尼人建立了一个犹太国家，其领土可以媲美《圣经》中大卫王的王国，直到公元 63 年被庞培瓜分（参见第 12 章的“第三次米特拉达梯战争”）。庞培被卷入前任女王萨罗米·亚历山德拉（Salome Alexandra，公元前 76 年—前 67 年在位）的两个儿子——希尔卡努斯二世（Hyrcanus II）和亚里斯托布鲁斯（Aristobulus）之间的争端，他任命希尔卡努斯二世为“藩属王”（ethnarch），将这个王国纳入罗马的统治之下。公元前 57 年，叙利亚总督奥卢斯·盖比尼乌斯将其划分为五个行政区，但希尔卡努斯仍然是藩属王，直到公元前 40 年帕提亚人入侵。帕提亚人俘虏了希尔卡努斯，将他弄残，使他不能再担任大祭司，然后让亚里斯托布鲁斯的一个儿子取代了他的位置，即玛他提亚·安提柯二世（Mattathias Antigonus）。玛他提亚·安提柯二世发行了哈斯蒙尼王朝最后的铸币。

有一个人从帕提亚人的入侵中逃脱了，他就是大希律王（Herod the Great）。在马克·安东尼和罗马元老院的支持下，他被封为犹地亚国王。希律娶了希尔卡努斯和亚里斯托布鲁斯的孙女米利暗（Mariamme）为妻，终于平息了哈斯蒙尼各派的纷争，并且在叙利亚和西西里总督盖尤斯·索西乌斯（Gaius Sosius）的帮助下，于公元前 37 年占领了耶路撒冷。后来，玛他提亚·安提柯二世被马克·安东尼斩首。

希律是一位精明、高效的统治者，他修建了马萨达（Masada）的堡垒和宫殿。不过，公元前 9 年，他未经授权与纳巴泰人

(Nabataeans)开战，开始失去罗马的恩宠。他对自己家庭的残忍行径又使情况进一步恶化，公元前29年，他处死了米利暗，后来又娶了九个妻子，生了很多孩子。公元前4年，希律去世，罗马人介入了。希律的儿子亚基老（Archelaus）成为犹地亚、撒马利亚（Samaria）和以土买（Idumaea）的藩属王，但是在公元6年，犹地亚和撒马利亚使团谒见奥古斯都之后，他被流放到维恩那。犹地亚与撒马利亚和以土买一同被吞并，成为罗马的犹太行省。

在某些方面，罗马人是支持犹太人的。法律赋予犹太人各种权利，让他们在整个帝国境内都可以遵守他们的传统习俗。犹太人享有特定的豁免权，以便守安息日，就连基督教作家也将犹太教视为一种合法的宗教。然而，公元6年进行的人口普查成为犹地亚反抗罗马的导火索，约瑟夫斯所谓的“第四派系”(fourth philosophy)①和普遍的恶政，在耶路撒冷的犹太人和加利利（Galilean）的无地农民中间激起了反罗马的情绪。公元19年，一名罗马妇人被一伙犹太骗子欺骗，提比略皇帝强迫四千名犹太青年到强盗横行、战火肆虐的撒丁岛服役，并将其他犹太人卖为奴隶、逐出罗马。

盖尤斯·卡利古拉（公元37年—41年在位）也与犹太人关系不睦。他任命他的朋友、大希律王的孙子希律·亚基帕一世［Herod Agrippa I，在《使徒行传》(*Acts of the Apostles*）中他的名字是希律，但是在他发行的钱币上，他的名字是亚基帕］为犹太人聚居的加利利和比利亚（Peraea）地区的国王。但是，亚基帕对犹太教的狂热信仰无益于调和皇帝和他的犹太臣民之间的矛盾。公元38年，埃及行政官奥卢斯·埃维利乌斯·弗拉库斯（Aulus Avillius

---

① 即奋锐党，参见本章的“犹太大起义”。

Flaccus）担心，在卡利古拉的统治下自己性命难保，在亚历山大的一个反闪米特的希腊派系的怂恿下，制造了犹太人历史上的第一次大屠杀。导火索发生在亚基帕从罗马前往犹地亚途中，他本想秘密经过亚历山大，但是暴露了行踪。弗拉库斯怀疑亚基帕是来谋害他的，对反犹太的暴徒们的暴行不仅不加阻止，反而推波助澜。犹太人的圣堂被焚烧，商店被抢劫，许多犹太人被赶到剧场里，在那里，犹太议会的议员被鞭笞，一些犹太妇女被强迫吃猪肉。可能是由于听到亚基帕的控诉，卡利古拉逮捕并处死了弗拉库斯。犹太人和希腊人都向罗马派出了使团，但是对于双方提出的诉求，卡利古拉一律予以拒绝。直到他遇刺身亡，这场争端仍未解决。

卡利古拉命令皇帝特使、代裁判官（*Legatus Augusti pro praetore*）普布利乌斯·彼得洛尼乌斯（Publius Petronius）在耶路撒冷的圣殿里竖起一尊他的雕像，这当然只会火上浇油。彼得洛尼乌斯明智地采取了拖延策略，加上希律·亚基帕一世的干预，直到卡利古拉遇刺，这一计划都没能完成。

蛮族犹太人

对帝国的反抗，是犹太人在罗马人眼中成为蛮族的原因之一。他们的宗教，以及他们在生活方式、饮食习惯、文化和社会身份方面的差异性，都是使他们成为“异类”，因而成为“蛮族”的关键特征。犹太人的一神教与罗马人的多神教截然相反，很多罗马人认为他们亵渎神明。老普林尼说：“犹太人是一个以蔑视神的力量而著称的种族。”[1]

后来，公元2世纪的基督教哲学家他提安（Tatian）称《希伯来圣经》是“野蛮的”[2]。在塔西佗看来，犹太人与罗马人完全相反：“我们认为是神圣的一切，在犹太人看来都是渎神的；而我们憎恶的一切，在他们那里又都是允许的。”[3]在他的《历史》第5卷中，表达了强烈的反闪米特情绪并做出了解释：

> 犹太人的其他风俗习惯是卑劣的、可憎的，而且正是由于它们的邪恶，它们才得以保存下来。因为其他民族当中那些最坏的恶棍，他们放弃了古老的宗教，却始终不断地把贡品和献礼送到耶路撒冷，这样就增加了犹太人的财富。而且犹太人相互间是极端忠诚的，他们在自己人中间总是准备向别人表示同情，但是对任何别的民族，他们却只有憎恨与敌视了。他们吃饭、睡觉都不在一处。虽然他们整个民族都是生性淫荡的，但是他们却不同外国女人发生关系。在他们自己中间，任何事情都是合法的。他们采用割礼，用这样的区别使自己同别的民族分开。皈依了他们的宗教的那些人也采用了同样的办法，而他们所接受的最早的教训就是藐视诸神，同他们自己的国家脱离关系并且不把他们的双亲、儿女和兄弟放在心上。不过，他们却也设法增加自己的人口，他们认为杀死任何晚生的孩子都是一种罪过，而且他们还相信，在战争中或是被刽子手杀死的人的灵魂是不朽的，因此他们就特别喜欢生男育女，并且不把死亡放在眼里……犹太人认为只有一个神，而且只有用心灵的眼才能看到这个神。他们认为用可以毁坏的物质把神像塑造成人形的那些人对神都是不敬的。在他们看来，那最高的和永恒的存在是不可能表现出来的，而且是没有终止的。因此他们在

> 他们的城市里就不立神像，更不用说在他们的神殿里了。他们也不用给他们的国王立像的办法来谄媚他们，对恺撒也不给予这样的荣誉……犹太人的生活习惯却是荒诞不经的和卑贱的。[4]

在语言方面，犹太人也被划分为蛮族。约瑟夫·本·马蒂亚斯（Joseph ben Mattathias）——后改名为弗拉维乌斯·约瑟夫斯（Flavius Josephus，他的罗马名字）——是一名犹太祭司和学者，他出身于贵族之家，母系方面的血统可以追溯到哈斯蒙尼王室。他留下了关于犹太起义［《犹太战争》（*Jewish War*）］和犹太历史［《犹太古事记》（*Jewish Antiquities*）］的重要记录。约瑟夫斯因为外交使命在罗马逗留了两年，怀着对罗马的深厚感情回到耶路撒冷。他十分明确地指出犹太人的蛮族性，多次使用“蛮族”这个词来描述他自己的人民。作为一个历史学家，他认为希伯来语文献是蛮族文化的一部分，“比起希腊人，编撰古史更是‘野蛮人’的一种传统”[5]。

约瑟夫斯承认犹太人是蛮族，还因为他们起源于东方的闪米特人，他说迦勒底人（Chaldaeans）是“我们民族最早的祖先，而且，由于这种亲缘关系，在迦勒底人的古史里提到了我们犹太人”[6]。

最后，约瑟夫斯强烈地意识到犹太人是蛮族，因为他们的闪米特语言和文字将他们与希腊语和拉丁语的使用者区别开来。[7]他自己用希腊语写作，但是在语言方面遇到很多困难，“母语的使用习惯使我无法掌握准确的发音。因为我们的人民不喜欢那些掌握了多国语言的人”[8]。

犹太大起义

使徒保罗（Apostle Paul）在他的第三次传教旅行之后回到耶路撒冷，围绕他的归来发生的一系列事件，可以作为尼禄统治期间犹地亚地区激烈动荡的证明。保罗是犹太人，也是罗马公民，他说自己是“以色列族便雅悯（Benjamin）支派的人，是希伯来人所生的希伯来人。就律法说，我是法利赛人（Pharisee）”[9]。他也对众人说过：“我是法利赛人，也是法利赛人的子孙。”[10]他承认，在他皈依之前，曾经以暴力迫害基督教会[11]，尽管他肯定会说希伯来语，但希腊语是他的母语：他处在蛮族人与罗马人的交界线上。

公元 58 年，到达耶路撒冷后，他与四个犹太信徒去了圣殿，被一些从亚细亚来的犹太人发现，他们大喊大叫，指责他做了坏事。[12]骚乱爆发了，一伙暴徒将保罗拖出圣殿，并开始殴打他。罗马士兵制止了暴徒[13]，他们逮捕了保罗，但是允许他对民众发表演讲。[14]这使场面更加混乱。保罗被带进罗马人的营房。他本来要被当众鞭打，但是在最后一刻得以赦免，这是他的著名事迹之一。“刚被用皮条捆上，保罗对旁边站着的百夫长说：‘人是罗马人，又没有定罪，你们就鞭打他，有这个先例吗?’百夫长听见这话，就去见千夫长，告诉他说：‘你要做什么？这人是罗马人。’千夫长就来问保罗：‘你告诉我，你是罗马人吗?’保罗说：‘是。’”[15]

总体而言，罗马帝国主义给统治者和臣民两方面都造成了很多问题。犹太人做出了让步，每天两次向神圣的罗马皇帝和罗马人民献祭，在提比略统治时期，耶稣就曾提倡与罗马人达成妥协，他告诉法利赛人“恺撒的物当归给恺撒，神的物当归给神”[16]，实际上承认了向罗马交税和向犹太圣殿纳贡可以并存。施洗者约翰（John the Baptist）告诉罗马士兵：“不要以强暴待人，也不要讹诈人，自己有钱粮就当知足。”[17]但是，这不仅仅是罗马人与犹太人的问题，犹地亚的许多收税人来自犹太人的精英阶层，他们在罗马帝国以外的地方也很成功，这使得税收成为犹太社会的一个争议焦点。在犹地亚这个地方，是很难达成妥协的。

其他犹太人就没有保罗这么幸运了。公元 63 年，他们在恺撒里亚（Caesarea）集结，抗议犹太人受到歧视，与当地的希腊公民发生了冲突。罗马的行省代理马库斯·安东尼乌斯·费利克斯（Marcus Antonius Felix）派出了军队，亲希腊的尼禄皇帝站在希腊人一边，犹太人被激怒了。

到公元 66 年，犹地亚已经成了一个定时炸弹，约瑟夫斯亲眼看见了它是如何爆炸的。这年 5 月，罗马的行省代理[18]盖西乌斯·弗洛鲁斯（Gessius Florus）为了填补 40 万塞斯特蒂的财政赤字，命令他的士兵从耶路撒冷的圣殿攫取 17 塔兰特（约合 435 千克）的银器。在犹太人看来，这是亵渎他们最神圣的圣地的暴行，尤其是弗洛鲁斯还命令他的异教徒士兵强行进入圣殿。

这一事件不可避免地引发了动乱。弗洛鲁斯亲自从恺撒里亚赶到耶路撒冷，以恢复秩序和占有财宝。29 岁的约瑟夫斯和温和派的大祭司哈南（Hanan）试图安抚弗洛鲁斯，但是他完全不肯妥协。他派出骑兵，三千多无辜者失去生命。煽动暴乱的人被钉死在十字架上，又导致犹太人进一步的反抗和另一场大屠杀。从此以后，犹太人的民意转向民族主义和武装抵抗。他们不再向皇帝献祭，并发行了“自由铸币”。

民族主义的反弹迫使罗马人采取守势。弗洛鲁斯和他的大部分随从被赶回恺撒里亚，亲罗马的藩属王马库斯·尤利乌斯·亚基帕(Marcus Julius Agrippa)，即希律·亚基帕二世（Herod Agrippa II）被召来，他是大希律王的曾孙，也是犹地亚东北部的卡尔基斯的藩属王。但是他也没能平息骚乱，人们朝他扔石头，把他赶走了。犹太叛乱分子逐渐控制了整个犹地亚，尼禄寄希望于新任命的叙利亚皇帝特使、代裁判官盖尤斯·塞斯提乌斯·加卢斯（Gaius Cestius Gallus)。公元 66 年 10 月，加卢斯率领三万大军开赴耶路撒冷。但是，他仍然没能夺取这座城市，撤退时，他被困在伯和仑(Beth-horon）附近的一处隘路，约六千人被一支人数可观的犹太叛军屠杀。

与此同时，在耶路撒冷，温和派试图重新掌握城市和战争的控制权。他们能够接受“和局”，但是尼禄还没有从布狄卡起义的刺痛中恢复过来，而且害怕叛乱会蔓延到安条克和亚历山大，或者更糟糕的是，蔓延到帕提亚。这些地方都有数不清的犹太人，他的整个帝国东部都会陷入动荡。因此，他派出了曾经随克劳狄入侵不列颠［参见第 17 章的“征服不列颠蛮族（一)”］的老兵提图斯·弗拉维乌斯·维斯帕西亚努斯（韦斯巴芗)。韦斯巴芗带来了他的长子——也叫提图斯·弗拉维乌斯·维斯帕西亚努斯［又称“第度”(Titus)］——让他担任亚历山大的第十五阿波罗军团（*Legio* XV *Apollinaris*）的军团长，他自己则负责指挥叙利亚的第十海峡军团(*Legio* X *Fretensis*）和第五云雀军团［不过他决定不使用在伯和仑战败的第十二雷电军团（*Legio* XII *Fulminata*)]。公元 66 年—67 年冬，韦斯巴芗的军队在叙利亚集结完毕，以辅助部队和盟军为补充。

公元 67 年，罗马军队进入犹地亚，包围了加利利的尤塔帕塔[Jotapata，今约德法特（Yodfat）]。战斗十分激烈。韦斯巴芗本人受了伤，罗马人的投石机给守军造成了可怕的伤亡。一个人的“头被打掉了，他的头颅像一个投石器发射过来的石头一样飞出了六百码。黎明时一个怀孕的女人从房子里走出来，结果被射中了肚子，没出生的胎儿被抛到一百码外。可见，投石器的威力是多么巨大”[19]。

第度发起最后的总攻时，犹太指挥官约瑟夫·本·马蒂亚斯和四十名叛军藏在一个山洞里。他们订立了自杀协议。按照约瑟夫的建议，他们抽签轮流杀死对方。约瑟夫和另外一个人活到了最后，他劝说他的同伴投降，并预言韦斯巴芗将成为皇帝。这次大难不死之后，他向罗马投降，从此变成了弗拉维乌斯·约瑟夫斯（参见本章的“蛮族犹太人”）。

公元 68 年夏，第度正在大举进攻耶路撒冷时，传来了尼禄自杀的消息。[20]犹地亚的军事活动暂时停止，韦斯巴芗派第度去参拜新皇帝加尔巴（Galba）。不过，一些人密谋策划阻止他回到罗马。罗马进入所谓的“四帝之年”（公元 69 年），被内战撕扯得四分五裂。第度的父亲韦斯巴芗成为帝国的统治者。第度回到犹地亚，被授予平息叛乱的最高指挥权。耶路撒冷又一次成为风暴的焦点。

对耶路撒冷的围攻从公元 70 年春开始，持续了 140 天。两个亲罗马的犹太人——约瑟夫斯和韦斯巴芗的早期支持者提比略·尤利乌斯·亚历山大（Tiberius Julius Alexander），加入了第度的阵营。罗马人发挥他们的军事特长，派出第五马其顿军团（*Legio* V *Macedonica*）、第十二雷电军团、第十五阿波罗军团和第十海峡军团，修建平台、坡道、高塔和攻城槌，来破坏城市的防御工事。第度突破了新城的城墙，包围了内城，让城中的守军忍饥挨饿，并洗劫了圣殿的外殿。在彻头彻尾的大屠杀中，圣殿被夷为平地——亲罗马的约瑟夫斯等人声称，第度本来不想这样做，但是敌人方面的文献则认为这一行动是经过深思熟虑的。[21]

总而言之，罗马人以典型的罗马效率完成了任务。韦斯巴芗将犹地亚置于帝国军团长的治下，让第十海峡军团常驻耶路撒冷，发行了纪念“征服犹太”（*IUDAEA CAPTA*）的铸币。犹太人在犹地亚拥有的土地被没收。公元 71 年，第度和韦斯巴芗的凯旋式上展示了圣殿中的财宝：在罗马广场的第度凯旋门上，金烛台、银喇叭和供奉面包的桌子仍然清晰可见。

公元 74 年，新任犹地亚总督卢西乌斯·弗拉维乌斯·西尔瓦（Lucius Flavius Silva）率领第十海峡军团和辅助部队，清剿了最后残余的反抗势力，夺取了看似坚不可摧的马萨达要塞。当时驻守在那里的是以利亚撒·本·耶尔（Eleazar ben Yair）和一群被称为奋锐党（Zealots）的极端分子，后者也被称为西卡尼人（*Sicarii*，意为“匕首党”），因为他们总是随身带着弯曲的短刀。

> 此时，西卡尼人联合起来，以各种方式，与那些屈服于罗马的人斗争。他们把那些人看作敌人，劫掠他们的财物，围捕他们的牛羊，放火焚烧他们的房子。西卡尼人宣称，这些人比那些外国人好不了多少，他们竟把犹太人以这样的代价换来的自由懦弱地抛弃，而甘愿受罗马人的奴役。实际上，这只是他们用来掩饰自己野蛮和贪婪的借口，他们的所作所为就是最好的证据，因为那些受害者也和他们一起反抗，在对罗马人的战斗中与他们并肩作战。然而，正是从他们那里，这些人遭到了

更残酷的暴行。当这些受害人为了证明自己的清白，而谴责这些西卡尼人的邪恶暴行时，西卡尼人对他们实施了更多的恶行，从而再一次证明他们只是在为自己这么做寻找空洞的借口。[22]

西尔瓦用一道城墙围住了马萨达陡峭的山岩，修建了一条壮观的坡道，在坡道上架设了一座高塔和巨大的攻城槌。约瑟夫斯记录了西卡尼人宁可杀死他们的家人，然后自杀，也不肯投降的事迹：

就这样，这些人死了，以为不会留下一个活口在罗马人手里，但是一个老太太逃生了，还有一个和以利亚撒有些关系、论才智和修养都在众多女子之上的妇女，以及五个小孩子。当其他人约定自杀的时候，他们几个藏在地下运送饮用水的管道里。总共死亡的人数为九百六十人，包括妇女和儿童。[23]

罗马人被这些幸存者讲述的故事震惊了，望着堆积如山的尸体，他们没有幸灾乐祸，而是钦佩他们面对死亡毫不畏惧的决心。现在，整个犹地亚都被征服了："马萨达堡就这样陷落了。将军留下一队驻军坚守要塞，带着其他部队回到恺撒里亚。到处都没有敌人了。这场旷日持久的战争征服了整个国家。它的威力甚至使最偏僻的居民都感到自己的和平生活受到了威胁。"[24]

犹太战争结束后，第度与生活淫乱的犹太公主、奇里乞亚的百尼基（Berenice of Cilicia）陷入热恋，这位公主是马库斯·尤利乌斯·亚基帕的姐妹，据说也是他的情人。在尤维纳利斯的《讽刺诗》中，一位名叫比布拉（Bibula）的贵妇去疯狂购物，其中就包括"一枚著名的钻石戒指——因为曾经戴在百尼基手上而增添了价值：这是一件礼物，来自她的兄弟、蛮族王子亚基帕，是他们乱伦的标志；在他们的国度，国王赤着脚守安息日，由于他们的传统，所有的猪都能颐养天年”[25]。

在罗马人看来，百尼基太像另一个克娄巴特拉七世了。所以，虽然她在公元 75 年来到罗马，但是公元 79 年，当第度成为皇帝时，两人的关系还是不得不结束（两人都很难过）。

作为皇帝，第度面临的第一场危机是维苏威火山的爆发，正是这次火山爆发摧毁了庞贝城，马库斯·尤利乌斯·亚基帕的侄子（也叫亚基帕）是为数不多的我们知道名字的受害者之一。[26]在犹太作家看来，火山爆发就如同天启，是韦斯巴芗和第度洗劫耶路撒冷遭到的报应，并且预言了罗马帝国的陨落：“那些毁灭了无可指责的虔诚种族的人，将见识上帝的怒火。”[27]

对于镇压起义，韦斯巴芗和第度却毫无悔意。韦斯巴芗开始修建大竞技场（Flavian Amphitheatre），这座标志性建筑自中世纪以后被称为斗兽场（Colosseum）。公元 80 年，为了给它揭幕，第度在全罗马的竞技场举行了为期一百天的庆典。一位专家根据曾经用来固定青铜字母的小孔，重现了最初修建大竞技场时的铭文：“恺撒·维斯帕西亚努斯·奥古斯都皇帝下令用战争的战利品建造这座竞技场。”[28]这里说的战争就是犹太战争。

巴尔·科赫巴：以色列的救世主

和平共处的努力不时被冲突打断。虽然证据并不充分，但图密善皇帝（公元 81 年—96 年在位）经常被描绘成和尼禄一样的基督教迫害者。犹太人无疑受到了他扩大犹太税（*fiscus Iudaicus*）的影响，征税的对象不仅包括天生的犹太人或皈依犹太教的信徒，还包括那些对自己的犹太人身份保密的人，以及那些并不宣称信仰犹太教但是按照犹太人的方式生活的人。苏维托尼乌斯（Suetonius）亲眼见证了这一过程："记得小时候，我亲眼看见在一次人数众多的审判会上，皇帝代理人审查一名 90 岁的老年人是否行过割礼。"[29]

公元 95 年，图密善的堂兄、执政官提图斯·弗拉维乌斯·克勒蒙斯（Titus Flavius Clemens）因"不信神"而被处死，还有其他许多人因为"偏离正轨、遵守犹太习俗"而被定罪。[30]这时候的罗马人通常认为基督教是一个犹太教派，那些"并不宣称信仰犹太教但是按照犹太人的方式生活的人"可能就是基督徒。如果你不是犹太人，又摒弃了罗马国教，就被视为"不信神"，基督徒可能普遍受到这种指控。

公元 115 年，图拉真皇帝（Emperor Trajan）大举入侵帕提亚，直抵遥远的波斯湾，今伊拉克的巴士拉（Basra）地区。他在外征战时，北非昔兰尼加（Cyrenaica）的犹太人反抗罗马当局，特别是对多神教的神庙造成了严重的破坏。对罗马的不满情绪一定积蓄已久，公元 116 年年底，叛乱已经蔓延到亚历山大，以及埃及、巴勒斯坦和塞浦路斯的其他地方。图拉真新设立的美索不达米亚行省发生了另一起叛乱，巴比伦尼亚的犹太人也参与其中。美索不达米亚很快被交给帕提亚王子帕尔塔马斯帕提斯（Parthamaspates）代为统治，虽然图拉真在他发行的铸币上宣称自己"给帕提亚人一个国王"（*REX PARTHIS DATUS*），但是帕提亚人从来没有承认过帕尔塔马斯帕提斯。昆图斯·马尔西乌斯·特尔博（Quintus Marcius Turbo）付出相当大的伤亡，才平息了昔兰尼加和埃及的叛乱。犹地亚的柏柏尔人（Berber）总督卢西乌斯·奎伊图斯（Lusius Quietus）重新控制了巴勒斯坦，后来所谓的基多战争（Kitos War）就是用他名字的一个变体命名的。

然后又是一段相对和平的时期，直到图拉真的继任者哈德良（Hadrian，公元117年—138年在位）试图重建耶路撒冷，引发了一场骇人听闻的血腥叛乱。自从在公元66年的犹太大起义中被毁之后，官方一直没有重建这座城市，但是，如果哈德良以为将耶路撒冷变成罗马的殖民地，改名为爱利亚·加比多连（Colonia Aelia Capitolina），犹太人会欣然接受，那他就大错特错了。哈德良之前宣布割礼为非法行为，已经引起了犹太人的不满［根据《罗马君王传》（*Historia Augusta*）的说法，"对生殖器进行切割的行为遭到了禁止"[31]］，更不用说第十海峡军团的徽记是一头野猪，就刻在耶路撒冷的一座城门上，还有在所罗门圣殿的遗址上修建朱庇特神庙的计划了。

很难解释哈德良为什么对他的犹太臣民如此冷酷，特别是考虑到同时代的作家保萨尼亚斯将他描述为这样一位皇帝："最大限度地尊重宗教，在所有的君主中，最关心每一个臣民的福祉，从来不想发动战争。"[32]

但是，无论他是否愿意，战争还是不可避免。公元132年，西门·巴尔·科赫巴（Shimon bar Kosba）[33]以犹地亚为中心，领导了一场大规模的起义。他给自己取名为巴尔·科赫巴，在阿拉姆语（Aramaic）中是"星辰之子"的意思，对应的是《民数记》24.17中的救世主预言："我看他却不在现时，我望他却不在近日。有星要出于雅各，有杖要兴于以色列，必打破摩押的四角，毁坏扰乱之子。"

而他的批评者（通常是基督徒）则称他为巴尔·科兹巴（Bar Koziba），意思是“谎言之子”，圣杰罗姆（Saint Jerome）后来声称，他在嘴里含着一根点着的稻草，假装会喷火。[34] 巴勒斯坦主教、恺撒里亚的优西比乌（Eusebius of Caesaraea，约公元 260 年—340 年）这样描述他：“由于其名字所具有的力量，这位杀人成性的匪徒声称，他是来自天上的光，要光照那些身处不幸、仿佛奴隶一般的人。”[35]

巴尔·科赫巴无疑是一位魅力超凡的领袖，他获得了“以色列王子”（*nsy' Ysr'l*）的称号，他的起义是为了“以色列的救赎/解放”，日期定在公元 131 年 10 月 1 日。犹太教的最高权威、拉比阿吉巴（Akiba）站在他这一边。他出色的游击战术重创了罗马军队，犹地亚很快落入他的手中。

关于起义过程的具体细节十分模糊，不过，从犹地亚沙漠里的纳里耳赫贝耳（Nahal Hever）的“书信洞穴”（Cave of Letters）中，发现了与起义相关的文物，包括一面有 Shimeon（西门）、另一面有 to the Freedom of Jerusalem（“为了耶路撒冷的自由”）字样的钱币，以及巴尔·科赫巴与他的下属约拿单（Ionathes）和米萨巴拉（Masabala）之间的书信，这两个人当时身在隐基底（En Gedi）的重要叛军基地。其中一封来自苏迈奥斯（Soumaios）的信是用希腊语写的，因为“我们找不到会写希伯来语的人”[36]。这可能暗示着非犹太人也参与了起义，从迪奥·卡西乌斯的叙述中也可以得出这样的推论，他写道：“许多外国人为了追求利益也参与进来。”[37] 不过，也有可能只是因为当时营中的犹太士兵中没有人会写希伯来语。不管怎样，毫无疑问，巴尔·科赫巴起义声势浩大，以至于哈德良派出了军团主力，并且从不列颠尼亚召回了他最好的将军塞克斯图斯·尤利乌斯·塞维鲁（Sextus Julius Severus）。

塞维鲁开始了大屠杀和种族清洗，公元135年，巴尔·科赫巴最后坚守在耶路撒冷附近的贝特拉（Bethar）："由于长期被困的缘故，镇内的叛乱者弹尽粮绝，最终走向失败，其中挑唆人们疯狂情绪的煽动者也得到了应有的惩罚。"[38]

巴尔·科赫巴的死结束了战争，根据迪奥·卡西乌斯的记载，在一系列战役中，五十座要塞和九百八十五个村庄被夷为平地，五十八万五千人被杀，许多犹太人被卖为奴隶，"死于饥饿、疾病和火灾的人更是不计其数"[39]。从"书信洞穴"中发现的物品还包括镜子、一个玻璃盘、青铜壶和房门钥匙，这些东西都是战争期间藏在这里的，但是再也没有人回来拿。在罗马，哈德良被推举为皇帝，但是他没有接受通常的祝福——"我和军团安然无恙"，因为罗马军团的折损相当严重。

犹地亚的名字从地图上消失了，这一地区被重新命名为叙利亚-巴勒斯坦（Syria-Palestina），第六铁壁军团（*Legio* VI *Ferrata*）驻扎在加利利，优西比乌说，除了一年一度的朝圣以外，犹太人被禁止涉足耶路撒冷及其附近的任何地方。[40]

第 19 章

德塞巴鲁斯：达契亚的种族灭绝

图密善和卡狄人

公元 83 年，格内乌斯·尤利乌斯·阿古利可拉在格劳庇乌山战役中战胜卡尔加库斯领导的喀利多尼亚人之后不久［参见第 17 章的“征服不列颠蛮族（二）”］，便被图密善皇帝召回。塔西佗对此不以为然。他说“不列颠被征服之后很快又失去了”[1]，无论“征服”还是“失去”，无疑都是夸大其词。他认为图密善这样做，是出于对阿古利可拉的嫉妒。然而，现实是在欧洲的中心军队迫切需要面对另一支蛮族军队的威胁。公元 85 年，第二辅助军团（*Legio* II *Adiutrix*）的一个布旗队被从不列颠尼亚调到多瑙河沿岸，不久整个军团都转移过来。福斯河（River Forth）以外的不列颠领土被放弃了，不列颠驻军削减到三个军团，第二奥古斯都军团、第九西班牙军团和第二十英勇凯旋军团。

图密善面临的军事问题之一是，公元 82 年或 83 年，在莱茵河中部边境，罗马与日耳曼的卡狄部落之间爆发了一场战争。塔西佗告诉我们：

> 卡狄人躯干肢体极其健壮，相貌凶恶而特别勇悍。就日耳曼人而言，他们应当是相当聪明的一支了。他们推举出官长，并服从于官长们；他们有等级的分别；他们善于伺机乘隙，也能抑制自己一时的冲动；他们把白天的时间安排得很好，夜间则掘堑筑垒以为防卫；他们不相信侥幸，而凭仗勇力。[2]

他们的步兵非常出色，并且倾向于发动全面战争，而不是零星的战役。

塔西佗对他们的头发和胡子也很感兴趣：

> 卡狄人有一种专用以表示个人勇力的风俗，这在其他的日耳曼人中倒很少见过。那就是，男人刚刚成年，便把须发蓄起来，直到他杀死一个敌人用以表示自己的勇敢以后，才站在敌人血淋淋的尸体上，将脸剃光，从此他才算尽了自己出生的义务，才不负自己的国家和父母。怯懦者则仍然须发满面。[3]

过去，卡狄人曾是公元 9 年阿米尼乌斯联军的一部分，在条顿堡森林参与过歼灭瓦卢斯军团的战斗（参见第 16 章的“阿米尼乌斯、瓦卢斯和条顿堡森林”）。公元 1 世纪期间，他们从日耳曼北部的维苏吉斯河（Visurgis River，今威悉河）上游的故乡扩张到陶努斯（Taunus）高地，直至默努斯河［Moenus，今美因河（Main）］河谷，在这个过程中击败了凯路斯奇人和其他邻近部落。现在，图密善亲自对抗卡狄人，粉碎了他们的势力，扩大了罗马在日耳曼维特劳（Wetterau）地区的控制区，沿阿格里·戴可美特［*Decumates Agri*，广义的黑森林（Black Forest）地区］东部边缘建立了永久边境线，并于公元 83 年夏举行了凯旋式（尽管战争还继续拖延了数年）。诗人马提亚尔（Martial）为他大唱颂歌：

> 克里特岛留下了一个伟大的名字，阿非利加留下了另一个：
> 两个伟大的胜利者，一个是西庇阿，一个是梅特路斯。
> 当莱茵河终于被驯服，日耳曼传颂着一个更高贵的名字，
> 甚至从孩提时代起，恺撒，你就配得上这样的英名。
> 你的兄长与父亲共同赢得了以土买的凯旋，
> 但卡狄人的桂冠完全属于你。[4]

图密善和德塞巴鲁斯

大多数罗马文献对图密善的描述都是极端负面的，但他很受士兵的欢迎，尤其是因为他把他们的报酬提高了三分之一，自从奥古斯都时代以来这是他们第一次加薪。当多瑙河边境又一次面临蛮族的严重威胁时，他严重依赖他们的忠诚。这次的威胁来自达契亚人，他们生活在多瑙河下游的环形地带，主要包括特兰西瓦尼亚（Transylvania）高原，向东延伸至锡拉苏斯河［River Hierasus，

今锡雷特河（River Siret/Sireth）]，向北延伸至维斯瓦河（River Vistula），大致位于今罗马尼亚中北部和西部。达契亚人是一个农耕和畜牧民族，吸收了一定程度的凯尔特和斯基泰文化，崇拜斯基泰神祇扎尔莫克西斯（Zalmoxis）。他们说一种色雷斯方言，希腊人经常将他们与色雷斯的该塔伊人（Getae）相混淆。他们也在喀尔巴阡山脉（Carpathian Mountains）中开采金银和铁矿，与希腊人和罗马人都有贸易往来，进口大量的葡萄酒。

自从公元前1世纪中叶以来，达契亚人的势力几经起落，他们的领袖布雷比斯塔（Burebistas）统一了各部落，征服了南方和西方的凯尔特与伊利里亚部落，并威胁着罗马的马其顿行省。尤利乌斯·恺撒遇刺前曾有意与他们作战[5]；屋大维在与马克·安东尼争权期间与达契亚国王科提索（Dacian King Cotiso）联姻[6]；屋大维当上皇帝后，几十年里双方没有什么摩擦。

图密善与达契亚冲突的起源并不清楚，很有可能是罗马率先挑衅：达契亚的矿藏是一个诱人的目标。但是，公元85年，在德塞巴鲁斯（Decebalus）的领导下，达契亚人入侵罗马领土。迪奥·卡西乌斯这样描述德塞巴鲁斯："他对战争的理解非常透彻，善于把握发动战争的时机；能够准确地判断何时进攻、何时撤退；他是游击战的专家，也是阵地战的大师；知道如何利用胜利的果实，也知道失败时怎样摆脱逆境。因此，在很长时间里，他都是罗马人值得尊敬的敌人。"[7]

德塞巴鲁斯的战士们选择"弯刀"（*ensis falcatus*[8]，或 *falx supina*[9]）作为武器。这是一种弧形的单刃刀，内侧开刃，十分高效。达契亚人的弯刀有两种样式：一种是单手持的短刀，称为 *sica*[10]，刀身长约40厘米，固定在约55厘米长的刀柄上[11]；另一种是攻击性更强的双手巨镰，通常称为 *falx*，刀身长约 90 厘米，刀柄的长度也与之接近。巨镰的锋刃能够刺穿头盔，将盾牌劈成两半，并且能够穿透盔甲，对敌人造成致残或致命的伤害。

德塞巴鲁斯的达契亚人挥舞着可怕的弯刀，一路闯入罗马帝国的领土，杀死了默西亚总督奥庇乌斯·萨比努斯（Oppius Sabinus）。图密善的禁卫军长官（*Praefectus Praetorio*）科尼利厄斯·弗斯库斯（Cornelius Fuscus）还以颜色，成功地报复了达契亚人，图密善于公元 86 年举行了凯旋式。但是弗斯库斯在随后的战斗中阵亡，图密善只得回到这一地区。（可能是在）公元 88 年，上默西亚的新任总督特提乌斯·尤利安努斯（Tettius Julianus）在塔帕伊［Tapae，今罗马尼亚的泽坎尼（Zeicani）］击败了达契亚人，这座城市是达契亚主要政治中心萨尔米泽杰图萨［Sarmizegethusa，今罗马尼亚的瓦尔赫利（Várhely）］的门户。然后，图密善和德塞巴鲁斯达成了一项协议，试图使双方的关系正常化。根据协议，达契亚人（德塞巴鲁斯）成为名义上的藩属王，保卫多瑙河下游，作为回报，他们将得到财政补贴和罗马工匠的帮助。

德塞巴鲁斯和图拉真

德塞巴鲁斯与图密善的和解对达契亚人非常有利。公元 98 年，图密善死后，好战的图拉真皇帝继位，这些条款看起来对达契亚人过于优厚了。他重新评估了协议，“痛惜（达契亚人）每年能够得到那么多金钱，他还发现，他们的力量和骄傲也在与日俱增”[12]。

对德塞巴鲁斯的担心是有理由的。图拉真喜欢打仗，受到军队的爱戴，愿意与士兵同甘共苦，“即便他是真心喜欢战争，当最难对付的敌人终于被打败、他的同胞欢呼庆祝时，他也还是对取得的成功感到满意”[13]。

公元101年，图拉真集合了日耳曼、不列颠和其他地方的军团，又组成了两个新军团——第三十厄皮亚军团（*legion* XXX *Ulpia*）和（可能是后来的）第二图拉真军团（*legio* II *Traiana*）。然后，他对德塞巴鲁斯的领土发起了猛攻。

挥舞着弯刀的达契亚战士给图拉真的士兵带来了严峻的挑战，他们不得不对装备进行特殊改造，以削弱蛮族武器的力量：他们用铁杠加固了头盔；重新穿上锁子甲（*lorica hamata*）和鳞甲（*lorica squamata*），二者都比罗马军队后来装备的分节式胸甲（*lorica segmentata*）更灵活，也能提供更多的保护；在袖子和衣摆处增加带流苏装饰的皮条（称为 *pteruges*，意思是“羽毛”）；在衣服里面穿上厚厚的衬垫。在塔帕伊附近又发生了一场激烈的战斗，公元101年年底，德塞巴鲁斯被打败，他的反攻被击退，他的姐妹被俘，图拉真的军队已经打到他在萨尔米泽杰图萨的大本营。公元102年，德塞巴鲁斯决定求和：

> 他极不情愿地交出武器、机械和工匠，送还逃兵，拆除堡垒，从占领的土地上撤退，并且，从此以后罗马的敌人就是他的敌人，罗马的朋友就是他的朋友，不给逃兵提供庇护，不雇用任何帝国的逃兵——因为他的军队中，很大一部分精锐就是从罗马的领土上投靠过来的。这就是他跪在地上，高举双手向图拉真敬礼之后发生的事。[14]

德塞巴鲁斯成为罗马的藩属王，而且罗马在他的领土上保留了驻军。图拉真的工程和建筑大师、大马士革的阿波罗多洛斯（Apollodorus of Damascus）在多瑙河上修建了一座壮观的大桥，有1 135米长，20个桥墩由拱门相连。皇帝回到罗马，举行了凯旋式和角斗表演，元老院授予他"达契亚征服者"（*Dacicus*）的称号。

德塞巴鲁斯又一次全身而退。遗憾的是，公元105年，他破坏了和约，给他的人民招致了灭顶之灾。他囤积武器，庇护逃兵，修复堡垒，派使节前往邻国，进攻先前与他有分歧的人，吞并了雅济吉斯人（Iazyges）的部分领土。元老院只得宣布他为罗马的敌人。这一次，图拉真的回应是种族清洗。公元106年初夏，他经过阿波罗多洛斯修建的大桥进军达契亚。相比阵地战，德塞巴鲁斯更喜欢游击战，他试图刺杀图拉真，并试图通过俘虏和收买图拉真的高级军官来达成协议。但这一切都是徒劳的，暗杀计划败露了，受骗被俘的格内乌斯·庞培·朗基努斯（Gnaeus Pompeius Longinus）服毒自尽。[15]图拉真的军队进攻萨尔米泽杰图萨，并迅速夺取了这座城市。德塞巴鲁斯宁愿自杀，也不愿在罗马人的凯旋式上示众，罗马人只能在卡皮托山的台阶上展示了他被砍下来的头颅。奥斯提亚日历（*Fasti Ostienses*）确认战争是在公元106年秋结束的。

达契亚成为罗马在多瑙河以北的第一个行省。最后，在萨尔米泽杰图萨附近建立了一个叫作厄皮亚·图拉真·奥古斯都·达契亚·萨尔米泽杰图萨（Colonia Ulpia Traiana Augusta Dacica Sarmizegethusa）的殖民地。达契亚的金矿被掠夺，这场战争带来了极为丰厚的战利品：

> 在流经他的宫殿的萨基提亚河（Sargetia）的河底，德塞

> 巴鲁斯的财宝也被发现了。在一些俘虏的帮助下，德塞巴鲁斯改变了河流的河道，在河床上挖了一个洞，把大量的金银和其他能够承受水流的值钱的东西藏在里面，然后在这些东西上面盖上石头，上面再堆上土，再把河水引回原来的河道。[16]

据说（尽管无疑有些夸张）图拉真攫取了 2 250 吨黄金、两倍数量的白银和五十万名俘虏。他将这些蛮族的资金慷慨地投入基础设施建设、社会项目和救济人民上。他发行的铸币把他塑造成“富裕”（*Abundantia*）的化身。为了庆祝胜利，举行了持续一百二十三天的庆典，有一万名角斗士参与表演，一万一千头动物被杀死。[17]

在罗马，至今仍然耸立着一座图拉真的达契亚战役纪念碑——图拉真纪功柱（Trajan's Column），“既是为了取悦他个人，也是为了在广场上留下永久的纪念”[18]。纪功柱由大马士革的阿波罗多洛斯设计，于公元 113 年 5 月 2 日建成，底座四周的浮雕描绘了蛮族的军事装备，还有将这座纪念碑献给元老院和罗马人民的铭文。[19]圆柱用帕罗斯岛（Parian）大理石制成，有 100 罗尺（约 30 米）高，顶端有一尊图拉真的镀金青铜雕像，柱身由 200 米长、0.85～1.45 米高的浮雕绕柱 23 周，描绘了达契亚战争中的 155 个不同场景，有 2 600 个人物。在这些浮雕中，表现了图拉真运筹帷幄、慷慨陈词、指挥若定、连战连捷的英姿，达契亚人则被刻画成传统的蛮族形象。剧情在圆柱顶端达到高潮：德塞巴鲁斯自杀，达契亚首领遭到追捕和大规模流放。这座令人叹为观止的纪念碑，也是罗马对蛮族世界施加政治干预和种族清洗的证明。

第 20 章

帕提亚、波斯和帕尔米亚

帕提亚的灭亡

图拉真统治时期被爱德华·吉本（Edward Gibbon）称为“世界历史上人类最为繁荣幸福的时期”[1]。但是，250 年前克拉苏在卡莱战败的伤痛还没有消失，在这个“最为繁荣幸福”的时期，帕提亚又给罗马敲响了警钟。沃洛吉斯四世（Vologaeses IV，公元 147 年—191 年在位）入侵亚美尼亚，任命了他自己的人做国王，击溃了派去恢复秩序的罗马军团——可能是第九西班牙军团，这个军团被图拉真部署在约克，公元 2 世纪初迁移至奈梅亨，后来可能又被哈德良调到东方。帕提亚人随后进入叙利亚，公元 162 年夏，马可·奥勒留（Marcus Aurelius）派他的共治皇帝卢西乌斯·维鲁斯（Lucius Verus）率领一支大军和几位高级将领远征帕提亚，其中包括令人敬畏的名将斯塔提乌斯·普利斯库斯（Statius Priscus），琉善（Lucian）说他仅凭吼叫声就杀死了二十七名敌人。[2]公元163年，卢西乌斯占领了亚美尼亚首都阿尔塔克萨塔，建立了一座新首都并驻守在那里。

卢西乌斯·维鲁斯的指挥官马库斯·庞提乌斯·莱利亚努斯（Marcus Pontius Laelianus）为恢复叙利亚的军纪做出了很大贡献，他实行严格的装备检查，并且禁止饮酒和赌博。弗朗托（Fronto）写到，卢西乌斯本人率先垂范，在行军时：

> 他经常不骑马，徒步走在队伍前面，忍受灼热的阳光和令人窒息的尘土，直面风吹日晒、冰雹雨雪——还有敌人的标枪。他忙得满头大汗却毫不介意，好像在从事体育锻炼一般……工作结束后他才洗澡，吃简单的军旅食物，喝本地葡萄酒。他经常睡在草皮上。走过那么多行省，经历过那么多危险的围攻和战斗，夺取了那么多的要塞和堡垒，他从不吝惜他的关怀和建议。[3]

不过，其他文献却有不同的记载，说他在征途上一路饮宴，在安条克附近的达芙妮（Daphne），他与来自士麦那（Smyrna）的绝世美女潘提亚（Panthea）陷入热恋，在那里消磨了许多时间。公元164年，马可·奥勒留只得将卢西乌斯14岁的未婚妻卢西拉（Lucilla）送到以弗所，让两人完婚。

卢西乌斯·维鲁斯无疑是一个知人善任的领导者，罗马军队的专业性赢得了这场战争：他们将亲罗马的曼努斯（Mannus）安排在奥斯若恩（Osrhoene），然后占领了尼西比斯［Nisibis，今土耳其的努赛宾（Nusaybin），位于与叙利亚交界的边境］的边境哨所，那里的帕提亚将军游泳渡过底格里斯河才侥幸逃脱。然后，他们继续向幼发拉底河下游进军，在杜拉-欧罗普斯（Dura-Europus）赢得了一场胜利，摧毁了底格里斯河畔的塞琉西亚，洗劫了帕提亚帝国的冬季首都、坐落于底格里斯河左岸（今伊拉克巴格达东南 32 公里处）的泰西封（Ctesiphon）。卢西乌斯获得了“伟大的帕提亚征服者”（*Parthicus Maximus*）的称号。第二年，盖尤斯·阿维狄乌斯·卡西乌斯（Gaius Avidius Cassius）率领罗马军团渡过底格里斯河，进入米底（Medea，今伊朗）境内，深入以往任何罗马军队都没有到达过的东方，从那以后卢西乌斯开始自称“米底征服者”（*Medicus*，马可·奥勒留也享有这个称号）。沃洛吉斯四世逃走了，罗马人加强了对边境地区的控制，最后于公元 166 年撤军。卢西乌斯和马库斯共同举行了凯旋式，《罗马君王传》戏称，由于卢西乌斯在战争中的表现，帕提亚战争是一场“戏剧性的”战争。

吉本所谓的幸福时代结束了，康茂德（Commodus，公元 180 年—192 年在位）怠惰政务，纵情享乐，喜欢把自己想象成角斗士和“罗马的赫拉克勒斯”。然后是“五帝之年”（Year of the Five Emperors），罗马帝国实际上是被拍卖给了德第乌斯·尤利安努斯（Didius Julianus）。再然后，塞普提米乌斯·塞维鲁（Septimius Severus，公元 193 年—211 年在位）成为罗马第一位来自阿非利加的皇帝。[4]至少在帝国的疆域内，罗马人和那些曾经被他们视为蛮族的人之间的区别正在瓦解。

不过，在罗马人眼中，帝国边境之外的人仍然是蛮族。公元 195 年，沃洛吉斯五世（Vologaeses V，公元 191 年—208 年在位）

为了报复罗马人的入侵，对尼西比斯发起进攻，帕提亚人又一次出现在罗马人的视线中。塞普提米乌斯·塞维鲁增派了三个新的军团，使冲突进一步升级，其中第一和第三帕提亚军团（*legiones* I and III *Parthica*）驻扎在美索不达米亚。公元 197 年夏末，塞普提米乌斯的军队沿幼发拉底河，经水路向泰西封进军，毫不费力地占领了这座城市。虽然这类事件在古代并不罕见，但罗马人在泰西封充分展现了野蛮的一面，所有的成年男子都被杀死，妇女和儿童被卖为奴隶，帕提亚皇室的财宝被洗劫一空。美索不达米亚北部再次成为罗马的一个行省，公元 198 年 1 月 28 日是图拉真登基一百周年纪念日，塞维鲁在这一天获得了“伟大的帕提亚征服者”的称号。他成为自图拉真以来罗马帝国最伟大的开拓者。但是他没有吞并刚刚征服的领土，而是撤回他发了横财的军队，在归途中两次进攻今天伊拉克半岛地区（Al Jazirah）的要塞城市哈特拉（Hatra），付出了高昂的代价，却没有成功。

塞普提米乌斯·塞维鲁死于公元 211 年，吉本说他才是“罗马帝国衰亡史的主要作者”[5]。他的长子卡拉卡拉（Caracalla）不仅谋害了自己的弟弟盖塔（Geta），为了“除名毁忆”（*damnatio memoriae*），还将他的名字从记录中抹去。次年，卡拉卡拉颁布了一项法令，对于“罗马性”在帝国日益多元化的人口中的扩展产生了深远的影响。这项《安东尼努斯敕令》（*Constitutio Antoniniana*）宣布，帝国境内所有自由出身的居民都被授予罗马公民权。[6]从这一刻起，所有出生在不列颠、高卢、西班牙、埃及、叙利亚或其他任何以前的蛮族地区的自由人，都可以骄傲地宣称：“我是罗马公民。”

卡拉卡拉最大的野心是征服东方，从而超越亚历山大大帝和图拉真。因此，他搬到安条克，试图利用帕提亚内部的紧张局势。公元 208 年，沃洛吉斯五世去世，他的继承人、长子沃洛吉斯六世（Vologaeses VI）受到弟弟阿尔达班五世（Artabanus V）的挑战。卡拉卡拉支持后者，同意迎娶他的女儿。他渡过幼发拉底河和底格里斯河，深入帕提亚领土，他的军队受到热烈的欢迎，当地人载歌载舞，向他们献上鲜花和美酒。但是，当帕提亚人离开战马，将弓箭放到一边，卡拉卡拉便下令发起进攻。屠杀了帕提亚人之后，罗马人掠走了大量的战利品和俘虏，一路上肆意烧杀抢掠，没有遇到任何抵抗。

罗马军队在埃德萨［Edessa，今土耳其的尚勒乌尔法（Şanlıurfa）］过冬时，卡拉卡拉对自己非常满意，但若是十年后再来回顾，他可能就不会这么想了。与他心目中的英雄亚历山大大帝一样，卡拉卡拉死在东方。公元 217 年 4 月 8 日，他在如厕时被刺杀。毫无疑问，他为克拉苏报了仇，加速了帕提亚帝国的灭亡——波斯的阿尔达希尔一世（Ardashir I）推翻了帕提亚帝国，建立了萨珊王朝（Sasanian）——但是，与此同时他的所作所为也使罗马刚出油锅，又入火坑。

阿尔达希尔一世是萨珊后裔，这个王朝就是用他的名字命名的。我们的文献内容不尽完整，而且相互矛盾，只能拼凑出一幅非常模糊的画面。公元 3 世纪前二十年里，经过家族内斗和局部冲突，阿尔达希尔成为帕尔斯［Pars，大致毗邻今伊朗的法尔斯省（Fars）］的统治者，在阿尔达希尔-花拉［Ardashir-Khwarrah，今菲鲁扎巴德（Firuzabad）］建立了自己的都城，并向伊朗西部扩张，迫使阿尔达班五世不得不进行反击。帕提亚两次战败后，公元 224 年，阿尔达班五世亲自指挥军队，在霍尔木兹甘［Hormozgan，今阿巴斯港（Bandar Abbas）附近］与阿尔达希尔决战。帕提亚军队被彻底击溃，阿尔达班五世阵亡，结束了帕提亚安息王朝四个世纪的统治。阿尔达希尔占领了泰西封，被封为“万王之王”（*Shahanshah*）。

罗马人并不总是对帕提亚人和波斯人做出明确的区分，经常把他们看作同样的东方蛮族。罗马历史学家经常将新的萨珊王朝错误地称为“帕提亚”或“米底”，部分原因是，在某种程度上，这些作家承袭了公元前5世纪希腊作家的传统，使用一套约定俗成的风格和术语，而在他们的词汇表中没有“萨珊”，只有大量的“米底”。还有部分原因是，在罗马人看来，任何来自同一地区的蛮族都是一样的，无论你怎么称呼他们。例如，普洛科皮乌斯（Procopius）就说，在古代，“哥特人、汪达尔人、西哥特人和盖帕伊狄人（Gepaedes）……被称为撒乌若玛塔伊人（Sauromatae）和梅兰切来内人（Melanchlaeni），还有些人称这些民族为盖提克人（Getic）。所有这些人，如上所述，虽然他们的名称有所区别，但是在所有其他方面却根本没有任何区别”[7]。

无论罗马人认为萨珊人是什么人，他们都会带来一系列新的挑战。而且，在阿尔达希尔一世统治期间，罗马内部也在一定程度上蛮族化了，一些历史学家称这半个世纪是一个“过渡期”，事实上却是“一团糟”。正如公元6世纪的历史学家佐西莫斯（Zosimus）所说的：“罗马帝国蜕化成一具蛮性十足的躯体，并走向覆灭。”[8]

然后是一连串皇帝、篡位者、反叛者和亡命之徒的名单，数不胜数，无数人死于暗杀。帝国陷入内忧外患，对内面临着经济崩溃的困境，对外则面临着边境蛮族的威胁。

沙普尔一世大帝

罗马崩溃之际，萨珊王朝的第二位“万王之王”、阿尔达希尔一世的儿子沙普尔一世（Shapur I，意思是“国王之子”，罗马人称其为 Sapores 或 Sapor）登上王位。在伊朗的波斯波利斯（Persepolis）附近的帝王谷（Naqshe Rustam）有一座琐罗亚斯德方屋（Cube of Zoroaster），墙壁上的铭文用三种语言记载了《神圣的沙普尔功业录》（*Res Gestae Divi Saporis*）。这段铭文告诉我们，沙普尔的母亲是美貌绝伦的安息公主梅罗德（Lady Myrod）。[9]沙普尔参加了他父亲与帕提亚人的战争，得到了“他所有的孩子中最温柔、最聪明、最勇敢和最有才干”的评价[10]，后来可能曾与阿尔达希尔一世共同统治：《科隆摩尼古卷》（*Cologne Mani Codex*）[11]提到公元 240 年阿尔达希尔“征服了哈特拉[12]，他的儿子沙普尔国王将伟大的王冠戴在他头上”[13]；公元 242 年，罗马皇帝戈尔狄安三世（Gordian III，公元 238 年—244 年在位）[14]告诉元老院，他已经消灭了“波斯国王们”的威胁[15]；阿尔达希尔一世统治晚期发行的钱币上，他面对着一位年轻的王子——显然是沙普尔，旁边写着“众神之子、神圣的伊朗国王沙普尔”[16]；阿尔达希尔是从阿塞拜疆的萨尔马斯（Salmas）和伊朗南部的达拉卜（Darábgerd）开始他的军事指挥官/总督（*argbad*）生涯的，这两地的岩石浮雕都描绘了沙普尔一世戴着阿尔达希尔的王冠。

沙普尔一世一确立自己的统治地位，就开始与罗马作对。帕提亚人已经迁入美索不达米亚。公元 242 年，17 岁的戈尔狄安三世打开了雅努斯（Janus）① 神庙的大门，在禁卫军长官盖尤斯·弗里乌斯·萨比努斯·阿奎拉·提米斯特乌斯（Gaius Furius Sabinus Aquila Timesitheus）的陪同下出征讨伐沙普尔。戈尔狄安三世娶了盖尤斯的女儿特兰奎丽安娜（Tranquilliana），“他带了规模如此庞大的军队、数量如此多的金钱，以至于轻而易举就击败了波斯人”[17]。他来到叙利亚，

> 他在那里发动了数场战役并取得了胜利，赶跑了在阿塔薛西斯（Artaxanses）之后出任波斯人之王的沙普尔。光复了安条克城、卡莱、尼西比斯，所有这些城市此前都曾处于波斯人的统治之下。波斯人之王真的那么害怕元首戈尔狄安……主动把防御设施从城里撤走，然后将城市完好无损地还给了它们的市民，侵犯到他们财产的事情，一件都没有干。然而，这一切都是由戈尔狄安的岳父兼其禁卫军长官提米斯特乌斯完成的。最后出现了这种情况：由于戈尔狄安的战斗，正在意大利的波斯人感到害怕而返回了自己的王国，罗马人的王国则把整个东方都占领了下来。[18]

戈尔狄安三世写信给元老院，说若是众神允许的话，他将一路抵达泰西封。[19]但他没能如愿。提米斯特乌斯死于严重的腹泻，马库斯·尤利乌斯·菲利普（Marcus Julius Philippus），即阿拉伯人菲利普（Philip the Arab）[20]接替他成为禁卫军长官，很可能就是他默许了公元244年春对戈尔狄安三世的暗杀。其他文献称戈尔狄

① 罗马神话中的两面神，有前后两副面孔。雅努斯是战争与和平之神，战争时他的神庙大门敞开，表示雅努斯出去帮助罗马人作战。

安三世在战斗中阵亡，或者坠马而死，不管怎样，确定无疑的事实是阿拉伯人菲利普称帝，并且与沙普尔达成了和平协议，以便集中精力对付帝国在其他地方的敌人。他铸造了钱币，骄傲地宣称“与波斯人达成和平”(*PAX FUNDATA CUM PERSIS*)[21]。

这是罗马人的版本。沙普尔一世在帝王谷的琐罗亚斯德方屋上讲述了完全不同的故事：

> 我初立为王，戈尔狄安皇帝在整个罗马帝国内集结了一支哥特人和日耳曼人的大军，来讨伐我们……这是一场伟大的正面战斗。戈尔狄安皇帝阵亡，罗马军队也被歼灭。罗马人宣布菲利普为皇帝。菲利普皇帝来与我们议和，为了保全性命付给我们 50 万第纳尔的赎金，并向我们纳贡。[22]

“万王之王”在达拉卜的一块岩石浮雕上高调宣扬自己的功绩，这块浮雕描绘了一个战败的敌人（可能是戈尔狄安三世）倒在沙普尔的马下，前面有两个人正在恳求着什么，其中一个可能是阿拉伯人菲利普。[23]比沙普尔（Bishapur）的 I 号浮雕也表现了波斯人骑在马背上，戈尔狄安倒在他的马下，菲利普跪在他面前。不过，沙普尔一世可能在某种程度上夸大了事实：菲利普后来违背了条约，收复失地，自称“帕提亚和亚述的阿迪亚波纳的征服者”(*Parthicus Adiabenicus*)、“伟大的波斯征服者”(*Persicus Maximus*) 和“伟大的帕提亚征服者”。

无论事实上是谁赢得了第一次战争，随后都是一段短暂的平静期，直到沙普尔一世以“罗马皇帝没有信守承诺，干涉亚美尼亚内政”[24]，并且可能没有支付约定的“贡税”为借口，再次发起进攻。公元 250 年，沙普尔一世入侵美索不达米亚，但是波斯心脏地带的麻烦“需要他出现在那里”[25]，分散了他的注意力。处理完这些问题后，他又继续投入反罗马的战争，公元 252 年在巴巴利苏斯战役［Battle of Barbalissus，在今叙利亚的阿勒颇（Aleppo）附近］中大败罗马军队。帝王谷的琐罗亚斯德方屋上镌刻的《神圣的沙普尔功业录》中，用沙普尔一世自己的话讲述了这段故事：“我们在巴巴利苏斯向罗马帝国发起进攻，消灭了一支六万人的大军。我们将叙利亚及其周边地区洗劫一空、焚为平地。在这场战役中，我们夺取了罗马帝国的三十七座城市。”[26]这些城市中就包括安条克。

虽然沙普尔一世洗劫和焚毁了罗马的叙利亚行省，直到地中海海岸，但他并没有真的试图保住途经的所有领土。时任罗马皇帝的瓦勒良（Valerian，公元 253 年—260 年在位）也不允许沙普尔一世在其帝国的东端横行无忌。到公元 257 年，瓦勒良已经将安条克和叙利亚行省重新置于罗马的控制之下，然后，他继续向美索不达米亚推进，试图解救被波斯军队包围的埃德萨城。帝王谷的铭文给出了沙普尔方面对战事的描述：

> 在第三场战役中……我们包围了卡莱和埃德萨，瓦勒良皇帝率领日耳曼、雷提亚（还有二十九个罗马行省的名字）的七万大军向我们直扑而来。在卡莱和埃德萨以西，瓦勒良皇帝和我们进行了一场大战。我们亲手俘虏了瓦勒良皇帝，还俘虏了军队的指挥官、禁卫军长官、元老院议员和其他官员，将他们全部遣往波斯。我们将奇里乞亚和卡帕多细亚（还有三十六座城市的名字）夷为平地。[27]

沙普尔一世再次在各种岩石浮雕上纪念他对罗马的胜利：比沙普尔的 II 号浮雕描绘了戈尔狄安三世俯卧在地，沙普尔骑在马背上，抓着瓦勒良的手腕；帝王谷的另一幅浮雕描绘了跪着的阿拉伯人菲利普和站着的瓦勒良；最大的一幅是比沙普尔的 III 号浮雕，描绘了“万王之王”和上述三位皇帝，不过瓦勒良穿着全套皇帝的装扮，没有戴镣铐，也没有受到虐待的迹象。

瓦勒良曾经迫害基督徒，对于这位压迫者的命运，后来的基督教作家几乎无法掩饰他们的幸灾乐祸，他们认为这给未来的“天堂的敌人们”上了一课：

> （瓦勒良）极为不光彩地以奴隶之身活了下去。这么说是因为波斯人的王、那个曾俘获他的沙普尔一旦想要登上车子或骑上马背，就会命令这个罗马人替自己弯下身，呈上后背……后来，他如此可耻的生命就在那种卑微的状态下走向了终点，他的皮被扒了下来，当表皮从肉上剥离之后，就被染上了红色，以便放入蛮族诸神的神庙……（当罗马的使节到来时）总会将之展示给他们。[28]

公元 259 年，瓦勒良的儿子伽利埃努斯（Gallienus）可能听说了父亲被俘的消息。《罗马君王传》说他将一位哲学家哀悼死去的儿子的名言——“我始终明白，自己生下的孩子终有一死”——改为“我始终明白，自己的父亲终有一死”[29]。他没有要求敌人释放他的父亲，而是自己称帝，耽溺于寻欢作乐的生活：

> （伽利埃努斯）一生下就是饕餮之徒、享乐之辈，他没日没夜地在酒色淫欲中耗费自己的时光……让妇女治国都会比他好……他用苹果建造起了堡垒，他把葡萄保存了三年，他在隆冬季节提供过甜瓜……他总在不合时宜的季节提供新鲜的无花果和从树上新摘下的苹果。他总是用金光闪闪的布铺桌子……

> 他使用镶嵌宝石的肩带。他把宝石织进编鞋的带子上……他夏天白天洗六到七次澡，冬天洗两到三次。他总是用金杯喝东西，因为他看不起玻璃的，以至于还声称没有什么比那个更平常的了……嫔妃们时常躺在他的餐厅里陪侍，而他总是在一旁为小丑和戏子们摆出第二张餐桌……诸位长官和所有部门的官员……受邀赴宴，并和元首一起在浴池里沐浴。时常也会有女人被送进来，其中漂亮的女孩留在了他的身边，又老又丑的妇女则留在了他们身边。他还常说，即使把世界各地都毁灭了，他仍会自顾自地尽情享乐。[30]

至于沙普尔，则利用掠夺来的财富和许多被他流放的罗马人的专业技术重建城市，复兴王国的工业和农业。基督徒没有受到迫害，繁荣的社区建立了教堂和修道院。希腊语和叙利亚语被广泛使用，一些科学和天文学方面的重要著作，包括托勒密的《天文学大成》(*Almagest*)，被翻译成萨珊帝国的巴拉维语（Pahlavi）。新的民族涌入沙普尔一世的王国，让他获得了“伊朗人和非伊朗人之王”的称号。他又统治了这些多民族的臣民大约十年，于公元 270 年 5 月在比沙普尔病逝。

芝诺比娅：最美丽的女英雄

罗马人忙着处理与帕提亚人和波斯人的关系时，发生了一个小插曲，塞普提米乌斯·奥登纳图斯（Septimius Odenathus）成为叙利亚绿洲城市、商贸中心帕尔米拉（Palmyra）的统治者。奥登纳图斯来自帕尔米拉的一个贵族家庭，他的家族在公元2世纪90年代被授予罗马公民权。公元3世纪中叶，奥登纳图斯利用罗马与波斯的弱点为自己在这一地区争取到一席之地，不过他还是谨慎地承认罗马的权威。

瓦勒良战败被俘后，他的禁卫军长官巴力斯塔［Balista，也称卡利斯图斯（Callistus）］和另一位名叫弗尔维尤斯·马克利安努斯（Fulvius Macrianus）的高级财务官击溃了一支刚刚从奇里乞亚劫掠归来的波斯军队。波斯人随后挑起了一场叛乱，宣布马克利安努斯的儿子小马克利安努斯（Macrianus Minor）和奎伊图斯（Quietus）为皇帝。马克利安努斯的伪政权很快就被扑灭了，奥登纳图斯选择站在伽利埃努斯一边，扮演了重要的角色。从公元262年起，他渡过幼发拉底河，进入波斯领土，连战连捷，洗劫了沙普尔的后宫，收复了卡莱和尼西比斯，并围攻泰西封（时间不长且没有成功），然后自称“万王之王”，与他的儿子希尔伦一世（Hairan I）共同统治。伽利埃努斯皇帝为了报答他的效忠，也授予奥登纳图斯“将军”（*Dux*）和“东方总督”（*Corrector Totius Orientis*）的称号。不过，奥登纳图斯和希律都于公元267年被杀，原因众说纷纭。随后，他的遗孀芝诺比娅（Zenobia，阿拉姆语写作 *Bath Zabbai*）以他们八岁的儿子巴巴拉图斯（Vaballathus）的名义摄政，控制了帕尔米拉帝国。Vaballathus 是帕尔米拉语 Wahballat 的拉丁化写法，意思是“阿里拉特（Allat）的礼物”，阿里拉特是阿拉伯神话中的女神，地位相当于雅典娜。因此，巴巴拉图斯在希腊语中将自己的名字写作 Athenodorus（雅典诺多罗斯），意思是“雅典娜的礼物”。

芝诺比娅是古代最伟大的女性之一：“她的肤色较深、有点黝黑，黑眼珠充满超越常人的力量；她的灵魂带着神性，散发出的魅力令人震惊。”[31]她聪慧过人，受过良好的教育，传统的柏拉图主义者、文学批评家卡西乌斯·朗基努斯（Cassius Longinus）曾经做过她的老师。

一如既往，罗马文献用这位蛮族女王的光彩来反衬伽利埃努斯的失败，她与他截然相反：“芝诺比娅行事不仅比伽利埃努斯（任何一位姑娘都可以统治得比他好）还要勇敢和老练，而且还超过了其他多位皇帝。”[32]

芝诺比娅在道德上无懈可击，有文化、有教养，喜欢狩猎和饮酒，自称是埃及女王克娄巴特拉七世的后裔，并且“以男子的气概统治着帕尔米拉人及东方的大部分民族”[33]，她的帕尔米拉王国野心勃勃，但是此时此刻，考虑到她维护着东方的安全，伽利埃努斯准备暂且容忍她的统治。无论如何，他更关心的是来自内部的威胁，而不是异国的帕尔米拉女王。他的担忧不无道理：公元268年，他成为阴谋的受害者，被达尔马提亚骑兵的指挥官切克洛皮乌斯（Cecropius）用长矛刺死。[34]

伽利埃努斯的继任者是一系列精明强干、野心勃勃的士兵出身的皇帝，其中第一位是出生于过去的蛮族地区伊利里亚的“哥特征服者”克劳狄二世（Claudius II Gothicus）。他于公元268年—270年在位，传统文献对他表达了毫无保留的英雄崇拜：“贤明的、理当受人敬仰的、珍爱一切善良者的、祖国之友、律法之友、受元老院欢迎的、在人民中拥有好口碑的克劳狄执掌大权。”[35]《罗马君王传》将他描绘成一个庄严、纯洁、自律的人，身强体壮，徒手就能打落一匹马的牙齿，并总结道：“无论在当权之前、当权之时，还是当权之后，无论元老院还是人民，都如此地喜爱他，以至于大家普遍认同，无论图拉真还是安东尼努斯抑或其他哪位元首都得不到这般程度的爱戴。”[36]

然而，他无力阻止芝诺比娅进入小亚细亚，如果《罗马君王传》的记载可信的话，她消灭了一支派去攻打波斯人的罗马军队。[37]叙利亚很快就会落入她的手中。

公元 270 年 8 月，“哥特征服者”克劳狄二世染上瘟疫，死在西尔米乌姆。他的兄弟昆提卢斯（Quintillus）继位，可能只有短短的十七天。[38]同年 9 月，一位神情严肃、性格顽强、留着平头和漂亮短须的骑兵指挥官——卢西乌斯·多米提乌斯·奥勒里安努斯［Lucius Domitius Aurelianus，即奥勒良（Aurelian）］——在多瑙河军团的拥戴下成为皇帝。

奥勒良马上面临着蛮族入侵的紧迫问题，汪达尔人和萨尔马提亚人进入多瑙河河谷，日耳曼的阿勒曼尼人［Alemanni，意思是“所有人”（All Men）］和朱通人（Iuthungi，也写作 Juthungi，意思是“后裔”）深入普拉森提亚［Placentia，今意大利的皮亚琴察（Piacenza）］，直到公元 271 年被驱逐。还有三个篡位者——多米提安努斯（Domitianus）、塞普提米乌斯（Septimius）和乌尔班努斯（Urbanus）——也很快被铲除。芝诺比娅利用奥勒良无暇分心的机会，派她的将军塞普提米乌斯·宰达（Septimius Zabdas）进入罗马的佩特拉阿拉伯（Arabia Petraea）行省。宰达战胜了罗马的第三昔兰尼加军团（*Legio* III *Cyrenaica*），洗劫了波斯特拉（Bostra），摧毁了宙斯-阿蒙神庙，然后继续征服犹地亚。这时候，

> 芝诺比娅派宰达前去埃及，因为有个叫提玛杰尼斯（Timagenes）的埃及人图谋将埃及置于帕尔米拉人的统治下，于是

> 就以一支由帕尔米拉人、叙利亚人及蛮族组成的人数达七万的军队发起了武装起义，埃及军队随即以五万之众与之交战。一场激烈的战斗便在他们之间展开了，在战斗中帕尔米拉人取得了决定性的胜利，随后留下五千守军便离去了。[39]

最初迎战芝诺比娅/宰达的是奥勒良的埃及长官（*Praefectus Aegypti*）特纳吉诺·普罗布斯（Tenagino Probus），他本来在清剿海上的海盗。普罗布斯率领自己的军队，在反帕尔米拉的埃及人的帮助下，赶跑了宰达的驻军："普布罗斯占据了巴比伦附近的一座山头，阻断了敌人退入叙利亚的通道，可对那片地区非常熟悉的提玛杰尼斯以两千人夺取了山头，并杀死了惊慌失措的埃及人，普罗布斯在被俘后自裁。"[40]宰达征服了埃及，芝诺比娅被宣布为埃及女王。

公元271年，芝诺比娅的将军宰贝（Zabbai）在小亚细亚开辟了新战线。塞普提米乌斯·宰达与他会合，他们一同占领了加拉太，夺取了安锡拉［Ancyra，今土耳其的安卡拉（Ankara）］。这标志着芝诺比娅权力的顶峰：罗马皇帝曾经出现在帕尔米拉的铸币上，但是现在奥勒良的形象消失了；钱币上的巴巴拉图斯被称为"国王、皇帝和罗马人的首领"；芝诺比娅和巴巴拉图斯分别获得了"奥古斯塔"（女皇）和"奥古斯都"（皇帝）的称号；芝诺比娅的宫廷像磁石一样吸引着整个地区的知识分子。总而言之，现在她对罗马是一个严重的威胁。

尽管在帝国的其他地区还有麻烦，但奥勒良不能任由形势进一步恶化。他为这场战争专门招募了军队，并在战争期间不断扩充队伍，组成了第一伊利里库姆军团（*Legio* I *Illyricorum*）等新的战斗单位。到公元 272 年，他已经收复了安锡拉和安条克之间的全部领土。芝诺比娅的主要突击部队是她的“烤炉骑兵”（*clibanarii*，一种重甲骑兵，其名称本意为“铁制的烤面包炉”），双方在安条克以北 40 公里处的伊密（Immae）交战，罗马轻骑兵将敌人引入圈套，让毒辣的阳光消耗骑手和战马的体力。然后，“就在皇帝的骑兵见到敌人露出疲态，而他们的战马在骑兵的重压下难以跑动的时候，罗马人拉起缰绳，转过身朝这些人发起了袭击，一些帕尔米拉人便从马背上掉落，被罗马人踩踏在了脚下”[41]。

这场战役是由宰贝指挥的，芝诺比娅并不在场。她在安条克，宰贝战败后也逃到了那里。他们决定使用诡计来混淆视听，于是便找了一个长相酷似奥勒良的中年人，让他穿上奥勒良在战斗中常穿的衣服，再牵着这个人穿过城中，让人以为他们已经生擒了罗马皇帝。[42]然后他们便逃离安条克，往埃米萨（Emesa）而去。

不久之后，当奥勒良出现在安条克时，那里的人们喜出望外。他追击芝诺比娅，熟练地使用“龟甲阵”（*testudo*）占领了埃米萨郊外的达芙妮要塞，稳固了阵线，并获得了援军的支持，包括一些使用锤矛作战的巴勒斯坦人。

芝诺比娅主动求战，奥勒良手握七万战斗人员[43]，决定应战。罗马人之所以取胜，在很大程度上得益于这些使用锤矛作战的巴勒斯坦人[44]，芝诺比娅的军队最终被围困在帕尔米拉。佐西莫斯讲述了一个故事，说一个帕尔米拉士兵辱骂了奥勒良：

> 见此情形，皇帝身边的一个波斯人便问道：“你想不想看那个无礼的家伙受死？”皇帝让他放手去干，于是这位波斯人将自己藏在其他人的身后，随后趁对方在城垛巡视之际射出了

> 标枪，并命中正骂着脏话的那个人。结果，他就从城墙上掉了下来，死在了皇帝和士兵的面前。[45]

芝诺比娅“骑上一头同类里跑得最快的母骆驼，甚至比马都要快”[46]，逃出了城，但是在幼发拉底河畔被奥勒良的人拦截并俘虏了。关于她后来的经历有两种说法：佐西莫斯的版本比较平淡，说她由于疾病或饥饿，死在去罗马的路上；另一个更加生动的版本说她出现在奥勒良的凯旋式上，“她位列最靠前的位置，并饰以硕大的宝石，结果这些饰品沉得令她感到难受……除此之外，她的脚被黄金缠缚着，手也用金制镣铐绑着，脖子上还挂着一条由一位波斯人丑角在前面托着的金制项链”[47]。

芝诺比娅后来被安置在帝沃利（Tivoli）的哈德良别墅，她的臣民再次揭竿而起。他们拥立塞普提米乌斯·安条克（Septimius Antiochus）为皇帝，这个男孩可能是芝诺比娅的儿子，也可能不是。奥勒良迅速做出反应，帕尔米亚遭到最残酷的劫掠，再也没有恢复元气。芝诺比娅的游击队员在埃及的起义同样很快被扑灭，奥勒良获得了“东方光复者”（*Restitutor Orientis*）的称号。

罗马军队的蛮族化

战胜芝诺比娅之后，奥勒良的目标是让自己得到“世界光复者”（*Restitutor Orbis*）的称号。他是第一个在生前被奉为神的罗马皇帝：铭文对他的称呼是“奥勒良神”（*Deus Aurelianus*），载有他头像的钱币一面刻着“生而为神与主的奥勒良皇帝”（*DEO ET*

DOMINO NATO AURELIANO AVG），另一面刻着“世界光复者”（*RESTITUT ORBIS*）。换句话说，奥勒良不仅是“世界光复者”，而且生来就是神和主。他死于公元 275 年，为他的继任者们树立了一个难以企及的榜样：在他之后，马库斯·克劳狄·塔西佗（Marcus Claudius Tacitus）当了两百天皇帝，弗洛里努斯（Florianus）只当了两个月零二十天，再然后是马库斯·奥勒里乌斯·普罗布斯（Marcus Aurelius Probus，Probus 在拉丁语中是“道德完美无瑕”的意思）。普罗布斯的墓志铭写道：“名副其实的正直之人，一切蛮族部落的征服者，亦是诸僭主的征服者，皇帝普罗布斯长眠于此。”[48]

“一切蛮族部落”这个词让人联想到成千上万的蛮族人占领罗马边境的情景，但这是一种误导，蛮族虽然可怕，破坏力也很强，但他们的实际人数可能并不多。

需要普罗布斯关注的蛮族有：横扫高卢和莱茵兰（Rhineland）的法兰克人（Franks）和阿勒曼尼人，威胁雷提亚的勃艮第人（Burgundiones，日耳曼民族之一）和汪达尔人，还有需要被赶出多瑙河诸行省的哥特人。普罗布斯勇敢地承担起这项任务，公元 279 年，他将目标集中在小亚细亚，一个绰号“伊索里亚的吕底亚人”（Lydius the Isaurian）的土匪劫掠了潘菲利亚（Pamphylia）和吕基亚（Lycia）。“吕底亚人”被一个叛变的投石手射杀，在此之后，普罗布斯的“待办事项清单”上只剩下了最后一项：上埃及的布勒米人（Blemmyae）起义。到公元 279 年年底，他似乎已经牢牢掌握了东西方诸行省。

普罗布斯做出了一个耐人寻味的决定，允许大量来自斯基泰［大致相当于今摩尔多瓦（Moldova）］的巴斯塔奈人（Bastarnae）、哥特人、汪达尔人、阿勒曼尼人和法兰克人定居在高卢和多瑙河诸行省，这样做可能是为了弥补战争和瘟疫造成的人口减少。至于这些蛮族，可能也更愿意留在罗马的边境以内：从根本上说，他们的目的是寻找可以耕种的土地，而不是摧毁罗马，他们当中许多人都应征加入了罗马军队。从一些蛮族人取的名字可以看出，他们对于被允许在帝国境内定居感到欣喜，比如“阿特劳”（*laeti*）在拉丁语中是“幸福之人”的意思（不过日耳曼语中也有这个词，意思是“农奴”）。

普罗布斯的政策以后会带来麻烦，但是目前，他对自己很满意。他获得了“伟大的波斯征服者”的称号，暗指战胜波斯的萨珊王朝，不过没有具体说明原因。公元 281 年年底，普罗布斯举行了凯旋式：马克西穆斯竞技场（Circus Maximus）被改造成一片临时森林，放入上千只鸵鸟、鹿、野猪和其他动物，群众被允许进场狩猎，抓走自己想要的猎物；一百头雄狮、一百头母狮、两百头豹子和三百头熊“与其说给赛会带来了愉悦，还不如说带来了盛大的场面”[49]；许多在凯旋式上展示过的被俘的布勒米人、日耳曼人、萨尔马提亚人和伊索里亚土匪作为角斗士进行表演。

次年春天，普罗布斯计划与波斯作战，到达他的出生地西尔米乌姆附近时，禁卫军长官马库斯·奥勒里乌斯·卡鲁斯（Marcus Aurelius Carus）自己称帝。普罗布斯的士兵哗变，把他逼到一座装有铁甲的瞭望塔里，杀死了他。卡鲁斯派他的儿子努梅里安（Numerianus）去完成他的前任在波斯未竟的事业。这可能只是个形象工程，因为这时候，巴赫拉姆二世（Vahram II）统治下的波斯已经与沙普尔一世时代不可同日而语。罗马军团穿越美索不达米亚，夺取了泰西封，卡鲁斯获得了“伟大的波斯征服者”的称号。

但是，公元 283 年 7 月或 8 月，形象工程和远征都停止了。大部分古代文献称卡鲁斯死于雷击，不过疾病和刺杀的可能性都不能排除（也不能得到确认）。

努梅里安开始监督罗马军队有序撤出波斯，据说这时候他患上了严重的眼疾，只能乘一顶封闭的轿子旅行。起初没有人在意，直到轿子里开始散发出可怕的恶臭，他已经腐烂的尸体才被发现。公元 284 年 11 月 20 日，军事会议宣布达尔马提亚人出身的御林军（*domestici*）指挥官盖尤斯·奥勒里乌斯·瓦莱里乌斯·狄奥克莱斯（Gaius Aurelius Valerius Diocles）为皇帝。

他改名为戴克里先（Diocletian），除掉了卡鲁斯的另一个儿子卡里努斯（Carinus），将他的统治强加给罗马世界。他将帝国的性质由元首制（元首/第一公民＝“同侪之首”）改为君主制（君主＝“主与神”）。他还对帝国的行政、经济和军事体系都进行了彻底的改革。[50]

在戴克里先的统治下，军队的力量增加到六十个军团。考古学证据显示，军团要塞的规模缩小了许多，因此很难对这一时期罗马军队的整体规模做出准确的估计，普遍接受的数字是三十五万到四十万人。传统的罗马军团由大约五千名高质量的步兵组成，现在变得更加灵活。在这种新建制下，军团、辅助部队的骑兵大队（*alae*）和步兵大队（cohorts）与其他单位并肩作战，有时候被模糊地指代为民团（*numeri*），野战军的骑兵则被组织为布旗队（*vexillationes*）。总体上，现在军队被划分为机动的野战军（*comitatenses*）和静态的边防军［分为河畔驻军（*ripenses*，即莱茵河和多瑙河河畔）和边境驻军（*limitanei*）］，野战军由大元帅（*magistri militum*）指挥，边防军由公爵（*duces*）指挥。永久性地与野战军一起作战的边防军被整编为准野战军（*pseudocomitatenses*）。从御林军（*scholae* 和 *domestici*）到精锐的中央军（*palatinae*），到“能够出现在皇帝面前的”野战军，再到地区野战军和边防军，存在着自上而下的等级制度，边防军的薪金和权力都不如野战军，但这套规则似乎相当行之有效。

罗马步兵的基本装备是长裤和长袖束腰短外衣，用腰带扣和固定斗篷的胸针来标明不同的军阶。士兵穿戴制式化的头盔和鳞甲或链甲，与中世纪的锁子甲非常相似，只不过没有袖子和兜帽；手持圆形或椭圆形的盾牌，上面有军团的徽记。进攻性武器包括称为 *spatha* 的罗马长剑（比称为 *gladius* 的传统罗马短剑更长）、用于突刺和投掷的不同枪矛（与罗马重标枪 *pilum* 类似、称为 *spiculum* 的飞镖，称为 *verutum* 的轻标枪和称为 *lancea* 的短矛），以及称为 *plumbatae* 或 *mattiobarbuli* 的铅镖。还配备了弓箭手、投石兵和车载投石机（*manuballistae*）。骑兵全身穿重甲，特别是在东方，有的战马也披甲，称为 *clibanarii* 或 *cataphracti*；也有轻武装的盾骑兵（*scutarii*）、游离骑兵（*promoti*）、侍卫骑兵（*stablesiani*）、弓骑兵（mounted archers），以及摩尔人（Moors）和达尔马提亚人的战斗单位。

这一切都有一定程度的蛮族色彩，特别是长裤和长剑。在罗马帝国的边境内，特别是在军队中，传统的罗马人/蛮族人的二元对立变得越来越模糊。公爵经常没有罗马血统，从他们的名字就可以看出来，比如不列颠公爵（*Dux Britanniarum*）弗洛夫奥德斯（Fullofaudes）。在《百官志》（*Notitia Dignitatum*）中，生产盔甲的作坊称为“巴尔巴里恰”（*barbaricaria*），就起源于“蛮族”一词。后来的罗马军队也采用了“龙旗”（*draco*），这是一种龙形的风向标，在图拉真纪功柱上，龙旗是达契亚人的标志。野战军的战斗单位开始采用有些“野蛮”、近乎兽性的绰号。虽不一定正确，但称为“拔力吐”(*barritus*) 的战吼通常被认为起源于蛮族：

> (日耳曼人) 还往往发出一种呼啸的声音，他们把这种呼啸称为“拔力吐”，借它的声音以壮胆，并且根据呼啸的情形来预测这场行将开始的战役的胜负。如果呼啸声齐谐，就表示士气激昂，足以慑敌；如果呼啸声杂乱，就表示士气不振、惊慌失措。对他们来说，与其说这是一种呼声的协调，毋宁说是一种心的共鸣；他们力求发出一种粗暴的呼喊，发出一种狂吼。他们将盾举至唇边，使呼啸声的音调可因回响而更加洪亮。[51]

新的萨珊国王、沙普尔一世的儿子纳尔西斯（Narses，公元 293 年—302 年在位）重拾他父亲的野心，煽动埃及的布勒米人和叙利亚沙漠的撒拉森人（Saracens）起义，这支面貌一新的罗马军队得到了实践的检验。戴克里先轻松解决了埃及的问题，但是纳尔西斯入侵亚美尼亚、奥斯若恩和叙利亚部分地区，制造了更大的麻烦。戴克里先的“恺撒”（等待继位的皇帝）伽勒里乌斯（Galerius）起初在卡莱附近战败，但是公元 298 年，他彻底击溃了纳尔西斯的军队，占领了泰西封，将罗马的占领区扩展到底格里斯河，最重要的是在未来几十年里确保了这一地区的和平。

戴克里先的《反摩尼教敕令》(Edict Against Manichaeism) 反映出罗马对波斯人“蛮族”习俗的怀疑。摩尼教是在公元 3 世纪中叶，由一个名叫摩尼（Mani）的巴比伦先知创立的。这个教派为信徒提供救赎，未来会发展为一个重要的宗教，但是在这一时期却受到罗马人和波斯当局的双重迫害。公元 297 年左右，罗马统治者写信给阿非利加的行省总督，担心“波斯人该诅咒的习俗和不正当的律法”可能“感染天性纯良的人，即温和、平静的罗马人”：

> 他们引诱许多人接受他们错误的信条，将他们奉为权威。但是古老的宗教（不应该）被新的宗教蔑视。因为重新审查由古人永久地确定下来的教条是莫大的罪恶……因此，现在我们命令其创始人和首领接受严厉的惩罚：他们将和他们可憎的作品一起被火焰焚烧。他们的追随者，特别是那些狂热信徒，将被判处死刑，他们的财产将被没收。[52]

蛮族恐惧症仍然存在。

沙普尔二世大帝

公元 305 年 5 月 1 日，戴克里先退位，如他一直计划的那样，隐居在他位于斯帕拉托［Spalato，今克罗地亚的斯普利特（Split）］的防卫森严的宫殿中，心满意足地种植蔬菜，直到公元 311 年 12 月 3 日去世。在波斯，公元 309 年，第十位也是在位时间最长的“万王之王”沙普尔二世大帝（Shapur II the Great）还没出生就继承了王位。传说他的母亲依芙拉·霍尔米兹德（Ifra Hormizd）一怀孕，侍臣和祭司就把王冠放在她的肚子上——虽然不知道他们怎么能够确定怀的一定是个男孩。在他的童年和青少年时期，罗马经历了更多的内战，君士坦丁大帝（Constantine I the Great）转向基督教，于公元 313 年颁布《米兰敕令》(Edict of Milan)，至少从理论上保证了在罗马帝国境内，任何基督徒都不会因其信仰而受到迫害。沙普尔二世则毫不宽容：在他的王国内，基督徒开始被视为通敌者，对他们的歧视和迫害也愈演愈烈。[53]

自公元 3 世纪 90 年代末以来，纳尔西斯和戴克里先之间一直和平相处。直到公元 337 年，沙普尔二世开始威胁罗马的东部边境，部分原因是亚美尼亚转向基督教，沙普尔二世必须做出反应。事实证明，通过外交手段已经不可能解决问题了。君士坦丁组织了一次远征，要去征服波斯并使之皈依基督教，他还计划在这次远征途中在约旦河畔受洗。但是，他在旅途中病倒了，他的洗礼只能在尼科米底亚附近进行。之后不久，他就于公元 337 年 5 月 22 日病逝。敌对行动持续了一段时间，但留存下来的相关记录很少，公元 350 年，战争在僵局中结束。

匈人（Huns）部落的出现转移了沙普尔二世的注意力，可能是寄多罗人（Kidarites）[54] 入侵了他的领土。[55] 不过，到公元 358 年，“万王之王”又重新聚焦于西方。反抗君士坦丁的儿子君士坦提乌斯二世（Constantius II）的斗争此起彼伏，直到公元 361 年 11 月 3 日，君士坦提乌斯二世死在塔尔苏斯与奇里乞亚山口之间的一个驿站，享年 44 岁。他的堂弟尤里安（Julian）继位，尤里安曾在莱茵河前线抗击阿勒曼尼人和法兰克人，战功赫赫，并因为宣称信仰多神教，让整个罗马世界为之震惊。

这时候，沙普尔二世似乎已经准备和谈，但是尤里安没有做此打算。他向罗马诸神祈求预兆，并依照神明的旨意主动进攻。公元 362 年 5 月，他离开君士坦丁堡，抵达安条克，到年底之前一直在那里集结军队，与当地人闹得很不愉快。公元 363 年 3 月 5 日，尤里安终于率领六万五千人在艳阳下启程远征，其中就包括著名的罗马历史学家阿米安·马塞利努斯。战事进展顺利，在泰西封城外的一场会战中，尤里安的“荷马式战术”(Homeric tactics)[56]取得了成功。但是罗马统帅决定放弃围城，转向骚扰和劫掠。[57]罗马人迷失了主要目标，犯了一些严重的错误，包括烧毁自己的舰船，不得不开始撤退。据阿米安·马塞利努斯所说，在6月23日的一场小规模冲突中，尤里安因疏忽大意没有穿上胸甲，被一支“不知道是什么人”投掷的长矛刺死。[58]其他文献基于各自支持或反对尤里安的立场，说法各不相同：这位不知名的战士可能是撒拉森人（他们为波斯和罗马两边作战）或波斯人，也可能是罗马人；可能是基督教徒，也可能是多神教徒。无论如何，尤里安的伤势都是致命的。尤里安在上约旦河谷为自己镌刻了铭文，自称“蛮族歼灭者”(*BARBARORVM EXTINCTORI*)[59]，事后看来是言之过早了。历史是由萨珊胜利者书写的，在伊朗西北部的塔克波斯坦（Taq-e Bostan)，岩石浮雕描绘了身材瘦削、留着山羊胡子的尤里安被沙普尔二世踩在脚下的场景。[60]

于是，罗马官员们选择了一个“还算过得去的候选人”——皇帝的贴身保镖（*protector domesticus*）弗拉维乌斯·约维安努斯[Flavius Iovianus，即约维安（Jovian)]为皇帝。[61]他与沙普尔二世达成了一个“耻辱的条约”[62]，解救了罗马军队。根据这一条约，他放弃了伽勒里乌斯自上个世纪末以来征服的大片领土（特别是尼西比斯)，撤出了亚美尼亚。沙普尔二世一直统治到公元379年去世，因为严酷地对待阿拉伯俘虏，他得到了“穿肩胛者”的绰号，他留下的萨珊帝国达到了历史上的鼎盛时期。公元364年初，约维安死于返回君士坦丁堡的途中。在加拉太和比提尼亚之间的边境城市达达斯塔纳（Dadastana），他被发现死在床上，可能是因为吸入了他卧室里的新鲜石膏散发的毒气或烧火取暖的烟气，也可能是死于暴饮暴食导致的消化不良。[63]阿米安·马塞利努斯认为约维安的死标志着一个时代的结束："这个充满不确定性的可怕时代走到了悲惨的结局。"[64]

约维安死后不到一个星期，军队就推举了一位来自多瑙河沿岸潘诺尼亚地区的士兵为皇帝。我们称他为瓦伦提尼安一世（Valentinian I）。在我们的文献中，他是一个精力充沛、行事果断、纪律严明的人，以对宗教的宽容态度著称，不过他也可能是个残忍、贪婪、善妒的人。不到一个月，他就任命他的弟弟瓦伦斯（Valens）为共治皇帝，瓦伦斯是一个优柔寡断、粗俗鲁钝的人，他视力残疾、罗圈腿，并且是一个基督教阿里乌教派（Arian）的激进主义者。公元 365 年 1 月 1 日，他们依照新任期开始的惯例，穿上执政官的长袍，在奈索斯［Naïssus，今塞尔维亚的尼什（Niš）］举行会议，同意将军事指挥官、军队和廷臣在他们之间一分为二，然后各奔东西："瓦伦提尼安去了梅迪奥兰（今米兰），瓦伦斯去了君士坦丁堡。"[65]他们的决定对未来产生了深远的影响。

罗马实际上分裂成了东、西两个部分。

第21章

弗里提根：哥特的汉尼拔

不列颠的“蛮族阴谋”

阿米安·马塞利努斯生动地描述了公元4世纪60年代新分裂成两半的罗马帝国所面临的蛮族挑战：“在这一时期，我们的边境稍有松懈，成群全副武装的蛮族就像埃特纳火山（Mount Etna）喷出的熔岩和灰烬一样涌来。”[1]公元4世纪的一部佚名文献也表达了类似的观点：“最重要的是，必须注意到蛮族各国正在四面出击，给罗马帝国造成巨大的压力，叛变的蛮族……对每一条边境线发起进攻。”[2]但是在西方，瓦伦提尼安一世尽最大努力控制住了局势：“在国事问题上，即使是他最激烈的批评者也不能否认，他的表现无懈可击，特别是他始终牢记，通过边境上的堡垒将蛮族置于监控之下，比在战争中击败他们更有效。”[3]

瓦伦提尼安一世的政策包括招募高卢的蛮族和行省人，以保证罗马军队保持满员状态，同时在莱茵河沿岸修建/翻修堡垒、瞭望台和桥头堡。

在国内政治方面，瓦伦提尼安一世始终生活在对阴谋的恐惧中。无论这种恐惧是否有充分的理由，公元 367 年，西罗马帝国的皇帝的确需要面对一次货真价实的“蛮族阴谋”（*Barbarica Conspiratio*）。事实上，称之为“蛮族阴谋”有一定的误导性，因为不同的凯尔特和日耳曼部落并没有统一的身份认同。不列颠最北端，生活着罗马人所谓的皮克特人（*Picti*）。不过，皮克特并不是一个民族的名字。它的意思是“身披彩绘的人”，是罗马人基于典型的“蛮族刻板印象”，对哈德良长城（Hadrian's Wall）以北所有部落的统称。皮克特人与邻近不列颠部落的区别十分模糊，他们可能和布立吞人一样，说 P 凯尔特语。不过，由于他们没有留下书面记录，我们不知道他们是如何称呼自己的。爱尔兰文献称他们为克鲁恩亚人（Cruithne），这是 P 凯尔特语中 *Pritani* 一词的 Q 凯尔特语版本，也就是说，克鲁恩亚人就是拉丁语中的布立吞人。

早在公元 360 年，尤里安皇帝就接到过皮克特人骚扰哈德良长城的报告，派他的大元帅（*Magister Militum*，最高军事指挥官）卢庇西努斯（Lupicinus）率领野战军前去稳定局势。阿米安·马塞利努斯说，这场风暴于公元 367 年爆发，两个皮克特部落，底加里东人（Dicalydones）和文图里恩人（Venturiones），与来自爱尔兰的好战民族阿塔科提人（Attacotti）和苏格兰人（Scotti）联合起来。罗马的边境侦察兵（*Areani*）本应发出警告，但是他们与皮克特人串通，让他们越过或从海上绕过了长城。与此同时，在南方，撒克逊人（Saxons）和法兰克人杀死了海岸要塞的指挥官撒克逊海岸伯爵（Comes Litoris Saxonici）尼克塔里杜斯（Nectaridus），俘虏了不列颠公爵弗洛夫奥德斯。军纪彻底崩溃，士兵和奴隶溃逃，混乱随即爆发。

不过，这些蛮族没有什么精心设计的阴谋，至于征服罗马，更是连想都没想过。西罗马帝国的瓦伦提尼安一世忙于对抗阿勒曼尼人，于是，他派他的野战军统帅（*Comes Rei Militaris*）狄奥多西伯爵（Count Theodosius）率领野战军的四个支队出征，向南推进到朗蒂尼亚姆，任命了新的不列颠伯爵（*Comes Britanniarum*）和新的行省代理，用几年时间驱逐了入侵者。

狄奥多西伯爵开始着手一些重要的重建项目，虽然历史学和考古学文献中留下的细节非常模糊，不过似乎可以看出：他增设了弩炮塔，巩固了城市防御；在霍利黑德（Holyhead）建立了一个海军基地，以对抗爱尔兰；在约克郡海岸设置了瞭望台，以防有人从海上绕过哈德良长城；长城本身也得到加固；取消了边境侦察兵。他可能还在苏格兰低地建立了一些本地王国，以便在长城和皮克特人之间提供一个缓冲地带。这些酋长都被授予拉丁化的名字——安温（Annwn）改为安东尼乌斯（Antonius），辛希尔（Cinhil）改为昆提利乌斯（Quintilius），克鲁姆（Cluim）改为克勒蒙斯（Clemens），帕达恩（Padarn）改为帕特努斯（Paternus），后者也叫帕斯鲁特（Pesrut，意思是“穿红斗篷的人”，就像罗马士兵一样）。这可能意味着他们效忠罗马，但是这一地区完全没有发现过罗马陶器，所以他们也有可能是反罗马的，而他们的名字是皈依基督教的结果。不管怎样，狄奥多西伯爵的方法足够有效，不列颠尼亚的城市和乡村迎来了四分之一世纪的繁荣。

哥特人弗里提根：北方的汉尼拔

在帝国的东半部，瓦伦提尼安一世的弟弟、东罗马帝国皇帝瓦伦斯与哥特人有着私人恩怨。公元 365 年，三千名哥特人支持尤里安的亲戚、多神教徒普洛科皮乌斯（Procopius），上演了一出篡权的闹剧，结果以失败告终。[4]我们第一次听说哥特人是在公元 1 世纪，当时他们生活在今天的波兰地区。不用说，人们对他们的起源和早期历史非常感兴趣。关于他们的当代著作汗牛充栋，学术水准良莠不齐，但似乎都是隔靴搔痒。从瑞典国王到哈布斯堡王朝（Hapsburg）① 的君主，从浪漫主义的德国民族主义者到帝国主义的纳粹分子，各色人等都利用或滥用过哥特人的历史，来达到他们自己的目的。[5]但是，关于哥特人的历史和文化，我们最主要的古代文献是用拉丁语写成的，题目是《论该塔伊人的起源和行为》（*De Origine Actibusque Getarum*）[通常简称为《哥特史》（*Getica*）]。这部著作完成于公元 551 年，作者约达尼斯不是一位学者，而是一个哥特人。正如书名所示，约达尼斯在关于蛮族的问题上犯了一个常见的错误，将哥特人与该塔伊人这两个完全不同的民族相混淆，但是无论如何，《哥特史》都有非常宝贵的价值，因为它站在相对中立的立场上，为我们提供了同时代人的叙事。《哥特史》为单卷本，

---

① 欧洲历史上最显赫、统治地域最广的王室之一，曾统治神圣罗马帝国、西班牙王国、奥地利帝国等。

是对马格努斯·奥勒里乌斯·卡西奥多罗斯（Magnus Aurelius Cassiodorus）的十二卷哥特史的节略[6]，约达尼斯说他能够接触到那部著作的时间只有三天，只能以非常简略的方式复述它。但他也说，他还补充了不同希腊和拉丁作家的素材，并且自己撰写了开头和结尾。最终结果是一道风味独特的什锦拼盘。

根据《哥特史》，哥特人是一个日耳曼民族，来自今天的瑞典地区，不过考古学上一般将哥特人与罗马尼亚到乌克兰一带的穆列什河畔圣安娜-切尔尼亚霍夫（Sîntana de Mureş-Černjachov）文化联系在一起。他们说东日耳曼语，使用日耳曼人名，身材高大，金发或红发，留胡须。他们穿毛皮，用大车组成临时防御工事，保护他们强大的骑兵部队。有迹象表明，他们在将自己与罗马人进行比较时感到自卑，他们的统治者狄奥多里克一世（Theodoric I，公元493年—526年在位）曾经说过："有才能的哥特人都希望自己像罗马人，相反，只有可怜的罗马人才希望自己像哥特人。"[7]

哥特人是典型的蛮族，却并不意味着他们是异教徒：将《圣经》翻译成哥特语的乌尔菲拉主教（Bishop Ulfilas，意为"小狼"，约公元311年—382年）发挥了重要的作用，使他们皈依基督教阿里乌教派。

自从公元3世纪以来，罗马就与哥特人发生过零星的冲突。公元238年，提米斯特乌斯将他们击退，然后在公元242年，他随皇帝戈尔狄安三世出征波斯之前（参见第20章的"沙普尔一世大帝"）又一次击败了他们。公元250年，哥特人在国王尼瓦（King Cniva）的率领下越过边境进入下默西亚（Moesia Inferior），征服了马其顿和色雷斯，包括腓力珀波利斯［Philippopolis，今保加利亚的普罗夫迪夫（Plovdiv）]，并于次年 7 月在阿伯里图斯战役［Battle of Abritus，又称泰雷布朗尼广场战役（Battle of Forum Terebronii），发生在今保加利亚的拉兹格勒（Razgrad）附近］中让罗马军队遭遇惨败。在基督教作家笔下，德西乌斯皇帝（Emperor Decius）是臭名昭著的基督教迫害者，基督教护教论者拉克坦提乌斯（Lactantius）不乏幸灾乐祸地描述了德西乌斯之死："忽然间，他被蛮族人包围并杀死了，跟他一起陪葬的还有他的大部分军队；他没有体面的坟墓和葬礼，而是被剥光衣服，任由野兽和飞鸟吞食，这就是上帝的敌人的悲惨结局。"[8]

双方签订了条约，但是公元 268 年，哥特人与一个叫作赫鲁利人（Heruli）的日耳曼民族相互呼应，入侵希腊和小亚细亚，洗劫了雅典，伽利埃努斯皇帝在著名的奈索斯战役中击败了他们。同年晚些时候，下一任皇帝克劳狄二世在贝纳库斯湖［Lake Benacus，即加尔达湖（Lake Garda）］附近粉碎了哥特人和阿勒曼尼人的入侵，解放了伊利里亚，为自己赢得了"伟大的哥特征服者"（*Gothicus Maximus*）的称号。

如今，大约一个世纪过去了，瓦伦斯在多瑙河上架桥，从下默西亚的马尔恰诺波利斯（Marcianopolis）入侵哥特人的领土。他骚扰哥特人的格鲁森尼（Greuthungi）部落［古代作家也称他们为东哥特人（Ostrogothi）或沙滩哥特人（Austrogoti）］，迫使瑟文吉人［Tervingi，他们的名字可能来自哥特语 *triu*，意思是"树"，也被称为西哥特人（Visi）］的"大法官"（*Iudex*，即皇室家族的首领）阿塔纳里克（Athanaric）逃跑并求和。

实际上，对哥特人打击最大的不是军事上的失败，而是贸易的中断。公元 369 年，在对战争进行了一番成本-收益分析之后，双方准备和谈。阿塔纳里克和东罗马帝国皇帝瓦伦斯在多瑙河中央的船上会面，达成了对罗马非常有利的协议。哥特人只允许在河流的两个渡口从事贸易，哥特酋长不再受到罗马的资助："没有人看到，我们送给蛮族人数不清的金币和银塔兰特，还有满船的纺织品和其他东西，我们已经习惯了忍受这一切，享受和平与安宁，却忘记了这和平与安宁所带来的负担比侵略还要大。我们每年还要向蛮族人纳贡，虽然因为羞耻而拒绝使用这个名称，实际上却不羞于这样做。"[9]

后来哥特人内部爆发了战争，一个名叫弗里提根（Fritigern）的酋长在罗马边境驻军的支持下，向名誉扫地的阿塔纳里克发起挑战。

在与蛮族的关系上，西罗马帝国皇帝瓦伦提尼安一世和他的弟弟完全不同。他有效地抗击了阿勒曼尼人、萨尔马提亚人和日耳曼的夸迪人（Quadi），却因蛮族的"态度问题"而死。公元375年，一些夸迪人的和平使节来向他陈词。起先，他们责备外国土匪的敌对行为，然后，他们却指出罗马人企图在多瑙河对岸修建堡垒是"错误和不合时宜的"。瓦伦提尼安一世怒不可遏："他想要说些什么或是下达命令；他喘着粗气，牙齿咬得咯咯作响，像拳击一样挥舞着手臂。最后，他什么也做不了了。他的身体上布满青紫色的斑点，经过漫长的挣扎，终于咽下了最后一口气。"[10]

蛮族的嚣张气焰竟能够杀死一位罗马皇帝。瓦伦提尼安一世死后，年仅四岁的瓦伦提尼安二世（Valentinian II）继位，在他同父异母的哥哥、未满二十岁的格拉提安（Gratian），法兰克人将军梅洛巴德斯（Merobaudes）和瓦伦提尼安一世野心勃勃的遗孀查士丁娜（Justina）的监护下开始"统治"。格拉提安的势力逐渐强大，很快成为西罗马帝国实际上的统治者，但他的弟弟仍然是名义上的皇帝。

这时候，多瑙河上祸乱纷起。匈人来势汹汹（参见第 23 章的“匈人”）。当时的作家描绘了一幅匈人驱赶着其他民族逃亡的画面，但事实可能并没有这么简单，塔奈斯河（River Tanais，即顿河）与达奈斯特河［River Danastius，即德聂斯特河（Dniester）］之间地区经济状况的改变，可能也是造成民族大迁徙的原因之一。不管怎样，古代文献声称，匈人从大草原向东南方移动，占领了阿兰人（Alani）的地盘[11]，后者也毫不示弱，从高加索以北南下，征服了厄尔曼纳里克（Ermanaric）统治的格鲁森尼王国，并继续穿越塔奈斯河、波里斯提尼河［Borysthenes，即第聂伯河（Dnieper）］和达奈斯特河河谷，击溃了阿塔纳里克的瑟文吉军队。在这个过程中，不同部落为了躲避战火，纷纷向罗马帝国的方向迁徙。梅迪奥兰主教安布罗斯（Bishop Ambrose）在西罗马帝国皇帝瓦伦提尼安一世死后五年左右写道：“匈人扑向阿兰人，阿兰人扑向哥特人，哥特人扑向泰法尔人（Taifals）和萨尔马提亚人。”[12]

这些流离失所的部落开始侵占多瑙河和莱茵河畔的土地。哥特人先前被东罗马帝国皇帝瓦伦斯打败，无力抵抗，当他们受到匈人的大举进攻时，“大部分人”（阿米安·马塞利努斯没有确切说明是哪些人）背弃了阿塔纳里克。在他们的新统治者阿拉维乌斯（Alavivus）和弗里提根的领导下，瑟文吉人逃到多瑙河畔，公元 376 年，他们恳求瓦伦斯在帝国境内为他们提供一块安全的空间。

当时到底有多少人、受到何种程度的威胁，是很难回答的问题。罗马人理所当然地认为瑟文吉人是不计其数的一大群，阿米安·马塞利努斯引用维吉尔的诗句来表明他的观点：

> 如果你想知道他们的数目，就去把撒哈拉沙漠中沙暴卷起的沙粒加起来。[13]

大部分当代学术分析都否认了这种观点，目前猜测的平均数字在一万五千人到两万人之间，包括战士和他们的家属。罗马军队本不认为这是一支不可战胜的大军，而东罗马帝国皇帝瓦伦斯正忙着对抗沙普尔二世领导的萨珊人（参见第 20 章的“沙普尔二世大帝”），他同意了哥特人的请求。从诞生之日起，罗马就欢迎蛮族移民——她的特长之一就是同化外邦人的能力，瓦伦斯希望瑟文吉人提供重要的军事资源、开垦土地、增加税收。于是，他让他们进入色雷斯。罗马人甚至为运送哥特人渡河提供了帮助。

一些当代评论家认为“最好的做法应该是拒绝蛮族入境”[14]。阿米安·马塞利努斯见证了事态后来的发展，但也只能是事后诸葛亮了：“他们小心翼翼，确保那些未来罗马的毁灭者一个都不落下，连病入膏肓的也不例外。”[15]

渡河演变成一场混乱的闹剧，如果说移民应该在河对岸解除武装，那么这项工作根本没有完成。更糟糕的是，罗马指挥官卢庇西努斯和马克西穆斯残酷地对待他们，食物极度短缺，“汇率”已经演变到一条罗马死狗交换一个哥特奴隶。大约在同一时间，格鲁森尼人未经罗马人授权渡过多瑙河，两支哥特人队伍在马尔恰诺波利斯会合，这里正是罗马指挥官的大本营。卢庇西努斯邀请弗里提根和阿拉维乌斯参加一场盛宴，却不允许他们饥饿的人民进城购买食物。双方发生了暴力冲突，罗马人屠杀了弗里提根和阿拉维乌斯的护卫。弗里提根被允许回到他的人民那边安抚他们，但是他迅速“采取各种行动煽动他的人民，将他们引向战争”[16]。

罗马人错失了黄金机会。作为盟邦，哥特人本可以成为瓦伦斯重要的力量源泉，但是作为敌人，他们的破坏力是惊人的。哥特人重拾典型的蛮族行为：他们烧杀抢掠，战胜了卢庇西努斯，罗马军队中的哥特人支队也来增援他们。他们蹂躏了罗马的巴尔干（Balkan）行省，然后一度被困在巴尔干山脉以北，但是公元 377 年，他们在萨利西斯［Ad Salices，意为"靠近柳树的地方"，今多布罗加（Dobruja）］将大车结成车阵，击退了罗马人的进攻。在一些匈人和阿兰人的帮助下，他们再次突围，破坏性的风暴卷土重来，"就好像复仇女神在推动着一切似的"[17]。

瓦伦斯必须反击，而且他需要帮助。他向格拉提安求援，自己率领他的野战军从与萨珊国王沙普尔二世的战争中抽身，向西前往阿德里安堡［Adrianople，有时候也称哈德良堡（Hadrianople），今土耳其的埃迪尔内（Edirne）］。来到阿德里安堡之后，他才发现事情的真相：哥特人远比他以为的多得多。不过，他还是决定不等格拉提安到达就开战。弗里提根与瓦伦斯同样信仰基督教阿里乌教派[18]，在开战之前，他派出一个由神父带领的使团，提出用允许哥特人居住在色雷斯来换取和平。未来几十年，"忠诚换土地"都将成为哥特人的魔咒，但是罗马人的回答一如既往，那就是斩钉截铁的拒绝。

瓦伦斯是未来两个世纪里最后一位亲自率领军队参战的罗马皇帝。公元 378 年 8 月一个艳阳高照的日子，他的部队行军 8 罗里来到敌人的阵地。弗里提根的战士在周围的乡村放火，按惯例将他们的大车围成一圈，并且发出可怕的怒吼。瓦伦斯又一次拒绝了哥特人的和平协议，因为他觉得使节的级别不够高，这种拖延却对弗里提根有利。他在等待格鲁森尼酋长阿拉瑟乌斯（Alatheus）和萨弗里克斯（Saphrax）的增援。于是，他又派出另一名使节，提议交换人质和与瓦伦斯私下谈判。这似乎是一个合理的建议，但是正当罗马使者前往哥特人的壁垒时，命运之神插手了。

一些罗马士兵未经授权便发起进攻。弗里提根的哥特人得到阿拉瑟乌斯和萨弗里克斯以及一些阿兰人的援助，骑兵发起了猛烈的冲锋。罗马人列阵迎敌，双方正面交手。罗马人的左翼将哥特人赶回他们的车阵中，但是陷入孤立无援的境地，阵形“像破裂的堤坝一样崩溃了”。罗马步兵被挤压在一起，无法有效地挥舞他们的长剑，扬起的尘土遮天蔽日，没有人能看到或躲避投来的标枪。哥特人抢夺了罗马人的辎重。最后，罗马人无法组织起有序的撤退。

阿米安·马塞利努斯说，这是自600年前的坎尼战役以来，罗马历史上最惨重的军事失败。弗里提根成了北方的汉尼拔。罗马军队的伤亡估计在一万到两万人之间，东罗马帝国皇帝瓦伦斯的尸体一直没有找到。关于他的死众说纷纭。一种说法是他被冷箭射死，另一种说法是他没有当场死亡，而是被带到一座设防的农舍，哥特人包围了农舍，烧死了里面所有的人。[19]

哥特人继续放纵地大肆劫掠。他们占领了色雷斯和伊利里库姆，在罗马帝国的东西两部分之间撕开一道裂口，但他们对阿德里安堡和君士坦丁堡的进攻被击退了。君士坦丁堡强大的防御工事和壮丽的城市景观令哥特人叹为观止，罗马盟军的残暴同样令他们惊骇万分：一个撒拉森人只穿着一块缠腰布，一头冲入哥特军队阵中，撕开了一个人的喉咙，把嘴唇凑到伤口上吸吮喷涌而出的血液。连罗马的蛮族敌人都为这样的野蛮行径感到胆寒。

土地换和平

阿米安・马塞利努斯在他著作的末尾写到，为了保护东部行省，已经加入罗马军队的哥特人被大量屠杀。从那以后，由于缺少可靠的文献，要拼凑出事件的全貌变得非常困难，但是，显然格拉提安对阿德里安堡的灾难做出了果断的反应。如果说这次惨败是罗马帝国的坎尼战役，那么帝国需要一个当代的西庇阿。格拉提安选择由最近去世的狄奥多西伯爵（参见本章的“不列颠的‘蛮族阴谋’”）的儿子狄奥多西一世（Theodosius I）来扮演这个角色。公元 379 年 1 月 19 日，狄奥多西一世成为共治皇帝，掌管东罗马帝国，以及达契亚和马其顿管区（*dioceses*）；瓦伦提尼安二世仍然是西罗马帝国名义上的皇帝。同年，萨珊国王沙普尔二世去世，波斯局势不稳，减轻了狄奥多西一世的负担，使他可以集中精力对付哥特人。这时候，哥特人已经占领了整个色雷斯，入侵希腊，摧毁了潘诺尼亚。公元 380 年，格拉提安最终同意让他们中的一些人在空置的土地上定居，由他们自己的首领管理。

公元 381 年初，阿塔纳里克去世，形势又变得对罗马有利起来，格拉提安的蛮族将军法兰克人保托（Bauto）和阿波加斯特（Arbogastes）将哥特人赶出了马其顿和色萨利。公元 382 年 9 月，伊利里库姆被肃清，为 10 月达成协议铺平了道路。公元 383 年初，狄奥多西一世皇帝庆祝了胜利，哲学家提米斯提乌斯（Themistius）在皇帝座前发表了题为《感恩和平》的演讲：

> 我们看到他们的首领和酋长并没有摆出投降的卑贱姿态，而是交出一直赋予他们力量的武器和刀剑，抱住（狄奥多西一世皇帝的）膝盖……现在，他们的罪行还令人记忆犹新，但是在不远的将来，我们将看到他们参与我们的宗教仪式，参加我们的宴会，与我们一起在军队服役，与我们一起纳税。[20]

这是非常乐观的估计。罗马人知道他们只是以微弱优势赢得了一场艰苦的战争，多瑙河的防御仍然十分脆弱。所以，在这个时候，他们准备给瑟文吉人土地，以换取和平。狄奥多西一世皇帝与格拉提安（后者死于公元 383 年年底）允许他们和一些格鲁森尼人作为一个群体，在帝国境内多瑙河沿岸的色雷斯和滨河达契亚（Dacia Ripensis）行省定居。提米斯提乌斯又将这一事件描绘成一场伟大的胜利，并将这些蛮族与汉尼拔相提并论：

> 你（狄奥多西一世）没有消灭那些伤害我们的人，而是将他们拉拢过来。你没有夺走他们的土地来惩罚他们，而是为我们赢得了更多的农民。你没有像屠杀野兽一样屠杀他们，而是驱除了他们身上的野性，就像有人用陷阱捕获了一头狮子或豹子，却不杀死它，而是驯化它像驮畜一样为人类劳动。这些比汉尼拔还难对付的口中喷火的蛮族，现在都站在我们这一边了。他们把人民和武器都托付给我们，无论皇帝想让他们当农民还是士兵，都会温顺地服从。[21]

这本来应该是一个双赢的局面，但是还不到三十年，哥特人就做了汉尼拔显然没有做到的事：洗劫罗马。

第22章

哥特人阿拉里克：洗劫罗马

（西）哥特人阿拉里克的崛起

在东罗马帝国，狄奥多西一世的下一场战斗是精神层面的，主要对手是他的宿敌梅迪奥兰主教安布罗斯，不过哥特人也是重要的参与者。公元390年，一个著名赛车手被指控强奸同性，驻扎在帖撒洛尼卡的驻军指挥官哥特人布特里克（Butheric）囚禁了这名车手。这件事情引起了骚乱，布特里克被杀，据历史学家狄奥多勒（Theodoret）所说，为了报复，狄奥多西一世的哥特人军队像收割麦穗一样杀死了七千人。[1]罗马与蛮族之间的关系不是简单的二元对立，在这一时期表现得愈发明显[2]：东罗马帝国的皇帝竟然命令哥特人屠杀罗马市民。为了这件事，安布罗斯拒绝让狄奥多西一世领取圣餐，直到他完成了八个月的苦修，即著名的米兰苦修（Penance of Milan）。

公元392年，西罗马帝国皇帝瓦伦提尼安二世被发现吊死在维恩那的宫中，弗拉维乌斯·尤金尼乌斯（Flavius Eugenius）企图篡夺王位，狄奥多西一世调动大批哥特人去对抗尤金尼乌斯。阿波加斯特宣布瓦伦提尼安二世的死是自杀。无论真相如何，狄奥多西一世都决定让他的次子霍诺留（Honorius）与他共治，并调动一支强大的军队，于公元394年消灭了尤金尼乌斯。

狄奥多西与一些哥特部落结成联盟（*foederati*），罗马为这些部落提供资助，作为回报，部落提供战士为罗马军队作战。在联盟中，有一个名叫阿拉里克（Alaric）的年轻的瑟文吉战士，他的名字在他的母语中是“万物之主”的意思。他是基督徒，能力超群，忠诚勇敢，血统高贵。阿拉里克是一个“神秘人物”[3]。他出生于约公元370年，克劳狄安说他来自位于今罗马尼亚的多瑙河三角洲的佩斯岛（Peuce Island）。我们对他的早年经历知之甚少，只知道他娶了哥特首领阿陶尔夫（Ataulf）的姐姐。他肯定担任过罗马的官职，具体职位不详。公元394年9月5日，两军在冷河［River Frigidus，今斯洛文尼亚的维帕瓦（Vipava）］交战时他也在场。

双方都清楚地表明了自己的宗教信仰：西罗马帝国的篡位者尤金尼乌斯竖起了一尊朱庇特的雕像，旗帜上描绘着赫拉克勒斯的形象；东罗马帝国的皇帝狄奥多西则打出了基督教的拉布兰旗（*labarum*）：

一根高高的长杆被用黄金的薄板包裹起来，杆上横架着一

> 根短棒，因而构成了一个十字架形状。在顶端，系着一个用宝石和黄金编织而成的花冠。花冠中有两个字母，是“基督”这一名字开头的两个字母 X（chi）与 P（rho），这两个字母的中间交叉在一起，它们构成救主名称的组合文字。后来，皇帝还把这些字母镌刻在自己的头盔上。与长杆相交的短棒上，悬挂着一幅织物，这是铺满了宝石的皇室挂毡，该挂毡闪闪发光，因为它被织入了许多金片，因而看到它的人会不由自主地产生出一种难以言状的美感。这幅军旗被系在短棒上，其长度和宽度相同。那根直立的长杆，从最低的一端向上延伸得很高，旗帜下面的一段较长；在十字架饰物之下、在所描述的挂毡的顶端附近的长杆上，挂着这位被上帝所爱的皇帝的及肩头像，以及他的儿子们的头像。[4]

这场战斗持续了两天，这在古代战争中是不多见的。据说，第一天夜晚，狄奥多西一世祈祷降下一场暴风雨，而他的祈祷应验了：“狂风如此猛烈，将敌人投掷过来的武器都吹回到他们自己身上。裹挟着如此巨大力量的狂风经久不歇，让敌人所有的标枪都无功而返，敌人的精神崩溃了，或者说是被神圣的力量摧毁了。”[5]

尤金尼乌斯被俘虏并处决，阿波加斯特逃走后自杀了。据报告，狄奥多西一世的哥特盟邦伤亡有一万人，一些评论者似乎还为此感到高兴：“这一次也不例外，内战的战火被扑灭了……不考虑那一万哥特人，据说他们是被狄奥多西派到前方、被阿波加斯特杀死的。毫无疑问，这种损失实际上是一种收获，他们的失败实际上也是一种胜利。”[6]

但是，东罗马帝国的皇帝没有时间享受胜利的果实：公元 395 年

1 月，他在梅迪奥兰去世，当时的历史学家恩纳皮乌斯（Eunapius）对局势做出了如下判断：

> 根据记载，狄奥多西的儿子们继承了皇位［不到 20 岁的阿尔卡狄乌斯（Arcadius）在君士坦丁堡出任东罗马帝国的皇帝；11 岁的霍诺留在梅迪奥兰出任西罗马帝国的皇帝］。但是，说到更真实的情况（归根结底，历史探究的目的是揭露真相），他们只是名义上的皇帝，实际上，东部的大权掌握在（禁卫军长官）弗拉维乌斯·鲁菲努斯（Flavius Rufinus）手里，西部的大权掌握在（一半汪达尔血统的将军）弗拉维乌斯·斯提利科（Flavius Stilicho）手里。[7]

鲁菲努斯出生于高卢的亚奎丹（Aquitaine）。他生于约公元 335 年，是一个狡诈、贪婪、野心勃勃而不择手段的人，他是基督徒，不会说希腊语。来自亚历山大的希腊诗人和辩士克劳狄安写过一首题为《反鲁菲努斯》（*Against Rufinus*）的讽刺诗，我们对鲁菲努斯的印象可能就来源于此。但克劳狄安是斯提利科的人，所以这种印象很可能是扭曲的。斯提利科（出生于公元 365 年）的母亲是一个行省出身的罗马妇女，父亲是一个在罗马军队中服役的汪达尔骑兵军官。他自认为是罗马人，而不是蛮族。他在狄奥多西一世手下一路擢升，参与了对沙普尔三世（公元 383 年—388 年在位）的一次成功的出使行动，娶了狄奥多西一世宠爱的侄女塞妮娜（Serena）为妻。他与鲁菲努斯之间的仇恨很深。他领导狄奥多西的军队在冷河战役中获胜，公元 393 年左右升任大元帅。狄奥多西一世死后，斯提利科宣布东罗马帝国皇帝的遗愿是让他摄政，辅佐西部的霍诺留和东部的阿尔卡狄乌斯两位皇帝。东罗马帝国的宫廷显然不能接受这种方案，而斯提利科不可避免地要与年轻气盛的哥特首领阿拉里克针锋相对。

在权力交接带来的人事变动中，阿拉里克没有得到想要的高级指挥权，十分失望。于是，他利用了在冷河战役中受到不公正待遇的哥特战士的不满：

> 在喜爱和平、亲善哥特民族的狄奥多西逝世之后，他的儿子们开始用自己豪华的生活方式毁灭他们的帝国，还剥夺了赠予他们的盟友——哥特人——的习惯性礼物。在这种情况下，哥特人对罗马人的厌倦开始增加。因为担心长期的和平会消磨掉自己的勇气，他们推举了阿拉里克为哥特国王。此人拥有的高贵出身仅次于阿马尔（Amali）家族，因为他是巴尔特（Balthi）家族的成员。"巴尔特"这个名字来自他们在战场上的勇猛作风，哥特语中的"巴尔塔"（*Baltha*）就是"勇猛"的意思。当这位阿拉里克被选为国王后，他把自己的部下召集起来商谈，并向他们提议说，与其作为外国盟友在他人手下享受和平，还不如用自己的努力来开拓疆土。[8]

阿拉里克何时成为哥特国王，甚至于他究竟是不是哥特国王，都是一个很难回答的问题。罗马文献称他为"国王"（*rex*），不过是在他生涯的不同阶段；希腊文献称他为"部落酋长"（*phylarkhos*）、"首领"（*hegemon*）和"僭主"（*tyrannos*）；还有一些文献没有给他任何头衔。要明确他的军队的性质、他们的活动和诉求同样困难，不过当时最重要的是，他们都被视为"哥特人"。近现代作品通常称他为"西哥特人阿拉里克"，但是"西哥特人"这个名称在《百官志》之前还没有出现。这部文献诞生于公元 400 年（前后误差 25 年)，原件已经佚失，只有中世纪的抄本存世。

无论他的官方地位是什么，阿拉里克率领哥特人进入色雷斯和马其顿，制造了浩劫，并威胁到君士坦丁堡。鲁菲努斯可能尝试过收买他，并通知斯提利科，让他把冷河战役期间西行的部队调回东方的大本营。斯提利科派野战军统帅、哥特人盖纳斯（Gaïnas）率军前往君士坦丁堡。但是盖纳斯可能得到了秘密指令："于是皇帝(阿尔卡狄乌斯）被说动了。他在禁卫军长官鲁菲努斯的跟随下出了城，前去接见士兵们。当他们俯下身，接受来自皇帝的隆重欢迎之时，盖纳斯放出了信号，士兵们随即就把鲁菲努斯包围了，并用剑朝他击了过去。其中一人砍下了他的右手，另一人砍下了左手，与此同时还有一个人在砍下他的脑袋后唱着胜利的欢歌离去了。"[9]

这次事件的主要受益者不是半汪达尔血统的斯提利科，而是一个名叫尤特罗庇乌斯（Eutropius）的宦官，他是东罗马帝国皇帝阿尔卡狄乌斯的宫廷总管（*Praepositus Sacri Cubiculi*），权势之大使他成为一个奇怪的榜样："甚至某些已经成年的男子也渴望成为宦官，宁可失去他们的睾丸和感官，也想成为尤特罗庇乌斯。"[10]

克劳狄安在一首题为《反尤特罗庇乌斯》(*Against Eutropius*)的长诗中将尤特罗庇乌斯骂得体无完肤[11]，但是这个宦官成了君士坦丁堡的实权人物。盖纳斯成为色雷斯的大元帅。阿拉里克没有足够的资源夺取君士坦丁堡，因此，他将目标转向相对虚弱的希腊(公元 395 年—396 年)，洗劫了雅典。没有人知道他到底造成了多大的破坏，有人说雅典卫城的多神教雕塑都遭到了一定程度的损毁；不过有一座后来被认定为帕台农神庙"北 32 号排档间饰"的雕塑得以幸免，这尊雕塑描绘的是长翅膀的女神赫柏（Hebe)① 与

① 古希腊神话中的青春女神。

坐着的赫拉（Hera）交谈，信仰基督教的哥特人误以为这是圣母领报（Annunciation）[①] 的情景。斯提利科出兵伯罗奔尼撒，想趁机使其脱离东罗马帝国，但是阿拉里克打败了他，然后前往伊利里库姆。大约在这个时候，尤特罗庇乌斯授予阿拉里克伊利里库姆大元帅（*Magister Militum per Illyricum*）的头衔。

斯提利科被尤特罗庇乌斯宣布为公敌，据说他沉迷于奢靡享乐、喜剧演员和荡妇淫娃，但更令他挂怀的，还是阿非利加的动乱威胁到意大利的粮食供应，以及海上的蛮族入侵不列颠。这两个问题都得到了有效的解决。克劳狄安还告诉我们，公元 399 年，东罗马帝国任命蛮族出身的哥特人阿拉里克为两军大元帅（*Magister Utriusque Militiae*），统领步兵和骑兵，使他能够通过合法的军事渠道获得重要的物资供应。但是好景不长：匈人入侵小亚细亚，直接导致尤特罗庇乌斯被处死；盖纳斯试图夺取君士坦丁堡失败，自己也被杀，君士坦丁堡人屠杀了七千名哥特士兵；反对哥特人的情绪高涨，阿拉里克受到牵连，丢掉了他的军事指挥权。

阿拉里克失去了为士兵提供军饷的官方来源，公元 401 年年底，他入侵意大利，打了斯提利科一个措手不及。在雷提亚，另一位独立的哥特首领拉达盖苏斯（Radagaisus）进犯帝国边境，半汪达尔人原本正忙于处理那边的问题。霍诺留皇帝和西罗马帝国的宫廷迁至比梅迪奥兰防卫更加森严的拉文纳。公元 402 年复活节那天，斯提利科在波勒提亚［Pollentia，今波伦佐（Pollenzo）］进行的战斗中拦截了阿拉里克，俘虏了他的妻子和家人，几个月后又在维罗纳（Verona）再次打败了他。不过，斯提利科并不想彻底摧毁

① 天使加百列向圣母玛利亚告知她将受圣神降孕而诞下圣子耶稣。

阿拉里克，相反，他可能送还了阿拉里克的家人，让哥特人撤退到潘诺尼亚，实际上开始将哥特人变成他的盟军。

大入侵

在接下来的几年里，阿拉里克从我们的文献中消失了，但是其他哥特蛮族仍然占据了罗马人的注意力。拉达盖苏斯很快重新出现，同时代的作家说他率领一支骇人的大军，有二十万人之众，甚至是这个数字的两倍。他可能受到匈人的威胁，或者想到罗马的边境内寻求安定，或者想通过军事上的成功来巩固自己在蛮族中的地位。但是他的希望落了空：斯提利科派出了罗马野战军的三十个军团，加上匈人和阿兰人盟军，将他包围在菲耶索莱［Fiesole，今佛罗伦萨附近］的山中。公元 406 年 8 月 23 日，拉达盖苏斯被俘虏并处决。经过挑选，大约有一万两千名拉达盖苏斯的战士被召入罗马军队，其他人被卖为奴隶，人数之多使意大利的奴隶价格一落千丈。

哥特人的叛变并不是当时罗马唯一的问题。公元 405 年或 406 年新年前夜［关于这一日期存在争议，一些权威说法给出的日期是公元 406 年；阿基坦的普洛斯帕（Prosper of Aquitaine）的《编年史》(*Chronicle*) 可以有两种解读；佐西莫斯暗示这个日期是公元 405 年 12 月 31 日；奥罗修斯说进攻发生在公元 408 年[12]］，罗马面临着历史学家所谓的“大入侵”(The Great Invasion)。一大群西林（Silingi）和哈斯丁（Hasdingi）部落的汪达尔人［分别来自今波兰的西里西亚（Silesia）和达契亚边境］、日耳曼的苏维汇人和阿兰人渡过莱茵河。爱德华·吉本制造了一个神话，说他们是在河流封冻的时候渡河的，但实际上，并没有古代文献这样记载。法兰克人顽强抵抗，杀死了汪达尔国王，但是没能坚持到底。[13]基督教主教奥伦提乌斯（Orientius）后来写道："整个高卢像一个大火葬堆一样在燃烧。"[14]在不列颠尼亚，可能是因为感觉中央政权弃行省于不顾，军队推举一个名叫弗拉维乌斯·克劳狄·君士坦丁（Flavius Claudius Constantinus）的士兵为皇帝，即君士坦丁三世（Constantine III），但是，很快这就不是一个地方性的问题了。君士坦丁三世效仿同样在不列颠称帝的君士坦丁大帝，决定牺牲实际上已经脱离罗马的不列颠，拯救高卢摆脱蛮族的威胁。

入侵者推进的确切路线尚不清楚，但他们占领了摩根提亚库姆、博尔贝托马古斯［Borbetomagus，今德国的沃尔姆斯（Worms）］、雷米［Remi，今法国的兰斯（Reims）］和特雷维里，然后不列颠野战军介入了。君士坦丁三世占领了高卢大部分地区，随后征服了西班牙。霍诺留皇帝的亲戚狄迪莫斯（Didymus）和瓦伦尼安努斯（Verenianus）想把他赶出西班牙，但是君士坦丁三世的将军格隆提乌斯（Gerontius）战胜了他们，俘虏并处决了这两个人。君士坦丁三世派儿子君士坦斯（Constans）去掌管西班牙。斯提利科一反常态地慢了半拍，他派一个名叫萨鲁斯（Sarus）的哥特军官去阻止君士坦丁三世，事实证明，这个选择是一个严重的错误：萨鲁斯很快就撤回到意大利。君士坦丁三世占领了阿雷拉特［Arelate，今阿尔勒（Arles）］周边地区。后来，霍诺留给君士坦丁三世送去一件皇帝的紫袍，明确承认他为自己的共治皇帝。

这时候，哥特蛮族阿拉里克又出现了。约公元 398 年，斯提利科的女儿玛丽亚（Maria）嫁给了西罗马帝国皇帝霍诺留，公元 407

年，玛丽亚去世，斯提利科陷入了暂时的危机。不过，家庭纽带很快恢复了，霍诺留又娶了玛丽亚的妹妹蒂尔曼提亚（Thermantia）。阿拉里克也从大入侵引起的剧变中看到了新的机遇。他来到诺里库姆，无论君士坦丁三世是否合作，从这里他既可以威胁意大利，也可以封锁阿尔卑斯山通道，拦截对手。占据了这样的有利地位，阿拉里克向罗马索要 4 000 磅黄金来换取哥特人的“服务”，并要求允许他的军队进入潘诺尼亚，在那里建立哥特人的家园。在拉文纳，霍诺留毫不妥协；在罗马，这些黄金要由元老院拿出来，他们当然也投票反对。然而，斯提利科说服他们改变了主意，元老兰帕迪乌斯（Lampadius）在去教堂避难之前，引用西塞罗的名言说：“这不是和平条约而是卖身契。”[15]

让局面更加复杂的是，公元 408 年 5 月 1 日，东罗马帝国皇帝阿尔卡狄乌斯去世，留下霍诺留七岁的侄子狄奥多西二世（Theodosius II）为继承人。斯提利科将东罗马帝国的新局势视为绝佳机会，打算宣示自己在巴尔干地区的权威。因此，他与阿拉里克做了交易：哥特人进攻君士坦丁三世，给半汪达尔人制造机会，掌握东罗马帝国的继承权。然而，斯提利科的计划败露了，霍诺留皇帝的执事官（*Magister Officiorum*）、宦官奥林庇乌斯（Olympius）散播了一个阴谋论，说斯提利科密谋推翻狄奥多西二世，让他自己的儿子尤切里乌斯（Eucherius）取而代之。奥林庇乌斯编造的假消息听起来很可信，因为斯提利科的儿子尤切里乌斯已经与阿尔卡狄乌斯和霍诺留同父异母的妹妹加拉·普拉西狄亚（Galla Placidia）订婚。驻扎在利古里亚的提齐努姆［Ticinum，今帕维亚（Pavia）］的军队上当了。一些斯提利科的支持者被杀，斯提利科自己逃往拉文纳，但是他的哥特军官萨鲁斯叛变，投向了奥林庇乌斯。萨鲁斯趁夜间偷袭，杀死了斯提利科的匈人护卫，半汪达尔人被迫逃到一座教堂里。公元 408 年 8 月 22 日凌晨，奥林庇乌斯的亲信用谎言诱骗斯提利科，承诺只是要逮捕他而不会杀他，斯提利科一走出教堂就被处死了。

阿拉里克：洗劫罗马

反斯提利科的报复开始了。西罗马帝国皇帝霍诺留与斯提利科的女儿蒂尔曼提亚离婚，尤切里乌斯被刺杀。霍诺留的士兵在意大利屠杀了成千上万的蛮族人，包括妇女和儿童，三万名幸存者开始向哥特人阿拉里克寻求保护和复仇。但是，阿拉里克自己处境也很艰难：他没有正式的指挥权，他的合法性岌岌可危，而且他的 4 000 磅黄金也还没到手。所以，他决定进攻罗马。元老院一片恐慌。他们指控斯提利科的遗孀塞妮娜勾结哥特人，要求她的表妹和前养女加拉·普拉西狄亚判处她死刑，普拉西狄亚同意了。

处死塞妮娜于事无补，公元 408 年 10 月，阿拉里克兵临永恒之城。哥特人包围了罗马，并控制了台伯河口的港口。圣杰罗姆讲述了母亲吃掉新生儿的骇人听闻的故事[16]，多神教徒责怪基督徒，说旧神祇享受尊荣时，罗马统治着全世界，基督教却带来了饥荒和瘟疫。霍诺留还在拉文纳，元老院决定议和。但是，他们的使节告诉阿拉里克，虽然罗马准备接受和平，但是也为战争做好了准备，并且不害怕哥特人。阿拉里克提出了更加苛刻的要求："他声称除非自己得到了城里的全部金银，连带可带走的财产还有蛮族奴隶，否则他不会解除包围。有一位使节问道，他如果夺走了这些的话，那把什么留给城里人呢？他答道：‘他们的命。’”[17]

元老院屈服了，阿拉里克提出了新的要求：5 000 磅黄金、3 万磅白银、4 000 件丝绸衣服、3 000 张染成红色的羊皮、3 000 磅胡椒。元老帕拉狄乌斯（Palladius）计算了每名元老需要支付的数额，但是还需要熔化金银神像才能补足差额。其中，勇气之神武尔图斯（*Virtus*）的神像的毁灭特别具有象征意味：“这尊神像被毁之后，罗马人拥有的勇气与美德全都丧失殆尽了。”[18]

这时候，阿拉里克向霍诺留提出条件：如果他批准条约，给他提供土地和人质，哥特人不仅会与罗马和平共处，还会帮助罗马对抗敌人。

霍诺留口头上接受了，阿拉里克天真地相信了他。哥特人下令暂停敌对行动 72 小时，但是人质始终没有送达。元老院派出一个使团前往拉文纳，去劝说霍诺留尊重协议，普利斯库斯·阿塔卢斯（Priscus Attalus）是其中的一员。遗憾的是，在宦官奥林庇乌斯看来，与阿拉里克合作是他的宿敌斯提利科的政策，任何与斯提利科沾边的协议他都反对。因此，霍诺留没有交出人质。相反，他让使节们回去，任命普利斯库斯·阿塔卢斯为他的财政官（*Comes Sacrarum Largitionum*），并从达拉马提亚召集了五个军团，开赴罗马。但是，他们遭到阿拉里克的伏击，派出的六千名士兵中，只有一百人到了罗马，其中包括普利斯库斯·阿塔卢斯。

罗马的元老们已经智穷力竭。他们第二次向霍诺留派出使团，其中包括教宗英诺森一世（Pope Innocent I），普利斯库斯·阿塔卢斯可能也在其中。阿拉里克特别批准了他们的行动，还派出护卫队在旅途中护送他们。这时候，拉文纳的宫廷风雨飘摇，阿拉里克的内弟阿陶尔夫（罗马人称他为 Ataulfus，哥特人称他为 Athavulf，意思是“高贵的狼”）带领哥特援军来到意大利。霍诺留派奥林庇乌斯和三百名匈人先发制人，前去截击阿陶尔夫，虽然匈人制造了一次成功的夜袭，但是他们很快意识到自己的人数太少了。奥林庇乌斯自知时日无多，逃到了达尔马提亚。霍诺留派普利斯库斯·阿塔卢斯回罗马，并任命他为城市长官（*Praefectus Urbi*）。

就在这个时候，拉文纳的罗马驻军叛变了，这座城市在海陆两边都陷入孤立无援的境地。懦弱无能的霍诺留躲了起来，留下一个叫作尤维乌斯（Iovius）的人来收拾残局，尝试与阿拉里克议和。在阿里米努姆［Ariminum，今里米尼（Rimini）］举行的会面中，阿拉里克重申了他对金钱的要求，并要求在伊斯特利亚（Histria）和威尼提亚（Venetia），以及达尔马提亚和两诺里库姆为哥特人提供家园。遗憾的是，尤维乌斯添油加醋地告诉拉文纳宫廷，说阿拉里克还想要原来属于斯提利科的两军大元帅的头衔。宣读拉文纳的回复时，尤维乌斯就在阿拉里克的营帐中：无论如何，霍诺留永远不会把任何荣誉、任何兵权交付给阿拉里克。

尤维乌斯回到拉文纳，承诺永远不与阿拉里克讲和。哥特人的态度则比较灵活：和平和土地仍然是他的优先选择，他提出，哥特人“仅仅想居住在远在多瑙河流域的两诺里库姆，这里不断遭到侵扰而又无多少税收上缴国库。此外，他还仅满足于每年能得到皇帝认为数量合适的谷物，并放弃黄金的索求。由此而建立起他与罗马人之间的友谊和联盟，以对抗每一位拿起武器而同皇帝交战的敌人”[19]。

阿拉里克被邀请到元老院发表演讲。他任命元老普利斯库斯·阿塔卢斯为西罗马帝国的下一任皇帝。公元 409 年 11 月 4 日，新任奥古斯都将国家日常运行管理的责任交给元老院，将军队的控制权交给阿拉里克，任命他为大元帅，任命阿陶尔夫为禁卫骑兵指挥官。普利斯库斯·阿塔卢斯发行的新铸币上，人格化的罗马坐在宝座上，手持站在地球上的胜利女神，旁边的铭文不无讽刺意味："不可征服的永恒罗马。"

谈判还在继续。尤维乌斯代表霍诺留提出，让普利斯库斯·阿塔卢斯成为西罗马帝国的共治皇帝，但是前一年霍诺留给君士坦丁三世送去紫袍，已经承认他为皇帝（参见本章的"大入侵"），三个皇帝共治的解决方案是不现实的。因此，普利斯库斯·阿塔卢斯提出一个方案，让霍诺留退位，但还可以像皇帝一样过完余生。不过，尤维乌斯坚持霍诺留必须象征性地变成残疾人，最有可能的是砍掉右手，因为所有的皇帝在演讲时总是用右手做出象征合法性的手势。这显然是霍诺留不能接受的，正当他在丢掉性命和变成左撇子之间权衡利弊的时候，一支东罗马帝国的舰队抵达拉文纳，从霍诺留的侄子、君士坦丁堡的狄奥多西二世那里给他带来了四千人的军队。尤维乌斯叛变，投靠了普利斯库斯·阿塔卢斯。

霍诺留还在考虑砍掉右手的后果时，他的亲信、强硬派的赫拉克洛纳斯（Heraclianus）切断了从阿非利加到罗马的粮食供应。阿拉里克和尤维乌斯回到永恒之城，元老院紧急召开会议，决定采纳普利斯库斯·阿塔卢斯的建议，派一支罗马军队，而不是哥特军队前往阿非利加。阿拉里克非常生气。但是远征军被击败了。即使阿拉里克有过幸灾乐祸的情绪，在看到罗马人请求将吃人合法化时，也笑不出来了。这些人恳求道："快给人肉定个价吧！"[20]

阿拉里克和霍诺留最终达成协议，终止敌对行动，他们在拉文纳城外会面，阿拉里克的下属取下普利斯库斯·阿塔卢斯身上的皇室徽记，将它们交给霍诺留。和平本应降临，但是还有其他人不希望如此，其中之一就是背叛了斯提利科的哥特人萨鲁斯。他憎恨他的哥特同胞阿拉里克，就在谈判即将结束时，他率领三百名战士袭击了阿拉里克的营地。阿拉里克以为霍诺留是幕后主使，到头来，他为哥特人寻找家园的梦想还是变成了一场外交噩梦，他决定摧毁罗马。

大约一百年前，基督教作家拉克坦提乌斯[21]写道："世界的崩溃和毁灭即将来临，但是只要罗马城屹立不倒，一切似乎都不足为惧。但是当世界之都陷落时……谁能怀疑人类和整个世界的末日已经到来呢？"[22]

现在，他最大的恐惧变成了现实。公元 410 年 8 月 24 日，阿拉里克的哥特人进入永恒之城。据普洛科皮乌斯所述，要么是阿拉里克的三百名最好的战士乔装成奴隶潜入罗马城，打开了萨拉里亚门（Salarian gate），要么是一个名叫普罗巴（Proba）的贵妇因为同情城内的饥民放他们进来的。在多神教徒看来，罗马的陷落显然是因为抛弃了旧神，旧神反过来也抛弃了罗马，但是对基督徒来说，事情就麻烦了：罗马现在是一座基督教城市，那么当她被洗劫时，上帝在哪里？更重要的是，罗马还是被基督徒洗劫的。一些基督教文献提出，阿拉里克的哥特人是以一种温和的方式洗劫罗马的：上帝授权他们占领这座城市，哥特人是在执行上帝的意志，他们显然遵守了上帝的律法。同时代的基督教历史学家奥罗修斯将皇宫、奥古斯都和哈德良陵墓的毁坏归因于雷电，而不是哥特人的暴力。[23]还有其他传说，比如阿拉里克下令所有在教堂中避难的人都能得到赦免。有一个老修女拥有使徒彼得的圣器，人们成群结队簇拥着她，唱着歌颂彼得的圣歌，仁慈的哥特人保护着他们，最后演变成一场罗马人和哥特人的盛大狂欢。而耄耋老人玛塞拉（Marcella）的故事可能更接近现实。她继承了一笔财富，将其中大部分拿出来，建立了可能是罗马教会史上第一座女修道院。圣杰罗姆当时正在罗马，他在写给玛塞拉的年轻学生普林西皮娅（Principia）的一封信中生动地描述了当时的恐怖情景：

> 他们说，（哥特）士兵冲进玛塞拉的房子，让她交出藏起来的金银财宝，她指着自己破旧的外衣，表示她是个穷人。但是他们不相信她真的选择了贫穷的道路。他们说，即使她被棍棒和鞭子殴打，也不感觉疼痛，而是脸朝下趴在他们面前，哭着求他们不要把你，普林西皮娅，从她身边带走，你还年轻，可能遭遇她的年龄已经不再需要害怕的暴行。基督软化了他们的铁石心肠，在沾满血污的凶器当中，虔诚找到了一席之地。蛮族人将你和玛塞拉送到保罗的圣殿，那里可能是你们的避难所，也可能是你们的坟墓。[24]

玛塞拉死了，她只是暴行的无数受害者之一。圣奥古斯丁（St Augustine）写到，罗马人被以“各种残忍、可怕的方式”处死[25]，尸体被丢弃在街头，纵火、抢劫、强奸、奴役和人口贩卖轮番上演。圣杰罗姆描述了赫拉克洛纳斯的行为：“对他来说，再没有什么比美酒和金钱更甜美的了。他声称侍奉最温驯谦恭的皇帝（霍诺留），自己却是最残忍的暴君……‘他从母亲怀中抢走已经许配人家的女儿’，把贵族少女卖给人类当中最贪婪的叙利亚商人做妻子。”[26]

这不仅是蛮族人与罗马人的战争，也不仅是多神教与基督教的战争，还有不少罗马居民趁乱解决了个人恩怨。总而言之，这是如同天启一般的事件。圣杰罗姆总结道：“罗马在征服全世界之后崛起，谁能相信她竟会陷落，一夜之间成为她的人民的坟墓？”[27]

然而阿拉里克在政治上几乎一无所获。哥特蛮族在罗马只待了三天就继续前进。如果来自阿非利加的粮食供应到不了罗马，他就到阿非利加去把粮食拿过来。他南下进入坎帕尼亚，又继续南下到雷吉乌姆，但是恶劣的天气阻止了他前往西西里。后来阿拉里克病得很重，他的追随者把他放在一辆大车里送回北方。公元 411 年初，他在布鲁提乌姆［Bruttium，今卡拉布里亚（Calabria）］的康森提亚（Consentia）去世。

> 衷心爱戴他的属民对他的逝世感到极度悲哀，他们让流经康森提亚城附近的布森提努斯河（River Busentus）改道——这条河里从山上流向城市的水十分有益于健康，然后命令俘虏们在干涸的河床上挖出一个墓穴，再将河水改回原道。为了不让后人发现这个地点，他们处死了所有参加挖掘坟墓工作的人。[28]

2017 年 10 月 18 日，专业搜寻公司梅林·伯罗斯（Merlin Burrows）宣布，他们“发现了阿拉里克一世国王的坟墓和失落的宝藏的确切位置……将神话传说变成了现实”[29]。现在，学术界正在等待这些发现在同行评议期刊上公开发表。

第 23 章

匈人阿提拉：生而震撼世界

匈 人

公元 4 世纪最后 25 年里，迫使哥特人和其他蛮族部落在罗马帝国境内寻求保护的突发事件，在很大程度上是由“野蛮本性令世人无法想象”[1] 的匈人造成的。匈人的起源很难确定，现代文献通常说他们来自今哈萨克斯坦附近，但是在罗马世界，人们看到的是一幅更加可怕的画面：

> 关于他们的起源，我们从古代资料里得到的解释是这样的：哥特国王菲利梅尔（Filimer）……在自己的部落中发现了一些巫婆。他怀疑这些在哥特语中叫作“哈里卢巫”（Hali-

urunnae）的女人是敌对势力派来的奸细，于是就下令把她们赶到离自己的队伍很远的荒野中去游荡。当这些巫婆慌不择路地闯入荒漠深处时，被那里不洁净的鬼怪看见了。他们搂住这些巫婆，并与她们交配，那个野蛮至极的民族就这样诞生了。这个奇丑无比、不堪入目、个头矮小、长相全然不似人类，除了一些乍听上去有些像人类语言的嘀嘀咕咕之外，什么声音都发不出来的民族，从此开始居住在沼泽地里。如此起源的匈人，后来逐渐接近了哥特人的国家。这个野蛮的部落……除了狩猎以外，什么都不会做。在他们成长为一个民族之后，就屡屡用盗窃和诡计扰乱附近民族的和平生活。[2]

阿米安·马塞利努斯的描述为后世定义了匈人的形象：

从一出生，他们就在孩子的脸颊上弄出很深的伤口，这样一来，等到长毛发的时候，这些扭曲的疤痕处便不会长出毛发来……他们身材矮胖、四肢发达、脖子粗壮、长相丑陋、面目扭曲，以至于他们像是两条腿的动物，或者用树桩粗糙地雕刻出来的人形，就像桥栏杆上的护界神那样……他们吃野生植物的根和半生不熟的死动物，把它们夹在大腿之间或者放在马背上来加热……他们穿亚麻或者田鼠皮缝制的衣服；一旦穿上一件破衬衫，直到腐烂都不会脱下来换……他们头上戴着用兽皮做成的圆帽，毛发浓密的腿上裹着山羊皮……他们几乎长在马背上，既强悍又畸形……无论白天还是夜晚，吃饭还是做买卖，他们都不离开马背，连睡觉都趴在瘦长的马脖子上……他们完全没有是非观念，他们的语言含糊不清，而且不受任何宗教或迷信的约束。[3]

他们的“大规模杀伤性武器”是可怕的复合弓，疯狂的作战方式更是令人闻风丧胆：

> 他们轻装上阵，行动迅捷，神出鬼没，他们会突然散开，四面冲杀……他们能够从极远的距离发射箭矢，用非凡的技巧将尖锐的碎骨固定在箭杆上，代替普通的箭头。他们在近战中没有丝毫恐惧，完全将生死置之度外；当敌人忙着躲避刀剑的攻击时，他们用布编的套索套住他们，使他们的四肢被牢牢缠住，既不能走路也不能骑马。[4]

我们又一次看到了罗马人对蛮族人的刻板印象。一个民族距离地中海越远，在罗马人心目中就越陌生、越野蛮：东北方向上是维蒂尼人（Vidini）和格罗尼人（Geloni），他们用死去的敌人的人皮做衣服；阿伽杜尔索伊人（Agathyrsi）把身体染成蓝色；梅兰切来内人（“黑衣族”）和安德罗普帕格人（Anthropophagoi，“食人族”）同类相食；亚马孙人（Amazons）是一个女战士的民族；在所有的蛮族中，最“野蛮”的就是匈人。[5]

尽管有这么多的恐惧和偏见，但是罗马人与匈人的关系一度还不错，也将匈人召入自己的军队中。正如罗马与其他蛮族的关系一样，罗马与匈人之间也不是简单的二元对立。到罗马帝国晚期，与罗马人和蛮族之间的战争相比，蛮族和蛮族之间的战争一点也不少。

匈人阿提拉

公元5世纪初，多瑙河北岸某处，阿提拉（Attila）出生在一个强大的匈人家族："这位阿提拉是蒙德祖克（Mundiuch）的儿子，其兄弟奥克塔（Octar）和卢阿（Ruas）曾经在阿提拉之前当过国王（公元 5 世纪 20 年代到 30 年代初），但并不控制阿提拉后来统治的所有领土。在他们死后（公元 434 年），阿提拉和他的哥哥布勒达（Bleda）继承了统治权。"[6]

约达尼斯简要描写了他的性格和外貌：

> 他天生就是一个要来震撼全世界的人。用一种无法解释的方法，他让所有的国家都陷入了对他可怕传说的恐惧之中。他走路的姿势十分傲慢，眼神总是游移不定地向两旁扫动，以此使他勇猛的精神力量也体现在他的身体运动中来。他是一个特别喜爱战争的人，为人却比较内向；明智而周全的思考能力是他的优点。对别人的请求，他从不生硬地加以拒绝；对于那些第一次被征服的民族，他表现得十分仁慈。他个头比较矮，肩膀比较宽，脑袋很大，眼睛很小。他长着稀疏的、夹杂着灰色的胡须，扁平的鼻子，肤色很深，这是他出身的标记。[7]

这时候，匈人帝国的领土包括从莱茵河到东方的萨珊帝国边境，卢阿曾经是东罗马帝国皇帝狄奥多西二世（公元 408 年—450 年在位）的眼中钉，他向罗马索要贡税，如果得不到慷慨的馈赠，就威胁巴尔干和色雷斯。可以想见，和平的代价越来越高：公元 422 年，支付给卢阿的金额是每年 350 磅黄金，但是阿提拉和布勒达第一次已知的行动就是重新谈判，在马古斯［Margus，今塞尔维亚的波扎雷瓦茨（Požarevac）］签订的协议将这一金额提高了 100%。到公元 447 年，这个数字已经增加到 2 100 磅黄金，不过在狄奥多西二世看来仍然是值得的：

> 罗马人对阿提拉像对主人一样唯命是从。他们不仅小心翼翼地不敢与阿提拉开战，而且担心波斯人正在为战争做准备，汪达尔人扰乱海上的和平，伊索里亚人想趁火打劫，撒拉森人频繁入侵东罗马帝国，埃塞俄比亚部落正处于叛乱之中。因为这些原因，他们放下自尊，忍气吞声，服从阿提拉，同时集结军队，任命指挥官，准备采取军事行动对抗其他敌人。[8]

在帝国的西半部，阿拉里克洗劫罗马后，战争此起彼伏，匈人很愿意跟罗马人并肩作战。罗马将军弗拉维乌斯·埃提乌斯（Flavius Aetius）的大部分青年时代都是作为人质度过的，先是在哥特人阿拉里克那里，然后被送到匈人营中。公元 423 年，他本想支持公证人约翰（John the Notary）取代年仅四岁的瓦伦提尼安三世（Valentinian III），成为西罗马帝国的皇帝，据说他为此组织了一支六万人的匈人大军。但是约翰被出卖并斩首，弗拉维乌斯·埃提乌斯说服匈人回到多瑙河对岸，自己求得了原谅。他转换阵营，在公元 5 世纪 20 年代剩下的日子里为罗马作战，在高卢成功地击败了一些难缠的哥特人和法兰克人。公元 430 年，老谋深算的埃提乌斯当上了两军大元帅。公元 432 年，他与一个名叫卜尼法斯（Bonifacius，关于他此前的生平，参见第 24 章的“进入罗马帝国”）的罗马指挥官在阿里米努姆附近决战。卜尼法斯虽然赢得了胜利，但是身受重伤，不久就不治身亡。弗拉维乌斯·埃提乌斯用另一支可怕的匈人军队铲除了卜尼法斯的女婿塞巴斯蒂安（Sebastian）的势力，完全控制了瓦伦提尼安三世，成为西罗马帝国有实无名的皇帝。可以说，是匈人把他扶上皇位的。

作为实际上的皇帝，弗拉维乌斯·埃提乌斯为控制局势进行了艰苦的战斗，蛮族入侵已经威胁到罗马的生死存亡：不列颠尼亚孤立无援，皮克特人、盎格鲁人（Angles）、撒克逊人和朱特人（Jutes）轮番进攻，著名的“布立吞人向三次当选执政官的埃吉提乌斯（Agitius）的请愿”（*gemitus Britannorum Agitio ter consuli*）中可能也提到了弗拉维乌斯·埃提乌斯，因为通常认为“埃吉提乌斯”就是“埃提乌斯”[9]。布立吞人哭告说：“蛮族把我们赶往海洋，海洋又把我们赶回蛮族那边。我们要么被屠杀，要么被淹死，无论怎样都是死。”[10]

除此以外，莱茵河边境崩溃；高卢北部已经不在罗马的统治之下；第二阿基坦（Aquitania II）和诺文博普拉纳（Novempopulana）的哥特人可能反叛；在西班牙，苏维汇人的王国与定居在加龙河（Garonne）一带、狄奥多里克一世领导下的西哥特人结盟；汪达尔人正式控制了努米底亚和毛里塔尼亚。理论上，罗马仍然有一支强大的正规军，但是，如果弗拉维乌斯·埃提乌斯想要实现他恢复西罗马帝国荣光的宏图大计，就需要利用来自帝国外部的蛮族盟军来增强军队的力量。

在高卢，通过与匈人结盟，弗拉维乌斯·埃提乌斯于公元 346 年从哥特人手中收复了阿雷拉特和纳尔榜［Narbo，今法国的纳博讷（Narbonne）］，将一些法兰克人部落赶到莱茵河对岸（或者与他们结成联盟），彻底铲除了莱茵河中游冈迪加国王（King Gundigar）统治下的勃艮第王国，这段历史后来成为史诗《尼伯龙根之歌》的原型。他还在高卢制服了一些反叛的当地首领，拉文纳政府称他们为巴高达（Bagaudae，在凯尔特语中是“战士”的意思）。历史学家一度认为他们是一些农民、无产者和逃犯，在罗马的压迫之下不得不从事土匪的勾当。但是最近的研究指出，他们是当地的首领，只不过没有得到罗马的授权，因此，只有在帝国看来，他们的行为才属于劫掠和叛乱。

阿提拉与东罗马帝国

阿提拉在公元 5 世纪 30 年代末的确切活动并不清楚，不过到公元 441 年，东罗马帝国皇帝狄奥多西二世已经不再遵守《马古斯条约》。因此，当东罗马帝国派出一支不怎么积极的海上远征军前往地中海西岸，打算将汪达尔统治者盖萨里克（Gaiseric）[11]赶出西西里时（参见第 24 章的“罗马的陷落”），匈人阿提拉和布勒达抓住机会，在罗马的巴尔干领土上肆意破坏。辛吉度努姆［Singidunum，今塞尔维亚的贝尔格莱德］被夷为平地。公元 442 年，双方达成休战协议，狄奥多西二世得以从西罗马帝国召回他的军队。但是次年，阿提拉再次进犯，摧毁了奈索斯和塞迪卡，占领了腓力珀波利斯，在一系列战斗中击败了狄奥多西的军队，推进到君士坦丁堡城外。匈人要想攻破东罗马首都的坚固城墙是不现实的，但是他们给东罗马帝国军队造成了重创，因此可以索要一笔逐年飞涨的贡税，以及 6 000 磅黄金的一次性赔款。

然后，阿提拉从历史的雷达上短暂地消失了。直到公元 445 年，他杀死了布勒达，成为匈人的唯一统治者，并计划延伸他的权力触角：“为了增强个人的实力，阿提拉谋杀了他的哥哥，并且迅速地进行了一场决定性的战斗，在部下的尸体上建立起了自己的强权。”[12]

公元 447 年，阿提拉又一次对东罗马帝国发起进攻。战斗的细节仍然不详，不过双方的损耗都很大，蛮族南下希腊，最后停在温泉关。

在阿提拉和东罗马帝国皇帝狄奥多西二世的军事行动之间，也穿插着大量的外交活动。帕尼翁的普利斯库斯（Priscus of Panion）的《历史》（*History*）给我们留下了宝贵的第一手资料。公元 449 年，作为罗马使团的一员，他在蛮族向导的护卫下，走完了从君士坦丁堡到阿提拉大本营的危险而漫长的旅程：

> 我走进阿提拉的宫殿的围墙，带着送给他妻子的礼物，她的名字叫作克雷卡（Kreka）。（她住在一座漂亮的木屋里）门口的蛮族人放我进去，只见她斜靠在一张柔软的卧榻上，房间的地板上铺着供人行走的羊毛垫子。她的周围站着许多仆人，侍女坐在她面前的地板上，正在用彩色亚麻布做着刺绣的活计，这些布料是要放在斯基泰裙子上做装饰的。我上前行礼，呈上礼物，然后离开房间，向阿提拉所在的其他房子走去。[13]

阿提拉邀请罗马使团参加宴会：

> 司酒给我们一个杯子，按照他们的习俗，让我们在落座之前祈祷。尝过杯子里的酒之后，我们坐在自己的座位上。所有的椅子都在房间两边靠墙排成一排。阿提拉坐在中间的一张卧椅上，他身后还有一张卧椅，然后是台阶，通往他的睡床，床上盖着亚麻床单和刺绣的床罩，就像希腊人和罗马人装饰婚床用的那样。阿提拉的右手边是尊贵的上位，我们所在的左边则是次席……
>
> （我们干了杯）阿提拉的桌子旁边摆着许多大桌子，每张都能坐下三四个人，或者更多，每个人都不用离开座位就能拿取食物……这是一顿丰盛的大餐，食物用银盘子端上来，不过这些都是为我们和蛮族客人准备的，阿提拉用一个木盘吃肉，除此之外什么也不吃。他在一切事情上都表现得很有节制——他

> 的杯子是木头的，给客人用的却是金银酒杯。他的衣着很简朴，不过很干净。其他斯基泰人腰间佩带的宝剑、斯基泰马靴的棘轮和马缰绳都用黄金、宝石或其他贵重的东西装饰，阿提拉却不是这样。[14]

宴会结束后，大家一起唱歌，最后的谈判结果是，罗马人同意让出多瑙河南岸的一长条领土，并继续纳贡。

阿提拉与西罗马帝国

公元 450 年 7 月 28 日，东罗马帝国皇帝狄奥多西二世坠马而死，8 月 25 日，一个名叫弗拉维乌斯·马西安努斯［Flavius Marcianus，即马尔西安（Marcian）］的色雷斯军官继位。在外交政策方面，由于罗马与波斯之间的分歧已经得到解决，马尔西安对阿提拉的态度变得相当强硬。与同为蛮族的哥特人不同，匈人对帝国境内的永久定居点没有兴趣，而且认为敲诈勒索是完全可以接受的行为。马尔西安却不这样想。他采取行动收复了巴尔干，并停止向匈人纳贡。这一政策奏效了：阿提拉认为西罗马帝国是一个更软弱的目标，这给了马尔西安喘息之机，在他统治期间实现了短暂的和平与繁荣。

在一定程度上，阿提拉对西罗马帝国的态度是由一些非常离奇的事件决定的，牵涉到皇帝瓦伦提尼安三世 32 岁的姐姐霍诺里娅（Honoria）和一场荒唐的三角恋。霍诺里娅十几岁时就怀了孕。她的情人被处死，她被送到君士坦丁堡，与她终身守贞的表姐普尔喀莉亚（Pulcheria）一起生活。最后，她被允许回到拉文纳，嫁给了一个名叫赫拉克洛纳斯·巴苏斯（Herculanus Bassus）的值得尊敬的普通人。霍诺里娅显然不满意这样平淡的婚姻，她以超乎想象的极端方式背叛了她的家庭：她写了一封信描述自己的困境，连同她的戒指一起封好，交给她的宦官雅辛托斯（Hyacinthus），让他把这封信送给匈人阿提拉。

阿提拉觉得这是天赐良机。在他看来，霍诺里娅的信等同于求婚。于是，他要求瓦伦提尼安三世把霍诺里娅交给他，连同她所说的“帝国的权杖”中属于她的那部分——西罗马帝国的一半。拉文纳回应说罗马并无此意，而且无论如何，女性都不拥有“帝国的权杖”。这正好给了阿提拉宣战的借口，无论事实如何，他都可以说，他是在捍卫他的“新娘”的荣誉。阿提拉的要求当然遭到了拒绝，他走上了战争的道路。

在收到霍诺里娅的信之前，阿提拉与弗拉维乌斯·埃提乌斯维持着热情友好的关系，后者仍然是瓦伦提尼安三世那一半帝国的实际统治者。但是，公元 451 年匈人进入高卢，事情发生了变化。匈人渡过莱茵河，摧毁了迪沃杜伦·梅迪奥马特里库姆［Divodurum Mediomatricum，今法国的梅斯（Metz）］和其他一些城市，到达卢瓦尔河。阿提拉被牵制在奥勒良城（Aureliana Civitas，原钦那布姆，今奥尔良），给了弗拉维乌斯·埃提乌斯喘息之机。他争取不同高卢人部落的支持，一个名叫阿维图斯（Avitus）的高卢贵族还带来了狄奥多里克一世领导的阿基坦的西哥特人。让这些哥特人加入弗拉维乌斯·埃提乌斯阵营本来是不可能的，因为早在公元 5 世纪 40 年代初，汪达尔国王盖萨里克的儿子胡内里克（Huneric）与瓦伦提尼安三世五岁的女儿优多西娅（Eudocia）订婚，可胡内里克已经娶了狄奥多里克一世的一个女儿。作为新婚约的标志，盖萨里克指控狄奥多里克一世的女儿企图暗杀他，割掉了她的鼻子和耳朵，把她送回她父亲那里。但是，当盖萨里克与阿提拉结盟时，狄奥多里克一世采取务实的态度，选择与罗马人联手——或许是觉得罗马人还不像汪达尔人那样坏。还有一个法兰克人派系、一些阿兰人和高卢北部的几支巴高达队伍也加入了弗拉维乌斯·埃提乌斯阵营。巴高达分子加入罗马一方后，有了更加体面的名字，被称为阿勒莫里卡尼人（Aremoricani）。可能还有一些以前的莱茵河边境驻军和不列颠野战军的余部，能够供弗拉维乌斯·埃提乌斯调遣。

事实上，这是蛮族与蛮族之间的战争。弗拉维乌斯·埃提乌斯的多民族军队逼退了阿提拉，双方在卡塔劳尼亚平原［Catalaunian Fields，古代官称莫利亚库斯平原（*Campus Mauriacus*）］进行最后决战。现代学者一致认为会战地点在特鲁瓦（Troyes）和香槟沙隆（Châlons-sur-Marne）之间。阿基坦的普洛斯帕描述了这场惨绝人寰的大屠杀；希达蒂乌斯（Hydatius）称死亡人数高达三十万；《高卢编年史（511）》(*Gallic Chronicle of* 511）提到“不计其数的尸体”；哥特国王狄奥多里克一世阵亡；更重要的是，阿提拉遭受重创，撤退到潘诺尼亚。

然而，获胜的罗马-蛮族联军元气大伤，无力追击。次年，阿提拉卷土重来，率领一支新军进攻意大利。弗拉维乌斯·埃提乌斯无力反抗。阿奎莱亚（Aquileia，威尼斯的前身）、帕塔维乌姆［Patavium，今帕多瓦（Padua)］、维罗纳、布雷夏［Brixia，今布雷西亚（Brescia)］、贝尔格姆［Bergomum，今贝加莫（Bergamo)］、梅迪奥兰和提齐努姆都陷落了，但出人意料的是，阿提拉没有试图洗劫罗马。传说是教宗利奥一世（Pope Leo I）说服他放弃了这个想法（可能花了钱来收买他）；另一个版本的说法是，匈人认为任何洗劫罗马的人都会受到诅咒（看看阿拉里克的下场，他们说）；也有人说阿提拉的军队染上了疟疾或瘴气，这在当时的意大利军队中非常普遍；还有人说东罗马帝国的军队对阿提拉在多瑙河沿岸的腹地发起了进攻。

无论出于什么原因，阿提拉和他的蛮族军队掉头回到多瑙河对岸。公元 453 年，他的生命走到了尽头，他死得并不英勇，甚至有点离奇：

> 在阿提拉死前，他按照本民族的习俗，在已经拥有了无数妻妾之后，又和一位极其美丽的名叫伊尔迪科（Ildico）的女孩结了婚。在婚礼上，由于过度欢乐，他喝了很多葡萄酒，结果昏昏欲睡。当背朝下躺着的时候，他又像通常那样开始流鼻血，但这血却堵在鼻腔里出不去，最后倒灌进了咽喉，结果使他窒息而死。就这样，这位好战的国王在醉酒的状态中可耻地死去了。[15]

匈人给予他们的领袖与他的地位相称的所有尊荣，他的棺材有三口，分别是金的、银的和铁的，所有为他挖掘坟墓的工人都被杀死了。在将他的尸体埋入地下之前，他的部下为他高唱挽歌，约达尼斯记录了这首挽歌的歌词：

> 匈人最显贵的领袖阿提拉，蒙德祖克的后代，最勇敢民族的君主啊！你以亘古未闻的强大力量，独自占据着斯基泰人和日耳曼人的王位；你恐吓着两个罗马帝国，攻占了它们无数的城市；靠着苦苦哀求和年年纳贡，它们才能够勉强保全自己其余的城市不受洗劫。在依靠幸运之神的保佑获得了所有这些成

> 就之后，你最终既不是由于仇敌造成的创伤，也不是由于下属的背叛，而是在快乐的幸福中，在你民族的辉煌中，毫无痛苦地离开了尘世。既然没有凶犯可以让我们为你复仇，那又有谁能将这称作你生命的尽头？[16]

阿提拉是维系整个匈人部落的黏合剂，可能是自汉尼拔以来，给罗马帝国造成最大威胁的蛮族人。他的突然死亡不仅对罗马是一个重大利好，也让无数蛮族部落看到了机会，他们在潘诺尼亚进行的一场蛮族大战中粉碎了阿提拉的继承者："那些只要不自相残杀就从来不曾遇到旗鼓相当的对手的最勇敢部落，在内讧中耗尽了自己的精力。真的，这里肯定发生过一场令人赞赏的戏剧。在那块战场上，人们能够看到，用长矛作战的哥特人，愤怒地挥舞着短剑的格皮德人（Gepidae），他们的武器折断在卢吉人（Rugi）的创口里。还有以速度见长的苏维汇人，依靠弓箭崭露头角的匈人，身披重铠的阿兰人，以及轻装上阵的赫鲁利人。"[17]

阿提拉和匈人始终被视为毁灭的象征，不过对他的评价存在微妙的差别，他既可以被妖魔化，也可以被偶像化。第一次世界大战期间，英国在宣传中将德军比作"匈人"，不过这并不是英国人的原创。1900 年 7 月 27 日，德皇威廉二世（Kaiser Wilhelm II）对即将远征中国的德国士兵发表演说，将阿提拉作为他们的榜样："要像一千年前阿提拉率领的匈人一样勇敢作战。匈人的战绩举世难忘，德意志这个名字也要以同样的方式在中国打出威风，打得中国人再也不敢抬头看一眼德意志人！"[18]

第 24 章

蛮族军阀：盖萨里克和罗马的陷落

“破坏行为”和汪达尔人

启蒙运动时期，每当思想家们想从古代世界寻找野蛮破坏的例子时，脑海中总会浮现哥特人的身影。爱德华·吉本在《罗马帝国衰亡史》（*The History of the Decline and Fall of the Roman Empire*）中，对他们的形象给出了非常中肯的评价：“最让人难以忘怀的大事就是灭亡西罗马帝国。对这群粗野而好战的蛮族而言，哥特人这个名字不一定很适合，却是最普遍接受的称呼。”[1]不过时至今日，汪达尔人却成了肆意破坏的代名词。他们时常在这样的语境中出现。1517 年，艺术家拉斐尔（Raphael，1483—1520）在写给教宗利奥十世（Medici Pope Leo X）的信中抱怨16世纪罗马建筑师对古迹的“再利用”时，就称他们为“哥特人和汪达尔人”[2]。1711年，22岁的亚历山大·蒲柏（Alexander Pope）也在他的《论批评》（*Essay on Criticism*）中对天主教会中“神圣的汪达尔人”（holy Vandals）大加批判：

学问与罗马同在帝国内生长，
艺术常追随着帝国鹰旗的飘扬，
但最后，从同一个敌人处，二者遭到了他们的厄运，
在同一年代里，学问与罗马一同沉沦。
于是迷信与专制结合在一起，
心灵像肉体那样受到了奴役。
盲从的人多，理解的人少，
笨拙沉闷被视为佳妙：
学问沉浸在第二次洪水之中，
僧侣们完成了高卢人所开启的“伟绩丰功”。
最后伊拉斯麦斯（Erasmus），那伟大的受伤的名字，
（教士们的光荣和羞耻！）
独挽一个野蛮世纪的狂澜，
把那些神圣的汪达尔人逐出舞台。[3]

类似地，约翰·西奥菲勒斯·德萨吉利埃（John Theophilus Desaguliers）在他的《经验哲学教程》（*Course in Experimental Philosophy*，1714）一书中，将那些艾萨克·牛顿（Isaac Newton）的反对者称为“哲学世界中的哥特人和汪达尔人大军”[4]。英国诗人威廉·古柏（William Cowper）哀悼在戈登暴乱（Gordon Riots）①

① 1780年发生在伦敦的一系列反天主教的城市暴乱。

中被毁的曼斯菲尔德勋爵（Lord Mansfield）的图书馆时写道：

> 就在 1780 年 6 月，一伙暴徒
> 焚毁了曼斯菲尔德勋爵的图书馆，
> 还有他的海量藏书，
> 我们岛上的汪达尔人，
> 理智和法律的死敌，
> 将高贵的知识付之一炬，
> 连罗马人都见所未见！[5]

不过，应该说，是布卢瓦的阿贝·亨利·格雷瓦尔（Abbé Henri Grégoire de Blois）创造了我们现在使用的“破坏行为”（*Vandalisme*）这个词。他撰写了一份《关于破坏行为造成的损害和制止破坏行为的方法的报告》（*Rapport sur les destructions opérées par le vandalisme, et sur les moyens de le réprimer*）[6]，讨论法国大革命期间和大革命之后对艺术品的破坏。与他同时代的一些人认为这个词极具攻击性，甚至是种族主义的，他本人也承认这一点：“一些可敬的德国学者说我用 Vandalisme 这个词来表示破坏行为是对他们祖先的侮辱，他们就出生在汪达尔人原来生活的地方。他们说汪达尔人是战士，而不是破坏者。”[7]但是无论如何，这个术语被沿用下来了。

在早期文献中，汪达尔人［罗马人称他们为汪达尔人或汪底利夷人（Vandilii），希腊人称他们为班达罗伊人（Bandaloi）］通常被理解为松散的日耳曼部落群。普林尼告诉他的读者：“有五个日耳曼种族：汪达尔人，包括勃格迪尼人（Burgodiones）、瓦里奈人（Varinnae）、恰里尼人（Charini）和古通人（哥特人）。（还列出了

四个其他种族。)”[8]

塔西佗在《日耳曼尼亚志》中强调，是罗马人把所有的日耳曼部落统称为“日耳曼人”，蛮族自己却不是这么认为的：

> 歌谣是日耳曼人传述历史的唯一方式，在他们自古相传的歌谣中，颂赞着一位出生于大地的神祇——士妥（Tuisto）和他的儿子曼奴斯（Mannus），他们被奉为全族的始祖。据说曼奴斯有三个儿子，滨海的印盖窝内斯人（Ingaevones）、中央部分的厄尔密诺内斯人（Herminones）和余下的伊斯泰窝内斯人（Istaevones）就是因他的三个儿子而得名的。有一些人利用古代事迹的渺茫而任意附会，他们给曼奴斯添上许多儿子，从而多出了一些族名，如马尔西人、甘卜累威夷人（Gambrivii）、苏维汇人和汪底利夷人等，据他们说，这些族名都是真正的旧名，而“日耳曼人”却是后来增添的名称。[9]

塔西佗说，这是因为第一批日耳曼人渡过莱茵河进入高卢后，原本只是一个部落的名字被用来指称整个民族。他说，“日耳曼人”是一个“人造的名称”[10]。他似乎还认为，汪底利夷人就是路给夷人（Lugii），由日耳曼东南部的几个部落组成。其中的一个部落——纳阿纳瓦利人（Nahanarvali）——举行一种奇怪的史前仪式，由一个穿着女人衣服的祭司主持，罗马人将其等同于自己对卡斯托尔和波吕丢刻斯的崇拜。[11]这个部落也可能是公元 2 世纪的地理学家托勒密首次提到的西里盖伊人（Silingai），他们生活在喀尔巴阡山脉以北，今波兰的西里西亚一带，并因此而得名。[12]

汪达尔作为一个部落名称第一次出现在我们的文献中，是在所谓的马科曼尼战争（Marcomannic War）中。这场战争于公元 166 年前后在多瑙河边境地区爆发，发生在马可·奥勒留（公元 161 年—180 年在位）和卢西乌斯·维鲁斯（公元 161 年—169 年在位）统治期间[13]，又称日耳曼战争或北方战争，随着越来越多的部落加入战局，也被称为多国战争（War of Many Nations）。今天波兰和乌克兰地区的人口迁徙开始影响到罗马边境的众多部落。这些民族到罗马帝国境内寻求庇护，如果遭到拒绝就威胁要发动战争，而当时大量军队被调往东方，削弱了多瑙河边境的防卫力量。日耳曼的马科曼尼人、夸迪人与萨尔马提亚的雅济吉斯人一道，入侵罗马领土，穿越雷提亚、诺里库姆和潘诺尼亚，北上进攻意大利，并包围了阿奎莱亚。

日耳曼人入侵之际，从东方归来的军队（参见第 20 章的“帕提亚的灭亡”）带回了通常所说的安东尼瘟疫（Antonine Plague）。这种疾病无药可医，当时的希腊医师盖伦（Galen）将其症状描述为腹泻、高烧和九天后皮肤上出现脓疱——这种病可能是天花。对死亡率的估计不尽相同，但总计死亡人数可能高达上百万。军事行动不得不缩减，不过最终两位皇帝还是迫使“许多国王领着自己的人民一起撤退而去”[14]。卢西乌斯·维鲁斯想回罗马，但是马可·奥勒留坚持要解决多瑙河的问题，于是，他们翻越阿尔卑斯山，“行进到更加遥远的地方，并使用一切方法来完善意大利以及伊利里亚的防御”[15]。战斗是以典型的蛮族方式进行的。迪奥·卡西乌斯告诉我们：“在蛮族人的尸体中，甚至发现了全副武装的女人。”[16]

对罗马来说，到目前为止一切还算顺利。一些部落投降了，一些人加入了罗马军队。但是，公元 171 年，一个被称为阿斯廷吉人（Astingi）的蛮族部落——通常认为就是汪达尔人——在他们的酋长劳斯（Raus）和拉普图斯（Raptus）的领导下：

> 携全部家眷进入达契亚，希望通过结盟换取金钱和土地。但是他们的目标没能实现，于是，他们把妻儿置于（罗马的达契亚总督）科尼利厄斯·克勒蒙斯（Cornelius Clemens）的保护之下，自己去用武力夺取科斯托博契人（Costoboci）的土地。但是，在征服科斯托博契人之后，他们又继续对达契亚人大开杀戒。拉克林吉人（Lacringi）担心克勒蒙斯会出于恐惧，把这些新来的人带到他们居住的地方，便趁他们毫无防备时发动攻击，并取得了决定性的胜利。[17]

最终结果是阿斯廷吉人停止了对罗马人的进攻。对阿奎莱亚的围攻解除了，到公元 171 年年底，蛮族被赶出了罗马领土。有一段时间，阿斯廷吉人成了非常有用的盟军。

马可·奥勒留的继任者是精神不太正常的皇帝康茂德[18]（公元 180 年—192 年单独在位），不过，他确实试图平息蛮族之间的战争，并禁止马科曼尼人和夸迪人向许多部落开战，包括汪达尔人。[19]公元 212 年或 213 年，同样疯狂的皇帝卡拉卡拉反其道而行之："他称赞盖尤斯·法布里修斯·卢西努斯，因为法布里修斯不愿意利用朋友的背叛夺取皮洛士的性命（参见第 4 章的'意大利的较量'），但是，汪达尔人和马科曼尼人本来是朋友，他在他们之间挑拨离间，却引以为傲。"[20]

然后，汪达尔人从文献记载中消失了，直到罗马的"三世纪危机"[21]晚期，公元 270 年 9 月前后，奥勒良皇帝登基之后才再次出现：

> 奥勒良在获得大权之后，便……来到潘诺尼亚，因为他接到报告说斯基泰人正准备入侵那个地方。他派人发布命令，让

> 住在郊野的居民带着自己的全部粮食、牲畜，以及所有能让敌人得益的物品迁入城内，这么做是为了让本已饥肠辘辘的敌人继续忍饥挨饿。蛮族［从阿昆库姆（Aquincum，今布达佩斯）］渡河而来，一场战斗在潘诺尼亚打响了，结果双方互有得失。不过，就在那天夜晚，蛮族却又渡河而返，而且第二天天一亮，就派来了使节商谈议和。[22]

根据和平条约，汪达尔人留在罗马的边境以外，交出他们的战利品，并为罗马军队提供两千骑兵。他们马上试图在交易中作弊，但奥勒良皇帝没有让他们得逞。[23]十年后，普罗布斯（公元 276 年—282 年在位）统治期间，我们看到他们在达契亚作战：

> （普罗布斯）则与勃艮第人和汪达尔人交战，然而，鉴于自己的军力太过弱小，他试图将敌人分割开来，并击溃了其中的一部分。他的上述计谋因天助而取得了成功。这么说是因为，当敌人驻留在河对岸的时候，罗马人向他们发起了挑战，这极大地激起了对方的怒意，以致许多人都渡过河来以求一战。在两军交战之后，有一些蛮族被罗马人杀死了，其余的则当了俘虏。[24]

所有幸存者都被送往不列颠，并在那里定居下来。

通常来说，汪达尔人的敌人不仅仅限于罗马。君士坦丁大帝统治期间，哥特酋长格贝里克（Geberich）力图开疆拓土，抢夺汪达尔人的地盘，阿斯廷吉人维斯马尔（Visimar）惨败：“从战场上逃脱的部分汪达尔人重新聚集起来，把他们的老弱妇幼等不能作战的成员组织成队伍，离开了他们不幸的家园，向君士坦丁大帝请求一块容身之地。这便是潘诺尼亚，他们以皇帝的属民身份在那里定居，前后大约有六十年之久。”[25]

进入罗马帝国

在汪达尔人的历史上，直到这时他们还只是罗马北部边境的小角色，但是公元 5 世纪的前十年，他们占据了舞台的中心：“很久以后，他们应前任执政官和最高行政长官斯提利科将军的邀请，(从潘诺尼亚）前往高卢，在那里不断地掠夺自己的邻居，但又一直没有获得固定的定居点。”[26]

这是“大入侵”的一部分（参见第 22 章的“大入侵”），西林和哈斯丁部落的汪达尔人与大量苏维汇人和阿兰人一道，从摩根提亚库姆和博尔贝托马古斯之间的某地渡过莱茵河，经过高卢向东南方推进。有些作家称，他们这样做是受到半汪达尔血统的斯提利科的煽动。他们促成了君士坦丁三世篡位，使不列颠脱离了罗马帝国(参见第 22 章的“大入侵”)，对此，我们的文献比汪达尔人更感兴趣。但是无论如何，君士坦丁三世自己并不认为这些蛮族是他的当务之急，他对他们采取了一种武力和外交相结合的政策。[27]约公元 408 年，圣杰罗姆生动地描述了蛮族造成的破坏：

> 现在，我来说说我们目前的悲惨境遇……数不清的蛮族部落遍布高卢的各个角落。阿尔卑斯山和比利牛斯山之间、莱茵河和大洋之间的整个乡村，都被成群的夸迪人、汪达尔人、萨尔马提亚人、阿兰人、格皮德人、赫鲁利人、撒克逊人、勃艮第人、阿勒曼尼人甚至还有潘诺尼亚人损毁了，因为 [引用

> 《诗篇》(*Psalm*) 83.3]“亚述也加入他们”。高贵的摩根提亚库姆城被占领并摧毁。成千上万的人在教堂中被屠杀。汪基约内斯人（Vangiones，沃尔姆斯的居民）在一场漫长的围攻中顽强抵抗，最终被消灭。那些强大的城市，雷米、阿姆比亚尼[Ambiani，今亚眠（Amiens)]、阿特里巴特[Altrebatae，今阿拉斯（Arras)]、世界边缘的莫里尼（Morini）、图纳库斯[Tornacus，今图尔奈（Tournay)]、梅内塔伊[Menetae，今施派尔（Speyer)]和阿金图拉特[Agentorate，今斯特拉斯堡(Strasbourg)]都落入了日耳曼人手中。除了个别城市，阿基坦、诺文博普拉纳、卢格都尼西斯[Lugdunensis，今里昂(Lyons)]和纳尔榜行省一片荒芜。那些没有遭遇刀兵之灾的城市饥荒肆虐。提到托洛萨，我不禁泪流满面，在可敬的埃克皮鲁斯（Exuperius）主教的庇护下，这座城市迄今还未陷落。连西班牙也岌岌可危，令那里的人们不由得回想起辛布里人入侵的日子；当其他人痛切地遭遇不幸时，他们一直生活在大难临头的恐惧之中。[28]

公元409年秋，汪达尔人、苏维汇人和阿兰人入侵伊比利亚半岛，西班牙人的恐惧变成了现实。在基督徒看来，其结果是字面意义上的天启：

> 蛮族在西班牙横行无忌……爆发了严重的饥荒，饥饿的人们不得不同类相食；母亲亲手杀死自己的孩子，把他们的尸体煮来吃；野兽习惯了以那些死于战争、饥荒和瘟疫的人的尸体为食，它们杀死所有的勇士，吃他们的血肉，准备毁灭整个人类。就这样，上帝通过他的先知宣告的四种灾害——战争、饥

荒、瘟疫和野兽——都应验了。[29]

不过，当蛮族的劫掠平息之后，这个地区逐渐恢复了元气，各个部落通过抽签的方式瓜分了罗马的五个西班牙行省：

> 然后，他们通过抽签将行省的土地划分给各自的部落定居：汪达尔人占据了加利西亚（Gallaecia）；苏维汇人占据了加利西亚最西端靠海的地区；阿兰人分到了卢西塔尼亚和迦太基尼西斯（Carthaginiensis）；汪达尔人的西林部落分到了贝提卡（Baetica）。城市和要塞中幸存下来的西班牙人投降了，屈服于控制整个行省的蛮族的奴役之下。[30]

后来，哥特人阿拉里克的继任者阿陶尔夫被罗马大元帅（generalissimo）弗拉维乌斯·君士坦提乌斯（Flavius Constantius）赶出高卢，进入西班牙的塔拉科［Tarraco，今塔拉戈纳（Tarragona）］和巴西诺［Barcino，今巴塞罗那（Barcelona）］，短暂的平静被打破了。公元 415 年，阿陶尔夫被自己的族人刺杀。他的继任者西格里克（Singeric）也被杀，瓦利亚（Wallia）取而代之。汪达尔人嘲笑哥特人被弗拉维乌斯·君士坦提乌斯逼得忍饥挨饿，以离谱的价格向他们出售粮食——一个索利都斯（*solidus*）金币交换一汤匙（*trula*）粮食——还用侮辱性的绰号“勺子”（*truli*）称呼他们。[31]但是瓦利亚完成了复仇：他同意为西罗马帝国的霍诺留皇帝提供军事服务，进攻卢西塔尼亚的阿兰人和贝提卡的西林人，并大获全胜。公元 418 年，他重创西林人，杀死了阿兰人的国王阿达克斯（King Addax of the Alani），迫使阿兰人中的幸存者逃往加利西亚，向哈斯丁人的首领贡德里克（Gunderic）寻求保护。作为回报，瓦利亚领导的哥特人在高卢南部的阿基坦得到了永久定居点。

公元 420 年前后，在加利西亚，哈斯丁人和苏维汇人发生了蛮族之间的内斗。西班牙伯爵（*Comes Hispanorum*）阿斯提里乌斯（Asterius）率领一支罗马军队介入，支持苏维汇人，将汪达尔人赶到贝提卡。这产生了意料之外的后果，汪达尔人成为对西班牙南部富饶领土的严重威胁。御林军长官（*Comes Domesticorum*）卡斯提努斯（Castinus）被派去解决问题，大元帅卜尼法斯（Bonifacius，英语化为 Boniface）与他共同指挥，他们率领了一大批哥特盟军前往西班牙。但是，公元 422 年，就在卡斯提努斯快要迫使汪达尔人投降时，由于一些不知名的哥特人叛变，他被击败了。他与卜尼法斯之间也存在严重的分歧，后者负气前往阿非利加，开始在那里建设一个强大的基地。与此同时，哈斯丁人控制了西班牙南部，虽然他们几乎没有留下什么考古遗迹，但是安达卢西亚（Andalusia）很可能就是因他们而得名的。

公元 5 世纪 20 年代中期，汪达尔人进攻巴利阿里群岛，劫掠了罗马在北非的毛里塔尼亚·廷吉塔尼亚（Mauretania Tingitania）行省。[32]希达蒂乌斯的《编年史》（*Chronicle*）告诉我们，公元 428 年，“汪达尔人的国王贡德里克占领了伊斯帕利斯［Hispalis，今塞维利亚（Seville）］，但是之后不久，当他亵渎神明，想要加害那座城中的教会时，依上帝的旨意，他被一个恶魔抓住并杀死了”[33]。

贡德里克的弟弟、私生子盖萨里克继承了王位。他的族人已经占领了一些非常肥沃的土地，不过现在，他们把目光投向了直布罗陀海峡对岸富饶、肥沃而且防卫虚弱的北非地区。

盖萨里克：进军阿非利加

公元428年，或者更有可能是公元429年5月[34]，汪达尔人开始了一项伟业。盖萨里克将他的士兵组织成80个千人队，渡过直布罗陀海峡，进入阿非利加。当然，这次入侵引起了以阿非利加为大本营的卜尼法斯的高度关注，不过当时他的注意力主要集中在拉文纳的宫廷。西罗马帝国的皇帝瓦伦提尼安三世尚未成年，他的母亲加拉·普拉西狄亚代为摄政，普拉西狄亚受人欺骗，以为卜尼法斯密谋反叛。普拉西狄亚的将军弗拉维乌斯·埃提乌斯一面进言，要她将卜尼法斯调回意大利，一面又派人密告卜尼法斯，让他不要听从拉文纳宫廷的召唤。卜尼法斯接受了埃提乌斯的建议，拒绝服从命令，这样一来更坐实了她的怀疑。不过，一个名叫西吉沃尔特（Sigisvult）的哥特指挥官从中斡旋，使卜尼法斯能够代表帝国去征服阿非利加的蛮族。

卜尼法斯先是尝试了外交手段，然后诉诸战争。[35]但是他被打败了，只得退到希波·瑞吉乌斯［Hippo Regius，今阿尔及利亚的波尼/波纳/安纳巴（Bone/Bona/Annaba）］的城墙内避难。自公元395年起，圣奥古斯丁在这里担任主教。汪达尔人对这座城市的围攻以失败告终，但奥古斯丁染上致命的疾病，死于公元430年8月28日。汪达尔人在北非其他地方肆意横行，一路上烧杀抢掠。通过教宗利奥一世的一封诏书（对请愿书的回复），可以一窥当时的惨状：这封诏书允许被强奸的处女接受圣礼，即使她们已经不再纯洁了。[36]汪达尔人也是基督徒，但是信仰阿里乌教派，他们对尼西亚（Nicaean）教派的信徒犯下了相当残暴的罪行。虽然有一些现代学者试图为汪达尔人恢复名誉，但是当时的基督教文献描述了他们在北非的暴行："一个（像奥古斯丁）这样的人不得不看着城市被夺取和摧毁，城中的建筑被凶残的敌人毁灭，居民四散奔逃。他看着神父和司铎被赶出教堂，神圣的处女和发誓守贞的妇女被驱散，他们当中有些人受到残酷的折磨，有些人死于刀剑之下。"[37]

但是罗马人重整旗鼓，东部和西部帝国联合起来，准备驱逐盖萨里克：

> 稍后，因为从罗马以及拜占庭（君士坦丁堡）开来了由阿斯帕尔（Aspar，东罗马帝国皇帝狄奥多西二世的阿兰人-哥特人大元帅）带领的一支人数众多的军队，卜尼法斯和利比亚的罗马人决定重启战端，而在一场激烈的战斗之后，罗马人在敌人手下遭到惨败，赶忙各尽所能地逃跑了。阿斯帕尔本人回国去了，而卜尼法斯则来到（加拉·）普拉西狄亚这里说明自己完全是因受诬陷而被怀疑的，从而洗清了自己不忠的罪名。[38]

公元 435 年，双方达成了和平协议，根据协议，皇帝将以两毛里塔尼亚和努米底亚为中心的阿非利加的大片土地授予盖萨里克。

然而协议很快就被撕毁了。公元 439 年，盖萨里克的汪达尔人突袭罗马的阿非利加行省，夺取了首都迦太基，据说，当时大部分居民正在竞技场观看战车比赛。这是真正的胜负手：一个地中海的主要城市现在处于蛮族的控制之下；盖萨里克获得了一流的海军基地；罗马的粮食供应岌岌可危；君士坦丁堡通往地中海东岸的通道受阻；西西里面临威胁；拉文纳的宫廷现在由西罗马帝国皇帝瓦伦提尼安三世亲自统治，可以想见，意大利南部的安全令他提心吊胆。

罗马的陷落

公元 440 年，瓦伦提尼安三世的恐惧变成了现实：盖萨里克进攻西西里。瓦伦提尼安三世在意大利采取防御措施，包括加强一些主要城市中心的防御工程。公元 441 年春，东罗马帝国皇帝狄奥多西二世略显迟缓地派出一支海上远征军前往地中海西岸，但是对于这次远征，他自己也没有什么信心，因为波斯人和匈人已经让他焦头烂额了。瓦伦提尼安三世被迫寻求外交解决，公元 442 年，西罗马帝国皇帝与汪达尔人签订条约，承认他们对努米底亚、拜扎凯纳（Byzacena）和阿非利加的控制权。没那么有吸引力的毛里塔尼亚行省还给了罗马，但西班牙的局势使他们无法在那里进行有效的统治。一场政治联姻巩固了这一条约：盖萨里克的儿子胡内里克与瓦伦提尼安三世年仅五岁的女儿优多西娅订婚，并被送往拉文纳。这桩婚事使汪达尔人与西哥特人和罗马皇室之间的关系发生了重大的政治调整（参见第 23 章的“阿提拉与西罗马帝国”）。

我们的史料又出现了短暂的中断，因为古代作家已经将注意力转向匈人，不再关心汪达尔人。不过公元 453 年，阿提拉的死给拉文纳的西罗马帝国宫廷带来了冲击，一系列错综复杂的王权斗争由此开始。公元 454 年 9 月 21 日，一个名叫彼得洛尼乌斯·马克西穆斯（Petronius Maximus）的富有的元老和宦官希拉克略（Heracleius）阴谋刺杀阿提拉的死敌弗拉维乌斯·埃提乌斯，致命一击可能是由瓦伦提尼安三世实施的。随后，公元 455 年 3 月 16 日，弗拉维乌斯・埃提乌斯的两名护卫为他们的主人报了仇，他们可能是匈人，但是起了哥特人的名字，分别叫作奥普提拉（Optila）和特劳斯提拉（Thraustila）："瓦伦提尼安带着一群护卫在战神广场骑马，奥普提拉和特劳斯提拉也带人紧随其后。瓦伦提尼安下马射箭时，奥普提拉和朋友们袭击了他。奥普提拉击中了瓦伦提尼安的太阳穴，当其转身看向袭击者时，他又打中了他的脸，把他砍倒在地。"[39]

彼得洛尼乌斯・马克西穆斯可能早就想当西罗马帝国的皇帝，他通过贿赂掌握了权力，又娶了瓦伦提尼安三世的遗孀莉西尼亚・优多克西娅（Licinia Eudoxia），以巩固自己的地位。他还把优多克西娅的女儿优多西娅许配给自己的儿子帕拉狄乌斯（Palladius）。[40]但是，优多西娅已经与盖萨里克的儿子胡内里克订婚了，这桩婚事无疑会带来麻烦，而且优多克西娅讨厌她的新丈夫。虽然可信度值得怀疑，但是许多文献告诉我们，莉西尼亚・优多克西娅效仿她的姑姐霍诺里娅（参见第 23 章的"阿提拉与西罗马帝国"），为了逃离不幸的婚姻向盖萨里克求助。[41]如果这个故事是真的，那么就给了盖萨里克方便的借口，去夺回胡内里克的未婚妻优多西娅。无论事实如何，他启航前往罗马。

汪达尔舰队抵达台伯河口，在罗马制造了混乱，公元 455 年 5 月 22 日，彼得洛尼乌斯・马克西穆斯在混乱中被一些皇室的奴隶杀死。他的尸体被肢解，扔进了台伯河。据说，教宗利奥一世在罗马城门前会见了蛮族盖萨里克，人们期待他能够像成功地说服阿提拉那样说服盖萨里克，但是他没能让汪达尔国王改变心意。盖萨里克又一次洗劫了罗马，这次洗劫持续了两个星期，破坏性远远超过阿拉里克。罗马在物质和精神层面上都遭到了严重的破坏：被掠夺的战利品包括公元70年提图斯从耶路撒冷抢来的犹太教烛台（参见第18章的“犹太大起义”）、朱庇特神庙大殿中的青铜雕像和镀金青铜屋顶[42]，但是对盖萨里克来说，最有价值的战利品是人：

> 他将幸存的元老，包括他们的妻子都作为俘虏带走；还把召他来的皇后莉西尼亚·优多克西娅，她的女儿（小加拉·）普拉西狄亚［（Galla）Placidia（the Younger）］——她是贵族奥利布里乌斯（Olybrius）的妻子，她的丈夫当时在君士坦丁堡——连同少女优多西娅都带到北非的迦太基。盖萨里克回来后，把优多克西娅皇后的女儿、还是处女的优多西娅嫁给了他的儿子胡内里克，母女二人都受到崇高的礼遇。[43]

胡内里克与优多西娅的婚姻对于王权至关重要：她是东罗马帝国皇帝狄奥多西二世的外孙女，在盖萨里克看来，她的合法男性子嗣应该继承西罗马帝国的皇位。盖萨里克对这样的安排感到满意，回到迦太基后，他随心所欲地劫掠意大利、撒丁岛、西西里、科西嘉、巴利阿里群岛、西班牙、达尔马提亚和希腊，攻势如此猛烈，以至于年轻的诗人希多尼乌斯（Sidonius）称之为第四次布匿战争——虽然将汪达尔人与从公元前3世纪到公元前2世纪的迦太基人画上等号，是没有什么历史依据的。[44]

罗马帝国的东西两半都有了新的统治者，事实上却助长了盖萨里克的劫掠和破坏：高卢人阿维图斯在高卢贵族和狄奥多里克二世（Theodoric II）及其兄弟弗雷德里克（Frederic）的哥特军队的支持下，掌管了西罗马帝国；色雷斯人马尔西安掌管了东罗马帝国（关于马尔西安与匈人阿提拉的关系，参见第23章的“阿提拉与西罗马帝国”）。现在，整个帝国都在原来罗马人眼中的蛮族的统治之下了。事实证明，外交斡旋是无效的，意大利军队的指挥官马约里安（Majorian）和弗拉维乌斯·里西梅尔（Flavius Ricimer）做出了更加强硬的回应。马约里安可能是埃及后裔，他的父亲是弗拉维乌斯·埃提乌斯手下的一名财务官；里西梅尔是苏维汇-哥特混血，是瓦利亚的外孙。

西罗马帝国皇帝阿维图斯把目光投向阿非利加，看到了好的预兆。公元 456 年 1 月 1 日，希多尼乌斯发表了一篇颂词，鼓吹阿维图斯将给罗马带来荣光："他将收复利比亚，第四次将它交还给你……我们现在就深信，他能够从战争中取得丰厚的回报，一次又一次地将万国归于你的治下……少年君主让你失去了活力，看吧，这位壮年君主将使你重返青春。"[45]

阿维图斯将从公共建筑上剥离的青铜配件卖给金属商，将换来的钱支付给西哥特军队。他的第一个目标是西班牙。但他充其量只是在那里制造了混乱，主要是因为意大利有更加紧迫的事务需要他处理。

盖萨里克的汪达尔人随时可以切断意大利的粮食供应："阿维图斯担任罗马皇帝时，发生了一场饥荒。暴民们把责任推到阿维图斯身上，强迫他把从高卢带来的盟军赶出罗马城。"[46]

更糟糕的是，里西梅尔和马约里安叛变了。公元 456 年 10 月 17 日，阿维图斯皇帝在普拉森提亚的战场上与他们交锋，结果战败。阿维图斯保住了性命，被任命为一名主教。

阿维图斯被推翻后不久，东罗马帝国皇帝马尔西安去世，使西罗马帝国的局势更加扑朔迷离。他的继任者利奥一世（Leo I）也是色雷斯人。公元 457 年 2 月，马约里安被任命为两军大元帅。同年 4 月，意大利军队宣布马约里安为西罗马帝国的皇帝。马约里安是一位有才能的明君，他也必须是。在成功地处理了雷提亚、坎帕尼亚、高卢和西班牙的问题后，他能够专心对付汪达尔人了。公元460年，他在卡塔赫纳集结了一支舰队，将他的将军马塞利努斯（Marcellinus）从达尔马提亚调来保卫西西里，并拒绝了盖萨里克提出的和平提议。

战争已经不可避免。于是，汪达尔人在毛里塔尼亚实施焦土政策，他们在井水里下毒——马约里安的军队要想接近他，就必须穿过这一地区——然后先发制人，对卡塔赫纳的罗马舰队发起了有效的反击。这打乱了马约里安的计划，他与盖萨里克签订了一份没有说明具体内容的“耻辱”的条约。没有罗马皇帝能够容忍这样的失败，他一踏上意大利的土地就被里西梅尔逮捕了，并于公元461年8月2日被斩首。

这时候，西罗马帝国出现了权力真空，这正中盖萨里克下怀。他想让瓦伦提尼安三世的女儿小加拉·普拉西狄亚的丈夫奥利布里乌斯当皇帝（这样一来，盖萨里克的儿子胡内里克就成了皇帝的连襟）。他咄咄逼人地占领了撒丁岛和西西里，没有人能够阻止他在海上四处出击，不过君士坦丁堡的东罗马帝国皇帝利奥一世总算让他同意释放小加拉·普拉西狄亚和优多克西娅（支付了一大笔赎金）。

公元467年，西罗马帝国终于有了一位能力出众的皇帝——普洛科皮乌斯·安特弥乌斯（Procopius Anthemius），一如既往，汪达尔人仍然是头号公敌。在东罗马帝国的支持下，西罗马帝国的新皇帝制订了一个雄心勃勃的计划，需要耗费64 000磅黄金和70万磅白银的巨资。但是从成本-收益分析来看，冒险一试是值得的。公元468年，一支由1 100艘舰船组成的强大舰队集结完毕，准备将利奥一世的妻弟巴西利斯库斯（Basiliscus）率领的大军送往阿非利加。与此同时，赫拉克利乌斯（Heraclius，可能是东罗马帝国的野战军统帅）率领一支陆军进入汪达尔人的领土。马塞利努斯将军入侵撒丁岛，完成整个进攻计划。

三路进攻均初战告捷：赫拉克利乌斯将汪达尔人赶出了的黎波里塔尼亚（Tripolitania）；马塞利努斯夺取了撒丁岛，将汪达尔人赶出了西西里；巴西利斯库斯在西西里附近击败了盖萨里克的一支舰队。但是运气没有站在罗马人一边，巴西利斯库斯没有乘胜追击，反而与盖萨里克达成了休战五天的协议。汪达尔人利用这段时间集结起一支包括火攻船在内的舰队，它们成功地制造了混乱，盖萨里克的常规舰船趁乱出击，巴西利斯库斯的舰队至今还沉眠在非洲海岸梅尔库里乌姆（Mercurium）的海底。结果对罗马人来说是灾难性的：撒丁岛和西西里又回到汪达尔人的控制之下，马塞利努斯被刺杀。到约公元 470 年，双方达成了某种形式的和平。公元 476 年，作为地中海世界一支重要力量，盖萨里克的地位得到了正式承认，东罗马帝国的新皇帝、伊索里亚人芝诺（Zeno）与盖萨里克签订“永久和平条约”，允许盖萨里克保留所有已经占领的领土；作为回报，盖萨里克停止对尼西亚教徒的迫害，并释放罗马战俘。

我们不知道当时的人们是怎么想的，但是一个新时代来临了：东罗马帝国彻底转变为拜占庭帝国。拜占庭帝国仍然以君士坦丁堡为中心，又延续了一千年，直到公元 1453 年，这座城市被穆罕默德二世（Mehmet II the Conqueror）统治下的奥斯曼土耳其征服。

公元 477 年，盖萨里克在迦太基去世，刚好赶得上听说西罗马帝国的最终命运。一个曾在阿提拉的宫廷服务的潘诺尼亚官员俄瑞斯特斯（Orestes），让他自己的儿子罗慕路斯·奥古斯图卢斯［Romulus Augustulus，即小奥古斯都（Little Augustus）］当上了皇帝——这个名字不无讽刺，既包含了罗马的创建者罗慕路斯，也包含了罗马的第一位皇帝奥古斯都。但是时至今日，西部罗马帝国的领土只剩下意大利和普罗旺斯南部，而且君士坦丁堡的芝诺也不承认他。不管怎样，俄瑞斯特斯失去了军队的效忠，公元 476 年 8 月，军队在日耳曼指挥官奥多亚塞（Odoacer）的领导下哗变。俄瑞斯特斯被杀，罗慕路斯·奥古斯图卢斯甚至不值得被处死。他被软禁在家，靠领取津贴生活，与他的母亲一起在坎帕尼亚建立了一座修道院。奥多亚塞掌握了统治权，但是西罗马帝国已经不需要皇帝了，所以他只接受了国王的头衔，统治他自己的王国，而不是罗马帝国。他的宫廷设在拉文纳，而不是罗马。

尾　声

爱德华·吉本在他的自传中说，1764 年的一个晚上，他在罗马，坐在“卡皮托的废墟上沉思”，就是在那个地方，他的心中首度浮出创作皇皇巨著《罗马帝国衰亡史》的念头。在他看来，人类历史上最辉煌的成就之一被蛮族入侵者摧毁了，在很大程度上，他的作品定义了未来两个世纪人们看待罗马史的方式。塞勒和耶特曼（Sellar and Yeatman）在他们的搞笑历史读物《1066 年及其他：令人难忘的英国史，由你记得的一切组成，包括 103 件好事、5 位坏国王和 2 个真实的日期》（*1066 and All That：A Memorable History of England，comprising all the parts you can remember，including 103 Good Things，5 Bad Kings and 2 Genuine Dates*）中，模仿20世纪二三十年代英国的中学历史课本，用幽默的口吻讲述了这段历史：

> 罗马军团的撤退是吉本所谓的罗马帝国衰亡史的一部分（原因是罗马人强烈要求享受那些浮夸的娱乐，比如面包与马戏），不列颠失去防御，欧洲陷入一长串的政权更迭——历史主要就是由这个组成的。先后统治罗马帝国的不仅有东哥特人、西哥特人，甚至哥特人，还有汪达尔人（摧毁了艺术品）和匈人（摧毁了一切，包括哥特人、东哥特人、西哥特人，甚至汪达尔人）；不列颠受到皮克特人（当然还有苏格兰人）的攻击，他们最近刚刚学会爬墙。[1]

从更严肃的意义上，1971年，彼得·布朗（Peter Brown）出版的《古代晚期的世界》（*The World of Late Antiquity*）一书产生了重要的影响，让人们重新评价公元200年—800年的世界。他在书中指出，这是一个“宗教和文化变革”[2]的时期，而不应该被视为一种衰亡。这种观点在美国的学者中影响巨大，20世纪90年代，欧洲科学基金会（European Science Foundation）也资助了一个以“罗马世界的转型”为主题的重要研究项目，针对公元300年—800年这一时间段的历史开展研究。

在当今的学者中，“转型论”仍然更受欢迎，他们喜欢谈论“转型”“变革”或诸如此类的概念，而不是罗马世界的“衰亡”“陨落”“危机”，或者干脆“灭亡”。“衰亡”的负面（和道德）内涵似乎是不可接受的，认为敌对行为或暴力入侵导致了罗马在西方世界的崩溃的观点受到了强烈质疑。在分析外来民族是如何最终占据了罗马帝国时，支持这种立场的学者喜欢谈到“顺应”和“接纳”。沃尔特·戈法特（Walter Goffart）写道：“我们所谓的西罗马帝国的衰亡是一种略显失控的思想实验。”[3]拉尔夫·W. 马西森和达努塔·尚泽尔（Ralph W. Mathisen and Danuta Shanzer）提出了一种学术界的共识，蛮族定居是以一种“自然、有组织、大体上和平的方式”发生的，并断言“将蛮族妖魔化、将蛮族定居问题化”是错误的。[4]他们认为：“相对而言，蛮族在西方的定居是以最低限度的破坏性完成的……蛮族人口顺利地融入了原来的罗马世界。”[5]

塞勒和耶特曼在他们的书中用了很多（带引号的）“好事情”和“坏事情”的概念，罗马的衰亡/转型究竟是“好事情”还是“坏事情”，始终困扰着评论家。在18世纪末的德国哲学家约翰·戈特弗里德·赫尔德（Johann Gottfried Herder）看来，这是一件“好事情”：“垂死的罗马在病床上躺了好几个世纪……一张延伸到整个世界的病床……可能不仅对她没有帮助，反而加速了她的死亡。蛮族来执行这个任务，在这些北方巨人的眼里，罗马就像衰弱的侏儒；他们摧毁了罗马，为奄奄一息的意大利注入新的生命。”[6]

然而，与赫尔德同时代的年轻的拜伦勋爵（Lord Byron），对这个过程的看法却刚好相反：

> 从人类的所有故事可找出一个道理，
> 兴亡盛衰，无非是旧事的轮回和循环：
> 先是自由，接着是光荣，光荣消逝，
> 就出现财富、邪恶、腐败，终于野蛮。[7]

争论仍在继续。我们所知的蛮族在世界历史上留下了不可磨灭的印记。无论是好是坏，他们创造了一种基准，我们经常用这种基准来判别自己和他人。或许，在某种意义上，没有他们就没有我们：

为什么街道和广场转眼就空空荡荡，
每个回家的人都陷入沉思？

因为天黑了而野蛮人并没有来。
那些刚从边境回来的人说
再也不会有野蛮人了。

而现在，没有了野蛮人我们会怎么样？
他们，那些人，是一种解决办法。[8]

注释

引言：谁是蛮族？

［1］ *Corpus Inscriptionum Latinarum* （*CIL*） IV 1880，trans. V. Hunink，*Oh Happy Place*！*Pompeii in 1 000 Graffiti* （Sant'Oreste：Apeiron，2014），p. 252 f.

［2］ *CIL IV* 4235，trans. V. Hunink，op. cit.，p. 124.

［3］ 例如，参见 G. Halsall，'Why Do We Need the Barbarians?'（15 July 2011），https：//600 transformer. blogspot. com/2011/07/why-do-we-need-barbarians. html，accessed 18 September 2013。

［4］ G. Halsall，*Barbarian Migrations and the Roman West*，*376 –568* （Cambridge：Cambridge University Press，reprinted with corrections，2009），p. 42.

［5］ 肤色更多是一个现代而非古代的观念："尤其是在地中海沿岸，很难依据纯粹的皮肤颜色（或头发颜色）在'黑皮肤'和'白皮肤'之间划定一条明确的界线……这一认识上的模糊引起了关于古典文化中'黑人'参与程

度的激烈争论。某些人可能属于我们现在所认为的‘黑人’，但‘黑人’和‘白人’都是现代的种族概念。在这场辩论中，双方都根据依情况而变的现代种族概念来对过去的社会进行划分，这毫无帮助。” G. Halsall（2009），op. cit.，p. 44 f.

［6］G. Halsall（2009），op. cit.，p. 56.

［7］问题来自：R. W. Mathisen and D. Shanzer（eds），*Romans*，*Barbarians*，*and the Transformation of the Roman World*（Farnham：Ashgate，2011），p. 2。

［8］M. Ventris and J. Chadwick，*Documents in Mycenaean Greek*（2nd edn，Cambridge：Cambridge University Press，1974），p. 568.

［9］Aristophanes，*Birds* 1700f.；cf. Theocritus，*Idyll* 15.

［10］Plato，*Protagoras* 341c.

［11］E. Hall，*Inventing the Barbarian*：*Greek Self-Definition through Tragedy*（Oxford：Oxford University Press，1989），p. 5.

［12］Thucydides 1. 3. 3，trans. S. Kershaw.

［13］参见 E. Hall，op. cit.，*passim*。

［14］Euripides，*Iphigeneia in Aulis* 1400.

［15］Aristotle，*Politics* 1252b8 ff.，trans. S. Kershaw.

［16］详见拉埃柳斯（Laelius），西塞罗曾在演讲中提及，Cicero's *De Re Publica* 1. 37. 58，参见第 1 章的“罗慕路斯和雷慕斯”。

［17］Pliny，*Natural History*（*NH*）2. 80. 189 - 90，trans. H. Rackham，in Pliny，*Natural History*，*Volume I*：*Books 1 - 2*（Cambridge，MA：Harvard University Press，1938）.

第 1 章　神话与历史的交织：从埃涅阿斯到“傲慢王”塔克文

［1］Homer，*Iliad* 20. 187 ff.，trans. R. Lattimore，in Homer，*The Iliad of Homer*（Chicago，IL：University of Chicago Press，1951）.

［2］Homer，*Iliad* 5. 297 - 317；5. 431 - 459.

［3］Virgil，*Aeneid* 1. 1 - 7，trans. C. Day Lewis，in Virgil，*The Eclogues*，

Georgics and Aeneid of Virgil（Oxford：Oxford University Press，1966）.

[4] 约公元前59年—公元17年。

[5] Livy 1.1.5，trans. A. de Selincourt，in Livy，*The Early History of Rome*：*Books I－V of The History of Rome from its Foundation*（Harmondsworth：Penguin，1960）.

[6] Livy 1.1.8，trans. A. de Selincourt（1960），op. cit.

[7] 关于阿斯卡尼乌斯的传说充满了混乱和矛盾，参见本章的“阿尔巴·隆伽”。

[8] Virgil，*Aeneid* 8.485 ff.，trans. C. Day Lewis，op. cit.

[9] 参见S. Kershaw，*A Brief Guide to the Greek Myths*（London：Robinson，2007），pp. 264，318 ff。

[10] Virgil，*Aeneid* 9.614 ff.

[11] Livy 1.2.6，trans. S. Kershaw.

[12] Livy 1.3.2－3，trans. A. de Selincourt（1960），op. cit.

[13] Virgil，*Aeneid* 6.763－5.

[14] Livy 1.3.6.

[15] Livy 1.3.11，trans. A. de Selincourt（1960），op. cit.

[16] 例如，参见 https：//www.archaeology.org/news/2028－140414-rome-forum-dates，accessed 12 August 2018。

[17] 约公元前200年—公元前118年。

[18] 约公元前60年—公元前7年。

[19] Livy 1.4.1－3，trans. S. Kershaw.

[20] Livy 1.4.7.

[21] 例如，参见 T. A. J. McGinn，*The Economy of Prostitution in the Roman World*：*A Study of Social History and the Brothel*（Ann Arbor：University of Michigan Press，2004），p. 7 f。

[22] Livy 1.7.1－2，trans. A. de Selincourt（1960），op. cit.

[23] Livy 1.7.2，trans. S. Kershaw.

[24] Cicero，*De Re Publica* 1.37.58，trans. C. W. Keyes，in Cicero，*On*

the Republic. On the Laws (Cambridge, MA: Harvard University Press, 1928).

[25] Vitruvius 6. 1. 10 – 11, trans. P. Jones and K. Sidwell, *The World of Rome: An Introduction to Roman Culture* (Cambridge: Cambridge University Press, 1997), p. 2; cf. p. xxiv f.

[26] Virgil, *Aeneid* 6. 777 – 84, trans. C. Day Lewis, op. cit.

[27] 他使用的是 *agrestis* 这个拉丁语单词，意思是“乡下的”“粗野的”“未开化的”。他们是野蛮人。

[28] 扈从实际上就是保镖。参见第 3 章的“公元前 5 世纪平民争取平等权利的斗争”。

[29] Livy 1. 8. 1 – 2, trans. A. de Selincourt (1960), op. cit.

[30] Livy 1. 8. 6, trans. A. de Selincourt (1960), op. cit.

[31] Livy 1. 8. 6 – 7. 参见第 3 章的“公元前 5 世纪平民争取平等权利的斗争”。

[32] Livy 1. 9. 5, trans. A. de Selincourt (1960), op. cit.

[33] 这是为马神尼普顿（Neptune）举办的赛会。

[34] Livy 1. 9. 10 – 11, trans. B. O. Foster, in Livy, *History of Rome, Volume I: Books 1 – 2* (Cambridge, MA: Harvard University Press, 1919).

[35] Livy 1. 9. 14 – 16, trans. A. de Selincourt (1960), op. cit.

[36] 参见 H. I. Flower, 'The Tradition of the Spolia Opima: M. Claudius Marcellus and Augustus', *Classical Antiquity*, vol. 19, no. 1 (2000), pp. 34 – 64; S. J. Harrison, 'Augustus, the Poets, and the Spolia Opima', *Classical Quarterly*, vol. 39, no. 2 (1989), pp. 408 – 14。

[37] Livy 1. 11. 5 – 9.

[38] Livy 1. 13. 2 – 3, trans. A. de Selincourt (1960), op. cit.

[39] Livy 1. 13. 4 – 5.

[40] Livy 1. 16. 1, trans. S. Kershaw.

[41] Virgil, *Aeneid* 6. 812 ff. , trans. C. Day Lewis, op. cit.

[42] Livy 1. 26. 4 – 5.

[43] Livy 1. 27. 1 - 3.

[44] Livy 1. 28. 6.

[45] Livy 1. 28. 9，trans. B. O. Foster (1919)，op. cit.

[46] Virgil，*Aeneid* 8. 642 - 5，trans. C. Day Lewis，op. cit.

[47] Livy 1. 28. 11，trans. B. O. Foster (1919)，op. cit.

[48] Livy 1. 57. 2 - 5，trans. A. de Selincourt (1960)，op. cit.

[49] Livy 1. 58. 10 - 11，trans. S. Kershaw.

[50] Virgil，*Aeneid* 8. 647 - 52，trans. C. Day Lewis，op. cit.

[51] Livy 2. 10. 1 - 6，trans. S. Kershaw.

[52] Livy 2. 10. 11，trans. S. Kershaw.

[53] Livy 2. 10. 12，trans. S. Kershaw.

[54] Livy 2. 13.

[55] Livy 2. 14.

[56] Tacitus，*Histories* 3. 72；Pliny，*NH* 34. 139.

[57] Dionysius of Halicarnassus 7. 5 - 6.

[58] Dionysius of Halicarnassus 6. 95. 2，trans. E. Cary，in Dionysius of Halicarnassus，*Roman Antiquities*，*Volume IV*：*Books 6. 49 - 7* (Cambridge，MA：Harvard University Press，1943).

第 2 章　布伦努斯：洗劫罗马的高卢人

[1] Plutarch，*Camillus* 15. 1 - 16. 2.

[2] Pliny，*NH* 35. 25，trans. H. Rackham，in Pliny，*Natural History*，*Volume IX*：*Books* 33 - 35 (Cambridge，MA：Harvard University Press，1952)；cf. the Gaul who fights Titus Manlius，参见第 3 章的“布伦努斯洗劫罗马后平民争取平等权利的斗争”。

[3] Dionysius of Halicarnassus 13. 10 - 11.

[4] 普鲁塔克的记述中没有提到父亲的名字，卢库摩是儿子的名字。

[5] Dionysius of Halicarnassus 13. 10. 2. 在普鲁塔克的版本中，这段奸情是你情我愿的（Plutarch，*Camillus* 15. 3）。

［6］ Dionysius of Halicarnassus 13. 11. 1，trans. E. Cary，in Dionysius of Halicarnassus，*Roman Antiquities*，*Volume VII*：*Books 11 - 20*（Cambridge，MA：Harvard University Press，1950).

［7］ Plutarch，*Camillus* 15. 2，trans. B. Perrin，in Plutarch，*Lives*，*Volume II*：*Themistocles and Camillus. Aristides and Cato Major. Cimon and Lucullus*（Cambridge，MA：Harvard University Press，1914).

［8］ Plutarch，*Camillus* 16. 2；cf. Polybius 2. 18. 1.

［9］ 参见 R. Stillwell et al.（eds），*The Princeton Encyclopedia of Classical Sites*，http：//www. perseus. tufts. edu/hopper/text? doc＝Perseus：text：1 999. 04. 0006：entry＝sena-gallica，accessed 17 May 2018。

［10］ Plutarch，*Camillus* 17. 8 - 12，trans. B. Perrin（1914），op. cit. ①

［11］ Pliny，*NH* 14. 149，trans. H. A. Rackham，in Pliny，*Natural History*，*Volume IV*，*Books 12 - 16*（Cambridge，MA：Harvard University Press，1945).

［12］ Ammianus Marcellinus 15. 12. 4，trans. W Hamilton，in Ammianus Marcellinus，*The Later Roman Empire*（*AD 345 - 378*），selected and translated by Walter Hamilton with an introduction and notes by Andrew Wallace-Hadrill（London：Penguin，1986).

［13］ Plutarch，*Camillus* 17. 1.

［14］ Plutarch，*Camillus* 17. 2 - 4，trans. B. Perrin（1914），op. cit.

［15］ Diodorus Siculus 14. 113. 5.

［16］ Plutarch，*Camillus* 18. 1，trans. B. Perrin（1914），op. cit.

［17］ Plutarch，*Camillus* 18. 2，trans. B. Perrin（1914），op. cit.

［18］ Diodorus Siculus 14. 114. 1.

［19］ 参见 A. Drummond，'Fabius Ambustus，Quintus'，in S. Hornblower and A. Spawforth（eds），*The Oxford Classical Dictionary*（3rd edn，Oxford：Oxford University Press，1996)。

---

① 应为 Polybius 2. 17。

［20］哈利卡纳索斯的狄奥尼修斯（Dionysius of Halicarnassus，13. 12. 2）说罗马军队的阵容是四个训练有素的精兵军团，还有大量习惯于舒适的室内生活、缺乏战斗经验的其他公民辅助军团。

［21］Plutarch，*Camillus* 18. 6，trans. B. Perrin（1914），op. cit.

［22］例如，Plutarch，*Camillus* 18. 7。

［23］Plutarch，*Camillus* 18. 4－5.

［24］这将战斗发生的日期确定在 7 月中旬，但年份仍然存疑。参见本章的“罗马何时被洗劫?”及后页。

［25］Plutarch，*Camillus* 19. 7－8，trans. B. Perrin（1914），op. cit.

［26］留胡子并不代表野蛮。

［27］Livy 5. 41，trans. A. de Selincourt（1960），op. cit.；cf. Plutarch，*Camillus* 21. 2－22. 6.

［28］Livy 5. 42. 8，trans. S. Kershaw.

［29］卡米卢斯在普鲁塔克、哈利卡纳索斯的狄奥尼修斯、阿庇安和迪奥·卡西乌斯的记述中都是一个重要人物，但是在狄奥多罗斯的版本中无足轻重，波里比阿则根本没有提到他。

［30］Plutarch，*Camillus* 23. 3，trans. B. Perrin（1914），op. cit.

［31］Plutarch，*Camillus* 23. 3，trans. B. Perrin（1914），op. cit.

［32］Plutarch，*Camillus* 23. 5，trans. B. Perrin（1914），op. cit.

［33］Dionysius of Halicarnassus 13. 6. 4，trans. E. Cary（1950），op. cit.

［34］Cf. Diodorus Siculus 14. 116. 3－4.

［35］Dionysius of Halicarnassus 13. 6. 4，trans. E. Cary（1950），op. cit.

［36］Diodorus Siculus 14. 116. 5－7.

［37］Plutarch，*Camillus* 28. 3. 没有其他文献提及这次入侵。这并非不可能，但真实性存疑。

［38］李维用了 *regulus* 这个含有贬义的形容词来描述布伦努斯，意思是“小国王”，讽刺他身材矮小。

［39］Livy 5. 48. 8－9，trans. S. Kershaw.

［40］‘Τοῖς νενικημένοις ὀδύνη’，Plutarch，*Camillus* 28. 5.

［41］Livy 5. 49. 3；cf. Plutarch，*Camillus* 29. 2. 卡米卢斯说罗马人的习俗是解救城邦要靠兵器而不是黄金。维基百科和互联网上其他常见的文献来源都引用了普鲁塔克的著作，错误地将卡米卢斯的话记录为"*non auro*，*sed ferro*，*recu-peranda est patria*"［https：//en. wikipedia. org/wiki/Brennus _（4th _ century _ BC），accessed 23 May 2018］。在李维的记载中，这句话出现在公开演讲中［*ferroque non auro reciperare*（or *recuperare*）*patriam iubet*］，而普鲁塔克是用希腊语写作的。

［42］Livy 5. 49. 6.

［43］Plutarch，*Camillus* 22. 1.

［44］Plutarch，*Camillus* 30. 1。望日是古罗马历中 3、5、7、10 月的第 15 日，或其余各月的第 13 日。

［45］历史学家和考古学家使用"相对"年表来表示事件发生的顺序，使用"绝对"年表来指定事件发生的确切日期。

［46］Polybius 1. 6. 1，trans. S. Kershaw.

［47］例如，参见 F. Walbank，*A Historical Commentary on Polybius*：*Vol. 1*，*Commentary on Books I - VI*（Oxford：Oxford University Press，1970），ad. 1. 6. 1 - 2，p. 46 f.，ad. 2. 18. 6，pp. 185 - 7，pp. 35 - 7。

［48］*CIL* IV. 1842，trans. S. Kershaw。诺奈日是古罗马历中 3、5、7、10 月的第 7 日，或其余各月的第 5 日。罗马人计数时将起始日包含在内，所以第 7 日的前五天是 3 日，而不是 2 日。

［49］这六位编出来的执政官是：Papirius and Vivius，Sacraviensis and Caeliomontanus，Priscus and Cominius。他们出现在 *Chronography of 354 AD* 中。参见 http：//www. tertullian. org/fathers/chronography _ of _ 354 _ 00 _ eintro. htm，accessed 21 May 2018。

［50］瓦罗生活在公元前 116 年至公元前 27 年。关于瓦罗年表，参见 J. Lendering，'Varronian Chronology'，at http：//www. livius. org/articles/concept/varronian-chronology，accessed 20 May 2018；H. A. Sanders，'The Chronology of Early Rome'，*Classical Philology*，vol. 3，no. 3（1908），pp. 316 - 29。

［51］残存的《卡皮托大事记》（*Fasti Capitolini*）现今在罗马的卡皮托博物馆（Capitoline Museums）展出。

［52］例如，参见‘History of Rome’，https：//en. wikipedia. org/wiki/History _ of _ Rome，accessed 21 May 2018。

［53］Plutarch，*Camillus* 30. 1，trans. S. Kershaw. 他使用的希腊语单词是 παραλόγως（拉丁语写作 *paralogos*，意思是“难以计数的”“出乎意料的”），其形容词形式为 παραλογώτερον（拉丁语写作 *paralogoteron*）。

［54］Livy 5. 43. 1 ff. ，47. 1 ff.

［55］例如，参见 F. Walbank，op. cit. ，ad. 2. 18. 2，p. 185。

［56］See H. Bellen，*Metus Gallicus — Metus Punicus. Zum Furchtmotiv in der romischen Republik*（Wiesbaden：Steiner，1985）；J. Wankenne，‘*Heinz Bellen*，*Metus Gallicus — Metus Punicus. Zum Furchtmotiv in der römischen Republik*’，*L'antiquité classique*，no. 56（1987），pp. 463－4；A. Kneppe，*Metus temporum*：*zur Bedeutung von Angst in Politik und Gesellschaft der römischen Kaiserzeit des 1. und2. Jhdts. n. Chr.*（Wiesbaden：Steiner，1994）.

第 3 章　平民：野蛮的内部人和内部的反抗者

［1］Polybius 1. 6. 3，trans. W R. Paton，in Polybius，*The Histories*，*Volume I*：*Books 1－2*，translated by W R. Paton，revised by F. W. Walbank and C. Habicht（Loeb Classical Library 128，Cambridge，MA：Harvard University Press，2010）.

［2］Polybius 2. 18. 9. 不过，李维没有提到这次和平条约。

［3］参见本章的“公元前 5 世纪平民争取平等权利的斗争”中，墨涅尼乌斯·阿格里帕将社会比作身体各个部分的寓言。

［4］关于早期罗马史的日期，通用的说明适用于整个讨论，参见第 2 章的“罗马何时被洗劫?”及后页。另参见 M. Breaugh，*The Plebeian Experience*：*A Discontinuous History of Political Freedom*（New York：Columbia University Press，2013），pp. 4－11。

［5］李维（Livy 2. 32. 2）提到，历史学家皮索（Piso）说他们去了阿芬丁

山，不过这种说法没有被普遍接受。

[6] Livy 2. 32. 8，trans. S. Kershaw.

[7] Livy 2. 32. 9 - 11，trans. A. de Selincourt（1960），op. cit.

[8] Livy 3. 55. 10，trans. B. O. Foster，in Livy，*History of Rome*，*Volume II*：*Books 3 - 4*（Cambridge，MA：Harvard University Press，1922).

[9] 另外两位保民官是谁尚不确定。

[10] 这里应该是"最多"还是"最少"，可能存在疑问（拉丁语手写体的 *minore* 和 *maiore* 看起来非常相似）。

[11] Gellius XX. 1. 42，trans. S. Kershaw.

[12] Gellius XX. 1. 42，trans. E. H. Warmington，*Remains of Old Latin*，*Volume III*：*Lucilius. The Twelve Tables*（Cambridge，MA：Harvard University Press，1938).

[13] Cicero，*De Legibus* III. 8. 9，trans. E. H. Warmington，op. cit.

[14] Ulpian，*Tituli ex corpore Ulpiani* 10. 1，trans. E. H. Warmington，op. cit.

[15] Cicero，*Philippics* 2. 28. 69，trans. S. Kershaw. 事实上，西塞罗指的是马克·安东尼与塞瑟里斯（Cytheris）的婚外情，但是为了修辞效果，他将其视同为合法婚姻。

[16] Gaius，*Institutes* 1. 144 - 5，trans. E. H. Warmington，op. cit.

[17] Livy 3. 55. 1，trans. A. de Selincourt（1960），op. cit.

[18] Livy 6. 10 - 20.

[19] Livy 6. 11. 7.

[20] Livy 6. 11. 6 - 8，trans. Revd Canon Roberts，in Livy，*History of Rome*（New York：E. P. Dutton and Co.，1912).

[21] 骑兵长官是独裁官的得力助手。

[22] Livy 6. 11. 10，trans. S. Kershaw.

[23] Livy 6. 14. 10，trans. S. Kershaw.

[24] Livy 6. 15. 4 - 5，trans. Revd Canon Roberts，op. cit.

[25] Livy 6. 15. 13，trans. Revd Canon Roberts，op. cit.

[26] Livy 6. 18. 16，trans. Revd Canon Roberts，op. cit.

［27］ Livy 6.19.3，trans. S. Kershaw.

［28］ Livy 6.19.6－7，trans. Revd Canon Roberts，op. cit.

［29］ Livy 6.11.8.

［30］ Livy 6.34.3，trans. S. Kershaw.

［31］ Livy 6.34.5，trans. B. O. Foster，in Livy，*History of Rome*，*Volume III*：*Books 5－7*（Cambridge，MA：Harvard University Press，1924）.

［32］ Livy 6.34.11，trans. B. O. Foster（1924），op. cit.

［33］ 讽刺的是，李锡尼后来因为违反他自己制定的法律而受到惩罚（Livy 7.16.9）。

［34］ Livy，6.35.5－6.

［35］ Livy 6.37.2－11，trans. B. O. Foster（1924），op. cit.

［36］ Livy 7.10.5－11，trans. B. O. Foster（1924），op. cit.

［37］ Livy 8.15.9.

［38］ Livy 6.42.12.

［39］ 公元前366年，AUC 388年；Livy 6.42.12－13，7.1.4－6。

第4章 伊庇鲁斯的皮洛士：卡德摩斯式的胜利和皮洛士式的胜利

［1］ 指高卢人洗劫罗马。

［2］ Polybius 1.12.7，trans. I. Scott-Kilvert，in Polybius，*The Rise of the Roman Empire*（Harmondsworth：Penguin，1979）.

［3］ 古代伊庇鲁斯包括今希腊和阿尔巴尼亚西北部部分地区。

［4］ Livy 8.17.9－10.

［5］ Livy 8.24. See J. Lendering，'Alexander of Molossis'（2004），http://www.livius.org/articles/person/alexander-of-molossis/?，accessed 3 June 2018.

［6］ Thucydides 2.80.5－7，trans. C. F. Smith，in Thucydides，*History of the Peloponnesian War*，*Volume I*：*Books 1－2*（Cambridge，MA：Harvard University Press，1919）.

［7］ Euripides，*Andromache* 663－6，trans. D. Kovacs，in Euripides，*Children of Heracles. Hippolytus. Andromache. Hecuba*（Cambridge，MA：

Harvard University Press，1995).

［8］特洛伊的普里阿摩斯（Priam）和赫卡柏（Hecuba）之子。

［9］阿喀琉斯的祖父。

［10］Euripides，*Andromache* 1243－9，trans. D. Kovacs，op. cit.

［11］Plutarch，*Pyrrhus* 1. 3，trans. B. Perrin，in Plutarch，*Lives*，*Volume IX*：*Demetrius and Antony. Pyrrhus and Gaius Marius*（Cambridge，MA：Harvard University Press，1920).

［12］Plutarch，*Pyrrhus* 1. 3，trans. B. Perrin（1920).

［13］Plutarch，*Pyrrhus* 3. 2，trans. B. Perrin（1920).

［14］Plutarch，*Pyrrhus* 5. 1，trans. B. Perrin（1920).

［15］安蒂哥妮是贝勒尼基与一个名叫菲利普（Philip）的马其顿人的女儿，出生在她与托勒密结婚之前。

［16］Plutarch，*Pyrrhus* 7. 2，trans. B. Perrin（1920)，op. cit.；cf. *Demetrius*，36. 2－6，37，40. 1.

［17］Plutarch，*Pyrrhus* 7. 4.

［18］Herodotus 2. 52.

［19］Plutarch，*Pyrrhus* 13. 1.

［20］Plutarch，*Pyrrhus* 3. 4－5，trans. B. Perrin（1920)，op. cit.

［21］Homer，*Iliad* 1. 491 f.，trans. B. Perrin（1920)，op. cit.

［22］Plutarch，*Pyrrhus* 14. 1－8，trans. B. Perrin（1920)，op. cit.

［23］Plutarch，*Pyrrhus* 16. 4.

［24］Plutarch，*Pyrrhus* 16. 5，trans. S. Kershaw.

［25］Plutarch，*Pyrrhus* 16. 57－8，trans. B. Perrin（1920)，op. cit.

［26］例如，参见 Herodotus 1. 166. 1 － 2；Plato，*Laws* 641c。另参见 Henry George Liddell（compiler)，Robert Scott（compiler)，Henry Stuart Jones（ed.)，Roderick McKenzie（ed.)，*A Greek-English Lexicon*（9th edn，New York：Oxford University Press，1995)。

［27］参见 S. Kershaw（2007)，op. cit.，pp. 212 ff。

［28］参见 S. Kershaw（2007)，op. cit.，pp. 156 ff。

［29］Plutarch，*Pyrrhus* 19. 5.

［30］Plutarch，*Pyrrhus* 21. 1 - 4.

［31］普鲁塔克（Plutarch，*Pyrrhus* 21. 9）说，作为他的文献来源之一，狄奥尼修斯没有提到阿斯库伦的两场战役，只是说有一天两军交战到日落。显然他也没有提到罗马的失败。

［32］Plutarch，*Pyrrhus* 21. 7，trans. I. Scott-Kilvert，in Plutarch，*The Age of Alexander*：*Nine Greek Lives*（Harmondsworth：Penguin，1973）.

［33］Plutarch，*Pyrrhus* 21. 9 - 10，trans. I. Scott-Kilvert（1973），op. cit.

［34］Polybius 3. 25. 3 - 5，trans. I. Scott-Kilvert（1979），op. cit.

［35］波里比阿没有提供明确的年代记载；李维将这一日期记录为公元前279/前 278 年（ep. 13，*quarto foedus renovatum*）。

［36］Justin 18. 2.

［37］Plutarch，*Pyrrhus* 22. 6，trans. B. Perrin（1920），op. cit.

［38］Plutarch，*Pyrrhus* 22. 4，24. 1.

［39］Plutarch，*Pyrrhus* 23. 3，trans. B. Perrin（1920），op. cit.

［40］Cf. Dionysius of Halicarnassus，*Excerpta ex lib. xx* 8.

［41］Plutarch，*Pyrrhus* 23. 3，trans. S. Kershaw.

［42］Plutarch，*Pyrrhus* 24. 3 - 4，trans. B. Perrin（1920），op. cit.

［43］Dionysius of Halicarnassus 20. 9. 1，trans. E. Cary（1950），op. cit.

［44］Dionysius of Halicarnassus 20. 9. 2，trans. E. Cary（1950），op. cit.

［45］Dionysius of Halicarnassus 20. 10. 1，trans. E. Cary（1950），op. cit.

［46］Livy，*Periochae* 13 - 14.

［47］Pliny，*NH* 7. 68.

［48］Livy，*Periochae* 14.

［49］Dionysius of Halicarnassus，20. 10. 1. 奥罗修斯（Orosius，4. 2. 5）给了皮洛士八万六千人的大军。参见 J. Champion，*Pyrrhus of Epirus*（Barnsley：Pen & Sword Military，2009），p. 120。

［50］Dionysius of Halicarnassus 20. 11. 1，trans. E. Cary（1950），op. cit.

［51］Plutarch，*Pyrrhus* 25. 3；Dionysius of Halicarnassus 20. 12. 3.

[52] Frontinus, *Stratagems* 2.2.1, trans. C. E. Bennett and M. B. McElwain, in Frontinus, *Stratagems. Aqueducts of Rome* (Cambridge, MA: Harvard University Press, 1925).

[53] Plutarch, *Pyrrhus* 25.4 - 5, trans. B. Perrin (1920), op. cit.

[54] Orosius, *Histories Against the Pagans* 4.2.5, trans. I. W. Raymond, in Paulus Orosius, *Seven Books of History Against the Pagans*: *The Apology of Paulus Orosius* (New York: Columbia University Press, 1936).

[55] Aelian, *On Animals* 1.38, 2.36, trans. A. F. Scholfield, in Aelian, *On Animals*, *Volume III*: *Books 12 - 17* (Cambridge, MA: Harvard University Press, 1959). 他在这里给出的例子是公元前266年，麦加拉人（Megarians）用这种计策对抗马其顿的安提柯二世，但是他显然暗示罗马人也是这样做的。

[56] 参见 Pliny, *NH* 3.105。这座城市在希腊语中被称为 Maloeis（意思是“羊城”或“苹果城”），其宾格形式 Maloenta 拉丁化为 Maleventum。*male*（“坏的”）加上 *venio*（“未来”）、*ventus*（“风”）或 *eventus*（“结果”），在罗马人听来就成了“邪风”“凶兆”或“坏结果”。

[57] Plutarch, *Pyrrhus* 26.1 - 2, trans. B. Perrin (1920), op. cit.

[58] Quoted by Plutarch, *Pyrrhus* 26.5, trans. B. Perrin (1920), op. cit.

[59] Plutarch, *Pyrrhus* 26.6, trans. B. Perrin (1920), op. cit.

[60] 契洛妮斯似乎也看中了阿里乌斯英俊的儿子阿克罗塔图斯（Acrotatus）（Plutarch, *Pyrrhus* 28.3）。

[61] 这是普鲁塔克对皮洛士之死的描述（Plutarch, *Pyrrhus* 34）。奥罗修斯说他是被一块石头砸死的（Orosius, *Histories Against the Pagans* 4.2.5）。

第5章 门口的汉尼拔

[1] Livy 21.1.1, trans. S. Kershaw.

[2] *The Importance of Being Earnest* (1895), Act I.

[3] Virgil, *Aeneid* 4.621 ff., trans. H. Rushton Fairclough, in Virgil, *Ec-*

logues Georgies. Aeneid：*Books 1－6*（Cambridge，MA：Harvard University Press，1916）.

［4］约公元前 254 年—公元前 184 年。

［5］参见 S. Kershaw，*A Brief Guide to Classical Civilization*（London：Robinson，2010），pp. 244－9。

［6］迦太基帝国使用的布匿语是一种中北部的闪米特语，是腓尼基语的晚期形式，与希伯来语和摩押语（Moabite）非常接近。

［7］Plautus，*Poenulus* 994－1029，trans. S. Kershaw.

［8］Cicero，*De Lege Agraria* 2. 95，trans. J. H. Freese，in Cicero，*Pro Quinctio. Pro Roscio Amerino. Pro Roscio Comoedo. On the Agrarian Law*（Cambridge，MA：Harvard University Press，1930）.

［9］Polybius 3. 22.

［10］关于这一日期存在争议。参见 F. Walbank，op. cit.，ad. 2. 22－5，p. 337 f。

［11］Polybius 3. 24.

［12］Polybius 3. 25，trans. I. Scott-Kilvert（1979），op. cit. 参见第 4 章的"意大利的较量"。

［13］参见 Polybius 1. 8－10。

［14］在李维的记载中，这位执政官的名字是昆图斯·弗尔维尤斯·弗拉库斯（Quintus Fulvius Flaccus）。参见 T. R. S. Broughton，*The Magistrates of the Roman Republic*，*Vol. 1*：*509 BC－100 BC*（Cleveland，Ohio：Case Western Reserve University Press，1951），p. 202。

［15］Polybius 1. 11.

［16］Polybius 1. 12. 5，trans. S. Kershaw.

［17］Silius Italicus，*Punica* 1. 71－7.

［18］Valerius Maximus 9. 3. 2.

［19］Polybius 1. 20. 2.

［20］波里比阿（Polybius 1. 22）详细描述了该设备及其用途。另参见 *Inscriptiones Latinae Selectae*（*ILS*）65。

［21］关于这场战争，波里比阿（Polybius 1. 11 - 64）是主要的文献来源。

［22］Polybius 1. 62 - 3.

［23］Polybius 1. 81. 4 - 82. 2，trans. W. R. Paton（2010），op. cit.

［24］Livy 21. 4，trans. S. Kershaw.

［25］Polybius 2. 1. 7 - 8.

［26］Diodorus Siculus 25. 10. 3 - 4［位于赫利斯（Helice），可能是今埃尔切（Elche）］；Livy 24. 41. 3［位于阿尔巴城堡（Castrum Album），可能是今阿利坎特（Alicante）］。

［27］Polybius 3. 29. 3，trans. S. Kershaw.

［28］Livy 21. 3. 1.

［29］Livy 21. 4. 5 - 9，trans. S. Kershaw.

［30］例如，参见 Horace，*Odes* 3. 6. 36，4. 4. 49。另参见 B. Isaac，*The Invention of Racism in Classical Antiquity*（Princeton and Oxford：Princeton University Press，2004），pp. 326 ff。

［31］Polybius 9. 26. 11，trans. I. Scott-Kilvert（1979），op. cit.；cf. 9. 22. 8，9. 24. 8.

［32］Livy 21. 4. 2.

［33］参见 G. K. Jenkins，*Coins of Punic Sicily*（Lancaster，PA：Classical Numismatic Group，1997）；G. K. Jenkins and R. B. Lewis，*Carthaginian Gold and Electrum Coins*（London：Royal Numismatic Society，1963）；http：//www. livius. org/pictures/a/carthaginian-art/melqart-on-a-coin-of-hannibal，accessed 17 June 2018。

［34］例如，参见 I. Van Sertima（ed.），*African Presence in Early Europe*（New Brunswick and Oxford：Transaction Books，1985）；J. A. Rogers，*Sex and Race：Negro-Caucasian Mixture in All Ages and All Lands*（New York：Rogers，1967）；J. A. Rogers，*World's Great Men of Color I*（New York：Simon & Schuster 1996）。反对的例子参见 F. M. Snowden，'Misconceptions about African Blacks in the Ancient Mediterranean World：Specialists and Afrocentrists'，*Arion：A Journal of Humanities and the Classics*，Third

Series，vol. 4，no. 3（Winter 1997），pp. 28 - 50；M. Lefkowitz，*Not Out of Africa：How Afrocentrism Became an Excuse to Teach Myth as History*（New York：New Republic and Basic Books，1997）。

［35］可能可以追溯到公元前 230 年—公元前 228 年，肯定在《埃布罗河条约》（The Ebro River Treaty）之前。

［36］Polybius 3. 33. 2 - 4，trans. I. Scott-Kilvert（1979），op. cit.

［37］Livy 21. 1. 2 - 3，trans. A. de Selincourt，in Livy，*The War with Hannibal：Books XXI - XXX of The History of Rome from its Foundation*（Harmondsworth：Penguin，1965）.

［38］在罗马与迦太基的战争中，有三个名叫普布利乌斯·科尼利厄斯·西庇阿的人，其中两个也被称为“阿非利加征服者”：（1）普布利乌斯·科尼利厄斯·西庇阿（公元前 218 年任执政官，公元前 211 年逝世）；（2）他的儿子“阿非利加征服者”普布利乌斯·科尼利厄斯·西庇阿（大西庇阿，公元前 236 年—公元前 183 年），与汉尼拔作战；（3）“阿非利加征服者”“努曼提亚征服者”普布利乌斯·科尼利厄斯·西庇阿·埃米利安努斯（小西庇阿，公元前 185 年—公元前 129 年），在第三次布匿战争中摧毁了迦太基。

［39］Polybius 3. 46. 7 - 11，trans. I. Scott-Kilvert（1979），op. cit.

［40］Polybius 3. 46. 12，trans. I. Scott-Kilvert（1979），op. cit.

［41］Livy 21. 32. 7，trans. S. Kershaw.

［42］Livy 21. 33. 7.

［43］W C. Mahaney et al.，‘Biostratigraphic Evidence Relating to the Age-Old Question of Hannibal's Invasion of Italy，I：History and Geological Reconstruction’，*Archaeometry*，vol. 59，no. 1（February 2017），https：// onlinelibrary. wiley. com/doi/full/10. 1111/ arcm. 12231，accessed 17 June 2018. See also G. de Beer，*Hannibal's March*（London：Sidgwick & Jackson，1967）.

［44］Livy 21. 35. 9，trans. S. Kershaw.

［45］特雷比亚河是波河的支流，向西流入普拉森提亚。李维称战斗发生在河流的右岸，波里比阿则不太确定地称战斗发生在河流左岸。

［46］他是一个平民和“新人”，公元前 223 年担任执政官，因为在公元前

232 年提出颇具争议的《弗拉米尼法》(*lex Flaminia*) 而著名。这项法案涉及土地改革和公元前 221 年弗拉米尼乌斯竞技场 (Circus Flaminius) 的建设。

[47] Polybius 3. 80. 3.

[48] 费边曾于公元前 233 年和公元前 228 年担任执政官，于公元前 230 年担任监察官。后文提到的“拖延者”并不是他的官方绰号。

[49] See Polybius 3. 93 - 4；Livy 22. 15 - 17.

[50] 关于这场战役的详细描述，参见 Polybius 3. 112 - 16；Livy 22. 47，with discussions by F. Walbank，op. cit. ，ad. 3. 107 - 17，pp. 435 - 48。

[51] Livy 22. 51. 9，trans. A. de Selincourt (1965)，op. cit.

[52] Virgil，*Aeneid* 6. 845 - 6，trans. C. Day Lewis，op. cit.

[53] Livy 25. 31. 9，trans. A. de Selincourt (1965)，op. cit.

[54] Plutarch，*Marcellus* 21. 1，trans. S. Kershaw；Livy 25. 40. 1 - 3.

[55] Plutarch，*Marcellus* 21. 1 - 2，trans. S. Kershaw.

[56] Livy 27. 16. 7 ff.

[57] Pliny，*NH* 34. 40.

[58] Plutarch，*Marcellus* 21. 5，trans. B. Perrin，in Plutarch，*Lives，Volume V：Agesilaus and Pompey. Pelopidas and Marcellus* (Cambridge，MA：Harvard University Press，1917).

[59] Livy 25. 40. 2，trans. S. Kershaw.

[60] Plutarch，*Marcellus* 21. 5，trans. Kershaw.

[61] Plutarch，*Marcellus* 30，trans. I. Scott-Kilvert，in Plutarch，*Makers of Rome：Nine Lives* (Harmondsworth：Penguin，1965).

[62] Livy 27. 49. 1，trans. A. de Selincourt (1965)，op. cit. 梅陶罗河在安科纳 (Ancona) 与里米尼之间的法诺 (Fano) 附近流入亚得里亚海。关于这场战役，参见 Livy 27. 46 - 9。

[63] Horace，*Odes* 4. 4. 37 ff. ，trans. N. Rudd，in Horace，*Odes and Epodes*，edited and translated by N. Rudd (Cambridge，MA：Harvard University Press，2004).

[64] See Polybius 14. 2 - 5；Livy 30. 3 - 6.

［65］ See Polybius 14.8；Livy 30.6－9.

［66］ Livy 30.20.3，trans. F. G. Moore，in Livy，*History of Rome*，*Volume VIII*：*Books* 28－30（Cambridge，MA：Harvard University Press，1949).

［67］ Livy 30.20.3，trans. F. G. Moore，op. cit.；cf. Polybius 9.5 and 10.2.

［68］ Polybius 15.9，trans. I. Scott-Kilvert（1979），op. cit.

［69］ 这句话从来没有确切地以这种表述形式出现过。参见 Plutarch，*Cato the Elder* 27.1：'*δοκεῖ δέ μοι καὶ Καρχηδόνα μὴ εἶναι*'（"我认为迦太基不应该存在"）；Pliny，*NH* 15.20：'［*Cato*］*clamaret omni senatu Carthaginem delendam* ［"（加图）对元老院全体议员大喊，迦太基应该毁灭"］；Aurelius Victor，*De Viris Illustribus* 47.8：'*Carthaginem delendam censuit*'（"他认为迦太基应该毁灭"）；Florus，*Epitoma de Tito Livio bellorum omnium annorum DCC*，Liber primus，XXXI：'*Cato inexpiabili odio delendam esse Carthaginem … pronunciabat*'（"加图怀着深仇大恨宣称，迦太基应该毁灭"）。另参见 C. E. Little，'The Authenticity and Form of Cato's Saying "Carthago Delenda Est"'，*Classical Journal*，vol. 29，no. 6（1934），pp. 429－35；S. Thürlemann，'*Ceterum censeo Carthaginem esse delendam*'，*Gymnasium*，no. 81（1974），pp. 465－75。

［70］ Livy 33.47－8.

［71］ Livy 33.47－9. 奈波斯（Nepos 23.7.6）认为这次会面发生在公元前 196 年。

［72］ Livy 35.14.5－12，trans. S. Kershaw. 这个故事尚存在疑问。李维说他（可能）是从编年史作家克劳狄·夸迪伽里乌斯那里得知这个故事的，而后者是从阿奇利乌斯（Acilius，约公元前 150 年）那里得知的，阿奇利乌斯用希腊语撰写了一部罗马史。同样的故事也出现在阿庇安的著作中（Appian 11.10)。但是根据李维的记载（Livy 34.59.8)，西庇阿并不是这个使团的成员。

［73］ Livy 37.45.15，trans. H. Bettenson，in Livy，*Rome and the Mediterranean*：*Books XXXI－XLV of The History of Rome from Its Foundation*（Harmondsworth：Penguin，1976).

[74] Nepos 23. 10 - 11; Justin 32. 4.

[75] 根据李维（Livy 49. 51）的记载，罗马人对汉尼拔在比提尼亚的存在感到担忧。另参见 Nepos 23. 12. 1 - 3。

[76] Livy 39. 51, trans. H. Bettenson, op. cit. 普鲁塔克（Plutarch, *Flamininus* 20. 5）几乎一字不差地引用了李维的说法。

[77] Plutarch, *Flamininus* 21. 1, trans. B. Perrin, in Plutarch, *Lives, Volume X: Agis and Cleomenes. Tiberius and Gaius Gracchus. Philopoemen and Flamininus* (Cambridge, MA: Harvard University Press, 1921).

[78] Juvenal, *Satires* 10. 58 ff. , trans. P. Green, in Juvenal, *The Sixteen Satires* (Harmondsworth: Penguin, 1967); cf. 8. 161, 6. 291.

第 6 章　征服希腊：希腊东部的抵抗
——腓力五世、安条克三世和马其顿的珀尔修斯

[1] Polybius 1. 1. 5, trans. W R. Paton (2010), op. cit.

[2] Horace, *Epistles* 2. 1. 155, trans. S. Kershaw.

[3] Strattis fragment (fr.) 28. 2 Koch.

[4] Plutarch, *Alexander* 51, trans. S. Kershaw.

[5] 参见 S. Casson, *Macedonia, Thrace, and Illyria* (Oxford: Oxford University Press, 1926), pp. 157 - 9; A. P Dascalakis, *The Hellenism of the Ancient Macedonians* (Thessaloniki: Institute for Balkan Studies, no. 74, 1965), pp. 50 - 95; N. G. L. Hammond and G. T. Griffith, *A History of Macedonia, II* (Oxford: Clarendon Press, 1979), pp. 46 - 54。

[6] Herodotus 5. 22, trans. A. D. Godley, in Herodotus, *The Persian Wars, Volume III: Books 5 - 7* (Cambridge, MA: Harvard University Press, 1922).

[7] Hesiod fr. 7. See M. L. West, *The Hesiodic Catalogue of Women* (Oxford: Clarendon Press, 1985), p. 10.

[8] *Die Fragmente der griechischen Historiker* (*Fragments of the Greek Historians, FGrH*) 4 F 74.

[9] Pindar frr. 120 - 1; Bacchylides fr. 20B.

［10］ Thrasymachus 85 B 2 DK.

［11］ 罗马在马其顿和希腊的总督。

［12］ 腓力五世签署这项和约，实际上就废除了先前与汉尼拔的同盟关系。

［13］ 罗马方面有哪些国家和统治者签署了和约，以及这项和约对未来罗马在希腊化世界中的政策有何影响，仍然存在争议。

［14］ Livy 29. 12. 14，trans. F. G. Moore，op. cit.

［15］ 李维没有提到波里比阿（Polybius 16. 34. 7）明确记载的互不侵犯条款。

［16］ 托勒密当时年仅 12 岁或 13 岁。

［17］ 指太阳，而非托勒密。

［18］ *Orientis Graeci Inscriptiones Selectae*（*OGIS*）90，trans. M. M. Austin，*The Hellenistic World from Alexander to the Roman Conquest*：*A Selection of Ancient Sources in Translation*（Cambridge：Cambridge University Press，1981），p. 374. 参见第 1 章的“罗慕路斯和雷慕斯”及后页。

［19］ Cf Plutarch，*Pyrrhus* 16. 5，quoted on p. 69.

［20］ Plutarch，*Flamininus* 5. 4，trans. B. Perrin（1921），op. cit.

［21］ Livy 32. 5，trans. S. Kershaw.

［22］ Plutarch，*Flamininus* 10. 5，trans. B. Perrin（1921），op. cit.

［23］ Plutarch，*Flamininus* 16. 4，trans. S. Kershaw.

［24］ Livy 34. 49. 8－11，trans. J. C. Yardley，in Livy，*History of Rome*，*Volume IX*：*Books 31－34*（Cambridge，MA：Harvard University Press，2017）.

［25］ *Sylloge Inscriptionum Graecarum*（*SIG*）III 601.

［26］ Polybius 21. 32，trans. S. Kershaw. 波里比阿的原文是‘τὴν ἀρχὴν καὶ τὴν δυναστείαν τοῦ δήμου τῶν “Ρωμαίων”’，翻译成拉丁语应为 *imperium maiestatemque populi Romani*。

［27］ Livy 34. 52.

[28] Plutarch，*Flamininus* 9. 6 - 7，trans. B. Perrin (1921)，op. cit.

[29] Plutarch，*Flamininus* 15. 1，trans. B. Perrin (1921)，op. cit.

[30] Plutarch，*Flamininus* 15. 2，trans. B. Perrin (1921)，op. cit.

[31] Plutarch，*Flamininus* 15. 3 - 17. 5.

[32] 他逃走了，参见第 5 章的“战后的汉尼拔”；cf. Livy 37. 45。

[33] 波里比阿（Polybius 21. 42）和阿庇安（Appian 11. 39）记录了条约的内容。

[34] Livy 39. 5. 13 - 16.

[35] 参见 M. M. Miles，*Art as Plunder*：*The Ancient Origins of Debate about Cultural Property*（Cambridge：Cambridge University Press，2008）。

[36] 参见 Livy 39. 8 - 18；*CIL* 12. 581 = *ILS* 18 = *Inscriptiones Latinae Liberae RRei Publicae*（*ILLRP*）511。

[37] Strabo 13. 2. 4，trans. H. L. Jones，in Strabo，*Geography*，*Volume VI*：*Books 13 - 14*（Cambridge，MA：Harvard University Press，1929).

[38] Appian 9. /4. /19，trans. P. Jones and K. Sidwell，op. cit. ，p. 21.

[39] 关于这场战役，参见 Polybius 29. 17；Livy 44. 36 - 43；Plutarch，*Aemilius Paullus* 16 - 23。

[40] Pliny，*NH* 34. 54.

[41] Plutarch，*Aemilius Paullus* 32 - 4，trans. A. H. Clough，in Plutarch，*Plutarch's Lives*，corrected from the Greek and revised by A. H. Clough (Boston：Little，Brown and Co. ，1859).

[42] Pausanias 7. 16. 7 - 10，trans. W H. S. Jones，in Pausanias，*Description of Greece*，*Volume III*：*Books 6 - 8. 21*（*Elis 2*，*Achaia*，*Arcadia*）(Cambridge，MA：Harvard University Press，1933).

[43] *De Viris Illustribus* 60，trans. S. Kershaw.

[44] Strabo 6. 381，trans. J. J. Pollitt，*The Art of Rome c. 753 BC - AD 337*：*Sources and Documents*（Cambridge：Cambridge University Press，1983)，p. 47.

[45] 卢西乌斯·穆米乌斯。

[46] 埃米利乌斯·保卢斯。

[47] 马其顿的珀尔修斯将自己的血统追溯到阿喀琉斯。埃阿科斯是阿喀琉斯的祖父。

[48] Virgil, *Aeneid* 6.836 ff., trans. C. Day Lewis, op. cit.

[49] Pliny, *NH* 15.74. 普鲁塔克也讲述了类似的故事，参见 *Cato the Elder* 27.1。参见 F. J. Meijer, 'Cato's African Figs', *Mnemosyne*, Fourth Series, vol. 37, fasc. 1/2 (1984), pp. 117-24。

[50] 他是彼得那战役的胜利者埃米利乌斯·保卢斯的儿子。

[51] 参见 R. T. Ridley, 'To Be Taken with a Pinch of Salt: The Destruction of Carthage', *Classical Philology*, vol. 81, no. 2 (1986)。

[52] Homer, *Iliad* 6.448-9, trans. W R. Paton, in Polybius, *The Histories, Volume VI: Books 28-39* (Cambridge, MA: Harvard University Press, 1922).

[53] Polybius 38.21.1, trans. W. R. Paton (1922), op. cit.

[54] Horace, *Epistles* 2.1.161 ff., trans. N. Rudd, in Horace and Persius, *Horace: Satires and Epistles. Persius: Satires* (Harmondsworth: Penguin, 1979).

[55] Livy 34.4.4, trans. S. Kershaw.

[56] Pliny, *NH* 33.150.

[57] Juvenal, *Satires* 3, trans. G. G. Ramsay, in Juvenal and Persius, *Juvenal and Persius* (Cambridge, MA: Harvard University Press, 1918).

[58] Livy 29.19.12, trans. S. Kershaw.

[59] Cicero, *Pro Rabirio Postumo* 26-7.

[60] Plutarch, *Aemilius Paullus* 6.5.

[61] Quoted by Pliny, *NH* 29.14, trans. P. Jones and K. Sidwell, op. cit., p. 24.

[62] Horace, *Epistles* 2.1.156 ff., trans. N. Rudd (1979), op. cit.

第7章 维里亚图斯：伊比利亚的牧羊人、猎人和战士

[1] Cicero, *On the Manilian Law* 65 (66 BC), trans. P Jones and

K. Sidwell，op. cit.，p. 25.

[2] 他的儿子也叫提比略·森普罗尼乌斯·格拉古，是一位毁誉参半的改革者，分别用“老”“小”以示区别。

[3] 阿庇安说这场战争持续了 17 年（公元前 155 年—公元前 139 年）；李维、弗洛鲁斯、奥罗修斯和尤特罗庇乌斯说是 14 年；狄奥尼修斯说是 11 年；维莱伊乌斯·帕特尔库鲁斯、查士丁和庞培乌斯·特洛古斯（Pompeius Trogus）说是 10 年。

[4] Strabo 3. 3. 6.

[5] “凯尔特伊比利亚人”指的是那些从以前占领他们土地的凯尔特部落那里吸收了凯尔特文化元素的伊比利亚人。

[6] Polybius 35. 1，trans. S. D. Olson，in Polybius，*The Histories*，*Volume VI*：*Books 28 -39. Fragments*，edited and translated by S. D. Olson，translated by W. R. Paton，revised by F. W Walbank and C. Habicht（Cambridge，MA：Harvard University Press，2012).

[7] Appian 6. 60，trans. B. McGing，in Appian，*Roman History*，*Volume I*（Cambridge，MA：Harvard University Press，1912a).

[8] Lucilius 26. 701 - 1；Nonius 186. 31.

[9] Diodorus Siculus 33. 1. 1.

[10] Diodorus Siculus 33. 1. 2 - 3.

[11] Diodorus Siculus 33. 1. 1 - 3，trans. F. R. Walton，in Diodorus Siculus，*Library of History*，*Volume XII*：*Fragments of Books 33 - 40*（Cambridge，MA：Harvard University Press，1967).

[12] Dio Cassius 22. 73. 1 - 4，trans. E. Cary and H. B. Foster，in Dio Cassius，*Roman History*，*Volume II*：*Books 12 - 35*（Cambridge，MA：Harvard University Press，1914a).

[13] 特里波拉位于奥索（今西班牙南部的奥苏纳）以南。

[14] Appian 6. 61.

[15] Appian 6. 62，trans. B. McGing（1912a），op. cit.. 狄奥多罗斯的版本更加平淡，只说维提略被俘虏并处决（Diodorus 33. 1. 3)。

［16］关于维纳斯山的具体位置众说纷纭：圣维森特山脉（Sierra de San Vicente）、圣佩德罗山脉（Sierra de San Pedro）和格雷多山脉（Sierra de Gredos）都是可能的地点。参见 L. Silva，*Viriathus and the Lusitanian Resistance to Rome 155 -139 BC*（Barnsley：Pen & Sword Military，2013），p. 292，n. 32。

［17］Diodorus Siculus 33. 2.

［18］塞戈布里加位于今昆卡（Cuenca）附近的卡韦萨格列戈（Cabeza de Griego）。

［19］Frontinus，*Stratagems* 3. 10. 6.

［20］Frontinus，*Stratagems* 3. 11. 4.

［21］Florus 1. 33. 15；cf. Orosius 5. 4. 5.

［22］塞戈维亚的居民。

［23］Frontinus，*Stratagems* 4. 5. 22.

［24］Appian 6. 65. 城市的名字不详。

［25］伊都卡已经被确认就是图齐（Tucci），即普林尼（Pliny，*NH* 3. 12）曾经提到过的后来的殖民地戈麦拉·图齐（Augusta Gemella Tucci）。

［26］希腊语写作“*Thorubou barbarikou*（θορύβου βαρβαρικοῦ）”。

［27］Appian 6. 67，trans. B. McGing（1912a），op. cit.

［28］Appian 6. 67，trans. B. McGing（1912a），op. cit.

［29］Diodorus Siculus 33. 7. 6，trans. F. R. Walton，op. cit.

［30］Diodorus Siculus 33. 7. 7，trans. F. R. Walton，op. cit.

［31］瓜迪亚纳河谷（Guadiana River Valley）。

［32］这些城镇的具体位置不详，可能是今天的怡诗夏（Écija）、瓜迪斯（Gaudix）和波尔库纳（Porcuna），不过普林尼（Pliny，*NH* 3. 12）将基密拉等同于图齐。

［33］Appian 6. 69.

［34］Appian 6. 69，trans. B. McGing（1912a），op. cit.

［35］Diodorus Siculus 33. 1. 4.

［36］‘*Aequis condicionibus*’，Livy，*Periochae* 54.

［37］Diodorus Siculus 33. 7. 1，trans. F. R. Walton，op. cit.

[38] Diodorus Siculus 33. 7. 2.

[39] Diodorus Siculus 33. 7. 3，trans. F. R. Walton，op. cit.

[40] Appian 6. 70，B. McGing（1912a），op. cit.

[41] Dio Cassius 22. 78. 1，trans. E. Cary and H. B. Foster（1914a），op. cit.

[42] Appian 6. 71，trans. S. Kershaw.

[43] Appian 6. 72.

[44] Diodorus Siculus 33. 19.

[45] Dio Cassius 22. 75. 1.

[46] 这是阿庇安的说法。西西里的狄奥多罗斯称他们为奥达斯（Audas)、狄塔尔西斯（Ditalces）和奈柯朗底（Nicorontes)，并补充说他们来自奥索。

[47] Appian 6. 74；Diodorus Siculus 33. 21.

[48] Eutropius，*Breviarium ab Urbe Condita* 4. 16. 2，trans. J. S. Watson，*Justin*，*Cornelius Nepos*，*and Eutropius*，(London：George Bell and Sons，1886). 阿庇安说，凯皮奥允许他们享有他们已经得到的东西，但是把他们的额外要求转达给了罗马。另参见 Diodorus Siculus 33. 1. 4，21. 1；Livy，*Periochae* 54；Velleius Paterculus 2. 1. 3；Appian 6. 74－5；Orosius，*History Against the Pagans* 5. 4. 14。

[49] Valerius Maximus，*De Factis Dictisque Memorabilibus* 9. 4. 6，trans. D. R. Shackleton Bailey，in Valerius Maximus，*Memorable Doings and Sayings*，*Volume II*：*Books 6－9*（Cambridge，MA：Harvard University Press，2000).

[50] Velleius Paterculus，*Compendium of Roman History* 2. 1. 3，trans. W Shipley，in Velleius Paterculus，*Compendium of Roman History*. *Res Gestae Divi Augusti*（Cambridge，MA：Harvard University Press，1924).

[51] Appian 6. 75，trans. B. McGing（1912a），op. cit.

[52] Florus 1. 33. 15，trans. E. S. Forster，in Florus，*Epitome of Roman History*（Cambridge，MA：Harvard University Press，1929).

第 8 章　朱古达：解放非洲的斗争

[1] Sallust, *Bellum Jugurthinum* (*BJ*) 4.7, trans. J. C. Rolfe, in Sallust, *The War with Catiline. The War with Jugurtha*, edited by John T. Ramsey, translated by J. C. Rolfe (Cambridge, MA: Harvard University Press, 2013).

[2] Sallust, *BJ* 41.2-4, trans. J. C. Rolfe (2013), op. cit.

[3] Sallust, *BJ* 5.1-2, trans. S. Kershaw.

[4] Sallust, *BJ* 7.4-5, trans. J. C. Rolfe (2013), op. cit.

[5] Sallust, *BJ* 7.4-5, trans. S. Kershaw.

[6] Sallust, *BJ* 8.2, trans. J. C. Rolfe (2013), op. cit.

[7] Sallust, *BJ* 10.6, trans. J. C. Rolfe (2013), op. cit.

[8] Livy, *Periochae* 62.

[9] 目前所知并没有这样一座城镇。

[10] 阿多儿巴尔的演讲出现在撒路斯提乌斯的记载中（Sallust, *BJ* 14）。

[11] Sallust, *BJ* 14.25, trans. J. C. Rolfe (2013), op. cit.

[12] 公元前 117 年或公元前 116 年初。

[13] Sallust, *BJ* 16.1, trans. S. Kershaw.

[14] Sallust, *BJ* 20.1, trans. J. C. Rolfe (2013), op. cit.

[15] Sallust, *BJ* 20.2, trans. J. C. Rolfe (2013), op. cit.

[16] Livy, *Periochae* 64.

[17] Sallust, *BJ* 21.4, trans. J. C. Rolfe (2013), op. cit.

[18] Sallust, *BJ* 25.3, trans. J. C. Rolfe (2013), op. cit.

[19] Sallust, *BJ* 29.1, trans. J. C. Rolfe (2013), op. cit.

[20] Sallust, *BJ* 31.11-13, trans. J. C. Rolfe (2013), op. cit.

[21] Sallust, *BJ* 35.10, trans. S. Kershaw.

[22] 由于罗马的政治动荡，选举被推迟了。

[23] Sallust, *BJ* 38.1.

[24] 具体位置不详。

［25］第一步兵大队的第一百人队的队长。

［26］Livy 3. 28. 11.

［27］Sallust，*BJ* 40. 5，trans. J. C. Rolfe（2013），op. cit.

［28］Cicero，*Brutus* 128B.

［29］Sallust，*BJ* 43. 1. 梅特路斯被马米利委员会宣告无罪。

［30］Sallust，*BJ* 46. 3－4，trans. J. C. Rolfe（2013），op. cit.

［31］Sallust，*BJ* 52. 1－4，trans. J. C. Rolfe（2013），op. cit.

［32］Sallust，*BJ* 54. 4，trans. J. C. Rolfe（2013），op. cit.

［33］关于战斗的详情参见 Sallust，*BJ* 56－60。

［34］Sallust，*BJ* 62. 9，trans. S. Kershaw.

［35］Sallust，*BJ* 66. 2，trans. J. C. Rolfe（2013），op. cit.

［36］Sallust，*BJ* 82. 2.

［37］Sallust，*BJ* 85.

［38］Sallust，*BJ* 91. 7.

［39］Sallust，*BJ* 97. 4，trans. J. C. Rolfe（2013），op. cit.

［40］Sallust，*BJ* 98. 6－7，trans. J. C. Rolfe（2013），op. cit.

［41］Sallust，*BJ* 101. 11，trans. J. C. Rolfe（2013），op. cit.

［42］Plutarch，*Sulla* 3. 2，trans. B. Perrin，in Plutarch，*Lives*，*Volume IV*：*Alcibiades and Coriolanus. Lysander and Sulla*（Cambridge，MA：Harvard University Press，1916b）.

［43］Sallust，*BJ* 113. 5－7，trans. J. C. Rolfe（2013），op. cit.

［44］Plutarch，*Sulla* 3. 4，trans. B. Perrin（1916b），op. cit.

［45］Livy，*Periochae* 104.

［46］在图利亚努姆。

［47］Plutarch，*Marius* 12. 2－4，trans. B. Perrin（1920），op. cit. 其他文献说他是被勒死的，参见 Eutropius 4. 27. 6；Orosius 5. 15. 19。

［48］*CIL* 2. 3417；*ILS* 840.

［49］Sallust，*BJ* 114. 4，trans. S. Kershaw.

第9章　辛布里人和条顿人：日耳曼对意大利的威胁

[1] Tacitus，*Germania* 37，trans. A. J. Church，W. J. Brodribb and L. Cerrato，in Tacitus，*The History of Tacitus*（Cambridge and London：Macmillan，1864）.

[2] 参见 Strabo 2. 3. 6；S. Kershaw，*A Brief History of Atlantis*：*Plato's Ideal State*（London：Robinson，2017），pp. 128 ff。

[3] Strabo 7. 2. 1，trans. H. L. Jones，in Strabo，*Geography*，*Volume III*：*Books 6－7*（Cambridge，MA：Harvard University Press，1924）.

[4] Strabo 7. 2. 2；cf. Plutarch，*Marius* 11. 2－9.

[5] Strabo 7. 2. 3.

[6] 参见 B. Cunliffe，*The Extraordinary Voyage of Pytheas the Greek*（London：Allen Lane，2001）。

[7] Pliny，*NH* 37. 11.

[8] Plutarch，*Marius* 11. 3.

[9] Strabo 5. 1. 8.

[10] Livy，*Periochae* 113.

[11] Appian 4. 13，trans. B. McGing（1912a），op. cit.

[12] *ILS* 4595，4596，cf. 9377.

[13] Florus 38. 3. 2，trans. E. S. Forster，op. cit.

[14] Diodorus Siculus 35. 37，trans. F. R. Walton，op. cit.

[15] 这个来自普罗桑（Prausi）部落的布伦努斯不是洗劫罗马的那一位。至于德尔斐的黄金是否真在托洛萨，则不得而知。

[16] Dio Cassius 27. 90. 1.

[17] Strabo 4. 1. 13.

[18] Livy，*Periochae* 67，trans. S. Kershaw.

[19] 参见 P. Chrystal，*Roman Military Disasters*：*Dark Days and Lost Legions*（Barnsley：Pen & Sword Military，2015）。

[20] Livy，*Periochae* 68.

[21] Florus 3. 5.

［22］Plutarch，*Marius* 11. 1.

［23］Plutarch，*Marius* 11. 2，11. 8.

［24］实际中一个百人队通常由八十人组成。

［25］参见 Plutarch，*Marius* 13。

［26］Florus 3. 4－5，trans. E. S. Forster，op. cit.

［27］Plutarch，*Marius* 15. 5，trans. B. Perrin（1920），op. cit.

［28］Plutarch，*Marius* 16. 3，trans. B. Perrin（1920），op. cit.

［29］Florus 3. 9，trans. E. S. Forster，op. cit.

［30］Plutarch，*Marius* 19. 7，trans. B. Perrin（1920），op. cit.

［31］Florus 3. 10. 关于这场战役的完整描述，参见 Plutarch，*Marius* 15－22。

［32］Florus 3. 12.

［33］详情参见 Plutarch，*Marius* 23－7。

［34］Plutarch，*Marius* 25. 6，trans. B. Perrin（1920），op. cit.

［35］Plutarch，*Marius* 25. 1－2，trans. B. Perrin（1920），op. cit.

［36］瓦勒里乌斯·马克西穆斯（Valerius Maximus 6. 1）说她们希望献身给维斯塔贞女并承诺守贞。

［37］Florus 3. 16，trans. E. S. Forster，op. cit.

［38］Plutarch，*Marius* 27. 3－6.

［39］Florus 3. 18，trans. E. S. Forster，op. cit.

第 10 章　意大利战争：意大利的反叛与抵抗

［1］这是罗马的许多盟邦没有为此大动干戈的原因之一：它们的领袖已经获得了罗马公民权，从而成为“建制”的一部分。

［2］Appian，*Civil Wars* 1. 18－20；Plutarch，*Romulus* 27. 4－5；Plutarch，*Gaius Gracchus* 10. 4－5；Cicero，*De Oratore* 2. 40. See also I. Worthington，‘The Death of Scipio Africanus’，*Hermes*，vol. 117，no. 2（1989），pp. 253－6.

［3］Cicero，*De Officiis* 3. 47（44 BC），trans. D. Stockton，in *LACTOR 13：From the Gracchi to Sulla：Sources for Roman History，130－80 BC*（London：London Association of Classical Teachers，1981）.

［4］萨都尼努斯的法案究竟是在他担任保民官的第一个任期（公元前 103 年）还是第二个任期（公元前 100 年）内通过的，还存在争议。

［5］Plutarch，*Marius* 28. 2，trans. B. Perrin（1920），op. cit.

［6］Cicero，*De Officiis* 3. 47，trans. D. Stockton，op. cit.

［7］Cicero，*Pro Balbo* 48（65 BC），trans. D. Stockton，op. cit.

［8］在西西里的狄奥多罗斯的手稿中，这个名字写作 Pompaeus。

［9］多米提乌斯家族不使用“盖尤斯”这个人名，所以他的名字可能应该是“格内乌斯”。这个人可能是格内乌斯·多米提乌斯·阿赫诺巴尔比（Gnaeus Domitius Ahenobarbus，公元前 96 年任执政官）。

［10］Diodorus Siculus 37. 13. 1，trans. F R. Walton，op. cit. 普鲁塔克（Plutarch，*Cato Minor* 2）说，庞佩迪乌斯·西洛与老德鲁苏斯的关系很好，还去过他家。

［11］Asconius 67C，trans. D. Stockton，op. cit.

［12］Asconius 67C，trans. D. Stockton，op. cit.

［13］参见 Velleius Paterculus 2. 14. 1 - 2。

［14］他来自西班牙北部的苏克罗（Sucro），是第一位来自西班牙的元老院议员。

［15］Florus 2. 6. 18.

［16］一些古代作家称之为马尔西战争（Marsic War），因为马尔西部落也参与其中。

［17］Diodorus Siculus 37. 2. 4 - 7；Strabo 5. 241；Velleius Paterculus 2. 16. 4.

［18］Diodorus Siculus 37. 2. 1，trans. F. R. Walton，op. cit.

［19］Plutarch，*Marius* 33. 3 - 6.

［20］Appian，*Civil Wars* 1. 49.

［21］Cicero，*Pro Balbo* 21，trans. D. Stockton，op. cit.

［22］Velleius Paterculus 2. 16，trans. D. Stockton，op. cit.

［23］Appian 2. 15. 3.

第 11 章　斯巴达克斯：挑战罗马的角斗士

［1］1861 年 2 月 27 日马克思写给恩格斯的信：Karl Marx and Friedrich

Engels，*Werke*（Berlin，1955），pp. 30，160。20世纪，马克思主义对古代奴隶制度的研究产生了巨大的影响。关于斯巴达克斯的参考资料，参见https：//open. conted. ox. ac. uk/series/spartacus，accessed 18 August 2018。

［2］B14b Vetter（1953），no. 35. 这幅画描绘的是斯巴达克斯本人，还是角斗表演中一个艺名叫作斯巴达克斯的角斗士，尚不得而知，但人们对他的敬仰之情是一样的。参见 M. Beard，*Pompeii*：*The Life of a Roman Town*（London：Profile Books，2008），p. 44；A. van Hoof，'Reading the Spartaks Fresco Without Red Eyes'，in S. T. A. M. Mols and E. M. Moorman（eds），*Omni pede stare*；*saggi architettonici e circumvesuviani in memoriam Jos de Waele*（Studi della Soprintendenza Archeologica di Pompei 9，Naples：Electa，2005），pp. 251 - 6。

［3］Strabo 14. 5. 2. 注意，他说的是提洛岛"能"如此，并不是实际上一定如此，但这个数字仍然很惊人。

［4］奴隶没有服兵役的义务，自由民有。

［5］Appian，*Civil Wars* 1. 7，trans. D. Stockton，op. cit.

［6］一些学者认为，在希腊语中，*tou Nomadikou genous*（"游牧民族"）这个名称可能来源于色雷斯的梅迪（Maedi）部落，他们曾是本都国王米特拉达梯六世的盟友，入侵过希腊和马其顿，他们的祖国受到苏拉的蹂躏。斯巴达克斯可能（但不确定）是梅迪人中的一员，在这些战事中被俘。

［7］希腊语写作 *praotes*，或许翻译成 dignified（"高贵的"）更加准确。

［8］Plutarch，*Crassus* 8. 2，trans. R. Warner，in Plutarch，*The Fall of the Roman Republic*：*Six Lives by Plutarch*（Harmondsworth：Penguin，1958）.

［9］例如，参见 Herodotus 5. 3；Thucydides 2. 95 - 101。

［10］Herodotus 5. 6. 1.

［11］参见 C. Webber and A. McBride，*The Thracians 700 BC—AD 46*（*Men-at-Arms*）（Oxford：Osprey Publishing，2001），p. 7；Z. Archibald，*The Odrysian Kingdom of Thrace*：*Orpheus Unmasked*（Oxford Monographs on Classical Archaeology，Oxford：Clarendon Press，1998），p. 100。

［12］ Plato，*Republic* 4. 43 5e－436a；*Laws* 367e.

［13］ Polybius 27. 12.

［14］ Strabo 9. 2. 4；Polyaenus，*Stratagems* 7. 43.

［15］ Polyaenus，*Stratagems* 7. 2. 6.

［16］ Tacitus，*Annals* 4. 46. 1.

［17］ 色雷斯大砍刀是一种长约 1. 5 米的长柄武器，刀身直或略有弧度，单面开刃，截面呈三角形，可用于突刺和/或劈砍。参见 C. Webber and A. McBride，op. cit。

［18］ Florus 2. 8. 1，trans. E. S. Forster，op. cit.

［19］ 例如，参见 Appian 12. 109。

［20］ Diodorus Siculus 38/39. 21，trans. F. R. Walton，op. cit.

［21］ Appian，*Civil Wars* 1. 116. 1.

［22］ Florus 2. 8. 8，trans. E. S. Forster，op. cit.

［23］ Plutarch，*Crassus* 8；Appian，*Civil Wars* 1. 116. 1.

［24］ Florus 2. 8. 12. 不过，"莫米罗"也有可能是泛指，弗洛鲁斯只是用这个名称来贬低斯巴达克斯。

［25］ 参见 A. Leibundgut，*Die Römischen Lampen in der Schweiz*（Bern：Francke，1977）；S. Vucetic，'Roman Sexuality or Roman Sexualities? Looking at Sexual Imagery on Roman Terracotta Mould-made Lamps'，*TRAC 2013：Proceedings of the Twenty-Third Annual Theoretical Roman Archaeology Conference，London 2013*（Oxford：Oxbow Books，2014），p. 140。

［26］ *CIL* IV. 4342，4397，trans. S. Kershaw.

［27］ *CIL* IV. 4345，trans. S. Kershaw.

［28］ *CIL* IV. 4356，trans. S. Kershaw.

［29］ *CIL* IV. 2508，trans. S. Kershaw.

［30］ Sallust *Histories* 3，fr. 98A，trans. B. D. Shaw，*Spartacus and the Slave Wars：A Brief History with Documents*（Boston and New York：Bedford/St Martin's，2001）.

［31］ Seneca，*On Clemency* 1. 24，trans. J. W. Basore，in Seneca，*Moral*

Essays, *Volume I*: *De Providentia*. *De Constantia*. *De Ira*. *De Clementia* (Cambridge, MA: Harvard University Press, 1928).

[32] Livy 32. 26. 4 – 18.

[33] Livy 33. 36. 1 – 3.

[34] Diodorus Siculus 34/35. 2. 1 – 24; Photius, *Library* 284 – 86b.

[35] Diodorus Siculus 34/35. 2. 25 – 3. 11.

[36] Diodorus Siculus 34/35. 2. 11 – 12, trans. G. Booth (1814) and F. Hoefer (1865) at http://attalus.org/translate/diodorus34.html, accessed 7 January 2019.

[37] Diodorus Siculus 34/35. 2. 16.

[38] Strabo 14. 38. 1.

[39] Diodorus Siculus 36. 6. 1, trans. G. Booth and F. Hoefer, op. cit.

[40] Diodorus Siculus, 36. 10. 2 – 3, trans. G. Booth and F. Hoefer, op. cit.

[41] Diodorus Siculus, 36. 11. 2, trans. G. Booth and F. Hoefer, op. cit.

[42] Plutarch, *Crassus* 8; Varro: Sosipater Charisius 1. 133 (ed. H. Keil).

[43] 不同文献来源的数字略有不同：尤特罗庇乌斯（Eutropius 6. 7. 2）说的是 84 人；普鲁塔克（Plutarch, *Crassus* 8）说的是 78 人；李维（Livy, *Periochae* 95）和奥罗修斯（Orosius 5. 24）说的是 74 人；阿庇安（Appian, *Civil Wars* 116. 1）说的是约 70 人；西塞罗（Cicero, *Ad Atticum* 6. 2. 8）说的是不到 50 人；弗洛鲁斯（Florus 2. 8. 3）说的是 30 人或更多。

[44] 一些文献暗示克利苏的手下是日耳曼人。

[45] Plutarch, *Crassus* 9, trans. B. Perrin, in Plutarch, *Lives*, *Volume III*: *Pericles and Fabius Maximus*. *Nicias and Crassus* (Cambridge, MA: Harvard University Press, 1916a). See also Florus 2. 8. 4; Orosius 5. 24.

[46] Appian, *Civil Wars* 1. 116.

[47] Plutarch, *Crassus* 9. 阿庇安（Appian, *Civil Wars* 1. 116）称他为 Ouarinios Glabros；弗洛鲁斯（Florus, 2. 8. 4）称他为 Clodius Glabrus。

[48] Plutarch, *Crassus* 9; Frontinus, *Strategems* 1. 5. 21; Appian, *Civil Wars* 1. 116; Florus 2. 8. 4.

[49] 李维（Livy, *Periochae* 95. 2）称他为 Publius Varenus。

[50] Frontinus, *Strategems* 1.5.22; Sallust *Histories* 3, fr. 98A.

[51] Plutarch, *Crassus* 9; Appian, *Civil Wars* 1.116.

[52] Florus 8.3.5.

[53] Sallust, *Histories* 3, fr. 98A, trans. B. D. Shaw, op. cit.

[54] Orosius 5.24.3, trans. B. D. Shaw, op. cit. 奥罗修斯使用的是罗马竞技场的专有名词; cf. Florus 8.3.9。

[55] Appian 1.116. 我们不知道他是从哪里得到这个数字的。

[56] Florus 8.3.6.

[57] Appian, *Civil Wars* 1.117, trans. B. D. Shaw, op. cit.; cf. Florus 2.8.10-11.

[58] Plutarch, *Crassus* 9.7; Livy, *Periochae* 96.

[59] Plutarch, *Cato Minor* 8.

[60] Appian, *Civil Wars* 1.117, trans. B. D. Shaw, op. cit.

[61] Livy, *Periochae* 96; Florus 8.2.12, Plutarch, *Crassus* 10; Appian, *Civil Wars* 1.117.

[62] Plutarch, *Crassus* 10, trans. B. Perrin (1916a), op. cit.; cf. Sallust, *Histories* 4.22; Appian, *Civil Wars* 1.117.

[63] Appian, *Civil Wars* 1.118, trans. B. D. Shaw, op. cit.; cf. Orosius 5.24.6; Florus 2.8.12.

[64] Sallust, *Histories* 4.28; Cicero, *Verrines* 2.5.5.

[65] Plutarch, *Crassus* 10; Florus 2.8.13.

[66] Appian, *Civil Wars* 1.119.

[67] Frontinus, *Stratagems* 1.5.20.

[68] Plutarch, *Crassus* 10, trans. B. Perrin (1916a), op. cit.

[69] Sallust, *Histories* 4.32.

[70] 参见 Plutarch, *Crassus* 11; Appian, *Civil Wars* 1.119。

[71] Plutarch, *Crassus* 11; Sallust, *Histories* 4.34.

[72] Frontinus, *Stratagems* 2.4.7, 2.5.34; Livy, *Periochae* 97.1.

[73] Plutarch, *Crassus* 11, trans. B. Perrin (1916a), op. cit.

[74] Appian，*Civil Wars* 1. 120，trans. B. D. Shaw，op. cit.

[75] Florus 2. 8. 13 – 14.

[76] Appian，*Civil Wars* 1. 120.

[77] Plutarch，*Pompey* 31. 2，trans. S. Kershaw.

[78] Aulus Gellius，*Attic Nights* 5 – 6. 21；Cicero，*In Pisonem* 24 – 58；Pliny，*NH* 15. 125.

[79] Florus 1. 47. 10.

第 12 章　米特拉达梯六世：本都的"毒药王"

[1] Velleius Paterculus 2. 18. 1 – 3，trans. W. Shipley，op. cit.

[2] Plutarch，*Moralia* 624A；Athenaeus 1o. 415e.

[3] Pliny，*NH* 7. 88.

[4] Appian 12. 112，trans. B. McGing，in Appian，*Roman History*，*Volume II*（Cambridge，MA：Harvard University Press，1912b).

[5] *Aelian*，*De Natura Animalium* 7. 46.

[6] 这句话是罗马皇帝卡利古拉说的（Suetonius，*Gaius* 20. 1）。还有一句非常相似的话（只是把"怕"换成"接受"）是提比略说的（Suetonius，*Tiberius* 59）。

[7] 参见 S. Kershaw（2007），op. cit.，pp. 92 ff。

[8] Pausanias 3. 23. 3 – 5，trans. W. H. S. Jones and H. A. Ormerod，in Pausanias，*Description of Greece*，*Volume II*：*Books 3 – 5*（*Laconia*，*Messenia*，*Elis 1*）（Cambridge，MA：Harvard University Press，1926)；cf. Appian 12. 28.

[9] Appian 12. 28；Plutarch，*Sulla* 11；Florus 1. 40. 8；Strabo 10. 5. 4；Pausanias 3. 23. 3 – 5.

[10] See Plutarch，*Sulla* 11. 5 – 7；Appian 12. 29.

[11] See Diodorus Siculus 38. 7. 1；Plutarch，*Sulla* 12. 5 – 14；Pausanias 9. 33. 6，10. 21. 6.

[12] Plutarch，*Moralia* 505A – B，trans. W C. Helmbold，in Plutarch，*Moralia*，*Volume VI*：*Can Virtue Be Taught*? *On Moral Virtue*. *On the Control*

of Anger. On Tranquility of Mind. On Brotherly Love. On Affection for Offspring. Whether Vice Be Sufficient to Cause Unhappiness. Whether the Affections of the Soul are Worse Than Those of the Body. Concerning Talkativeness. On Being a Busybody (Cambridge, MA: Harvard University Press, 1939). 最后一句引言出自 Homer, *Odyssey* 11.54。

[13] Plutarch, Sulla 18.3 - 4, trans. B. Perrin (1916b), op. cit.

[14] 关于这场战役，参见 Livy, *Periochae* 82; Strabo 9.414; Plutarch, *Lucullus* 3.6, 11.6; *Sulla* 16 - 19; Florus 1.40.11; Appian 12.42 - 5。

[15] Livy, *Periochae* 82.

[16] Plutarch, *Sulla* 21.4, trans. B. Perrin (1916b), op. cit. 普鲁塔克肯定是在公元 115 年前不久写下这段话的。关于这场战役，参见 Livy, *Periochae* 82; Frontinus, *Stratagems* 2.3.17, 8.12; Plutarch, *Lucullus* 3.6, 11.6; Plutarch, *Sulla* 20.3 - 22.7; Florus 1.40.11; Appian 12.49。

[17] Appian 12.54.

[18] 例如，参见 Diodorus Siculus 38.8.4; Livy, *Periochae* 83; *FGrH* 252.A3; Velleius Paterculus 2.24.1; Plutarch, *Sulla* 25.1 - 3; Appian, 12.59 - 6。

[19] 例如，参见 Sallust, *Histories* 1.27; Livy, *Periochae* 83; *FGrH* 252.A3; Velleius Paterculus 2.23.6; Plutarch, *Lucullus* 4.1; Plutarch, *Sulla* 23.6 - 24.7, 43.3 - 4; Florus 1.40.11 - 12; Appian 12.56 - 8。

[20] See S. Kershaw, *A Guide to Classical Civilization* (London: Robinson, 2010), pp. 268 ff.

[21] See Appian 12.65 - 6.

[22] Cicero, *De Lege Manilia* 8, trans. C. D. Yonge, in M. Tullius Cicero, *The Orations of Marcus Tullius Cicero* (London: Henry G. Bohn, 1856).

[23] Appian 12.69 - 70.

[24] 例如，参见 Livy, *Periochae* 93; Plutarch, *Lucullus* 7.6; Appian 12.68 - 71。

[25] 例如，参见 Cicero, *Academica* 2.1 - 2; Velleius Paterculus 2.33.1; Plutarch, *Lucullus* 6.1 - 6, 45.2; Appian 12.68 - 72。

[26] Plutarch, *Lucullus* 11. 4, trans. B. Perrin (1914), op. cit.

[27] Plutarch, *Lucullus* 15 - 17.

[28] Memnon, *History of Heracleia* 30. 1.

[29] 例如，参见 Sallust, *Histories* 4. 59 - 61; Plutarch, *Lucullus* 24. 1 - 7, 46. 1; Appian 12. 84。

[30] 例如，参见 Sallust, *Histories* 4. 64 - 6, 4. 67. 15; Frontinus, *Strategems* 2. 1. 14, 2. 4, 26. 5 - 29. 2; Appian 12. 85。

[31] See Cicero, *De Lege Manilia* 23 - 4; Plutarch, *Lucullus* 32. 1 - 4.

[32] 例如，参见 Plutarch, *Lucullus* 35. 1 - 2; Plutarch, *Pompey* 39. 2; Appian 12. 88 - 9; Dio Cassius 36. 12. 1 - 13. 2, 42. 48. 2。

[33] 他的演讲《论马尼利法》(*pro Lege Manilia*) 留存至今。

[34] Velleius Paterculus, 2. 33. 4, trans. W Shipley, op. cit.

[35] Plutarch, *Pompey* 31. 6, trans. B. Perrin (1917), op. cit.

[36] Dio Cassius 36. 49. 1 - 2, trans. E. Cary and H. B. Foster, in Dio Cassius, *Roman History, Volume III: Books* 36 - 40 (Cambridge, MA: Harvard University Press, 1914b).

[37] Dio Cassius 36. 49. 8, trans. E. Cary and H. B. Foster (1914b), op. cit.

[38] Plutarch, *Pompey* 32. 8.

[39] See Strabo 12. 555; Appian 12. 105, 115; Dio Cassius 36. 50. 3, 49. 39. 3.

[40] Plutarch, *Pompey* 37. 1 - 2, trans. B. Perrin (1917), op. cit.

[41] Plutarch, *Pompey* 41. 2; Appian 12. 107 - 9; Dio Cassius 37. 11. 1 - 4.

[42] Plutarch, *Pompey* 41. 3, trans. B. Perrin (1917), op. cit.

[43] Appian 12. 110 - 12, 12. 117; Pausanias 3. 23. 5; Dio Cassius 37. 12. 1 - 14. 1.

[44] See Pliny, *NH* 25. 5 - 7, 62 - 3, 65, 127, 29. 24; Martial 5. 76. 1 -2; Juvenal, *Satires* 6. 660 - 1, 14. 252 - 3.

[45] Appian 12. 111, trans. B. McGing (1912b), op. cit.

第 13 章　帕提亚射击：克拉苏在卡莱

[1] Cicero, *De Divinatione* 2. 22, trans. W. A. Falconer, in Cicero, *On*

Old Age. On Friendship. On Divination (Cambridge, MA: Harvard University Press, 1923).

[2] Plutarch, *Crassus* 2. 2.

[3] Plutarch, *Crassus* 16. 2, trans. B. Perrin (1916a), op. cit.

[4] 卡图卢斯（Catullus 11）写于克拉苏的远征之前；贺拉斯（Horace, *Odes* 2. 16）写于几十年后。

[5] Herodotus 3. 106. 2.

[6] Plutarch, *Crassus* 17. 2, trans. B. Perrin (1916a), op. cit.

[7] Cicero, *Ad Atticum* 4. 13, trans. S. Kershaw.

[8] Plutarch, *Crassus* 17. 3.

[9] Josephus, *Bellum Judaicum* (*BJ*) 1. 179; Josephus, *Antiquitates judaicae* (*AJ*) 14. 105 - 111.

[10] Plutarch, *Crassus* 18. 2, trans. B. Perrin (1916a), op. cit.; Dio Cassius 40. 16.

[11] Plutarch, *Crassus* 18. 3, trans. B. Perrin (1916a), op. cit.

[12] See Plutarch, *Crassus* 20. 1 - 22. 6; Florus 1. 46. 6 - 7; Dio Cassius 40. 20. 1 - 4; Festus, *Breviarium* 17. 1.

[13] Plutarch, *Crassus* 21. 1, trans. B. Perrin (1916a), op. cit.

[14] Plutarch, *Crassus* 21. 3.

[15] Plutarch, *Crassus* 21. 6, trans. B. Perrin (1916a), op. cit.

[16] Plutarch, *Crassus* 22. 1 - 3.

[17] Plutarch, *Crassus* 22. 4, trans. B. Perrin (1916a), op. cit.

[18] Plutarch, *Crassus* 23. 7, trans. B. Perrin (1916a), op. cit.

[19] 这是公元前5世纪在大流士一世和薛西斯领导下入侵希腊的波斯军队的发型。

[20] Plutarch, *Crassus* 24. 2, trans. B. Perrin (1916a), op. cit.

[21] Plutarch, *Crassus* 24. 3, trans. B. Perrin (1916a), op. cit.

[22] Plutarch, *Crassus* 25. 2, trans. B. Perrin (1916a), op. cit.

[23] Plutarch, *Crassus* 25. 11 - 12; Dio Cassius 40. 21. 2 - 24. 3.

[24] Plutarch，*Crassus* 27. 4，trans. B. Perrin (1916a)，op. cit.

[25] 我们的文献来源没有明确指出是科波尼乌斯家族的哪个成员。

[26] Plutarch，*Crassus* 30. 2，trans. B. Perrin (1916a)，op. cit.；cf. Dio Cassius 40. 26. 1.

[27] Plutarch，*Crassus* 31. 1，trans. B. Perrin (1916a)，op. cit.

[28] Plutarch，*Crassus* 31. 2 – 5；cf. Dio Cassius 40. 26. 3 – 27. 2.

[29] Dio Cassius 40. 27. 2.

[30] Plutarch，*Crassus* 33. 5，trans. S. Kershaw.

[31] Euripides，*Medea* 1169 – 71，trans. B. Perrin (1916a)，op. cit.

[32] Plutarch，*Crassus* 33.

[33] 在提比略成为罗马第二任皇帝之前的几年里，他最终收回了克拉苏在卡莱丢失的鹰标。

[34] See Caesar，*BG* 8. 54 f.；Dio Cassius 43. 51，44. 46；Suetonius，*Caesar* 44；Plutarch，*Caesar* 58，*Pompey* 56.

第 14 章　维钦托利：高卢的叛乱

[1] 李维（Livy，*Periochae* 107）说他记载了“恺撒对抗高卢人的行动，这些高卢人几乎无一例外是在阿浮尔尼人的首领维钦托利的领导下反叛的，他们对几座城市进行了艰难的围攻，比如别都里及斯的阿凡力古姆和阿浮尔尼的及尔哥维亚”[trans. A. C. Schlesinger，in Livy，*History of Rome*，*Volume XIV*：*Summaries*. *Fragments*. *Julius Obsequens*. *General Index* (Cambridge，MA：Harvard University Press，1959)]。遗憾的是，这些记录没有流传下来，所以，除了恺撒的叙事之外，我们甚至没有罗马方面的文献可供参照。

[2] Caesar，*BG* 1. 1.

[3] Caesar，*BG* 6. 11，trans. W. A. McDevitte and W S. Bohn，in C. Julius Caesar，*Caesar's Gallic War* (1st edn，New York：Harper & Brothers，1869).

[4] Caesar，*BG* 6. 13.

[5] Caesar，*BG* 6. 17.

[6] Caesar, *BG* 6. 18.

[7] Caesar *BG* 6. 19, trans. W. A. McDevitte and W S. Bohn, op. cit.

[8] See S. Ghezal, E. Ciesielski, B. Girard et al. , 'Embalmed heads of the Celtic Iron Age in the south of France', *Journal of Archaeological Science*, in press, corrected proof (online 7 November 2018), https://www.sciencedirect.com/science/article/pii/S0305440318303194? via%3Dihub, accessed 2 January 2018.

[9] Caesar, *BG* 7. 3.

[10] Caesar, *BG* 7. 3, trans. S. Kershaw.

[11] Caesar, *BG* 7. 3, trans. S. Kershaw.

[12] Caesar, *BG* 7. 4.

[13] Caesar, *BG* 7. 4.

[14] Caesar, *BG* 7. 5.

[15] Caesar, *BG* 7. 8, trans. H. J. Edwards, in Caesar, *The Gallic War* (Cambridge, MA: Harvard University Press, 1917).

[16] Plutarch, *Caesar* 26. 3, trans. B. Perrin, in Plutarch, *Lives*, *Volume VII*: *Demosthenes and Cicero. Alexander and Caesar* (Cambridge, MA: Harvard University Press, 1919).

[17] Caesar, *BG* 7. 13.

[18] Caesar, *BG* 7. 14, trans. H. J. Edwards, op. cit.

[19] Caesar, *BG* 7. 15, trans. H. J. Edwards, op. cit.

[20] Caesar, *BG* 7. 20.

[21] 一种小型的投石机。

[22] Caesar, *BG* 7. 25, trans. H. J. Edwards, op. cit.

[23] Caesar, *BG* 7. 28.

[24] Caesar, *BG* 7. 29 - 30; cf. Dio Cassius 40. 34.

[25] Dio Cassius 40. 35.

[26] Caesar, *BG* 7. 36, trans. S. Kershaw.

[27] Caesar, *BG* 7. 36.

[28] Caesar, *BG* 7. 37, trans. H. J. Edwards, op. cit.

[29] Caesar, *BG* 7. 38, trans. H. J. Edwards, op. cit.

[30] Caesar, *BG* 7. 48, trans. H. J. Edwards, op. cit.

[31] Dio Cassius 40. 36. 4, trans. E. Cary and H. B. Foster (1914b), op. cit.

[32] Caesar, *BG* 7. 66, trans. H. J. Edwards, op. cit.

[33] Caesar, *BG* 7. 72.

[34] Caesar, *BG* 7. 73.

[35] Caesar, *BG* 7. 74.

[36] Caesar, *BG* 7. 77, trans. S. Kershaw.

[37] Dio Cassius 40. 40. 2 - 4.

[38] Caesar, *BG* 7. 75 - 6.

[39] Caesar, *BG* 7. 85, trans. H. J. Edwards, op. cit.

[40] Caesar, *BG* 7. 88.

[41] Plutarch, *Caesar* 27. 7, trans. B. Perrin (1919), op. cit.

[42] Plutarch, *Caesar* 27. 9 - 10, trans. B. Perrin (1919), op. cit.

[43] Dio Cassius 40. 41. 3.

[44] T. Mommsen, *Römische Geschichte*, vol. 7 (Leipzig: Reimer & Hirsel, 1854 - 6).

[45] Caesar, *BG* 8. 49, trans. H. J. Edwards, op. cit.

第 15 章 克娄巴特拉七世：克诺珀斯的荡妇女王

[1] Augustine, *City of God* 3. 26.

[2] 亚历山大港的大图书馆。

[3] B. Chase-Riboud, *Portrait of a Nude Woman as Cleopatra* (New York: William Morrow & Co., 1987).

[4] W W. Tarn, in S. A. Cook, F. E. Adcock and M. P. Charlesworth (eds), *The Cambridge Ancient History: Volume X, the Augustan Empire 44 BC—AD 70* (Cambridge: Cambridge University Press, 1934), p. 111.

[5] Musée du Louvre, Paris (E 27113), trans. J. Rowlandson and

R. S. Bagnall，*Women and Society in Greek and Roman Egypt*：*A Sourcebook*（Cambridge：Cambridge University Press，1998），p. 37.

［6］Shakespeare，*Antony and Cleopatra* I. iv. 5 – 7.

［7］Plutarch，*Antony* 27. 3 – 4，trans. B. Perrin（1920），op. cit.

［8］Plutarch，*Antony* 27. 2，trans. A. H. Clough，op. cit.

［9］Dio Cassius 42. 34. 3，trans. S. Kershaw.

［10］Dio Cassius 42. 34. 5，trans. E. Cary and H. B. Foster，in Dio Cassius，*Roman History*，*Volume IV*：*Books 41 – 45*（Cambridge，MA：Harvard University Press，1916）.

［11］Plutarch，*Antony* 27. 2，trans. S. Kershaw.

［12］Galen，*De compositione medicamentorum secundum locos*（XII. 403 – 4 K. G. Kühn，*Medicorum Graecorum Opera*）.

［13］例如，安东尼和克娄巴特拉（约公元前 37 年—公元前 32 年）的四德拉克马银币（Weill Goudchaux Collection，London）。背面是安东尼和铭文“第三次任最高统帅和三头同盟之一”。

［14］B. Pascal，*Pensées*（Paris，1669）.

［15］例如，加州圣何塞玫瑰十字会埃及博物馆（Rosicrucian Egyptian Museum，RC 1582）的克娄巴特拉七世雕像（约公元前 51 年—公元前 30 年）。1983 年，荷兰埃及学家扬·卡热波尔（Jan Quaegebeur）将这尊雕像的轮廓与埃及钱币上的克娄巴特拉七世肖像进行了比较，确认其是克娄巴特拉七世的雕像。

［16］例如，巴黎卢浮宫（E 13102）的克娄巴特拉七世石像（约公元前 51 年—公元前 30 年）。

［17］例如，纽约大都会博物馆（89. 2. 660）的克娄巴特拉七世大理石像（约公元前 51 年—公元前 30 年）。

［18］例如，圣彼得堡埃尔米塔日博物馆（Hermitage Museum，3936）的克娄巴特拉七世黑色石像（约公元前 51 年—公元前 30 年）。

［19］Dio Cassius 51. 22. 3，trans. S. Kershaw.

［20］See M. Lefkowitz，op. cit.，p. 35 ff.，and p. 475，n. 5 here.

［21］例如，部分素材参见 P. J. Jones，*Cleopatra*：*A Source Book*（Norman：University of Oklahoma Press，2006）。

［22］M. Lefkowitz，loc. cit.

［23］例如，Propertius，*Elegies* 3. 11. 39，quoted on p. 294。

［24］这场战役发生在公元前 48 年 8 月 9 日。参见 Caesar，*Civil War* 3. 93 - 6。

［25］Plutarch，*Pompey* 77，trans. S. Kershaw.

［26］Caesar，*Civil War* 3. 104，trans. J. Gardner，in Julius Caesar，*The Civil War*（Harmondsworth：Penguin，2004）.

［27］Cicero，*Ad Atticum* 11. 6，trans. E. S. Shuckburgh，in Cicero，*The Letters of Cicero*；*the whole extant correspondence in chronological order*，*in four volumes*（London：George Bell and Sons，1908 - 9）.

［28］Plutarch，*Caesar* 49，trans. R. Warner，op. cit.

［29］Cicero，*Ad Atticum* 15. 15，13 June 44 BC，trans. S. Kershaw.

［30］Cicero，*Letter to Atticus*，16 April 44 BC，trans. S. Kershaw.

［31］Quoted by Cicero，*Philippics* 13. 11. 24，trans. S. Kershaw.

［32］Plutarch，*Antony* 25，trans. I. Scott-Kilvert（1965），op. cit.

［33］Plutarch，*Antony* 25. 3 - 4，trans. I. Scott-Kilvert（1965），op. cit.

［34］Plutarch，*Antony* 26. 1 - 3，trans. I. Scott-Kilvert（1965），op. cit.

［35］Plutarch，*Antony* 28.

［36］Plutarch，*Antony* 31. 1，trans. S. Kershaw.

［37］Propertius，*Elegies* 3. 11. 39，trans. S. Kershaw.

［38］Quoted by Suetonius，*Augustus* 69，trans. S. Kershaw.

［39］Plutarch，*Antony* 54. 3，trans. S. Kershaw.

［40］Augustus，*Res Gestae* 25，trans. A. Lentin，in K. Chisholm and J. Ferguson（eds），*Rome*：*The Augustan Age*（Oxford：Oxford University Press，1981）.

［41］Virgil，*Aeneid* 8. 675 - 713；cf. 更加平实的版本参见 Velleius Paterculus 2. 84 - 7。

［42］Horace，*Epodes* 9. 11 ff.，trans. M. Oakley，in Horace，*The Col-*

lected Works, translated by Lord Dunsany and M. Oakley (London: Dent, 1961). 普罗佩提乌斯还说，克娄巴特拉在罗马的地标上挂起了她“肮脏的蚊帐”。

[43] Plutarch, *Antony* 76 - 7.

[44] Dio Cassius 51. 11, trans. I. Scott-Kilvert, in Cassius Dio, *The Roman History: The Reign of Augustus* (London: Penguin, 1987).

[45] Plutarch, *Antony* 71.

[46] Nicander, *Theriaka* 182 ff., trans. A. S. F. Gow and A. F. Scholfield, in Nicander, *The Poems and Poetical Fragments*, edited with a translation and notes by A. S. F. Gow and A. F. Scholfield (New York: Arno, 1979). 尼坎德(Nicander)写于公元前241年—公元前133年。

[47] Dio Cassius 51. 12 - 13, trans. I. Scott-Kilvert (1987), op. cit.

[48] Plutarch, *Antony* 85.

[49] 贺拉斯引用了公元前6世纪阿尔卡埃乌斯(Alcaeus)为庆祝一位令人憎恶的暴君之死而创作的一首诗：

此刻理当饮酒，尽情喧闹，
因为密尔昔洛斯(Myrsilus)已死。

[50] 罗马最好的葡萄酒之一。

[51] 克娄巴特拉的名字又一次被隐去了，贺拉斯称她为“疯狂的女王”。

[52] 指奥古斯都。

[53] Horace, *Odes* 1. 37. 1 ff., trans. J. Michie, in Horace, *The Odes of Horace* (Harmondsworth: Penguin, 1964).

[54] Lucan, *Pharsalia* 10. 5, trans. S. Kershaw.

[55] Dio Cassius 51. 15, trans. I. Scott-Kilvert (1987), op. cit.

[56] Appian 12. 121, trans. B. McGing (1912b), op. cit.

[57] Augustus, *Res Gestae* 27, trans. S. Kershaw.

[58] *Papyrus Berolinensis* 25. 239. See P. Van Minnen, ‘An Official Act of Cleopatra (with a Subscription in her Own Hand)’, *Ancient Society*, no. 30

(2000), pp. 29 - 34. 在克娄巴特拉的年代，*Ginesthoi* 是希腊语 *ginestho* 的一个音位变体。参见 S. Teodorsson，*The Phonology of Ptolemaic Koine*（Studia Graeca et Latina Gothoburgensia 36，Lund：Berlingska Boktryckeriet，1977），pp. 163 ff. ，235。

第16章 阿米尼乌斯：还我军团！

[1] Augustus，*Res Gestae* 34，trans. A. Lentin，op. cit.

[2] Velleius Paterculus 2. 89，trans. A. Lentin，op. cit.

[3] Augustus，*Res Gestae* 29，trans. S. Kershaw.

[4] Augustus，*Res Gestae* 26.

[5] 今蒂罗尔（Tirol）和瑞士东部部分地区，包括阿尔卑斯山东北部和多瑙河上游之间的土地。

[6] Pliny，*NH* 3. 136 - 8，trans. H. A. Rackham，in Pliny，*Natural History in Ten Volumes*，*II*，*Books* 3 - 7（rev. edn，Cambridge，MA：Harvard University Press，1949）.

[7] 他们生活在阿尔卑斯山东部和多瑙河之间，包括萨瓦河和德拉瓦河河谷，大致相当于今多瑙河沿岸，维也纳到贝尔格莱德之间。

[8] Augustus，*Res Gestae* 30，trans. A. Lentin，op. cit.

[9] Velleius Paterculus 2. 117，trans. W. Shipley，op. cit.

[10] 来自中亚的伊朗人，公元前200年左右迁徙到俄罗斯南部。

[11] 特兰西瓦尼亚高地的色雷斯人。参见第19章的“图密善和德塞巴鲁斯”及后页。

[12] Tacitus，*Germania* 1. 1 - 2，trans. M. Hutton and W. Peterson，in Tacitus，*Agricola. Germania. Dialogue on Oratory*，translated by M. Hutton and W. Peterson，revised by R. M. Ogilvie，E. H. Warmington and M. Winterbottom（Cambridge，MA：Harvard University Press，1914）.

[13] Tacitus，*Germania* 2. 2，4. 1 - 3，trans. M. Hutton and W. Peterson，op. cit.

[14] Caesar，*BG* 6. 22，trans. H. J. Edwards，op. cit.

[15] Tacitus，*Germania* 7. 1 - 3.

［16］ Tacitus，*Germania* 11. 3 – 6，trans. M. Hutton and W. Peterson，op. cit.

［17］ Tacitus，*Germania* 6. 2 – 6，trans. M. Hutton and W. Peterson，op. cit.

［18］ Tacitus，*Germania* 14. 2，trans. M. Hutton and W. Peterson，op. cit.

［19］ Tacitus，*Germania* 14. 2，trans. M. Hutton and W. Peterson，op. cit.

［20］ Caesar，*BG* 6. 23 – 4；cf. Tacitus，*Germania* 28. 1.

［21］ Caesar，*BG* 6. 21；cf. Tacitus，*Germania* 14 – 15.

［22］ Tacitus，*Germania* 20.

［23］ Tacitus，*Germania* 21. 3，trans. S. Kershaw.

［24］ Caesar，*BG* 6. 21，trans. H. J. Edwards，op. cit.；cf. Tacitus，*Germania* 19.

［25］ Tacitus，*Germania* 17. 1，trans. M. Hutton and W. Peterson，op. cit.

［26］ Tacitus，*Germania* 8. 1 – 2.

［27］ Tacitus，*Germania* 25.

［28］ Caesar，*BG* 6. 21，trans. H. J. Edwards，op. cit.

［29］ Tacitus，*Germania* 9. 3，trans. S. Kershaw.

［30］ Tacitus，*Germania* 23. 1 – 2，trans. M. Hutton and Peterson，op. cit.

［31］ Velleius Paterculus 2. 117. 2.

［32］ Dio Cassius 59. 18.

［33］ Velleius Paterculus 2. 117. 4，trans. W. Shipley，op. cit.

［34］ Velleius Paterculus 2. 118. 1.

［35］ Velleius Paterculus 2. 118. 2，trans. W. Shipley，op. cit.

［36］ Tacitus，*Germania* 36. 1 – 2，trans. M. Hutton and W. Peterson，op. cit.

［37］ Velleius Paterculus 2. 118. 2，trans. W. Shipley，op. cit.

［38］ Tacitus，*Annals* 1. 55.

［39］ Tacitus，*Annals* 1. 60. 3.

［40］ Dio Cassius 59. 20. 4，trans. E. Cary and H. B. Foster，in Dio Cassius，*Roman History*，*Volume VII*：*Books 56 – 60*（Cambridge，MA：Harvard University Press，1924）.

［41］ Velleius Paterculus 2. 119. 2，trans. W. Shipley，op. cit. 塔西佗也谈

到了阿米尼乌斯的背叛（Tacitus，*Annals* 1.55）。

［42］Florus 2.30.37，trans. N. Pollard and J. Berry，*The Complete Roman Legions*（London：Thames & Hudson，2012）；cf. Tacitus，*Annals* 1.60.3.

［43］Velleius Paterculus 2.120.6，trans. S. Kershaw.

［44］Velleius Paterculus 2.119.5，trans. W. Shipley，op. cit.

［45］Tacitus，*Annals* 1.61，trans. C. H. Moore and J. Jackson，in Tacitus，*Histories：Books 4－5. Annals：Books 1－3*（Cambridge，MA：Harvard University Press，1931）.

［46］See J. Harnecker，*Arminius，Varus and the Battlefield at Kalkriese：An Introduction to the Archaeological Investigations and Their Results*（Bramsche：Rasch Verlag，2004）.

［47］Dio Cassius 56.22.2；Velleius Paterculus 2.120.3.

［48］Dio Cassius 56.22.2－4；Velleius Paterculus 2.120.4.

［49］Suetonius，*Augustus* 23.2，trans. S. Kershaw.

［50］日耳曼尼库斯的名字很复杂：他的个人名字不为人知，可能是以他父亲的名字命名为尼禄·克劳狄·德鲁苏斯，也可能是以他叔叔的名字命名为提比略·克劳狄·尼禄。为了纪念他父亲在日耳曼尼亚的胜利，公元前9年他父亲死后，他被授予日耳曼尼库斯（“日耳曼征服者”）的荣誉称号（荣名）。提比略收养他时，他保留了“日耳曼尼库斯”的荣名，并取名“尤利乌斯”和“恺撒”。因此，他的名字是日耳曼尼库斯·尤利乌斯·恺撒（Germanicus Julius Caesar）。

［51］Tacitus，*Annals* 1.55，trans. Tacitus，*Annals* 1.61，trans. C. H. Moore and J. Jackson，op. cit.

［52］Tacitus，*Annals* 1.57，trans. C. H. Moore and J. Jackson，op. cit.

［53］See Tacitus，*Annals* 1.58.

［54］Tacitus，*Annals* 1.63.

［55］Tacitus，*Annals* 1.65.

［56］Tacitus，*Annals* 1.68，trans. C. H. Moore and J. Jackson，op. cit.

［57］See http：//www.livius.org/articles/place/fossa-drusiana/?，accessed 2

August 2018.

[58] Tacitus, *Annals* 2. 9.

[59] Tacitus, *Annals* 2. 10.

[60] Tacitus, *Annals* 2. 14, trans. C. H. Moore and J. Jackson, op. cit.

[61] Tacitus, *Annals* 2. 17, trans. S. Kershaw.

[62] Tacitus, *Annals* 2. 21, trans. C. H. Moore and J. Jackson, op. cit.

[63] *L'Année Épigraphique* (*AE*), no. 508 (1984).

[64] See S. Kershaw, *A Brief History of the Roman Empire* (London: Robinson, 2013), p. 75 f.

[65] Tacitus, *Annals* 1. 41. 3; Suetonius, *Gaius* 9. 1. 这个词是 *caliga* 的缩写，指罗马士兵穿的带鞋钉的皮凉鞋。最初这个称呼是非常亲切的，并没有现在的恐怖意味。*Caligula* 是单数，不是复数。

[66] Tacitus, *Annals* 2. 44, trans. S. Kershaw.

[67] Tacitus, *Annals* 2. 44, trans. S. Kershaw.

[68] Tacitus, *Annals* 2. 46, trans. S. Kershaw.

[69] Tacitus, *Annals* 2. 46.

[70] Tacitus, *Annals* 2. 88, trans. C. H. Moore and J. Jackson, op. cit. 关于皮洛士，参见第 4 章的“意大利的较量”及后页。

[71] Tacitus, *Annals* 2. 88, trans. C. H. Moore and J. Jackson, op. cit.

[72] Tacitus, *Annals* 2. 88, trans. C. H. Moore and J. Jackson, op. cit.

第 17 章　布狄卡：爱西尼女王，罗马之鞭

[1] Caesar, *BG* 5. 12 - 13, trans. A. and P. Wiseman, in K. Chisholm and J. Ferguson, *Rome: The Augustan Age* (Oxford: Oxford University Press, 1981).

[2] Strabo 4. 5. 1 - 2, trans. J. C. Mann and R. G. Penman (eds), *LACT Literary Sources for Roman Britain* (London: LACT Publications, 1978).

[3] Caesar, *BG* 5. 12 - 14, trans. A. and P. Wiseman, op. cit.

[4] Claudian, *De Consulatu Stilichonis*, 2. 250 ff. , trans. C. Mann and

R. G. Penman (eds), *LACTOR 11*: *Literary Sources for Roman Britain* (2nd edn, London: London Association of Classical Teachers, 1985).

[5] Strabo 4. 5. 1 - 2, trans. J. C. Mann and R. G. Penman (1978), op. cit.

[6] Tacitus, *Agricola* 12. 3 - 4, trans. M. Hutton, *Tacitus*: *Agricola*, *Germania*, *Dialogus* (London: Heinemann; Cambridge, MA: Harvard University Press, 1970).

[7] Tacitus, *Agricola* 11, trans. M. Hutton, op. cit.

[8] Tacitus, *Agricola* 12, trans. M. Hutton, op. cit.

[9] Horace, *Odes* 1. 35. 29 - 30, trans. S. Kershaw.

[10] Horace, *Odes* 4. 14. 47 - 8, trans. J. Michie, op. cit.

[11] See S. Kershaw (2013), op. cit., pp. 92 - 8.

[12] 恺撒在《高卢战记》(Caesar, *BG* 4. 20 - 5. 23) 中记述了远征不列颠的经历。

[13] Caractacus这个拼写出自塔西佗的一份不清晰的手稿；迪奥·卡西乌斯称他为Karatakos和Kartakes；他的凯尔特名字是Caradoc。

[14] Dio Cassius 60. 21. 4. 苏维托尼乌斯称库诺贝利努斯为“不列颠国王”——事实上，他只是卡图维拉尼部落的首领。他的名字在布立吞语中的意思是“强壮如狗”。他就是莎士比亚同名戏剧中辛白林的原型。

[15] Dio Cassius 60. 19. 5 ff, trans. J. C. Mann and R. G. Penman (1985), op. cit.

[16] *CIL* 6. 920 = *ILS* 216 (restored), Capitoline Museum, Rome. Trans. D. R. Dudley, *Urbs Roma*: *A Sourcebook of Classical Texts on the City and its Monuments* (London: Phaidon, 1967).

[17] Tacitus, *Annals* 12. 37, trans. J. Jackson, in Tacitus, *Annals*: *Books 4 - 6*, *11 - 12* (Cambridge, MA: Harvard University Press, 1937a).

[18] Dio Cassius, *Epitome* of Book 61. 33. 3, trans. E. Cary and H. B. Foster, Dio Cassius, *Roman History*, *Volume VIII*: *Books 61 - 70* (Cambridge, MA: Harvard University Press, 1925).

[19] Caesar, *BG* 6. 13.

[20] Caesar, *BG* 6. 14, trans. H. J. Edwards, op. cit.

［21］ Suetonius，*Nero* 18，trans. S. Kershaw.

［22］ 这里采用 Boudicca（布狄卡）这个拼法。Boadicea 可能源自印刷错误。塔西佗最有可能使用的是 Boudicca 的拼法。不过，有证据表明布立吞人称她为 Boudica，读作 Bow-DEE-kah，bow 与 low 谐音。希腊人称她为 Buduika。参见 K. Jackson，'Queen Boudicca?'，*Britannia*，no. 10（1979），p. 255；C. D. Williams，*Boudica and Her Stories：Narrative Transformations of a Warrior Queen*（Newark：University of Delaware Press，2009），pp. 44 ff. 现代英语中的 bodacious（"大胆的""非凡的"）一词与她无关。

［23］ Ulpian，in Justinian，*Digest* 1. 19. 1 – 2，trans. A. Watson，in Justinian，*The Digest of Justinian*，*Vol. 1*（Philadelphia：University of Pennsylvania Press，1985）.

［24］ Tacitus，*Annals* 14. 31，trans. S. Kershaw.

［25］ 古代文献中这个部落的名字有 Trinobantes 和 Trinovantes 两种拼法。语言学家认为 Trinovantes 可能更接近当时不列颠实际使用的形式。

［26］ 关于科尔切斯特的神庙是不是在克劳狄生前献给他的还存在争议，参见 D. Fishwick in *Britannia*，no. 3（1972），pp. 164 ff。

［27］ Dio Cassius 62. 2. 1.

［28］ Tacitus，*Annals* 14. 32.

［29］ Tacitus，*Agricola* 15. 2 – 3，trans. J. C. Mann and R. G. Penman（1985），op. cit.

［30］ Tacitus，*Annals* 12. 31.

［31］ 相关讨论参见 Kevin K. Carroll in *Britannia*，no. 10（1979），p. 197 ff。

［32］ Tacitus，*Annals* 14. 31，trans. J. Jackson，*Tacitus*，*Annals*：*Books 13 – 16*（Cambridge，MA：Harvard University Press，1937b）.

［33］ Dio Cassius 62. 2. 2 – 4，trans. J. C. Mann and R. G. Penman（1985），op. cit.

［34］ Tacitus，*Annals* 14. 31，trans. J. Jackson（1937b），op. cit.

［35］ 塔西佗（Tacitus，*Annals* 14. 32）说他损失了整个军团的步兵部队。

［36］ Tacitus，*Annals* 14. 32.

［37］ Tacitus，*Annals* 14. 33，trans. J. Jackson（1937b），op. cit.

[38] Dio Cassius 62. 2. 1，trans. J. C. Mann and R. G. Penman（1985），op. cit.

[39] Caesar，*BG* 4. 33，trans. S. A. Handford，in Julius Caesar，*The Conquest of Gaul*，revised with a new introduction by Jane F. Gardner（London：Penguin，1982）.

[40] 身份不详。

[41] Juvenal，*Satires* 4. 126 – 7，trans. S. Kershaw.

[42] 两种战车的区别并不十分清楚。约达尼斯也说 *biga* 和 *currus* 是不同的：可能是 *biga*＝*essedum*，*currus*＝*covinnus*。塔西佗用 *currus* 来称呼不列颠战车，包括布狄卡的战车（*Agricola* 12；*Annals* 14. 35）。

[43] Pomponius Mela，*De Chorographia* 3. 43，trans. S. Kershaw.

[44] Lucan，*Pharsalia* 1. 426，trans. S. Kershaw.

[45] Silius Italicus，*Punica* 17. 416 f. ，trans. S. Kershaw.

[46] 公元 76 年—78 年任总督。

[47] Frontinus，*Stratagems* II. 3. 18.

[48] Jordanes，*Getica* 1. 2. 14 – 15，trans. C. C. Mierow，in Jordanes，*The Gothic History of Jordanes*（Princeton：Princeton University Press，1915）.

[49] Arrian，*Ars Tactica* 19，trans. P. A. Stadter，in 'The Ars Tactica of Arrian：Tradition and Originality'，*Classical Philology*，vol. 73，no. 2（1978），pp. 117 – 28.

[50] *Roman Republican Coinage*（*RRC*）448/2a，*RRC* 448/2b.

[51] 具体位置不详。

[52] Tacitus，*Annals* 14. 34.

[53] Dio Cassius 62. 6. 3，trans. C. A. Williams，*Roman Homosexuality*（2nd edn，Oxford：Oxford University Press，2010），p. 154.

[54] Tacitus，*Annals* 14. 35，trans. J. Jackson（1937b），op. cit.

[55] Tacitus，*Annals* 14. 37，trans. M. Grant，in *Tacitus*：*The Annals of Imperial Rome*，translated with an introduction by M. Grant（rev. edn，Penguin：Harmondsworth，1989）。关于这场战役的完整描述，参见 Tacitus，

Agricola 15－16，*Annals* 14.29－39；Dio Cassius 62.1－12。

［56］Tacitus，*Annals* 14.38－9.

［57］See S. Kershaw（2013），op. cit. pp. 118－35.

［58］Tacitus，*Histories* 3.45，trans. J. C. Mann and R. G. Penman（1985），op. cit.

［59］Tacitus，*Histories* 3.45，trans. J. C. Mann and R. G. Penman（1985），op. cit.

［60］Tacitus，*Agricola* 25，trans. S. Kershaw.

［61］See Tacitus，*Agricola*，*passim*.

［62］Tacitus，*Agricola* 30，trans. S. Kershaw.

第18章 征服犹太：犹太大起义

［1］Pliny，*NH* 13.46，trans. H. A. Rackham（1945），op. cit.

［2］Tatian，*Oration to the Greeks* 29.1－2.

［3］Tacitus，*Histories* 5.4.1，trans. C. H. Moore and J. Jackson，op. cit.

［4］Tacitus，*Histories* 5.5.1－3，trans. C. H. Moore and J. Jackson，op. cit.

［5］Josephus，*Against Apion* 1.58，trans. S. Kershaw.

［6］Josephus，*Against Apion* 1.71；cf. the prolegomena to *BJ* 3.6.7.

［7］参见 *CIL* 3.86；B. Isaac，'Orientals and Jews in the *Historia Augusta*：Fourth Century Prejudice and Stereotypes'，in I. Gafni，A. Oppenheimer and R. D. Schwartz（eds），*The Jews in the Hellenistic-Roman World*：*Studies in Memory of Menahem Stern*（Jerusalem：Zalman Shazar Center，1996），p. 268。

［8］Josephus，*AJ* 20.263－4，trans. L. H. Feldman，in Josephus，*Jewish Antiquities*，*Volume IX*：*Book* 20（Cambridge，MA：Harvard University Press，1965）；cf. *AJ* 1.7.

［9］Paul，Philippians 3.5（King James version）.

［10］Acts of Paul 23.6（King James version）.

［11］Paul，Galatians 1.13；Paul，Philippians 3.6；Acts 8.1－3.

［12］Acts 21.17－28.

［13］Acts 21.30－32.

［14］Acts 21.33－40.

[15] Acts 22. 25 – 27.

[16] Matthew 22. 21；Mark 12. 17；Luke 20. 25.

[17] Luke 3. 14.

[18] 公元 44 年以后，从库斯乌斯·法杜斯（Cuspius Fadus）开始，犹地亚总督才成为罗马的行省代理。

[19] Josephus，*De Bello Judaico* 3. 7. 23，trans. S. Kershaw.

[20] 参见 S. Kershaw（2013），op. cit.，pp. 118 – 35。

[21] 关于这次围城，仅存的文献记载来自约瑟夫斯（Josephus，*De Bello Judaico* 5 – 6）。

[22] Josephus，*De Bello Judaico* 7. 7. 1，trans. H. St J. Thackeray，in Josephus. *The Jewish War*，*Volume III*：*Books* 5 – 7（Cambridge，MA：Harvard University Press，1928）.

[23] Josephus，*De Bello Judaico* 7. 9. 1，trans. H. St J. Thackeray，op. cit.

[24] Josephus，*De Bello Judaico* 7. 10. 1，trans. H. St J. Thackeray，op. cit.

[25] Juvenal，*Satires* 6. 156 ff.，trans. P. Green，in Juvenal，*The Sixteen Satires*，translated with an introduction and notes by P. Green（3rd edn，London：Penguin，1998）.

[26] Josephus，*AJ* 20. 7. 2. 他承诺会讲述亚基帕和他妻子的故事，但是在他现存的作品中没有再提到他们。

[27] Sibylline，*Oracle* 4. 130 – 6，trans. A. E. Cooley and M. G. L. Cooley，*Pompeii and Herculaneum*：*A Sourcebook*（London and New York：Routledge，2013），p，56.

[28] G. Alföldy，'Eine Bauinschrift aus dem Colosseum'，*ZPE*，no. 109（1995），pp. 195 – 226. 并非所有学者都接受这一假设，但是资金无疑来自战利品。

[29] Suetonius，*Domitian* 12. 2，trans. J. C. Rolfe，in Suetonius，*Lives of the Caesars*，*Volume II*：*Claudius. Nero. Galba*，*Otho*，*and Vitellius. Vespasian. Titus. Domitian. Lives of Illustrious Men*：*Grammarians and Retoricians. Poets*（*Terence. Virgil. Horace. Tibullus. Persius. Lucan*）. *Lives of*

Pliny the Elder and Passienus Crispus（Loeb Classical Library 38，Cambridge，MA：Harvard University Press，1914）.

［30］Suetonius，*Domitian* 15.1；Dio Cassius 67.14.1 f.

［31］*Historia Augusta*，*Hadrian* 14.2.

［32］Pausanias 1.5.5，trans. P. Levi，in Pausanias，*Guide to Greece*，*Volume* 1，*Central Greece*，translated with an introduction by P Levi（rev. edn，London：Penguin Classics，1979）.

［33］他的名字有几种不同形式。

［34］Jerome，*Against Rufinus* 3.31.

［35］Eusebius，*Church History* 4.6.2，trans. K. Lake，in Eusebius，*Ecclesiastical History*，*Volume I*：*Books* 1－5（Cambridge，MA：Harvard University Press，1926）.

［36］P. Yadin 2 52＝SB VIII 9843，ll. 11－15，trans. S. Kershaw. Text at http：//www.papyri.info/ddbdp/sb;8;9843，accessed 22 August 2018. 在这处遗址发现的其他信件大多是用希伯来语和阿拉姆语写的。

［37］Dio Cassius，69.13.1，trans. E. Cary and H. B. Foster（1925），op. cit.

［38］Eusebius，*Church History* 4.6.3，trans. K. Lake，op. cit.

［39］Dio Cassius 69.14，trans. E. Carey，op. cit. 我们不知道他是如何得出这些数字的。

［40］Eusebius，*Church History* 4.6.3.

第 19 章 德塞巴鲁斯：达契亚的种族灭绝

［1］Tacitus，*Histories* 1.2，trans. S. Kershaw.

［2］Tacitus，*Germania* 30，trans. A. J. Church，W. J. Brodribb and L. Cerrato，op. cit.

［3］Tacitus，*Germania* 31，trans. A. J. Church，W. J. Brodribb and L. Cerrato，op. cit.

［4］Martial，*Epigrams* 2.2，trans. S. Kershaw.

［5］Suetonius，*Julius Caesar* 44.3.

［6］ Appian 23；Suetonius，*Augustus* 63.

［7］ Dio Cassius 67. 6. 1，trans. E. Cary and H. B. Foster（1925），op. cit.

［8］ Ovid，*Metamorphoses* 1. 717，4. 727.

［9］ Juvenal，*Satires* 8. 201.

［10］ Valerius Maximus 3. 2. 12.

［11］ 也可以用双手来挥舞。参见 M. Schmitz，*The Dacian Threat，101－106AD*（Armidale：Caeros，2005），p. 31。

［12］ Dio Cassius 68. 6. 1，trans. E. Cary and H. B. Foster（1925），op. cit.

［13］ Dio Cassius 68. 7. 5，trans. E. Cary and H. B. Foster（1925），op. cit.

［14］ Dio Cassius 68. 9. 5－6，trans. E. Cary and H. B. Foster（1925），op. cit.

［15］ Dio Cassius 68. 11－12.

［16］ Dio Cassius 68. 14. 4，trans. E. Cary and H. B. Foster（1925），op. cit.

［17］ Dio Cassius 68. 15. 1.

［18］ Dio Cassius 68. 16. 3，trans. E. Cary and H. B. Foster（1925），op. cit.

［19］ *CIL* 6. 960.

第 20 章　帕提亚、波斯和帕尔米亚

［1］ E. Gibbon，*The History of the Decline and Fall of the Roman Empire*（London：Strahan and Cadell，1776－88），vol. 1，ch. 3. 31.

［2］ Lucian，*How to Write History* 20.

［3］ Fronto，*Principia Historiae* 13－15，trans. A. R. Birley，"The Wars and Revolts，" in M. van Ackeren（ed.），*A Companion to Marcus Aurelius*（Chichester：Wiley-Blackwell，2012），p. 219.

［4］ 参见 S. Kershaw（2013），op. cit.，pp. 216 ff。

［5］ E. Gibbon，op. cit.，vol. 1，ch. 1. 5.

［6］ Ulpian，in Justinian，*Digest* 1. 5. 17；Dio Cassius 78. 9.

［7］ Procopius，*History of the Wars* 3. 2. 2－3，trans. H. B. Dewing，in Procopius，*History of the Wars，Volume II：Books* 3－4（*Vandalic War*）（Cambridge，MA：Harvard University Press，1916）.

［8］Zosimus，*New History* 1. 29，trans. G. J. Vossius，*History of Count Zosimus*，*Sometime Advocate and Chancellor of the Roman Empire*（London：Green and Chaplin，1814）.

［9］*Ka'ba-i Žardušt*（*ŠKZ*），Gk. l. 49.

［10］Mas 'udi，*Moruj* II. 159.

［11］参见 L. Koenen and C. Römer，*Der Kölner Mani-Kodex. Abbildungen unddiplomatischer Text*（Bonn：Habelt，1985）。

［12］位于今伊拉克摩苏尔（Mosul）西南约 100 公里处。

［13］J. Henrichs and L. Koenen，'Der Kölner Mani-Kodex'，*Zeitschrift fur Papyriologie undEpigraphik*，no. 19（1975），p. 18（Greek text），p. 21（translation）.

［14］在一些文献中［如奥勒里乌斯·维克多（Aurelius Victor）和尤特罗庇乌斯］只有两位戈尔狄安，戈尔狄安二世和三世被合二为一，但《罗马君王传：三戈尔狄安》（*Historia Augusta*，*The Three Gordians*）的作者认为这些记载是"无稽之谈"。

［15］*Historia Augusta*，*The Three Gordians* 27. 5.

［16］V. G. Lukonin，*Kul'tura sasanidskogo Irana*（Moscow：Otcherki po istorii kul'tury，1969），pp. 55，164，166，pl. II，no. 283；R. Ghirshman，'Châpur Ier，"Roi de rois" sans couronne'，*Acta Iranica*，no. 4（1975），p. 258.

［17］*Historia Augusta*，*The Three Gordians* 26. 3，trans. D. Magie，in *The Scriptores Historiae Augustae*，*Volume II*（Cambridge，MA，and London：Harvard University Press，1924）.

［18］*Historia Augusta*，*The Three Gordians* 26. 6 – 27. 3，trans. D. Magie，op. cit.

［19］*Historia Augusta*，*The Three Gordians* 27. 6.

［20］一些文献暗示阿拉伯人菲利普的医生故意加重了提米斯特乌斯的病情。

［21］*Roman Coins and Their Values*（*RCV*）*III* 8941；*Royal Imperial Coinage*（RIC）IV – 369；*Roman Silver Coins*（RSC）113.

［22］P. Huyse，*Die dreisprachige Inschrift Šābuhrs I. An der Ka 'ba-*

iŽardušt (*ŠKZ*), 2 vols, (London: SOAS, 1999), vol. 1, pp. 26–8.

[23] 其他解读认为这幅画面描绘的是阿尔达希尔一世的一次胜利、沙普尔加冕之前的一次解围或他击败瓦勒良之后的场景。

[24] *The Inscription of Shapur I at Naqsh-E Rustam in Fars* 4–5, trans. A. Maricq, 'Res Gestae Divi Saporis', *Syria*, no. 35 (1958), pp. 295–360.

[25] *The Inscription of Shapur I* 4–5, trans. A. Maricq, op. cit.

[26] *The Inscription of Shapur I* 4–5, trans. A. Maricq, op. cit.

[27] *The Inscription of Shapur I* 9 ff., trans. A. Maricq, op. cit.

[28] Lactantius, *On the Deaths of the Persecutors* 5.2 ff., trans. W. Fletcher and A. Fletcher, in A. Roberts and J. Donaldson (eds), *The Ante-Nicene Fathers, Vol. VII, Fathers of the Third and Fourth Centuries: Lactantius, Venantius, Asterius, Victorinus, Dionysius, Apostolic Teaching and Constitutions, Homily, and Liturgies* (Edinburgh: T. & T. Clark, 1886).

[29] *Historia Augusta*, *The Two Gallieni* 17.1. 有人说这句话是阿那克萨哥拉（Anaxagoras）说的，也有人说是色诺芬（Xenophon）说的。

[30] *Historia Augusta*, *The Two Gallieni* 16.1–17.9, trans. D. Magie, op. cit.

[31] *Historia Augusta*, *The Thirty Tyrants* 30.15, trans. S. Kershaw.

[32] *Historia Augusta*, *The Two Gallieni*, 13.3, trans. D. Magie, op. cit.

[33] *Historia Augusta*, *The Two Gallieni* 13.5, trans. D. Magie, op. cit.

[34] *Historia Augusta*, *The Two Gallieni* 14.4–11.

[35] *Historia Augusta*, *The Two Gallieni* 15.3, trans. D. Magie, op. cit.

[36] *Historia Augusta*, *Claudius* 18.4, trans. S. Kershaw.

[37] *Historia Augusta*, *The Two Gallieni* 13.5. 确定这些事件的实际顺序困难重重，例如，参见 A. Watson, *Aurelian and the Third Century* (London and New York: Routledge, 1999), p. 61。

[38] 例如，*Historia Augusta*, *Claudius* 12.5; Eutropius 9.12; Zonaras 12.26。其他文献记载是 77 天或“几个月”，大多数造币厂铸造钱币也需要时间。

[39] Zosimus, *New History* 1.44.1, trans. G. J. Vossius, op. cit.

［40］ Zosimus，*New History* 1.44.2，trans. G. J. Vossius，op. cit.

［41］ Zosimus，*New History* 1.50.4，trans. G. J. Vossius，op. cit.

［42］ Zosimus，*New History* 1.51.1.

［43］ Zosimus，*New History* 1.52.3－4.

［44］ Zosimus，*New History* 1.53.1－3.

［45］ Zosimus，*New History* 1.54.2－3，trans. G. J. Vossius，op. cit.

［46］ Zosimus，*New History* 1.55.2，trans. G. J. Vossius，op. cit.

［47］ *Historia Augusta*，*Thirty Tyrants* 30.24 ff.，trans. S. Kershaw.

［48］ *Historia Augusta*，*Probus* 21.4，trans. S. Kershaw.

［49］ *Historia Augusta*，*Probus* 19.7，trans. S. Kershaw.

［50］ See S. Kershaw（2013），op. cit.，pp. 291 ff.

［51］ Tacitus，*Germania* 3.1－2，trans. A. J. Church，W J. Brodribb and L. Cerrato，op. cit.；cf. Ammianus Marcellinus 26.7.17；M. P. Speidel，*Ancient Germanic Warriors*：*Warrior Styles from Trajan's Column to Icelandic Sagas*（London and New York：Routledge，2004），pp. 101 ff.

［52］ *Comparison of Mosaic and Roman Law* 5.3，trans. N. Lewis and M. Reinhold (eds)，*Roman Civilization*：*Selected Readings*，*Volume* II，The Empire（3rd edn，New York：Columbia University Press，1990），p. 549.

［53］ 例如，参见 T. D. Barnes，'Constantine and the Christians of Persia'，*Journal of Roman Studies*，no. 75（1985），pp. 126－36。

［54］ See 'Kidarites'，*Encyclopedia Iranica*，online edition（2009），http：//www.iranicaonline.org/articles/kidarites，accessed 2 September 2018.

［55］ 例如，参见 Ammianus Marcellinus 16.9.4，17.5.1，19.1.7－2.1。

［56］ Ammianus Marcellinus 24.6，trans. S. Kershaw.

［57］ Libanius 28.254－5.

［58］ Ammianus Marcellinus 25.3.6，trans. S，Kershaw；cf. Libanius 18.269－70；Eutropius，*Breviarium* 10.16.

［59］ See G. W. Bowersock，*Julian the Apostate*（Cambridge，MA：Harvard University Press，1978），pp. 123－4.

［60］还有其他解读，参见 P. Calmeyer，'Vom Reisehut zur Kaiserkrone'，*AMI*，no. 10（1977），pp. 168 – 88；A. S. Shahbazi，Ardašir II'，*Encyclopædia Iranica*，vol. II（New York：Columbia University，1987），pp. 380 – 1。

［61］Ammianus Marcellinus 25. 5. 4，trans. W. Hamilton，op. cit.

［62］Ammianus Marcellinus 25. 7. 13，trans. S. Kershaw.

［63］Ammianus Marcellinus 25. 10.

［64］Ammianus Marcellinus 26. 1. 3，trans. W. Hamilton，op. cit.

［65］Ammianus Marcellinus 26. 5. 4，trans. S. Kershaw.

第 21 章 弗里提根：哥特的汉尼拔

［1］Ammianus Marcellinus 31. 4. 9，trans. S. Kershaw.

［2］Anon.，*On Matters Military* 6. 1，trans. G. Halsall，op. cit.，p. 46. 写于公元 4 世纪 60—70 年代。

［3］Ammianus Marcellinus 29. 4. 1，trans. W Hamilton，op. cit.

［4］Ammianus Marcellinus 26. 6. 15.

［5］例如，参见 P. Heather，*The Goths*（Oxford：Blackwell，1996），pp. 51 – 93；H. Roued Olsen，'Reflections on Culture Connections'，*LAG*，no. 8（2007），http：//www. academia. edu/1786963/Reflections _ on _ culture _ connections _ - _ Examining _ connections _ between _ South _ Scandinavia _ and _ the _ Sintana _ de _ Mures _ Cernjachov _ culture _ from _ AD _ 270 – 410 _ Period _ C2 _ to _ Di，accessed 2 September 2018。

［6］卡西奥多罗斯生活在公元 490 年—约 585 年。他关于哥特史的作品没有留存下来。

［7］Quoted in P. Brown，*The Making of Late Antiquity*（Cambridge，MA，and London：Harvard University Press，1978），p. 123.

［8］Lactantius，*On the Deaths of the Persecutors* 4. 3，trans. A. Fletcher，in A. Roberts and J. Donaldson（eds），*The Ante-Nicene Fathers Vol. VII*，*Fathers of the Third and Fourth Centuries*：*Lactantius*，*Venantius*，*Asterius*，*Victorinus*，*Dionysius*，*Apostolic Teaching and Constitutions*，*Homily*，*and*

Liturgies (Edinburgh: T. & T. Clark, 1886).

[9] Themistius, *Oration* 10.135, trans. D. Moncur, in P. J. Heather and J. F. Matthews, *The Goths in the Fourth Century* (Liverpool: Liverpool University Press, 1991), p. 40.

[10] Ammianus Marcellinus, 30.6.6, trans. W. Hamilton, op. cit.

[11] 阿兰人是一个好战的游牧民族，生活在从大草原到黑海东北部一带。

[12] Ambrose, *Expositio evangelii secubdun Lucam* 10.10, trans. S. Kershaw. 泰法尔人（拉丁语写作 *Taifali*、*Taifalae* 或 *Theifali*）起源于日耳曼人/萨尔马提亚人。

[13] Virgil, *Georgics* 2.105 f., trans. C. Day Lewis, op. cit.

[14] A. Goldsworthy, *The Fall of the West: The Slow Death of the Roman Superpower* (London: Weidenfeld & Nicolson, 2009), p. 261.

[15] Ammianus Marcellinus 31.4.5, trans. J. C. Rolfe, in Ammianus Marcellinus, *Ammianus Marcellinus with an English Translation*, vol. 3 (Cambridge, MA: Harvard University Press, 1940).

[16] Ammianus Marcellinus 31.5.7, trans. J. C. Rolfe (1940), op. cit.

[17] Ammianus Marcellinus 31.10.1, trans. S. Kershaw.

[18] Socrates Scholasticus, *Church History* 4.33.

[19] 关于阿德里安堡战役的参考书目，参见 http://www.uvm.edu/~bsaylor/rome/adrianople.html, accessed 3 September 2018；另参见 http://awmc.unc.edu/wordpress/wp-content/uploads/2012/09/13-1_Major_Battle_Sites_of_the_Fourth_Century.pdf, accessed 3 September 2018。

[20] Themistius, *Orations* i6.210b-c, trans. P. J. Heather and D. Moncur, in Themestius, *Politics, Philosophy and Empire in the Fourth Century: Themistius' Select Orations*, translated with commentary by P. J. Heather and D. Moncur (Liverpool: Liverpool University Press, 2001).

[21] Themistius, *Orations* 34, trans. R. J. Panella, in Themestius, *The Private Orations of Themistius* (Berkeley: University of California Press, 2000).

第 22 章　哥特人阿拉里克：洗劫罗马

[1] Theodoret，*Church History* 5. 17. 3.

[2] 参见 G. Halsall，*Worlds of Arthur*：*Facts and Fictions of the Dark Ages*（Oxford：Oxford University Press，2013），p. 255；cf. https：//www. theguardian. com/books/2017/jan/16/mary-beard-arron-banks-eu-ukip-twitter-rome，accessed 17 June 2018。

[3] P. J. Heather，op. cit. ，p. 139.

[4] Eusebius，*Life of Constantine* 1. 31，trans. S. Moorhead and D. Stuttard，*AD 410*：*The Year that Shook Rome*（London：British Museum Press，2010），p. 41.

[5] Rufinus，*Historia Eremitica* 9. 33，trans. A. Cameron，*The Later Roman Empire*：*AD 284 –430*（London：Fontana，1993），p. 76.

[6] Orosius，*Histories Against the Pagans* 7. 35. 19，trans. I. W. Raymond，op. cit.

[7] Eunapius fr. 62，trans. W. C. Wright，*Lives of the Philosophers and Sophists*（Cambridge，MA：Harvard University Press，1921）；cf. Zosimus，*New History* 6. 1 – 4.

[8] Jordanes，*Getica* 29. 46，trans. C. C. Mierow，op. cit.

[9] Zosimus，*New History* 5. 7. 5 – 6，trans. S. Moorhead and D. Stuttard，op. cit. ，p. 72.

[10] Eunapius fr. 897，trans. S. Moorhead and D. Stuttard，op. cit. ，p. 72.

[11] 参见 J. Long，*Claudian's* In Eutropium：*Or*，*How*，*When*，*and Why to Slander a Eunuch*（Chapel Hill and London：University of North Carolina Press，1996）。

[12] 参见 M. Kulikowkski，'Barbarians in Gaul，usurpers in Britain'，*Britannia*，no. 31（2000），pp. 325 – 45。

[13] Gregory of Tours，*Libri Historiarum*（*LH*）1. 9；cf. Orosius，*Histories Against the Pagans* 7. 40. 3.

[14] Orientius，*Commonitorium* 2. 184，trans. S. Kershaw.

[15] Zosimus, *New History* 5. 29. 9, trans. S. Kershaw。引言出自Cicero, *Philippics* 12. 14。

[16] Jerome, *Letter to Principia* 1. 121.

[17] Zosimus, *New History* 5. 40. 3, trans. R. T. Ridley, op. cit.

[18] Zosimus, *New History* 5. 41. 7, trans. R. T. Ridley, op. cit.

[19] Zosimus, *New History* 5. 50. 2 - 3, trans. R. T. Ridley, op. cit.

[20] Zosimus, *New History* 6. 11. 2.

[21] 公元240年—320年。

[22] Lactantius, *Divine Institutes* 7. 15, trans. N. Lewis and M. Reinhold (eds), op. cit., p. 628.

[23] Orosius, *History Against the Pagans* 7. 39.

[24] Jerome, *Letter to Principia* 13, trans. S. Moorhead and D. Stuttard, op. cit., p. 129 ff.

[25] Augustine, *City of God* 1. 7 ff., trans. M. Dods in P. Schaff, *The Nicene and Post-Nicene Fathers of the Christian Church*, *First Series*, *Vol*. 2 (Edinburgh: T. & T. Clark, 1890).

[26] Jerome, *Letter to Demetrias* 7, trans. S. Moorhead and D. Stuttard, op. cit., p. 129 ff; 引言出自 Virgil, *Aeneid* 10. 79。

[27] Jerome, *In Ezekiel*, III *Praef.*, trans. B. Ward-Perkins, *The Fall of Rome and the End of Civilization* (Oxford: Oxford University Press, 2005), p. 28.

[28] Jordanes, *Getica* 30. 158, trans. W S. Davis, *Readings in Ancient History*, *Illustrative Extracts from the Sources*, *II*, *Rome and the West* (Boston, New York and Chicago: Allyn and Bacon, 1913).

[29] http://www.merlinburrows.com/found-treasure-tomb-king-alaric-410, accessed 7 September 2018.

第23章 匈人阿提拉：生而震撼世界

[1] Jordanes, *Getica* 24. 121, trans. S. Kershaw. 参见第21章的“哥特人

弗里提根：北方的汉尼拔”及后页。

[2] Jordanes，*Getica* 24. 121－2，trans. C. C. Mierow，op. cit.

[3] Ammianus Marcellinus 31. 2. 2 f.，trans. S. Moorhead and D. Stuttard，op. cit.，p. 54 f.

[4] Ammianus Marcellinus 31. 2. 7 f.，trans. S. Moorhead and D. Stuttard，op. cit.

[5] 例如，参见 Herodotus 4. 100。

[6] Jordanes，*Getica* 35. 180，trans. C. C. Mierow，op. cit.

[7] Jordanes，*Getica* 35. 182，trans. C. C. Mierow，op. cit.

[8] Priscus of Panion fr. 10，trans. S. Mitchell，*A History of the Later Roman Empire AD 284 -641：The Transformation of the Ancient World*（Oxford：Blackwell，2007），p. 105.

[9] 他的第三个执政官任期是在公元 446 年。

[10] Gildas，*De Excidio et Conquestu Britanniae* 1. 20，trans. S. Kershaw.

[11] 罗马人称他为 *Gaisericus* 或 *Geisericus*，现代文献称他为 Geiseric 或 Genseric。

[12] Jordanes，*Getica* 35. 180，trans. C. C. Mierow，op. cit.

[13] Priscus fr. 8，in *Fragmenta Historicorum Graecorum*，trans. J. B. Bury.

[14] Priscus fr. 8，in *Fragmenta Historicorum Graecorum*，trans. J. B. Bury.

[15] Jordanes，*Getica* 49. 254，trans. C. C. Mierow，op. cit.

[16] Jordanes，*Getica* 49. 254，trans. C. C. Mierow，op. cit.

[17] Jordanes，*Getica* 50. 261，trans. C. C. Mierow，op. cit.

[18] *Weser-Zeitung*（28 July 1900），second morning edition，p. 1，trans. S. Kershaw.

第 24 章 蛮族军阀：盖萨里克和罗马的陷落

[1] E. Gibbon，op. cit.，vol. 1，chapter 10. 3.

[2] 这封信的译文参见 E. G. Holt，*A Documentary History of Art*（Princeton：Princeton University Press，1957），p. 251。

[3] A. Pope，*Essay on Criticism*（London：W. Lewis，1711），ll. 686 ff.

[4] J. T. Desaguliers，*Course in Experimental Philosophy*（London：J. Senex，W Innys and R. Manby，and J. Osborn and T. Longman，1734），pp. 1－2.

[5] W. Cowper，On the Burning of Lord Mansfield's Library，Together with his MSS. by the Mob，in the Month of June 1780'（1780）.

[6] H. Grégoire，*Oeuvres de l'abbé Grégoire*（Nendeln：KTO Press，1977），vol. 2，pp. 257－78；dated 14 Fructidor An. II（31 August 1794）.

[7] H. Grégoire，*Mémoires de L'Abbé Grégoire*，edited by J.-M. Leniaud（Paris：Éditions de Santé，1989），p. 60.

[8] Pliny，*NH* 4. 99，trans. H. A. Rackham（1949），op. cit.

[9] Tacitus，*Germania* 2. 3－4，trans. A. J. Church，W. J. Brodribb and L. Cerrato，op. cit.

[10] Tacitus，*Germania* 2. 5，trans. A. J. Church，W. J. Brodribb and L. Cerrato，op. cit.

[11] Tacitus，*Germania* 43. 3－4.

[12] Ptolemy 2. 11. 18.

[13] *Historia Augusta*，*Marcus Aurelius Antoninus* 12. 13.

[14] *Historia Augusta*，*Marcus Aurelius Antoninus* 14. 2，trans. S. Kershaw.

[15] *Historia Augusta*，*Marcus Aurelius Antoninus* 14. 6，trans. S. Kershaw.

[16] Dio Cassius 72. 12. 2，trans. S. Kershaw.

[17] Dio Cassius 72. 12. 1－2，trans. E. Cary and H. B. Foster，in Dio Cassius，*Roman History*，*Volume IX*：*Books 71－80*（Cambridge，MA：Harvard University Press，1927）.

[18] 参见 S. Kershaw（2013），op. cit.，pp. 139 ff。

[19] Dio Cassius 72. 3. 1－2.

[20] Dio Cassius 77. 20. 3－4，trans. E. Cary and H. B. Foster（1927），op. cit.

[21] 参见 S. Kershaw（2013），op. cit.，pp. 168 ff。

[22] Zosimus，*New History* 1. 48，trans. R. T. Ridley，op. cit.

[23] Dexippus fr. 7.

［24］Zosimus，*New History* 1. 68. 1－2，trans. R. T. Ridley，op. cit.

［25］Jordanes，*Getica* 21. 114，trans. C. C. Mierow，op. cit.

［26］Jordanes，*Getica* 21. 114，trans. C. C. Mierow，op. cit.

［27］例如，参见 Zosimus，*New History* 6. 3. 2；Orosius，*Histories Against the Pagans* 7. 40. 4。

［28］Jerome，*Letter* 123. 16，trans. W H. Fremantle，G. Lewis and W G. Martley，*Nicene and Post-Nicene Fathers*，*Second Series*，*Vol*. 6，edited by Philip Schaff and Henry Wace（Buffalo，NY：Christian Literature Publishing Co.，1893）.

［29］Hydatius，*Chronicle* 297. 16 Lem. 48，trans. R. W Burgess，in *The Chronicle of Hydatius and the Consularia Constantinopolitana*：*Two Contemporary Accounts of the Final Years of the Roman Empire*（Oxford：Oxford University Press，1993）.

［30］Hydatius，*Chronicle* 297. 17 Lem. 49，trans. R. W Burgess，op. cit.

［31］Olympiodorus fr. 29. 1.

［32］Hydatius，*Chronicle* 301. 1 Lem. 86.

［33］Hydatius，*Chronicle* 301. 4 Lem. 89，trans. R. W Burgess，op. cit.

［34］Hydatius，*Chronicle* 302. 5 Lem. 90；Victor of Vita，*History of the Vandal Persecution* 1. 2. 渡海的日期尚不确定，参见 R. W Mathisen，'Sigisvult the patrician，Maximinus the Arian and political stratagems in the Western Roman Empire，c. 425－507'，*Early Medieval Europe*，no. 8（1999），p. 177，n. 6；M. E. Gil Egea，*África en tiempos de los vándalos*：*continuidad y mutaciones de las estruturas sociopolíticas romanas*（Alcalá-de-Harenas：Universidad de Alcalá，Servicio de Publicaciones，1998），pp. 179－81。

［35］参见 Procopius，*History of the Wars* 3. 3. 30－6。

［36］Leo，*Epistula* 12. 8，12. 11.

［37］Possidius，*Vita Augustini* 28，trans. A. Fellowes，in Possidius，*The Life of Saint Augustine by Possidius Bishop of Calama*（Villakova，PA：Augustinian Press，1988）.

[38] Procopius，*History of the Wars* 3. 3. 35 – 6，trans. H. B. Dewing，op. cit.

[39] John of Antioch fr. 201. 4 – 5，trans. C. D. Gordon，*The Age of Attila：Fifth-century Byzantium and the Barbarians*（Ann Arbor：University of Michigan Press，1960），pp. 52 – 3.《普洛科皮乌斯战争史》(Procopius，*History of the Wars* 1. 4. 16 – 28）中讲述了这样的故事，说奥普提拉和特劳斯提拉之所以被派去行刺，是因为彼得洛尼乌斯·马克西穆斯的妻子被瓦伦提尼安三世强奸，结果自杀了。

[40] Hydatius，*Chronicle* 308. 31 Lem. 162. 关于这个女儿的身份存在争议：其他文献说她是瓦伦提尼安三世的小女儿小加拉·普拉西狄亚。

[41] 例如，参见 Hydatius，*Chronicle* 308. 31a. 455；Priscus fr. 20；Procopius，*History of the Wars* 1. 4. 38 – 9。

[42] Procopius，*History of the Wars* 2. 9. 5，1. 5. 4.

[43] Malchus，Chron. 366，trans. R. C. Blockley，*The Fragmentary Classicising Historians of the Later Roman Empire：Eunapius，Olympiodorus，Priscus and Malchus*（Liverpool：Cairns，1983).

[44] Sidonius，*Carmina* 7.

[45] Sidonius，*Carmina* 7. 587 – 598，trans. W B. Anderson，in Sidonius，*Poems，Letters，Books 1 – 2*，with an English translation，introduction and notes by W B. Anderson（Cambridge，MA：Harvard University Press，1936)，p. 169.

[46] John of Antioch fr. 202，trans. C. D. Gordon，op. cit.，p. 116.

尾　声

[1] W C. Sellar and R. J. Yeatman，*1066 and All That：A Memorable History of England，comprising all the parts you can remember，including 103 Good Things，5 Bad Kings and 2 Genuine Dates*（London：Methuen & Co.，1930).

[2] P. Brown，*The World of Late Antiquity，AD 150 – 750*（New York：Harcourt Brace Jovanovich，1971).

[3] W Goffart，*Barbarians and Romans AD 418 - 584*：*The Techniques of Accommodation*（Princeton：Princeton University Press，1980），p. 35.

[4] R. W Mathisen and D. Shanzer，*Society and Culture in Late Antique Gaul*：*Revisiting the Sources*（Aldershot：Ashgate，2001），p. 1，2，n. 4.

[5] R. W Mathisen and D. Shanzer（eds）（2011），op. cit.，introduction.

[6] J. G. Herder，*Outlines of a Philosophy of History*，trans. T. Churchill（London：Johnson，1800），p. 421.

[7] Byron，*Childe Harold's Pilgrimage*，*Canto IV*（London：John Murray，1818），stanza CVII.

[8] C. P. Cavafy，'Waiting for the Barbarians'，trans. E. Keeley and P. Sherrard，in C. P. Cavafy，*Collected Poems*（Princeton：Princeton University Press，1975）.

参考书目

Aillagon, J.-J. (ed.), *Rome and the Barbarians: The Birth of a New World* (Milan: Skira, 2008).

Alfödi, A., *Early Rome and the Latins* (Ann Arbor: University of Michigan Press, 1965).

Astin, A. E., *Scipio Aemilianus* (Oxford: Clarendon Press, 1967).

Balsdon, J. P. D. V., *Romans and Aliens* (Chapel Hill: University of North Carolina Press, 1979).

Barrett, A. A. (ed.), *Lives of the Caesars* (Oxford: Blackwell, 2008).

Batty, R., *Rome and the Nomads* (Oxford: Oxford University Press, 2007).

Beckman, M., *The Column of Marcus Aurelius: The Genesis and Meaning of a Roman Imperial Monument* (Chapel Hill: University of North Carolina Press, 2011).

Bellen, H., *Metus Galliern—Metus Punicus. Zum Furchtmotiv in der römischen Republik* (Wiesbaden: F. Steiner, 1985).

Beloch, K. J., *Römische Geschichte bis zum Beginn der punischen Kriege* (Leipzig: W. De Gruyter, 1926).

Bennett, J., *Trajan Optimus Princeps: A Life and Times* (London and New York: Routledge, 1997).

Birley, A. R., *Hadrian, The Restless Emperor* (London: Routledge, 1997).

——, *Marcus Aurelius: A Biography* (2nd edn, London: Routledge, 1987).

——, *Septimius Severus: The African Emperor* (rev. edn, New Haven: Yale University Press, 1988).

Boatwright, M. T., *Hadrian and the City of Rome* (Princeton: Princeton University Press, 1987).

——, *Peoples of the Roman World* (Cambridge: Cambridge University Press, 2012).

Boethius, A., *The Golden House of Nero* (Ann Arbor: University of Michigan Press, 1960).

Bonfante, L. (ed.), *The Barbarians of Ancient Europe: Realities and Interactions* (New York: Cambridge University Press, 2011).

Bowersock, G. W., *Roman Arabia* (Cambridge, MA: Harvard University Press, 1983).

Brauer, G. C., *The Young Emperors, Rome, AD 193 - 244* (New York: Thomas Y. Crowell, 1967).

Braund, D., *Rome and the Friendly King: The Character of the Client Kingship* (London: Croom Helm, 1984).

Breaugh, M., *The Plebeian Experience: A Discontinuous History of Political Freedom* (New York: Columbia University Press, 2013).

Breeze, D. J., *The Northern Frontiers of Roman Britain* (London: Batsford, 1982).

Broughton, T. R. S. , *The Magistrates of the Roman Republic*, *Vol*. 1: *509 BC - 100 BC* (Cleveland, Ohio: Case Western Reserve University Press, 1951).

Brown, P. , *The Making of Late Antiquity* (Cambridge, MA, and London: Harvard University Press, 1978).

——, *The World of Late Antiquity*, *AD 150 - 750* (New York: Harcourt Brace Jovanovich, 1971).

Bryce, T. , *The Trojans and Their Neighbours* (London: Routledge, 2006).

Bury, J. B. , *The Invasion of Europe by the Barbarians* (London: Macmillan, 1928).

Cameron, A. , *The Later Roman Empire*: *AD 284 - 430* (London: Fontana, 1993).

Cartledge, P. , *The Greeks* (Oxford: Oxford University Press, 1993).

Champion, J. , *Pyrrhus of Epirus* (Barnsley: Pen & Sword Military, 2009).

Chisholm, K. and J. Ferguson (eds), *Rome*: *The Augustan Age* (Oxford: Oxford University Press, 1981).

Christie, N. , *The Fall of the Western Roman Empire*: *An Archaeological and Historical Perspective* (London and New York: Bloomsbury Academic, 2011).

Colledge, M. A. R. , *Parthian Art* (Ithaca: Cornell University Press, 1977).

Cornell, T. J. , *The Beginnings of Rome*: *Italy and Rome from the Bronze Age to the Punic Wars* (*c. 1000 - 264 BC*) (Routledge History of the Ancient World) (London and New York: Routledge, 1995).

Curchin, L. A. , *Roman Spain*: *Conquest and Assimilation* (London: Routledge, 1991).

Curtis, V. S. and S. Stewart (eds), *The Age of the Parthians* (London and New York: I. B. Tauris, 2007).

Dauge, Y. A., 'Le Barbare: Recherches sur la conception romaine de la barbarie et de la civilisation', *Annales, Économies, Sociétés, Civilisations*, vol. 38, no. 4 (1983), pp. 975 – 7.

De Beer, G., *Hannibal's March* (London: Sidgwick & Jackson, 1967).

Derow, P. S., A. Erskine and J. Crawley, *Rome, Polybius, and the East* (Oxford: Oxford University Press, 2014).

Drinkwater, J. and H. Elton, *Fifth-century Gaul: A Crisis of Identity?* (Cambridge: Cambridge University Press, 1992).

Dudley, D. and G. Webster, *The Roman Conquest of Britain* (London: Batsford, 1965).

Duggan, A., *He Died Old: Mithradates Eupator King of Pontus* (London: Faber & Faber, 1958).

Eck, W., 'The Bar Kokhba Revolt: The Roman Point of View', *Journal of Roman Studies*, no. 28, (1999), pp. 76 – 89.

Errington, R. M., *History of the Hellenistic World* (Malden and Oxford: Blackwell, 2008).

Esmonde-Cleary, A. S., *The Ending of Roman Britain* (London: Routledge, 1991).

Gardner, A., *An Archaeology of Identity: Soldiers & Society in Late Roman Britain* (Walnut Creek: Left Coast Press, 2007).

Garipzanov, I. H., P. J. Geary and P. Urbanczyk, *Franks, Northmen, and Slavs: Identities and State Formation in Early Medieval Europe* (Turnhout: Brepols, 2008).

Garnsey, P. and C. Humphress, *The Evolution of the Late Antique World* (Cambridge: Orchard Academic, 2001).

Garoufalias, P., *Pyrrhus, King of Epirus* (London: Stacey International, 1979).

Gibbon，E.，*The History of the Decline and Fall of the Roman Empire*（London：Strahan & Cadell，1776－88）.

Glazer，N. and P. Moynihan（eds），*Ethnicity：Theory and Experience*（Cambridge，MA：Harvard University Press，1975）.

Goffart，W.，*Barbarians and Romans AD 418－585：The Techniques of Accommodation*（Princeton：Princeton University Press，1980）.

Goldsworthy，A.，*The Fall of the West：The Death of the Roman Superpower*（London：Weidenfeld & Nicolson，2009）.

Goodman，M.，*Rome and Jerusalem：The Clash of Ancient Civilizations*（London：Allen Lane，2007）.

Gruen，E. S.，*Culture and National Identity in Republican Rome*（London：Duckworth，1993）.

——，*Diaspora：Jews Amidst Greeks and Romans*（Cambridge，MA：Harvard University Press，2002）.

——，*The Hellenistic World and the Coming of Rome*（Berkeley，Los Angeles and London：University of California Press，1984）.

Hall，E.，*Inventing the Barbarian：Greek Self-Determination Through Tragedy*（Oxford：Oxford University Press，1989）.

Hall，J. M.，*Ethnic Identity in Greek Antiquity*（Cambridge：Cambridge University Press，1997）.

——，*Hellenicity：Between Ethnicity and Culture*（Chicago：University of Chicago Press，2002）.

Halsall，G.，*Barbarian Migrations and the Roman West，376－568*（Cambridge：Cambridge University Press，2009）.

——，*Worlds of Arthur：Facts & Fictions of the Dark Ages*（Oxford：Oxford University Press，2013）.

Hammond，N. G. L.，*Epirus：The Geography，the Ancient Remains，the*

History and Topography of Epirus and Adjacent Areas (Oxford: Clarendon Press, 1967).

Harnecker, J., *Arminius, Varus and the Battlefi eld at Kalkriese: An Introduction to the Archaeological Investigations and Their Results* (Bramsche: Rasch Verlag, 2004).

Harrel, S., *The Nisibis War: The Defence of the Roman East AD 337 – 363* (Barnsley: Pen & Sword Military, 2016).

Harrison, T. (ed.), *Greeks and Barbarians* (Edinburgh: Edinburgh University Press, 2002).

Hartog, F., *The Mirror of Herodotus: The Representation of the Other in the Writing of History* (Berkeley: University of California Press, 1988).

Haynes, H., *Tacitus on Imperial Rome: The History of Make-Believe* (Berkeley and Los Angeles: University of California Press, 2003).

Heather, P. J., *The Fall of Rome: A New History* (London: Macmillan, 2005).

——, *The Goths* (Oxford: Blackwell, 1996).

Heather, P. J. and J. F. Matthews, *The Goths in the Fourth Century* (Liverpool: Liverpool University Press, 1991).

Hoddinott, R. F., *The Th racians* (Ancient Peoples & Places, 98) (London: Thames & Hudson, 1981).

Horsfall, N., *The Culture of the Roman Plebs* (London: Duckworth, 2003).

Hughes, I., *Stilicho: The Vandal Who Saved Rome* (Barnsley: Pen & Sword Military, 2010).

Hunink, V., *Oh Happy Place! Pompeii in 1000 Graffi ti*, selected, translated and annotated by V. Hunink (Sant' Oreste: Apeiron, 2014).

Johnstone, A. C., *The Sons of Remus: Identity in Roman Gaul and Spain* (Cambridge, MA, and London: Harvard University Press, 2017).

Jones, A. H. M., *Constantine and the Conversion of Europe* (London: Macmillan, 1948).

——, *The Later Roman Empire: A Social, Administrative and Economic Survey* (Oxford: Basil Blackwell, 1964).

Jones, B. W., *The Emperor Titus* (London: Croom Helm, 1984).

Jones, T., *Barbarians: An Alternative History* (London: BBC Books, 2006).

Katz, S., *The Jews in the Visigothic and Frankish Kingdoms of Spain and Gaul* (Cambridge, MA: Mediaeval Academy of America, 1937).

Keay, S. J., *Roman Spain* (London: British Museum Publications, 1988).

Kelly, C., *The End of Empire: Attila the Hun and the Fall of Rome* (New York and London: Norton, 2009).

Kershaw, S. P., *A Brief Guide to Classical Civilization* (London: Robinson, 2010).

——, *A Brief Guide to the Greek Myths* (London: Robinson, 2007).

——, *A Brief History of the Roman Empire* (London: Robinson, 2013).

Kneppe, A., *Metus temporum: zur Bedeutung von Angst in Politik und Gesellschaft der römischen Kaiserzeit des 1. und 2. Jhdts. n. Chr.* (Stuttgart: Steiner, 1994).

Kulikowski, M., *Rome's Gothic Wars: From the Th ird Century to Alaric* (Cambridge: Cambridge University Press, 2007).

Lane, J., *The Siege of Masada* (Brisbane: InHouse Publishing, 2015).

Lefkovitz, M., *Not Out of Africa. How Afrocentrism Became an Excuse to Teach Myth as History* (New York: New Republic and Basic Books, 1996).

Lenski, N. E., *Failure of Empire: Valens and the Roman State in the Fourth Century AD* (Berkeley and Los Angeles: University of California Press,

2002).

Lepper, F. A. , *Trajan's Parthian War* (Oxford: Oxford University Press, 1948).

Lepper, F. and S. Frere, *Trajan's Column: A New Edition of the Cichorius Plates* (Gloucester: Alan Sutton, 1988).

Lévêque, P. , *Pyrrhos* (Bibliothèque des Écoles françaises d'Athènes et de Rome, Fascicule 185) (Paris: E. de Boccard, 1957).

Levick, B. , *Claudius* (New Haven: Yale University Press, 1990).

——, *Vespasian* (London and New York: Routledge, 1999).

Long, J. , *Claudian's* In Eutropium: *Or, How, When, and Why to Slander a Eunuch* (Chapel Hill and London: University of North Carolina Press, 1996).

MacMullen, R. , *Corruption and the Decline of Rome* (New Haven and London: Yale University Press, 1988).

Maenchen-Helfen, O. , *The World of the Huns: Studies in Their History and Culture* (Berkeley: University of California Press, 1973).

Mathisen, R. W. and D. Shanzer (eds), *Romans, Barbarians, and the Transformation of the Roman World* (Farnham: Ashgate, 2011).

Mattern, S. P. , *Rome and the Enemy: Imperial Strategy in the Principate* (Berkeley: University of California Press, 1999).

Matthews, J. , *Western Aristocracies and Imperial Court AD 364 –425* (Oxford: Clarendon Press, 1975).

Matyszak, P. , *The Enemies of Rome: From Hannibal to Attila the Hun* (London: Thames & Hudson, 2004).

Mayor, A. , *The Poison King: The Life and Legend of Mithradates, Rome's Deadliest Enemy* (Princeton: Princeton University Press, 2010).

McGing, B. C. , *The Foreign Policy of Mithridates VI Eupator King of Pon-*

tus (Leiden: E. J. Brill, 1986).

Meijer, F., *Emperors Don't Die in Bed* (London and New York: Routledge, 2004).

Meijer, F. J., 'Cato's African Figs', *Mnemosyne*, Fourth Series, vol. 37, nos 1/2 (1984), pp. 117 – 24.

Mellor, R., *The Roman Historians* (New York: Routledge, 1999).

Merrills, A. H. (ed.), *Vandals, Romans and Berbers: New Perspectives on Late Antique North Africa* (Aldershot and Burlington: Ashgate, 2004).

Merrills, A. H. and R. Miles, *The Vandals* (Chichester: Wiley-Blackwell, 2014).

Mildenberg, L., *The Coinage of the Bar Kokhba War* (Aarau-Frankfort am Main: Verlag Sauerländer, 1984).

Millar, F., *The Roman Near East, 31 BC-AD 337* (Cambridge, MA. and London: Harvard University Press, 1993).

Miller, M., 'Persians in the Greek Imagination', *Mediterranean Archaeology*, nos 19/20 (2006), pp. 109 – 23.

Mitchell, L., *Panhellenism and the Barbarian in Archaic and Classical Greece* (Swansea: Classical Press of Wales, 2007).

Mitchell, S., *A History of the Later Roman Empire AD 284 – 641: The Transformation of the Ancient World* (Oxford: Blackwell, 2007).

Moorhead, S. and D. Stuttard, *AD 410: The Year that Shook Rome* (London: British Museum Press, 2010).

Mouritsen, H., *Plebs and Politics in the Late Roman Republic* (Cambridge: Cambridge University Press, 2001).

Murdoch, A., *Rome's Greatest Defeat: Massacre in the Teutoburg Forest* (Stroud: History Press, 2006).

Netzer, E., 'The Rebels' Archives at Masada', *Israel Exploration Journal*, vol. 54, no. 2 (2004), pp. 218 – 29.

Peddie, J., *Invasion: The Roman Conquest of Britain* (New York: St Martin's Press, 1987).

Price, S. R. F., *Rituals and Power: The Roman Imperial Cult in Asia Minor* (Cambridge: Cambridge University Press, 1984).

Raaflaub, K. A., *Social Struggles in Archaic Rome: New Perspectives on the Conflict of the Orders* (2nd edn, Oxford: Blackwell, 2004).

Richardson, J. S., *Hispaniae: Spain and the Development of Roman Imperialism, 218 – 82 BC* (Cambridge: Cambridge University Press, 1986).

——, *The Romans in Spain* (*A History of Spain*) (Oxford and Cambridge, MA: Blackwell, 1996).

Richmond, I. A., 'The Roman Siege-Works of Masada, Israel', *Journal of Roman Studies*, no. 52 (1962), pp. 142 – 55.

Ross Holloway, R., *The Archaeology of Early Rome and Latium* (London and New York: Routledge, 1994).

Rossi, L., *Trajan's Column and the Dacian Wars*, trans. J. M. C. Toynbe (London: Thames & Hudson, 1971).

Rousseau, P. (ed.), *A Companion to Late Antiquity* (Oxford: Wiley-Blackwell, 2009).

Said, E., *Orientalism* (New York: Pantheon, 1978).

Sampson, G. C., *The Crisis of Rome: The Jugurthine Wars and the Rise of Marius* (Barnsley: Pen & Sword Military, 2010).

Schafer, P., *A History of the Jews in Antiquity* (London and New York: Routledge, 1995).

——, *Judaeophobia: Attitudes towards the Jews in the Ancient World* (Cambridge, MA, and London: Harvard University Press, 1997).

Schafer, P. (ed.), *The Bar Kokhba War Reconsidered: New Perspectives on the Second Jewish Revolt Against Rome* (*Texts and Studies in Ancient Judaism*) (Tübingen: Mohr Siebeck, 2003).

Shahîd, I., *Rome and the Arabs: A Prolegomenon to the Study of Byzantium and the Arabs* (Dumbarton Oaks: Harvard University Press, 1984).

Shaw, B. D., *Rulers, Nomads and Christians in Roman North Africa* (Aldershot and Brookfi eld: Variorum, 1995).

Sherwin-White, A. N., *Racial Prejudice in Imperial Rome* (The Gray Memorial Lectures, 1965 – 6) (Cambridge: University Press, 1967).

——, *Roman Foreign Policy in the East 168 BC to AD 1* (London: Duckworth, 1984).

Silva, L., *Viriathus and the Lusitanian Resistance to Rome 155 – 139 BC* (Barnsley: Pen & Sword Military, 2013).

Smallwood, E. M., *The Jews under Roman Rule: From Pompey to Diocletian* (Leiden: E. J. Brill, 1976).

Snowden, F. M., *Before Color Prejudice: The Ancient View of Blacks* (Cambridge, MA: Harvard University Press, 1983).

——, 'Misconceptions about African Blacks in the Ancient Mediterranean World: Specialists and Afrocentrists', *Arion: A Journal of Humanities and the Classics*, Th ird Series, vol. 4, no. 3 (Winter 1997), pp. 28 – 50.

Southern, P., *Empress Zenobia: Palmyra's Rebel Queen* (London and New York: Continuum, 2008).

Speidel, M. P., *Ancient Germanic Warriors: Warrior Styles from Trajan's Column to Icelandic Sagas* (London and New York: Routledge, 2004).

Swain, S., *Hellenism and Empire: Language, Classicism and Power in the Greek World, AD 50 – 250* (Oxford: Clarendon Press, 1996).

Thompson, E. A., *The Early Germans* (Oxford: Clarendon Press, 1965).

——, *The Huns*, revised and edited by P. Heather (Oxford: Wiley-Blackwell,

1999).

Thompson, L. A., *Romans and Blacks* (Norman: University of Oklahoma Press, 1989).

Vogt, J., *Ancient Slavery and the Ideal of Man*, trans. Th omas Wiedemann Cambridge, MA: Harvard University Press, 1975).

Walbank, F. W., *A Historical Commentary on Polybius: Vol. 1, Commentary on Books I – VI* (Oxford: Oxford University Press, 1970).

——, *A Historical Commentary on Polybius: Vol. II, Commentary on Books VII – XVIII* (Oxford: Oxford University Press, 1967).

——, *A Historical Commentary on Polybius: Vol. III, Commentary on Books XIX – XL* (Oxford: Oxford University Press, 1979).

Wallace-Hadrill, J. M., *The Barbarian West, 400 – 1 000* (London: Hutchinson, 1952).

Ward-Perkins, B., *The Fall of Rome and the End of Civilization* (Oxford: Oxford University Press, 2005).

Wiedemann, T. E. J., 'Barbarian', in *The Oxford Classical Dictionary*, edited by Simon Hornblower, Antony Spawforth and Esther Eidinow 4th ed, Oxford: Oxford University Press, 2012).

Wiegels, R. and W. Woesler (eds), *Arminius und die Varusschlacht: Geschichte, Mythos, Literatur* (Paderborn: Schöningh, 2003).

Woolf, G., *Tales of the Barbarians: Ethnography and Empire in the Roman West* (Blackwell Bristol Lectures on Greece, Rome and the Classical Tradition (Chichester and Malden: Wiley-Blackwell, 2011).

Yadin, Y., *Bar-Kokhba: The Rediscovery of the Legendary Hero of the Last Jewish Revolt against Imperial Rome* (London: Weidenfeld & Nicolson, 1971).

致 谢

我要感谢许多个人、团体和机构，他们为本书提供了大量的专业知识和灵感，如果没有他们的帮助，我是不可能写出这本书的。以下排名不分先后。我要向索特赫伯郡小学（Salterhebble County Primary School）、希思文法学校（Heath Grammar School；Heath 这个词的意思是“异类”，而不是“蛮族”）和布里斯托大学（Bristol University）的同学和老师们致以最诚挚的感谢，没有他们的热情、奉献精神和专业知识，我永远不可能跟古罗马人、古希腊人和野蛮人，以及他们的语言和文化产生交集。Richard Sanderson、Alan ‘Froggy’ Guy、Frank Haigh 和 ‘Big Jimmy Feesh’ 激发了我对罗马史持之以恒的兴趣；J. G. McQueen、Richard Jenkyns、

Brian Warmington、Thomas Weidemann、Niall Rudd、Jim Tester、John Betts 和 Richard Buxton 慷慨地将他们渊博的知识传授给我。在本书创作过程中，我在牛津大学继续教育系、欧洲研究系，以及维多利亚和阿尔伯特博物馆（Victoria and Albert Museum）的同事与学生（包括“真实的”与“虚拟的”）同样重要，在共同探索古代世界的过程中，他们以各自不同的方式促进了我的职业发展。我还必须感谢 Swan Hellenic、Cox & Kings、Learn Italy 和 Noble Caledonia 的工作人员，他们安排的文化之旅让我有机会以别具一格的方式实地探访罗马人和蛮族人的世界。在出版社方面，我要衷心感谢 Duncan Proudfoot、Rebecca Sheppard、Howard Watson、Oliver Cotton 和 David Andrassy，他们用出色的专业能力将这本书整合在一起。在这一切的背后，是我已故的父母 Philip 和 Dorothy Kershaw 在我的整个职业生涯中给予我的坚定支持，我妻子 Lal 对我的爱和理解，以及我们的爱犬 Hero 忠诚、偶尔野蛮的陪伴。

译后记

从特洛伊战争的难民在台伯河畔建立的小村庄，到横跨三大洲、将地中海变成内湖的庞大帝国，从称霸世界的“永恒之城”，到蛮族入侵、内忧外困、东西分裂终至陨落，罗马的崛起和衰亡一直是学术界和大众津津乐道的话题。在罗马漫长的历史中，蛮族始终是一股不容忽视的力量，无论是征战还是融合，与这些周遭部落和民族的互动都对罗马的发展产生了深远的影响，甚至在一定程度上决定了罗马的命运。

barbarus（“蛮族”）一词起源于希腊语，原本用来指代“所有非希腊人”，从这个意义上说，罗马人自己正是不折不扣的蛮族。罗马建城神话中的战神、母狼、牧羊人元素和手足相残的悲剧，早期历史中掠夺萨宾少女的劣迹，无不充满了野蛮的色彩。但是随着罗马的稳固和壮大，在罗马人的语境中，“蛮族”一词的含义变成了“所有非罗马人”。蛮族不一定是游牧民族，也不一定没有先进的文化，在这种广义的蛮族概念中，“野蛮”的意义被消解了，“非我族类”即为蛮族。

本书从罗马建城开始，至西罗马帝国灭亡结束，以罗马与蛮族的关系为切入点，描绘了一幅波澜壮阔、跌宕起伏的历史画卷。在这座跨越千年的舞台上你方唱罢我登场的，既有一般刻板印象中的蛮族，如高卢人、日耳曼人和匈人，也有迦太基、埃及、马其顿、萨珊等强盛或曾经强盛的国家和王朝；既有容貌、服饰、语言、文化、宗教信仰、风俗习惯都与罗马人迥异的外族，也有意大利内部的盟邦，甚至罗马城内部的平民。这些人并不都是严格意义上的蛮族，甚至将他们笼统地定义为罗马的“敌人”也是不准确的，罗马对待蛮族的态度不能一概而论，罗马与蛮族的关系也绝非简单的二元对立。

布伦努斯是罗马遇到的第一位真正的蛮族劲敌，他留给罗马的“高卢恐惧症”持续了数个世纪之久，在他之后 800 年，罗马才再一次遭到蛮族洗劫。伊庇鲁斯的皮洛士让罗马见识了希腊世界的战争艺术，马其顿方阵和战象令罗马人大开眼界。罗马天生的敌人汉尼拔创造了世界军事史上的奇迹，在罗马与迦太基之间的仇恨纠葛中留下了浓墨重彩的一笔。维里亚图斯让罗马人吃够了游击战的苦头。揭竿而起的斯巴达克斯被马克思称为“古代无产阶级的真正代表”。朱古达揭露了罗马贵族的贪欲和堕落。米特拉达梯在三十年里与多位罗马名将缠斗不休。阿米尼乌斯和条顿堡森林在罗马人心中留下了永远的阴影。迅捷的帕提亚弓箭手、挥舞着弯刀的达契亚战士和萨珊波斯的铁骑给罗马士兵带来了严峻的考验。帝王谷的琐罗亚斯德方屋记载着沙普尔一世的功业和罗马人的伤痛。“上帝之鞭”阿提拉像暴风般席卷欧洲大陆。“永恒之城”最终陷落于哥特人阿拉里克和汪达尔人盖萨里克之手。还有几位美丽与智慧兼具的蛮族（或非蛮族）女王，为这份浸透血与沙的名单增添了几分瑰丽的色彩。这些熠熠生辉的蛮族人物，标记出罗马历史上一个个关键节点，串联起罗马从建立、扩张到衰亡的整个过程。

从史籍原典到吉本、蒙森的巨著，罗马史相关的文献和研究可谓汗牛充栋，入门类的通俗读物中也有许多佳作。不过通常的简明罗马史都是以罗马视角为中心的，本书的独特之处在于，从蛮族的视角出发，讲述罗马的政治、经济、社会、军事状况及其嬗变。罗马史学家在写作时通常都有明显的道德目的，往往利用蛮族人物来阐述自己的政治观点，因此，从这些罗马的对手身上，也折射出罗马人的精神气质和道德追求。许多蛮族人物经常被赋予一些罗马人钦慕的品质，还有一些经典的台词，散发出不逊于罗马皇帝和名将的光彩。罗马对蛮族的态度背后的原因是复杂和深刻的，蛮族对罗马的影响也是多元和深远的，蛮族为读者认识和了解罗马提供了一个切入点，如果读者还想进一步深入探究，可以有的放矢地展开延伸阅读。由于历史文献中保存下来的来自蛮族方面的叙事十分有限，为了尽可能准确地还原事实，本书还参考了许多最新的考古学发现，使文字记载和考古学证据相互印证。

本书在史实方面十分严谨，使用了大量的一手文献，如李维的《自建城以来》、波里比阿的《罗马帝国的崛起》、斯特拉博的《地理学》、普林尼的《自然史》、狄奥多罗斯的“历史丛书”、阿庇安的《罗马史》、普鲁塔克的《希腊罗马名人传》、撒路斯提乌斯的

《朱古达战争》、恺撒的《高卢战记》、塔西佗的《日耳曼尼亚志》《编年史》《阿古利可拉传》、约瑟夫斯的《犹太战争》、迪奥·卡西乌斯的《罗马史》、佐西莫斯的《罗马新史》、阿米安·马塞利努斯的《晚期罗马帝国史》、约达尼斯的《哥特史》、苏维托尼乌斯的《罗马十二帝王传》、埃利乌斯·斯巴提亚努斯等的《罗马君王传》和普洛科皮乌斯的《普洛科皮乌斯战争史》等。其中大部分著作已被翻译成中文出版，但仍有少数著作尚无中译本，李维的著作也仅有个别几卷有全译本，其余各卷仅有节选本。关于直接引用，本书在翻译时大多使用现有中译本的译文，以方便读者对照参阅，仅对个别影响理解之处做了修改。书中有大量人名、地名，不同中译本的译名不尽统一，本书在译名的选择上，对于使用密集的文献，多采用该文献中译本的译法；对于有多个译本的文献，尽量选择通行的译法。本书翻译过程中参考的中文译著包括：

阿庇安. 罗马史. 谢德风，译. 北京：商务印书馆，2017.

奥古斯丁. 上帝之城. 王晓朝，译. 北京：人民出版社，2006.

奥维德. 变形记. 杨周翰，译. 北京：人民文学出版社，1984.

柏拉图. 理想国. 郭斌和，张竹明，译. 北京：商务印书馆，1996.

拜伦. 恰尔德·哈洛尔德游记. 杨熙龄，译. 上海：上海译文出版社，1990.

波利比阿. 罗马帝国的崛起. 翁嘉声，译. 北京：社会科学文献出版社，2013.

荷马. 伊利亚特. 罗念生，王焕生，译. 上海：上海人民出版社，2012.

贺拉斯. 贺拉斯诗全集. 李永毅，译注. 北京：中国青年出版社，2017.

吉本. 罗马帝国衰亡史. 席代岳，译. 长春：吉林出版集团有限责任公司，2008.

卡瓦菲斯. 卡瓦菲斯诗集. 黄灿然，译. 石家庄：河北教育出版社，2002.

凯撒. 高卢战记. 任炳湘，译. 北京：商务印书馆，1979.

恺撒. 内战记. 任炳湘，王士俊，译. 北京：商务印书馆，2011.

李维. 李维《罗马史》选. 王敦书，译. 北京：商务印书馆，1980.

李维. 建城以来史：前言　卷一. 穆启乐，等译. 上海：上海人民出版社，2005.

李维. 自建城以来：第三十一至四十五卷选段. 王焕生，译. 北京：中国政法大学出版社，2009.

李维. 自建城以来：第二十一至三十卷选段. 王焕生，译. 北京：中国政法大学出版社，2015.

李维. 自建城以来：第一至十卷选段. 王焕生，译. 北京：中国政法大学出版社，2018.

帕斯卡尔. 思想录. 何兆武，译. 北京：商务印书馆，1995.

普劳图斯. 古罗马戏剧全集：普劳图斯. 王焕生，译. 长春：吉林出版集团有限责任公司，2015.

普林尼. 自然史. 李铁匠，译. 上海：上海三联书店，2018.

普鲁塔克. 希腊罗马名人传. 席代岳，译. 长春：吉林出版集团有限责任公司，2011.

普鲁塔克. 道德论丛. 席代岳，译. 长春：吉林出版集团有限责任公司，2015.

普洛科皮乌斯. 普洛科皮乌斯战争史. 王以铸，崔妙因，译. 北京：商务印书馆，2010.

撒路斯提乌斯. 喀提林阴谋 朱古达战争. 王以铸，崔妙因，译. 北京：商务印书馆，1994.

塞涅卡. 塞涅卡三论. 丁智琼，译. 合肥：安徽大学出版社，2005.

斯巴提亚努斯，等. 罗马君王传. 谢品巍，译. 杭州：浙江大学出版社，2017.

斯特拉博. 地理学. 李铁匠，译. 上海：上海三联书店，2014.

苏维托尼乌斯. 罗马十二帝王传. 张竹明，王乃新，蒋平，等译. 北京：商务印书馆，1995.

塔西佗. 塔西佗历史. 王以铸，崔妙因，译. 北京：商务印书馆，1981.

塔西佗. 阿古利可拉传 日耳曼尼亚志. 马雍，傅正元，译. 北京：商务印书馆，2009.

塔西佗. 塔西佗《编年史》. 王以铸，崔妙因，译. 北京：商务印书馆，2017.

泰伦提乌斯. 古罗马戏剧全集：泰伦提乌斯. 王焕生，译. 长春：吉林出版集团有限责任公司，2015.

维吉尔. 埃涅阿斯纪. 杨周翰，译. 北京：人民文学出版社，1984.

维特鲁威. 建筑十书. 高履泰，译. 北京：知识产权出版社，2001.

西塞罗. 论共和国 论法律. 王焕生，译. 北京：中国政法大学出版社，1997.

西塞罗. 论义务. 王焕生，译. 北京：中国政法大学出版社，1999.

西塞罗. 西塞罗全集：修辞学卷. 王晓朝，译. 北京：人民出版社，2007.

西塞罗. 西塞罗全集：演说词卷. 王晓朝，译. 北京：人民出版社，2008.

西塞罗，塞古斯都. 西塞罗论友谊、论老年及书信集：小普林尼书信集. 梁玉兰，等译. 北京：北京理工大学出版社，2014.

西塞罗. 论老年　论友谊　论责任. 徐奕春，译. 北京：商务印书馆，2017.

希罗多德. 历史. 徐松岩，译注. 上海：上海人民出版社，2018.

修昔底德. 伯罗奔尼撒战争史. 徐松岩，译注. 上海：上海人民出版社，2017.

亚里士多德. 政治学. 吴寿彭，译. 北京：商务印书馆，2009.

优西比乌. 教会史. 瞿旭彤，译. 北京：生活·读书·新知三联书店，2009.

约达尼斯. 哥特史. 罗三洋，译注. 北京：商务印书馆，2012.

约瑟夫斯. 驳希腊人. 杨之涵，译. 上海：华东师范大学出版社，2016.

约瑟福斯. 犹太战争. 王丽丽，等译. 济南：山东大学出版社，2007.

佐西莫斯. 罗马新史. 谢品巍，译. 上海：上海人民出版社，2013.

感谢以上出版社和翻译工作者的辛勤劳动，为罗马史研究者和爱好者提供了丰富的参考资源。本书涉及的历史事件庞杂、人物众多，由于译者自身水平所限，错漏之处在所难免，敬请读者批评指正。

唐　奇

图书在版编目（CIP）数据

罗马的敌人：撼动帝国的蛮族/(英）斯蒂芬・P.克肖（Stephen P. Kershaw）著；唐奇译. --北京：中国人民大学出版社，2023.11
ISBN 978-7-300-31225-5

Ⅰ.①罗… Ⅱ.①斯… ②唐… Ⅲ.①罗马-历史 Ⅳ.①K126

中国版本图书馆 CIP 数据核字（2022）第 213949 号

审图号 GS（2021）8075 号

罗马的敌人
撼动帝国的蛮族
[英] 斯蒂芬・P. 克肖（Stephen P. Kershaw） 著
唐 奇 译
LUOMA DE DIREN

出版发行	中国人民大学出版社		
社　　址	北京中关村大街 31 号	邮政编码	100080
电　　话	010－62511242（总编室）		010－62511770（质管部）
	010－82501766（邮购部）		010－62514148（门市部）
	010－62515195（发行公司）		010－62515275（盗版举报）
网　　址	http://www.crup.com.cn		
经　　销	新华书店		
印　　刷	北京联兴盛业印刷股份有限公司		
开　　本	890 mm×1240 mm　1/32	版　　次	2023 年 11 月第 1 版
印　　张	17.25 插页 4	印　　次	2023 年 11 月第 1 次印刷
字　　数	413 000	定　　价	98.00 元